전자무역학 캡스톤디자인

양근우 · 이호형 지음

E-TRADE CAPSTONE DESIGN

계명대학교 출판부

전자무역학 캡스톤디자인

초판 1쇄 인쇄 2013년 2월 21일
초판 1쇄 발행 2013년 2월 28일

지 은 이 양근우 · 이호형
펴 낸 이 신일희
펴 낸 곳 계명대학교출판부
출판등록 제347-1998-1호(1970. 9. 1)
주 소 대구광역시 달서구 달구벌대로 1095
대표전화 053-580-6233
팩 스 053-580-6235
홈페이지 www.kmupress.com

ISBN 978-89-7585-622-8 93320 정가 18,000원

본 교재는 교육과학기술부의 재원으로 한국연구재단의 지원을 받아 수행된 산학협력 선도대학(LINC) 육성사업의 연구결과입니다.

E-TRADE CAPSTONE DESIGN

전자무역학 캡스톤디자인

양근우 · 이호형 지음

계명대학교 출판부

머리말

인문사회계열 전공자들에게 '캡스톤디자인'이라는 용어는 다소 생소하게 들릴 가능성이 높다. 캡스톤은 영어로 모자 또는 뚜껑을 뜻하는 'Cap'과 돌을 의미하는 'Stone'의 합성어로 '제일 위에 놓이는 돌' 정도로 해석이 가능할 것이다. 고대 이집트 피라미드 제일 꼭대기에는 사각뿔 모양의 돌 구조물이 놓여 있는데 아마도 피라미드 건축 제일 마지막 단계에서 모든 작업의 완성을 의미하는 뜻으로 바로 이 '캡스톤'을 올려두었을 것으로 짐작된다. '캡스톤디자인'이란 바로 이 캡스톤을 설계하는 것으로 모든 일의 최종 단계에서 수행하는 작업을 의미한다고 볼 수 있다. 따라서 대학에서 학업을 마무리하는 최종 단계에서 본인이 가진 전공 지식을 최대한 활용하여 실제 본인이 졸업 후 진출하게 될 현업에서 발생 가능한 문제의 해결을 목적으로 프로젝트에 참여하는 의미 있는 과정이다.

공학 계열 또는 산업디자인 등과 같이 현장 업무와 실질적인 관련이 높은 전공에서는 종합설계, 졸업 작품 등의 형태로 캡스톤디자인 개념의 작업이 예전부터 이루어져 왔다. 그러나 인문사회계열 특히 본 교재가 대상으로 하는 무역관련 전공자들의 경우 수강 전공과목에 따라 기업체와 연계한 과제 수행이 요구되는 경우도 있으나 전공 지식을 종합적으로 활용하여 실무 프로젝트를 팀 단위로 수행해 볼 수 있는 기회는 지극히 제한적이라 할 수 있다. 본 교재는 무역 관련 전공 학생들이 실제 무역 현장에서 기업이 직면하는 다양한 전자무역 관련 문제를 전공지식을 활용하여 체계적으로 분석하고 해결하는 캡스톤디자인 프로젝트 진행을 위한 내용으로 구성되어 있다.

본 교재는 '전자무역학 캡스톤디자인' 또는 이와 유사한 전공 교과목을 통해 한 학기동안 교재의 내용을 중심으로 팀별 캡스톤디자인 프로젝트를 수행할 수 있도록 구성되어 있다. 실제 기업과의 연계를 통해 프로젝트 결과가 현업의 애로 사항을 해결하는데 도움을 줄 수 있도록 교과목을 운영할 수 있으며 따라서 교과목 수강생인 참여 전공자들의 해당 분야 취업 경쟁력 제고에도 긍정적인 영향을 미칠 것으로 기대한다. 또한 전자무역 관련 현업 담당자들이 문제해결을 위한 체계적인 접근방법을 학습하는 과정에서도 본 교재가 도움이 될 수 있을 것이다.

본 교재는 무역 분야에서의 캡스톤디자인 프로젝트 교과목 개설과 운영에 도움이 될 수 있도록 실제 관련 교과목 진행 사례를 많이 수록하고자 노력하였다. 무역 분야에서 캡스톤디자인 프로젝트 수행을 위한 절차와 방법의 기초를 마련하기 위한 저자들의 작은 노력으로 평가받기를 기대하며 앞으로도 계속해서 관련 분야 전문가들의 도움을 받아 개선해 나갈 것을 다짐하는 바이다. 끝으로 본 교재가 완성되기까지 다방면의 지원을 아끼지 않은 계명대학교 LINC (산학협력선도대학) 사업단에 감사의 마음을 전한다.

2013년 2월

저자 양근우 · 이호형

차례

제 5장 업무분석과 재설계

제 6장 문제해결 방안 도출

제 7장 정보기술 기반 문제해결

제 8장 인터넷 무역마케팅의 계획 및 전략수립

제 9장 인터넷 무역마케팅의 수단과 이행

제 10장 전자무역 문제해결 사례

01

제 1장

캡스톤디자인의 이해

학습 목표

- 캡스톤디자인의 개념 및 수행 목적과 기대효과를 이해한다.
- 전자무역 전공과 캡스톤디자인 프로젝트의 관계를 이해한다.
- 캡스톤디자인 프로젝트 수행 절차를 이해하고 적절한 캡스톤디자인 프로젝트 주제를 선정한다.

학습 목차

- 제1절 캡스톤디자인 프로젝트
- 제2절 전자무역과 캡스톤디자인
- 제3절 전자무역 캡스톤디자인 프로젝트 수행 절차

참고문헌

사례연구

▲

제 1 절

캡스톤디자인 프로젝트

본 절에서는 캡스톤디자인 프로젝트 수행의 기본적인 개념을 살펴보고자 한다.

1. 캡스톤디자인이란?

고대 이집트하면 머릿속에 떠오르는 대표적인 이미지 중 하나는 바로 '피라미드'일 것이다. 피라미드는 그 과학적 설계나 웅장한 건축 규모 때문에 아직까지도 많은 부분이 현대의 이론으로 완벽하게 설명되지 못하고 있다. 피라미드의 구조를 보면 가장 상층부에 사각뿔 모양의 돌 구조물이 올려져 있는데 이것이 바로 '캡스톤'이다. 캡스톤이란 'Cap'과 'Stone'의 합성어로 모자처럼 위에 놓이는 돌을 의미한다. 피라미드 건축 당시에는 그 구조상 대형 캡스톤을 상단부에 어떠한 방법으로 올려놓을 수 있었는지 여전히 미스테리로 남아 있다. 캡스톤은 이와 같이 건축물 특히 기둥이나 담장의 가장 꼭대기에 얹는 돌을 뜻하며 그 구조상 해당 구조물을 축조하는 과정에서 제일 마지막 단계에서 추가하여 구조물을 완성하게 된다. 즉 캡스톤이란 건축물의 완성을 의미하는 상징성을 가지게 되는 것이다. 〈그림 1-1〉은 고대 이집트 피라미드 상단에 놓였던 실제 캡스톤 중 하나이다.

'캡스톤디자인'이란 따라서 이와 같이 구조물의 최종 단계에 추가되는 캡스톤을 디자인 즉 설계한다는 의미로 해당 구조물의 완성을 어떠한 형태로 할 것인지를 결정하는 중요한 작업을 의미한다고 볼 수 있다. 이와 같은 개념을 학문 영역에서 도입하여 특정 전공의 학생이 실제 산업 현장에서 제기되는 다양한 문제를 해결하기 위하여 자신의 전공에서 배운 이론을 종합적으로 활용하여 해당 문제 해결을 위한 산출물을 기획, 설계, 제작하는 전 과정을 경험하게 하는 것을 의미하는 용어로 활용되고 있다. 특정 전공의 지식을 종합적으로 적용하여 산업 현장의 문제를 해결하기 위해서는 주로 고학년 특히 대학이라면 졸업 직전 학생들이 교육 과정의 마지막 단계에서 수행하는 것이 일반적이다.

〈그림 1-1〉 고대 이집트 피라미드 상단의 캡스톤

지금까지 캡스톤디자인 과목의 경우 종합설계, 졸업 작품 등 유사한 용어를 포함하여 주로 졸업 예정 학생들이 해당 전공에서 배운 지식을 활용하여 전시 가능한 결과물을 도출할 수 있는 분야에서 주로 시행되어 왔다. 특히, 전자공학, 기계공학, 컴퓨터공학 등 공학 계열의 경우 확실한 결과물이 도출 가능한 전공으로 졸업 작품의 개념으로 캡스톤디자인을 수행하고 있으며 최근 공학교육인증과 관련하여 캡스톤디자인 프로젝트 이수가 필수화되고 있는 경향을 보이고 있다. 〈표 1-1〉은 실제 공학계열 전공 학생들이 교과목을 통해 수행한 캡스톤디자인 프로젝트 주제들 중 일부를 예시하고 있다.

공학계열의 경우 기존 졸업 작품 교과목에 공학교육인증제에서 요구하는 종합설계라는 개념을 도입하여 캡스톤디자인으로 확대 발전되었으며 기본적으로 기업체에서 실제 진행되는 연구개발(R&D, Research and Development) 관련 주제를 선성하고 팀 단위로 프로젝트를 진행함으로써 졸업 전에 기업체 근무를 경험하는 효과도 함께 기대하고 있다.

〈표 1-1〉 전자공학 전공 캡스톤디자인 주제 예시

대표학생	인원수	프로젝트 주제
김OO	5	Dr. Trainer Net
고OO	6	링거주사 투약조절 및 튜브 분리 경보기
구OO	5	무게 센서를 이용한 낙상 경보 장치
임OO	5	RFID를 이용한 환자정보 열람 시스템
최OO	5	생체 모니터링 시스템
황OO	5	건강관리 알림 시스템
장OO	5	ZigBee 모듈을 이용한 환자위치 추적 장치
김OO	5	시각 장애인 안내 로봇
신OO	5	간호사 보조 응급카트
곽OO	5	환자 관리를 위한 U-병동
홍OO	7	환자통합관리 솔류션
김OO	4	발달장애아동을 위한 청각테스터기
조OO	6	RFID휠체어의 승강기 자동개폐

공학계열에서 주로 시행되어왔던 캡스톤디자인 프로젝트는 최근 학제간 연구의 중요성 및 학문의 실용성을 강조하는 분위기를 기반으로 다양한 학문분야로 그 적용범위를 넓혀가고 있다. 학문분야별로 해당 전공에서 습득한 전문지식을 바탕으로 산업체 혹은 사회가 필요로 하는 과제를 학생 스스로 분석하고 해결 방안을 모색하는 창의적인 과정은 넓은 의미로 모두 캡스톤디자인 프로젝트의 범주에 속한다고 볼 수 있다. 기존의 졸업 작품전을 수행하는 전공은 물론 산업체에서 요구하는 문제 해결 과정이 포함되는 프로젝트 진행이 가능한 거의 전 전공분야에서 캡스톤디자인 수행이 가능하다고 볼 수 있다. 예를 들어, 산업디자인을 포함한 디자인 계열에서는 업체에서 필요로 하는 제품의 디자인을 업체와 공동으로 수행할 수 있으며 상경계열에서는 기업이 요구하는 시장조사나 자료 분석을 통한 전략 수립 과제를 수행하는 것이 가능하겠다. 〈표 1-2〉는 실제로 공학계열 이외의 전공에서 캡스톤디자인 프로젝트로 수행된 과제의 내용을 보여주고 있다.

〈표 1-2〉 공과대학 외 전공의 캡스톤디자인 수행 주제 예시

학과	프로젝트 주제
통계학과	대학생들의 스마트폰 이용 실태와 라이프스타일 변화에 대한 조사
	도서추천시스템
식품영양학과	급식잔반 줄이기 프로그램 개발
	저염식 환자의 효율성을 높이기 위한 메뉴 개발
식품가공학과	미나리 젖산균발효 음료 개발
	흑대추를 이용한 음료 개발

2. 캡스톤디자인 프로젝트의 특징 및 필요성

캡스톤디자인은 '팀프로젝트'이다. 미술 관련 전공 졸업 작품의 경우 1인이 기획에서 작품 제작까지 혼자 진행하는 경우가 많다. 하지만 일반적으로 현업에서 요구하는 문제해결을 위한 캡스톤디자인 프로젝트의 경우 하나의 주제를 팀 단위로 수행하고 그 결과로 제작된 시제품 등의 결과물이 존재하는 경우가 많다. 팀작업을 통해 얻을 수 있는 다양한 장점을 기대할 수 있으며 특히 졸업 후 관련 분야 진출 시 많이 접하게 되는 팀작업을 미리 경험해 볼 수 있다는 것도 큰 장점 중의 하나이다.

캡스톤디자인은 '종합설계'라 볼 수 있다. 설계 즉 디자인이란 정답이 정해져 있는 문제가 아니다. 주어진 문제를 해결하기 위한 다양한 대안이 존재할 수 있으며 이중 최적의 대안을 도출하는 과정에서 창의적인 사고와 협업 활동을 경험할 수 있게 된다. 이와 같이 정답이 없는 열린 문제(Open-ended Problem)의 해결을 위해서는 주어진 문제와 연관된 다양한 환경적, 경제적, 윤리적 제약조건을 고려한 대안을 마련해야 하며 이러한 과정에서 프로젝트에 참여하는 팀원들 간의 원활한 의사소통이 요구된다. 창의적인 아이디어의 도출과 자신의 생각을 다른 사람들에게 효과적으로 설명하고 종합적인 검토를 거쳐 최종 대안을 이끌어내는 과정이 캡스톤디자인 프로젝트 수행을 통해 얻을 수 있는 소중한 경험이자 지식이 된다. 이와 같이 문제의 해결이라는 결과와 함께 문제 해결 과정이 캡스톤디자인 프로젝트에서는 중요하게 다루어지는데 이 과정에서 전학년에서 배운 전공 지식은 물론 전공과목을 통해 경험한 기초 설계 및 전공 설계 노하우를 모두 발휘하여 작품을 만들어가는 과정을 경험하게 되는 것이다.

최근 경기 침체 등 복합적인 요인으로 청년실업 문제가 크게 대두되고 있다. 또한 대학에서 배운 다양한 전공 지식이 실제 현업에서 활용되기에 많은 문제가 있다는 대학교육에 대한 실용적 측면에서의 비판이 있는 것도 사실이다. 캡스톤디자인 프로젝트는 관련 산업체의 수요를 반영한 주제를 선정하고 산업체 멘토의 도움을 받아 함께 수행한다는 점에서 학문의 실용성 문제를 해소하는데 다소나마 도움이 된다고 볼 수 있다. 재학 중에 산업체의 제품 개발 과정을 경험하고 팀 단위의 프로젝트 수행을 통해 조직에서 팀원으로 일할 수 있는 팀워크 능력을 배양할 수 있어 졸업 후 산업 현장에 투입되는데 요구되는 재교육 비용이 최소화될 수 있겠다. 즉, 대학의 입장에서 보면 취업률 향상을 위한 실무형 인재 양성이라는 목적을 달성할 수 있는 것이다.

캡스톤디자인 프로젝트 수행을 위해서는 팀별로 수행할 산업체에서 제공하는 현업 문제와 이의 해결을 위해 조언을 제공하는 산업체 멘토가 요구된다. 대학과 산업체는 다양한 형태의 산학연계 활동을 수행할 수 있겠으나 산업체가 요구하는 인력양성을 위한 산학연계 활동으로서의 캡스톤디자인 프로젝트 수행도 그 의의가 크다고 볼 수 있다. 대학은 산업 현장에서 요구하는 교육시스템의 구축과 인력 양성을 기업은 기업이 가지고 있는 실질적인 문제 해결과 기업에서 필요로 하는 인력의 안정적인 수급이 가능해지는 것이다. 이와 같은 산학연계 강화 및 확대도 캡스톤디자인 프로젝트 수행이 필요한 이유라 볼 수 있다.

캡스톤디자인 프로젝트에 참여한 수강생의 경우 그 결과물로 제작한 작품을 외부 전시회나 관련 공모전에 출품하여 그 결과에 따라 본인의 경쟁력 제고와 경력관리에 큰 도움을 받을 수 있다. 또한 경우에 따라 특허 출원과 등록을 통한 경제적인 보상은 물론 이를 기반으로 관련 기업에 특별 채용되는 경우도 기대할 수 있다. 당연히 이러한 인재를 배출한 대학의 입장에서는 학교의 위상 제고에 큰 도움을 받을 수 있다.

3. 캡스톤디자인 프로젝트의 진행

1) 캡스톤디자인 추진 개요

캡스톤디자인 프로젝트는 참여 학생, 지도교수, 산업체 멘토의 공동 노력을 통해 진행되며 이러한 공동의 노력이 잘 조화를 이룰 때 목표한 성과를 얻을 수 있다. 무엇보다 프로젝트에 참여하는 학생들의 노력과 의지가 가장 중요하겠으나 지도교수와 산업체 멘토의 역할도 캡스톤디자인 프로젝트의 성공적인 진행을 위해 매우 중요하다고 볼 수 있다. 〈그림 1-2〉는 이와 같이 산업체의 실제 문제 해결을 위해 수행되는 캡스톤디자인 프로젝트를 위한 추진 개요를 도식화하고 있다.

우선 지도교수의 경우 개별 캡스톤디자인 프로젝트 수행 팀의 작품 주제 선정 단계에서부터 자문 역할을 하게 되며 프로젝트의 전체적인 방향을 설정하는데 도움을 주게 된다. 또한 각 팀별 프로젝트의 성격과 진행 방향, 기대 결과를 고려한 최적의 산업체 멘토 섭외를 위해 노력하며 프로젝트 진행 과정에서 산업체 멘토와 프로젝트 수행팀 간의 연결 고리 역할을 통해 효과적인 멘토링이 진행될 수 있도록 지속적으로 모니터링을 수행하게 된다.

〈그림 1-2〉 캡스톤디자인 추진 개요

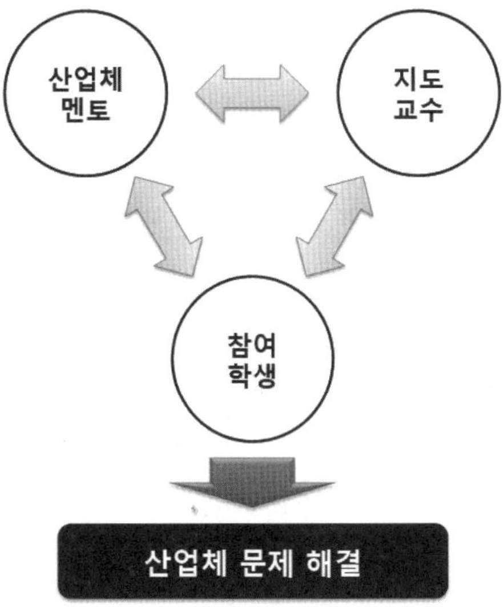

이러한 과정에서 정기적으로 프로젝트 진행과 멘토링 수행에 대한 보고서를 제출 받아 이를 평가에 활용하며 일정에 맞추어 프로젝트가 진행될 수 있도록 진도 및 프로젝트 진행 상황을 수시로 확인하고 일정에 문제가 있을 경우 적절한 조치를 통해 정해진 기간 내에 프로젝트가 마무리될 수 있도록 돕니다. 일반적으로 지도교수의 전공 분야와 관련 있는 프로젝트가 진행되는 경우 프로젝트 수행에 있어서의 기술적 문제점을 청취하고 산업체 멘토와 함께 해결 방안을 모색하고 도움을 주며 시제품 제작 등에 소요되는 비용이 적절하게 집행되는지도 프로젝트 진행 일정과 함께 점검한다.

한편 지도교수 등을 통해 섭외되는 산업체 멘토의 경우 다양한 형태로 캡스톤디자인 프로젝트의 성공을 위해 기여할 수 있다. 필요에 따라 강의 또는 자문형식의 멘토링을 수행하게 되며 일반적으로 업무로 바쁜 외부 전문가임을 감안하여 멘토링은 이메일, 전화 등 비대면 방식으로도 수행되는 경우가 일반적이다. 캡스톤디자인 프로젝트의 내용에 따라 산업체 멘토가 근무하는 현장에 프로젝트 수행 팀원들이 방문하여 멘토링이 이루어질 수도 있으며 멘토의 조언에 따라 캡스톤디자인 프로젝트 수행에 필요한 작업들이 팀별로 진행될 수 있다.

2) 캡스톤디자인 수행 절차

〈그림 1-3〉은 일반적인 캡스톤디자인 프로젝트 수행 절차를 나타내고 있다. 캡스톤디자인 프로젝트 수행절차의 단계별 수행 내용과 고려해야 할 사항은 다음과 같다.

〈그림 1-3〉 캡스톤디자인 프로젝트 수행 절차

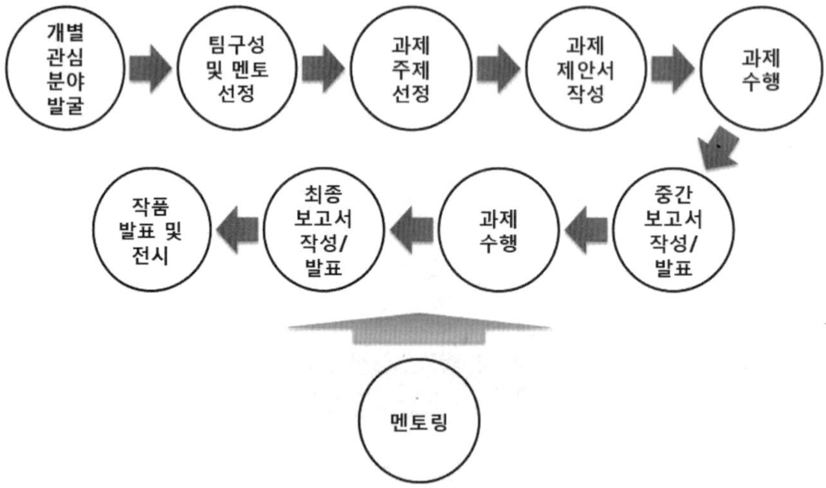

- 개별 관심 분야 발굴 : 해당 전공에서 캡스톤디자인 프로젝트로 진행하고자 희망하는 관심분야를 결정하게 된다. 팀별로 주어진 현업의 문제들 중 희망하는 과제를 정할 수도 있고 본인이 관심 있는 분야의 문제를 역으로 개발하여 업체에 연락을 할 수도 있을 것이다. 어떠한 방식이든 본인의 전공과 관련 있는 분야의 과제를 진행하는 것이 캡스톤디자인 프로젝트의 취지에 맞고 참여 학생의 전공 능력 심화 및 경쟁력 향상에 도움이 될 것이므로 전공분야 중 본인이 관심을 가지고 진행할 수 있는 분야를 선정하는 것이 유리하다.

- 팀구성 및 멘토 선정 : 캡스톤디자인 프로젝트 수행을 위한 팀을 구성하고 과제 진행에 도움을 줄 수 있는 산업체 멘토를 선정하는 단계이다. 캡스톤디자인 프로젝트 팀구성은 일반적으로 지도교수 1명, 산업체 멘토 1명, 그리고 참여 학부생 2~5명 내외로 구성된다. 수행하게 될 프로젝트의 성격과 내용에 따라 팀을 구성하는 적정 인원수가 달라질 수 있는데 지나치게 적을 경우 주어진 기간 내에 프로젝트를 성공적으로 마무리하기 어려울 수 있으며 지나치게 많은 경우 의사결정 과정이 길어지고 효과적으로 업무를 나누어 진행하기 어려워지는 단점이 있다. 산업체 멘토의 경우 지도교수의 도움으로 실제 프로젝트 수행에 도움을 줄 수 있는 업계 전문가가 섭외되는데 해당 분야에 근무하고 있거나 실제 프로젝트와 관련된 기업에 근무하고 있는 업무 담당자 등이 고려 대상이 될 수 있다.

- 과제 주제 선정 : 실제 캡스톤디자인 프로젝트로 진행될 팀별 과제를 선정하는 과정이다. 이 과정에서 선정되는 주제는 다양한 방식으로 제안되고 선정될 수 있는데 첫째, 위촉된 산업체 멘토에 의해 현업의 주제가 발굴되어 공지되면 이를 관심 있는 학생들이 지원하여 선정되는 형태가 있다. 둘째, 지도교수를 포함한 교수가 수행하는 연구과제 혹은 산업체 연계과제의 일부를 캡스톤디자인 과제로 정하여 학생들이 참여하는 형태로 주제가 선정될 수 있다. 셋째, 동아리활동이나 공모전 참가 등을 위해 학생들이 주제를 선정하고 이를 지도교수와 산업체 멘토가 협의하여 캡스톤디자인 프로젝트로 진행시키는 방식도 있다. 어떠한 방식으로 주제가 선정되더라도 선정되는 주제는 해당 전공 영역에서 학생들이 배운 지식을 최대한 활용하여 실제 산업체의 문제를 해결하는 형태로 진행되는 것이 매우 중요하다고 볼 수 있다.

- 과제 제안서 작성 : 실제 프로젝트 진행을 위한 제안서 혹은 계획서를 팀별로 작성하는 과정이다. 캡스톤디자인 프로젝트 결과물 도출을 위해 필요한 비용을 대학, 산업체, 사업단, 연구과제 등으로부터 지원받게 되는 경우라면 반드시 필요한 절차이며 심사를 통해 여러 팀과 경쟁하여 지원을 받게 되는 경우도 있다. 이러한 과제 제안서 작성도 현업에서의 프로젝트 수행 과정 중 일부를 경험해 볼 수 있는 소중한 기회이며 지도교수, 산업체 멘토의 도움을 받아 지정된 양식을 바탕으로 최대한 수행하고자 하는 프로젝트의 내용이 잘 표현될 수 있도록 작성해야 한다. 일반적으로 프로젝트 수행배경, 수행 내용 및 범위, 프로젝트 결과물의 활용방안 및 기대효과 , 참여 학생 정보 및 업무분담, 참고문헌 등의 내용이 포함된다.

- 과제 수행 : 일반적으로 한 학기 또는 전공에 따라 두 학기 동안 수행되는 캡스톤디자인 프로젝트는 일정에 대한 계획과 일정 계획을 충실히 지켜 진행하는 진도관리가 성공적인 결과를 도출하기 위한 필수 요소라 할 수 있다. 실제 산업 현장에서 수행되는 프로젝트와 마찬가지로 정해진 일정에 따라 진행상황을 지속적으로 모니터링하고 계획에 따른 진행에 문제가 발생할 경우 원인을 조기에 분석하여 적절한 조치를 취하는 과정이 필요하다. 특히 프로젝트 진행을 위한 재정 지원을 받는 경우라면 이러한 지원에 따른 요구 사항을 일정에 따라 정확히 지켜 필요한 서류 등의 프로젝트 산출물을 제출하여야 한다.

- 중간보고서 작성/발표 : 캡스톤디자인 프로젝트의 경우 진행 과정에서 지도교수와 산업체 멘토에 의한 지속적인 진도관리가 매우 중요하다. 교과목으로 운영될 경우 강의 진행 계획에 따라 다양한 형식의 중간 점검 과정이 진행될 수 있는데 그 중 하나는 중간보고서의 작성 및 제출과 이러한 내용을 정리한 발표가 될 수 있다. 프로젝트 진행 과정에서 도출되는 다양한 결과물을 정리하고 그 방향에 대한 점검 및 진행 과정에서 발생되는 다양한 문제점들에 대한 조언을 얻을 수 있다는 점도 이러한 중간 점검 형식의 단계가 필요한 이유라 할 수 있다. 또한 결과물을 잘 정리하여 발표하는 과정에서 발표 능력을 키울 수 있을 뿐만 아니라 최종보고서 작성 및 발표에 대한 연습이 될 수 있다. 중간보고서의 경우 최종보고서 양식에서 중간보고까지 진행된 내용을 정리하는 것으로 생각할 수 있으며 이러한 중간 점검은 필요에 따라 몇 회에 걸쳐 진행될 수 있다.

- 과제 수행 : 중간보고서 점검 및 발표를 통해 제기된 문제점 해결을 포함하여 지도교수 또는 산업체 멘토의 도움을 받아 일정에 따라 지속적으로 프로젝트를 수행하는 단계이다. 수행하는 프로젝트의 성격에 따라 최종 산출물인 시제품의 제작을 위해 필요한 물품의 구입이 필요한 경우도 있으며 이 경우에도 지원 부서를 통해 일괄 구매하거나 지도교수와 산업체 멘토의 지도에 따라 필요한 물품이 적절하게 구매되어 활용되도록 관심을 가지고 진행해야 할 것이다.

- 최종보고서 작성/발표 : 캡스톤디자인 프로젝트 진행 일정에 따라 수행된 최종 결과물을 모두 정리한 보고서를 작성하고 필요에 따라 최종 결과물에 대한 보고회를 개최한다. 수행하는 프로젝트의 내용에 따라 최종보고서의 내용이 달라질 수 있으며 최종 결과물로서 시제품을 제작하는 프로젝트의 경우 이러한 시제품 제작과 관련한 내용을 모두 포함하는 최종보고서를

작성하게 된다. 아울러 재정지원을 받아 수행된 프로젝트의 경우 지원부서의 요청에 따라 최종 성과물과 제작 과정에 대한 발표가 요구되기도 한다.

- 작품 발표 및 전시 : 최종결과물에 대한 내용을 정리하여 공식적으로 발표하고 전시하는 단계이다. 역시 프로젝트의 성격에 따라 시제품에 대한 전시가 되거나 진행한 프로젝트 내용을 정리한 포스터 형식의 결과물이 될 수도 있다. 전공에 따라 졸업작품전 형태로 다양한 팀에서 진행한 프로젝트 결과물을 한 곳에 모아 전시회 형식의 결과발표회가 진행될 수도 있으며 현업에서 의뢰한 캡스톤디자인 프로젝트의 경우 의뢰한 기업의 관계자를 대상으로 결과물에 대한 발표를 진행할 수도 있다.

- 멘토링 : 캡스톤디자인 프로젝트 수행 전 과정에서 지도교수와 산업체 멘토의 지속적인 관심과 지도를 포함한 멘토링은 프로젝트의 성공적인 수행을 위해 필수적인 요소이다. 대부분의 캡스톤디자인 참여 학생이 프로젝트의 기획부터 최종 결과보고까지 프로젝트의 전 과정을 경험해볼 기회가 거의 없는 경우가 많기 때문에 주어진 기간 동안 계획했던 목적을 달성하기 위해서는 풍부한 경험을 가진 멘토의 역할이 매우 중요하다고 볼 수 있다. 프로젝트 진행 과정에서 예상하지 못한 다양한 형태의 문제가 발생할 경우 적절한 해결책을 제시하고 프로젝트 진행팀에서 스스로 해답을 찾아나가는 과정을 경험할 수 있도록 조언하는 것도 멘토의 역할 중 하나이다. 이러한 문제해결 과정에서 캡스톤디자인 프로젝트의 최종 결과보다 오히려 더 중요한 상황 판단력과 문제해결을 위한 논리적 사고를 경험하고 한 단계 성장하는 소중한 경험을 하게 되기 때문이다.

3) 학문분야별 캡스톤디자인 설계과정

공학 계열 중심으로 수행되었던 종합설계 형식의 캡스톤디자인 프로젝트 교과목이 다양한 학문분야에서 전공 지식을 활용한 현장 문제 해결 중심 교과목으로 확장되면서 학문 영역별로 수행하는 프로젝트의 성격과 수행 범위에 따라 캡스톤디자인 설계과정 및 그 과정에 포함되는 요소도 다양해졌다. 전공 영역에 따라 또한, 수행하는 프로젝트의 성격에 따라 눈에 보이는 시제품 형태의 결과물이 없이 분석 보고서나 디지털 콘텐츠 형태의 결과물이 제작될 수도 있는 것이다. 〈그림 1-4〉는 캡스톤디자인 설계과정에서 차이를 보이고 그에 따라 캡스톤디자인 프로젝트 수행과정에서 포함되는 요소가 달라질 수 있음을 보여주고 있다.

학문분야별로 달라질 수 있는 설계과정 중 대표적인 경로는 다음과 같이 세 가지 정도로 구분될 수 있다.

- 설계 – 제작 – 운용 및 시험 – 작품
- 설계 – 실험 – 운용 및 시험 – 작품 (보고서)
- 설계 – 조사 – 검증 – 보고서

〈그림 1-4〉 캡스톤디자인 설계과정 및 요소

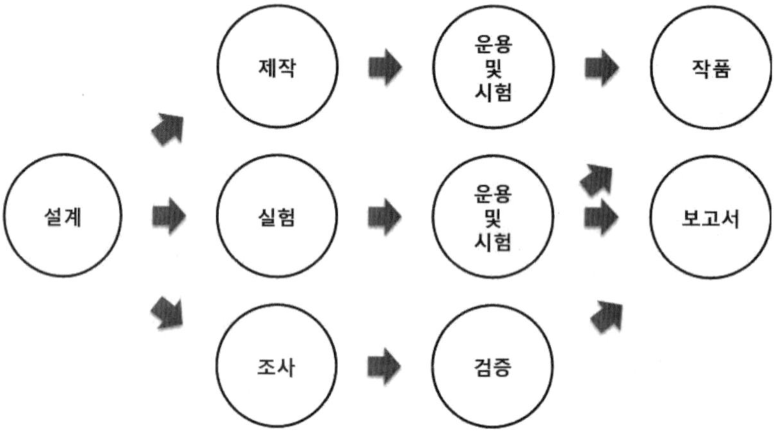

전공영역에 따라 캡스톤디자인 프로젝트로 수행되는 요소가 달라질 수 있는데 전공과 무관하게 설계 과정에서는 프로젝트에 참여하는 팀원들이 브레인스토밍 등의 과정을 통해 문제 해결을 위한 대안을 도출하게 되고 이러한 대안에 대한 평가를 거쳐 최적의 대안을 제안하게 된다. 공학이나 디자인을 포함한 예술 계열에서는 시제품 제작을 위한 설계도 형태의 결과물이 도출되는데 이를 기반으로 시제품의 제작을 진행하게 된다. 설계도에 따라 제작된 시제품이 주어진 문제를 해결할 수 있는 적절한 수준의 성과를 나타내는지를 운용과 시험 과정을 통해 검증하게 된다. 검증이 완료된 시제품은 해당 캡스톤디자인 프로젝트의 결과물이 되는 것이다.

물리, 화학, 기초의학 등 실험이 요구되는 전공의 경우 주어진 문제해결을 위한 설계 과정에서 도출된 실험 설계에 따라 필요한 실험을 수행하고 그 결과를 평가하게 되는데 주어진 문제 해결을 위해 만족할만한 실험 결과가 도출될 경우 이를 정리한 보고서나 실험 결과에 기반을 둔 제품을 제작하게 된다. 인문, 사회, 경상 계열 전공의 경우에는 주어진 문제 해결을 위해 조사 및 분석을 수행하는 형태의 프로젝트가 진행되는 경우가 일반적인데 이 경우 조사 설계를 팀별로 수행하게 되며 그 결과에 따라 적합한 방법으로 조사를 수행하게 된다. 설계 단계에서 결정된 조사방법, 대상, 시기에 따라 적절한 조사가 완료되면 조사결과를 분석하게 되며 이 과정에서 토론, 통계적 검증 등의 절차를 거치게 된다. 그 이후 조사 결과 분석 자료를 정리한 보고서를 작성하는 과정을 거치게 된다.

여기에서 제시한 캡스톤디자인 프로젝트의 설계과정과 요소는 전공 영역별로 반드시 지켜져야 하는 의무사항은 아니며 최근 창의적인 문제 해결 방법에 대한 시도가 다양하게 이루어지고 있는 상황에서 다학제간 캡스톤디자인 수행이 이루어질 경우 조사 분석과 실험 및 시제품 제작이 동시에 진행되는 캡스톤디자인 프로젝트도 가능하다. 예를 들어, 경영학의 마케팅을 전공한 학생들과 컴퓨터공학을 전공한 학생들이 함께 팀을 이루어 기업이 새로 출시한 신제품을 홍보하고 매출을 올릴 수 있는 스마트폰용 어플을 개발하는 캡스톤디자인 프로젝트를 수행할 수 있는데 이 경우에 시장조사 및 분석, 스마트폰 어플 설계 및 개발, 사용자 테스트 등 복합적인 과정과 수행 요소가 포함될 수 있다.

4) 캡스톤디자인의 평가

캡스톤디자인 프로젝트가 전공 교과목의 형태로 진행된다면 이에 대한 공정한 평가도 요구된다. 캡스톤디자인 프로젝트 수행의 목적에서 알아본 바와 같이 프로젝트 결과와 함께 프로젝트 수행 과정을 통해 참여 학생들의 창의적 문제해결 능력과 협업의 경험도 매우 중요하므로 이에 대한 적절한 평가가 필요하다고 볼 수 있다.

캡스톤디자인 교과목 운영 교수의 재량에 따라 평가 요소와 비중이 달라질 수 있으나 다음과 같은 요소를 기준으로 평가가 이루어지는 것이 무난하다고 볼 수 있다. 이에 따라 캡스톤디자인 프로젝트를 수행하는 학생의 경우 성공적인 프로젝트 수행과 함께 교과목으로서의 평가를 잘 받기위해서도 평가요소에 대한 정확한 이해가 중요하다. 우선 주어진 문제에 대한 심도 있는 분석과 전공 지식을 효과적으로 활용한 종합적이고 창의적인 문제해결 능력에 대한 평가가 필요하다. 문제에 대한 대안은 다양하게 도출될 수 있으며 반드시 한 가지 정답만이 요구되는 형태의 문제가 아니므로 창의적인 발상을 통해 주어진 문제를 다각적으로 분석하고 독창적이고 효과적인 문제해결 방법을 습득하는 과정을 모니터링하여 이에 대한 적절한 평가가 이루어져야 할 것이다.

캡스톤디자인은 팀프로젝트이므로 효과적인 업무 분담과 함께 문제를 해결해나가는 협업과 커뮤니케이션 능력을 또한 평가요소로 활용할 수 있다. 이를 위해 산출물을 점검할 때 역할분담 내용을 함께 제출하도록 하거나 팀원간 상호평가가 이루어질 수 있는 방안을 마련하는 것도 필요하다. 또한 자기성찰 일지를 작성하게 하거나 팀원으로서의 자신을 객관적으로 평가하게 하는 방법도 도입을 고려해 볼 만한 요소 중 하나이다.

중간보고서, 최종보고서를 포함한 과제의 결과물을 발표와 함께 평가하는 것도 필요하다. 우수한 분석과 결과를 도출하여 이를 다른 사람이 잘 이해할 수 있도록 정리하고 효과적으로 전달하는 것도 전체 프로젝트 진행 과정에서 중요한 요소 중 하나이며 이 과정에서 현업에서 요구되는 커뮤니케이션 역량을 제고하는 효과도 기대할 수 있다. 경우에 따라서는 캡스톤디자인 프로젝트의 성과물이 특허, 실용신안, 논문게재 등의 추가적인 성과로 이어지는 경우도 있는데 이러한 성과를 평가에 추가적으로 반영할 수도 있다.

▲

제 2 절

전자무역과 캡스톤디자인

본 절에서는 전자무역학 전공에서의 캡스톤디자인 프로젝트 수행과 구체적인 진행과정에 대해 살펴보고자 한다.

1. 무역 환경의 변화

대한민국은 짧은 기간 동안 전 세계가 주목하는 기록적인 경제성장을 이루었으며 이러한 성장에는 우리 국민의 근면 성실함과 목표를 향한 꾸준한 노력이 있었음은 아무리 강조해도 지나침이 없을 것이다. 2012년에는 세계에서 7번째로 1인당 국민소득 2만 달러, 인구 5천만명 이상의 선진국을 의미하는 20-50클럽에 가입하게 되었는데 이는 우리보다 앞서 이러한 위치에 오른 일본, 미국, 프랑스, 이탈리아, 독일, 영국 등의 국가들과 어깨를 나란히 하게 되었음을 의미한다. 또한 삼성, 현대, LG 등 3사는 글로벌 브랜드 가치 100위권 기업에도 진입하는 등 세계적인 경기침체에도 기업들은 꾸준한 연구개발 투자를 통해 경쟁력을 높이고 있다.

산업 분야별로 보면 최근 주목받고 있는 IT산업을 포함하여 조선, 철강, 자동차, 건설 등 다양한 분야에서 세계적 수준의 기술 확보와 제품 생산 능력을 보유하게 되었다. 우리 경제가 이처럼 전 세계의 부러움을 받을 만큼 성장하는데 있어서 무엇보다 큰 역할을 한 분야는 바로 수출 주도형 무역이라고 할 수 있다. 경제 개발 초기부터 많은 수출 진흥 정책을 통해 부존자원이 부족한 우리의 현실을 전 세계를 대상으로 하는 무역을 통해 극복하고자 하였으며 이제는 세계 무역 시장에서 차지하는 비중 역시 비약적으로 성장하였다.

이러한 무역 환경은 끊임없이 변화하고 있으며 각국은 자국의 경제성장과 이익을 위해 다양한 방법을 동원하고 있다. 이러한 각국의 노력은 무역 환경의 복잡도를 높이고 있는데 무역 의존도가 높은 우리나라의 경우 변화하는 무역환경에 맞추어 지속적으로 수출경쟁력을 높이기 위한 노력 역시 게을리 하지 않고 있다.

세계 무역환경의 변화는 다양한 관점에서 분석이 가능하나 〈그림 1-5〉와 같이 복잡화, 고속화, 글로컬화, 녹색화의 관점에서 살펴보도록 하자. 첫째, 복잡화의 경우 다자간 협상 등 무역 업무의 효율 제고 및 참여 주체의 이익 극대화를 위한 많은 노력이 협상 참여 국가들의 자국 이익을 앞세운 첨예한 의견 대립으로 큰 성과를 올리지 못하고 있는 가운데 양자간 무역협상인 FTA (Free Trade Agreement) 시대를 맞이하고 있다. 이제 상호 이익 극대화를 목표로 하는 국가간 FTA 체결이 세계적인 추세가 되었으며 각 FTA 이행조건을 포함한 다양한 기술적, 제도적 무역 정책들에 의해 무역 업무를 수행하는 기업의 경우 과거에 비해 비약적으로 복잡해진 무역 업무 처리 절차를 따라야하는 상황에 놓이게 되었다.

〈그림 1-5〉 세계 무역환경의 변화

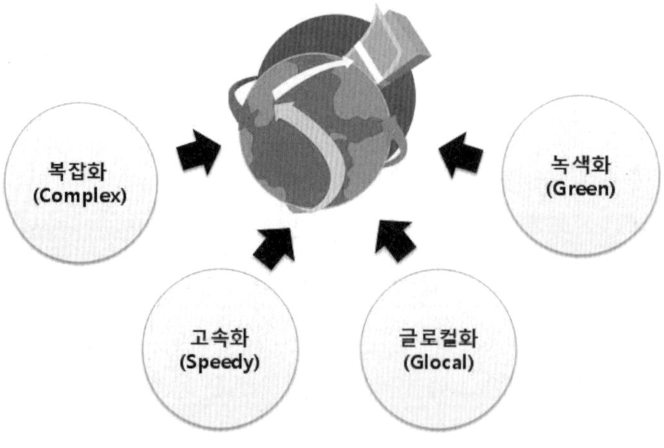

그럼에도 불구하고 크게 증가한 무역 규모와 수출입 대상 국가의 증가, 수출입 상대 기업이나 국가의 빠른 이행 요구 등에 따라 더욱 빠른 무역업무 처리 (고속화)를 요구받고 있다. 무역업무의 복

잡도가 증가하고 더욱 빠른 업무 처리를 요구받게 되면서 자연스럽게 발전하고 있는 정보통신기술(ICT, Information Communication Technology)의 도움을 받지 않을 수 없게 되었다. 무역업무 처리의 효율화는 정보통신기술의 발전과 발을 맞추고 있다. 새로운 정보통신기술의 개발과 보급은 무역업무의 효율성 제고를 위해 다양한 방식으로 접목되고 있으며 이는 무역 환경에서 요구되는 빠른 업무처리를 가능하게 하는 것이다.

'Glocalization'은 세계화를 의미하는 'Globalization'과 지역화를 의미하는 'Localization'의 합성어로 상품의 유통을 포함한 기술, 정보, 유행 등은 전 세계적으로 빠른 전파에 따라 글로벌화를 지향하면서도 각 지역별로는 독특하고 차별화된 요소를 동시에 지니게 되는 현상을 의미한다. 예를 들어 전 세계적으로 폭발적으로 수요와 보급이 이루어지고 있는 스마트폰의 경우 전 세계적인 동시 출시 혹은 큰 시차를 두지 않고 히트모델이 판매되는 경향을 보이고 있다. 인터넷을 통한 빠른 정보 전파와 이에 기반을 둔 세계적인 트렌드화는 상품의 소비에 있어서도 지역의 시차를 크게 나타내지 않고 있다. 그럼에도 불구하고 각 지역별 소비자의 경우 스마트폰의 사용 패턴에서 독특한 차이를 보이고 있다. 국내에 출시되는 스마트폰의 경우 지상파 DMB 기능이 필수 기능의 하나로 인식되고 있는 반면 전국적인 DMB 보급이 완료되지 않은 북미지역의 경우 소비자들은 DMB 기능 탑재 여부를 크게 고려하지 않는 상황이다. 이 경우 지역별로 차이가 나는 이와 같은 소비자의 요구를 반영하여 동일한 모델의 스마트폰이지만 기능을 달리하는 맞춤형 상품이 출시되는 것이 유리하다. 이와 같은 글로컬한 시장 환경 역시 소비자의 요구 사항을 빠르게 분석하고 이를 반영한 상품을 지속적으로 공급할 수 있는 능력이 요구되는 기업 입장에서 반드시 고려해야 할 무역 환경의 변화라 할 수 있다.

마지막으로 최근 높아진 환경에 대한 인식, 전 세계적인 이상기후 현상에 기인한 환경 보호에 대한 공감대 형성 등은 무역에 있어서도 녹색무역 (Green Trade)의 지향을 요구하고 있다. 지구 온난화의 주요 원인으로 지목되고 있는 탄소배출량 조절, 고효율의 에너지 소비 제품 생산에 대한 요구 등 각종 규제와 정책의 제정은 제품을 생산하여 공급하는 기업에게 추가적으로 시간과 비용을 요구하는 큰 장벽으로 작용한다. 끊임없는 연구개발 투자를 통해 높아진 환경규제를 극복하고 높아진 소비자 의식 수준에 맞는 기업 활동을 해야 하는 의무를 요구받고 있는 것이다. 특히 제품의 유통과정에서도 최소한의 이동거리를 유지하여 물류에 의한 탄소배출량을 최소한의 수준으로 유지하고자 하는 노력도 진행되고 있다. 전통적으로 비교우위에 있는 상품을 생산하여 거래한다는 개념에서 비록 더 높은 생산비용이 요구되더라도 근거리의 지역에서 생산한 제품을 소비하는 것이 환경 친화적인 활동으로 평가받고 있는 것이다.

2. 전자무역 전공과 캡스톤디자인

앞서 살펴본 바와 같이 급변하는 무역환경 하에서 기업은 무역업무의 효율적인 처리를 위해 정보통신기술을 적극 도입, 활용하고 있다. 전자무역 전공에서는 캡스톤디자인 프로젝트를 통해 전자무역학 전공 재학생들이 실제 무역 현장에서 기업이 직면하는 다양한 전자무역 관련 문제를 전공지식을 활용하여 체계적으로 분석하고 해결 방안을 제안하는 과정을 경험해 볼 수 있도록 진행하는 것이 가능하다. 실제 현업의 전자무역 관련 문제 분석 및 해결 방안 도출 과정을 체계적으로 학습하고 문제 해결 중심의 실무 능력을 배양할 수 있는 기회를 가지게 되는 것을 목표로 캡스톤디자인 프로젝트를 수행하는 것이다.

전자무역 전공 캡스톤디자인 과목 역시 일반적인 인문사회 계열 캡스톤디자인과 유사하게 실제 기업의 무역 업무와 관련한 문제 해결을 위해 조사, 연구, 분석, 해결 방안 제시의 과정을 진행하는 것으로 구성할 수 있다. 앞서 설명한 무역 환경의 변화에 따라 무역 업무를 수행하는 다양한 업종에서 효율적인 업무 수행을 위한 전문적인 조사, 분석, 문제해결 방안 도출 요구가 있으므로 이를 전공지식을 활용하여 수행하는 과정은 전자무역 전공 캡스톤디자인 프로젝트로 매우 적합하다고 볼 수 있다. 예를 들어 다음과 같은 주제들이 전자무역 전공자들이 수행 가능한 캡스톤디자인 프로젝트의 예라 할 수 있다.

- 한미 FTA 발효에 따른 자동차 부품 기업의 대미 수출 확대 전략 수립
- 중국 내 지역별 콘텐츠 소비시장 특성 분석 및 신규 콘텐츠 수출 방안 도출
- 신규 상품 소비자 인지도 제고를 위한 효과적인 페이스북 마케팅 전략
- 한류 확산에 따른 국내 식음료 제품 동남아 시장 진출 우선순위 결정

전자무역학 전공에서 수행하는 캡스톤디자인 프로젝트의 경우 앞서 살펴본 인문사회 계열 전공에서 일반적으로 수행 가능한 캡스톤디자인 절차에 따라 주로 위의 예시와 같이 조사, 분석을 포함한 전략 제안과 조사 분석 보고서 등의 문서를 도출하는 형태가 주를 이루게 된다. 따라서 캡스톤디자인 대상 기업에게 실질적인 도움을 주기 위한 컨설팅 과정과 유사한 절차를 따르게 된다. 〈그림 1-6〉은 전자무역학 전공을 위한 캡스톤디자인 프로젝트 주제 제안서의 예를 보여 주고 있는데 이와 같은 문서는 산업체 멘토가 제안하고 실제 기업 문제 해결을 위해 관심 있는 학생들이 참여하게 되는 형태의 캡스톤디자인 프로젝트라 할 수 있다.

〈그림 1-6〉 캡스톤디자인 주제 제안서 예시

[서식1] <멘토작성용>

산학연계형 캡스톤디자인 주제 제안서

제안자 이름	소속/직위	Email	휴대폰
이OO	OOO Korea/대표이사	________@naver.com	017-558-XXXX

주제 명	대구지역 프랜차이즈 기업 해외진출 전략 컨설팅 수행

제안 주제의 목표 및 주요 내용

- 목표: 대구지역의 프랜차이즈 기업을 대상으로 해외진출 전략 수립을 위한 컨설팅을 팀별로 진행하고 그 결과를 해당 기업 임원진을 대상으로 발표

- 대상기업: (주) OO푸드, 대상브랜드: OO치킨
- 해외진출 지역: 일본, 중국, 태국 (팀별로 1개 국가씩 진출 전략 수립 컨설팅 수행)
- 수행 주요 내용: 팀별로 다음과 같은 내용의 지역 진출 전략을 조사와 분석을 통해 도출

브랜드 전략	가맹점 유치 전략	유통 전략	고객 관계 관리	서비스 다변화 전략	가격 전략
제품 개발 전략 R&D	가맹점 관리 전략	매장 인테리어 전략	제휴 전략	홍보 전략	

기대 효과

(참여 기업 및 대학)
- 지역기업의 해외진출 전략 도출을 통한 지역산업 발전 및 활성화에 기여
- 지역기업, 학교간 산학 연계 강화 및 학교 브랜드 이미지 제고
- 비이공계열 캡스톤디자인 프로젝트 수행 사례 도출 및 실무지향형 전공 교과목 개설 유도

(참여 학생)
- 캡스톤디자인 프로젝트 수행 재학생들에게 그동안 수강한 전자무역 전공 교과목 지식을 종합적으로 실무 현장에 접목하여 브랜드 해외 진출 전략 컨설팅 전과정을 체험해 볼 수 있는 기회 제공
- 팀별 활동을 통한 협업, 팀워크 능력 향상 및 팀 내 역할 분담을 통한 책임의식과 성취감 고취
- 참여 재학생과 지역 기업 간의 네트워킹 강화를 통한 취업 기회 제공 및 취업 경쟁력 강화

예시에서는 해외 진출을 희망하는 지역 프랜차이즈 브랜드가 진출하기 가장 적합한 지역과 해당 지역 진출을 위한 브랜드, 유통, 홍보, 제휴, 마케팅 전략 등을 포함한 전반적인 컨설팅을 필요로 하는 상황에서 이에 필요한 조사활동 및 전략 도출 과정을 캡스톤디자인 프로젝트로 수행하는 것을 가정한 캡스톤디자인 제안서이다.

그림에서 보는 바와 같이 주제 제안서에는 실제 해당 주제를 제안하는 산업체 멘토의 신상정보를 포함하여 주제명과 제안하는 프로젝트의 목표 및 수행 주요 내용 그리고 마지막으로 이러한 프로젝트 수행을 통해 참여 기업 및 대학 그리고 참여 학생 입장에서 기대할 수 있는 효과를 포함하여 제시하고 있다. 필요에 따라 팀별로 다른 주제의 캡스톤디자인 프로젝트를 수행할 경우 주제의 수만큼 이러한 주제 제안서의 작성이 필요하며 참여 재학생들이 본인이 원하는 캡스톤디자인 프로젝트를 선택할 수 있는 상황이라면 이와 같은 주제 제안서의 내용이 참여를 고려하고 있는 전공 학생들에게 공개되고 각자가 원하는 프로젝트의 참여를 신청하는 형태로 팀이 구성될 수 있겠다. 당연히 주제별 경쟁이 있을 경우 사전에 공지된 절차에 따라 프로젝트 수행에 적정한 인원이 배정되게 된다.

3. 컨설팅의 이해

앞서 설명한 바와 같이 무역관련 기업이 직면한 다양한 문제를 해결하기 위해 조사, 분석을 통해 대안을 도출하는 과정을 전자무역 전공 캡스톤디자인으로 수행할 경우 이는 일반적인 경영컨설팅의 과정과 유사한 작업을 수행하게 된다. 효과적인 프로젝트 수행을 위해 일반적인 컨설팅과 컨설팅 수행 과정에 대한 이해는 반드시 필요한 부분이다.

1) 컨설팅의 정의와 종류

컨설팅이란 '조직이 가진 문제점을 해당조직에 속하지 않은 개인이나 기관이 전문적인 지식을 바탕으로 분석하고 자문하여 문제를 해결할 수 있도록 돕는 활동'을 의미한다. 조직을 운영하는 과정에서 해당 조직이 영리를 추구하는 기업이거나 공익을 목적으로 하는 단체 등 그 목적과 형태와 상관없이 다양한 형태의 문제에 직면하게 된다. 이 경우 대부분은 조직 내의 인력과 역량을 활용하여 문제를 해결하고 이러한 과정에서 조직은 성장하게 된다.

때로는 조직이 직면한 문제가 자체적인 해결이 가능한 조직의 역량을 넘어서는 경우도 있으며 이러한 경우에는 외부의 도움을 필요로 하게 된다. 이때 해당 문제에 대한 전문적인 지식과 문제 해결 경험을 보유한 개인이나 기관이 객관적인 입장에서 해당 문제를 분석하고 대안을 제시하게 되는데 이 과정이 바로 컨설팅이라 할 수 있다. 일반적으로 컨설팅은 전문기관에 의뢰하여 정해진 기간 내에 프로젝트 형태로 진행되는 경우가 많고 따라서 상당한 비용이 수반되는 지식 서비스 활동이라 볼 수 있다.

실제로 조직의 모든 활동 분야는 물론 사회의 모든 분야에 대한 전문적인 조언을 제공하는 과정을 컨설팅의 범주로 본다면 인간 세상의 모든 활동이 컨설팅 대상이 된다. 따라서 컨설팅의 종류는 무궁무진하다고 볼 수 있으며 그에 따라 이러한 컨설팅을 수행하는 컨설팅 조직의 전문분야도 매우 다양하다고 볼 수 있다. 일반적으로 조직의 경영과 관련한 전문적인 분석과 조언이 필요한 경우 이를 위한 컨설팅을 경영컨설팅이라 하는데 재무컨설팅, 투자컨설팅, 인사컨설팅, 인증컨설팅, 전략컨설팅, 창업컨설팅, 투자유치컨설팅 등이 여기에 해당한다고 볼 수 있다. 경영 활동 전반에 걸친 부문 모두가 컨설팅 대상이라 할 수 있다.

이 외에 사회 전반에 걸쳐 다양한 컨설팅 분야가 존재하고 또한 끊임없이 새로운 컨설팅 분야가 만들어지고 있다. 부동산컨설팅, 웨딩컨설팅, 연애컨설팅, 주식컨설팅, 입시컨설팅, 성형컨설팅 등에 이르기까지 그 종류와 방법도 다양하며 앞으로도 사회가 변화하면서 훨씬 다양한 분야의 컨설팅이 탄생하게 될 것으로 전망된다.

2) 컨설팅 프로세스

컨설팅은 수행하는 내용에 따라 다양한 절차를 거치고 필요한 시간과 비용도 문제의 복잡도에 따라 크게 달라진다. 하지만 그 종류나 대상 문제의 복잡도와는 별개로 모든 종류의 컨설팅 절차를 살펴보면 공통점을 찾을 수 있는데 바로 〈그림 1-7〉과 같다.

〈그림 1-7〉 일반적인 컨설팅 과정

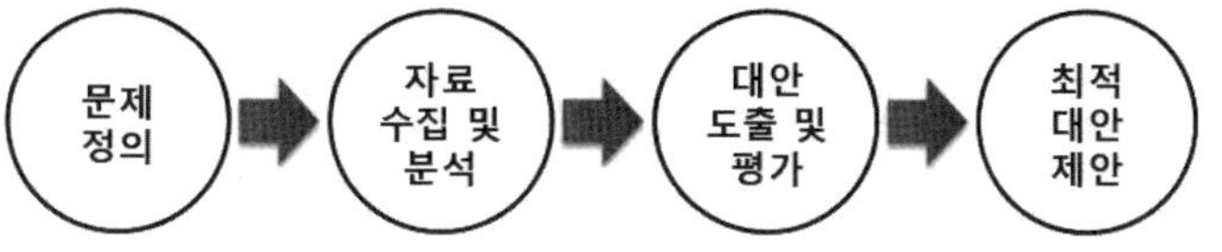

단계별 수행 내용이나 구체적인 수행 방법은 다를 수 있으나 모든 컨설팅 과정은 주어진 문제를 정확히 이해하는 단계에서 문제해결을 위해 필요한 자료의 수집과 분석, 문제 해결을 위한 다양한 대안을 도출하고 이를 평가하여 이로부터 최적의 대안을 제안하는 과정을 거치게 된다.

우선 문제정의 단계에서는 조직이 직면한 혹은 요청한 문제에 대해 명확히 파악하고 컨설팅을 통해 제안이 가능한 영역을 결정하는 단계라 할 수 있다. 많은 조직에서 컨설팅을 의뢰하는 단계에서 실제로 해당 조직이 직면한 문제를 명확히 파악하지 못하고 당장 보이는 현상을 문제라고 생각하는 경우가 많다. 문제에는 반드시 원인이 있게 마련이고 이러한 원인이 사실 조직이 해결해야 하는 문제인 것이다. 매출이 줄어 시장점유율이 낮아지는 것은 다양한 원인에 의해 나타나는 현상이다. 시장에 출시한 제품 자체에 결함이 있거나 주요 타켓 고객군이 변경되었거나 경쟁사의 새로운 제품 출시로 인한 판매 감소 등 다양한 원인에 의해 시장점유율이 낮아지게 되는 것이다. 원인을 명확히 파악하고 이에 대한 적절한 조치를 취해야 원하는 결과를 얻을 수 있게 되는데 명확한 원인 파악 없이 잘못된 판단으로 문제 해결을 시도할 경우 상황의 개선은 되지 않으면서 불필요한 시간과 비용을 낭비하게 될 수도 있는 것이다.

명확한 문제 파악 이후에는 문제 해결을 위한 자료의 수집과 수집된 자료의 분석 과정이 뒤따른다. 컨설팅의 종류에 따라 수집되는 자료의 종류와 양, 이를 분석하기 위한 방법 등이 달라지며 이 과정에서 컨설팅 조직의 역량에 따라 효율성의 차이를 보이게 된다. 컨설팅은 정답이 없는 문제를 푸는 과정과 같다. 컨설팅의 결과로 제시되는 제안이 반드시 문제에 대한 정답이라고도 볼 수 없다. 하지만 컨설팅 수행 조직의 과거 경험과 역량에 따라 다양한 자료 수집과 분석이 이루어지고 이를 바탕으로 도출된 결론이 컨설팅 의뢰 조직 즉 클라이언트에게 제공되는 것이다. 컨설팅의 대상이 되는 문제 상황에 대한 최적의 대안 제시를 위해 필요한 적절한 수준의 자료 조사와 분석 방법의 결정, 계획에 따른 조사와 분석의 실행 과정에서 컨설팅 조직의 역량이 발휘된다.

조사 분석 다음 단계는 조사 및 분석의 결과에 따라 문제 해결을 위한 적절한 대안의 도출과 많은 대안들 중 가장 적합한 최적의 대안을 결정하기 위한 대안의 평가 단계이다. 주어진 문제를 해결하기 위해서는 다양한 방법이 존재할 수 있다. 예를 들어 시장 점유율이 낮아지는 상황에서 마케팅에 추가 비용을 투입하거나 새로운 제품을 개발, 출시하는 것은 문제 해결을 위한 대안이 될 수 있다. 혹은 기존 제품의 가격을 낮추어 매출의 증대를 기대할 수도 있다. 이 외에도 다양한 대안들이 존재할 수 있는데 이러한 대안들을 빠짐없이 도출하고 실행가능성, 클라이언트 조직의 역량, 대내외 환경, 산업의 성장가능성 등 다양한 요인들을 종합적으로 분석, 판단해야 하는 것이다. 대안의 도출과 분석 역시 컨설팅 수행 조직의 경험과 역량에 많은 영향을 받는 단계라 할 수 있다.

컨설팅의 마지막은 이러한 대안들 중 클라이언트가 컨설팅 과정을 통해 얻고자 하는 문제 해결을 위한 최적의 대안을 결정하여 제안하는 단계이다. 컨설팅은 사실 문제를 해결하는 것이 아니라 문제 해결을 위한 대안을 제시하는 과정이며 컨설팅 과정을 통해 제안된 최적의 대안을 선택하여 이를 조직에 적용할지의 여부는 전적으로 컨설팅을 의뢰한 클라이언트 조직이 결정하게 된다. 당연히 그 결과도 대안 적용 여부를 결정하고 실행한 조직이 책임지게 되는 것이다. 물론 많은 실제 컨설팅 프로젝트에서 대안 도출 이후 실행 과정에서도 컨설팅 수행 조직의 도움을 받게 되는 경우도 있으며 이 역시 계약에 의한 프로젝트의 일부로 수행되는 경우가 많다.

3) 컨설팅과 컨설턴트

컨설팅은 실제로 문제 해결을 요청한 클라이언트 조직에 속하지 않은 전문가에 의해 수행되는데 이와 같이 컨설팅 업무 전반에 참여하여 클라이언트 조직의 문제 해결을 위해 조언을 제공하고 돕는 사람을 '컨설턴트 (Consultant)'라 한다. 수많은 컨설팅 분야가 존재하는 것과 마찬가지로 컨설턴트도 본인이 보유한 지식과 경험에 따라 전문 컨설팅 분야가 존재한다.

일반적으로 컨설턴트는 고소득 전문직으로 분류되면서 특별한 사람이라 생각하는 경우가 많은데 실제로 특정 분야에서 오래 근무했거나 해당 분야에 대한 꾸준한 학습을 통해 전문성을 인정받게 되면 누구나 해당 분야의 컨설턴트로 활동할 수 있다. 컨설턴트는 주로 수행하는 컨설팅 종류에 따라 요구되는 지식이나 능력이 달라질 수 있으나 공통적으로 다음과 같은 (1) 의사소통 능력 (2) 창의적 분석력 (3) 도전정신을 갖추어야 한다.

첫째, 의사소통 능력의 경우 컨설팅 고객은 물론 컨설팅 과정에서 상담, 조사, 교육 등을 통해 다양한 사람들과 만나 정보를 수집하고 또한 정보를 전달해야 한다. 본인의 의사를 명확하게 표현하여 상대방이 잘 이해할 수 있도록 하는 것은 물론 상대방이 의도하는 바를 잘 이해하고 정리하는 것이 모두 이러한 의사소통 능력에 해당한다고 볼 수 있다. 또한 청중을 대상으로 프로젝트 과정 중에 프리젠테이션을 해야 하는 경우도 있는데 특히 프로젝트 초반에는 컨설팅 프로젝트 수주를 결정짓는 중요한 요인으로 작용하기도 한다. 최종 컨설팅 결과에 대해 잘 정리된 프리젠테이션은 컨설팅 내용만큼이나 중요하게 평가받고 있다.

둘째, 창의적 분석력은 컨설팅 과정에서 필요한 다양한 형태의 조사를 주어진 문제에 맞는 최적의 방법으로 수행하고 다양하고 창의적인 시각으로 분석할 수 있는 능력을 말한다. 동일한 자료를 통해서도 분석이나 해석하는 방법에 따라 전혀 다른 결과를 나타낼 수도 있으므로 문제 해결을 위해 꼭 필요한 자료를 수집하고 이에 맞는 최적의 분석과 해석을 체계적이고 논리적으로 수행할 수 있는 능력을 반드시 갖추어야 하는 것이다. 다양한 분석 도구에 대한 학습과 다른 과제 결과물을 통한 간접 경험 등 끊임없는 노력에 의해 이러한 능력을 기르고 항상 창의적인 발상을 위한 노력을 하는 것이 창의적 분석력을 제고하는데 도움이 될 수 있다.

컨설턴트가 다루게 되는 문제를 모두 사전에 경험해 볼 수는 없다. 예를 들어 유통 채널에 대한 컨설팅을 수행하는 경우 컨설팅을 수행하는 컨설턴트가 백화점, 편의점, 마트, 홈쇼핑, 인터넷 쇼핑 등 다양한 유통채널에 대한 전문 지식을 모두 가지고 있거나 과거에 이러한 모든 유통채널과 관련한 프로젝트 수행 경험을 가지고 있는 것은 사실상 불가능하다. 따라서 언제나 컨설턴트는 새로운 것을 배우고 컨설팅 프로젝트의 성공을 위해 도전할 수 있는 모험정신을 갖추고 있어야 한다. 컨설팅이란 특성상 무에서 유를 창조하는 작업이라고 볼 수 있는 것처럼 컨설턴트도 다른 사람이 가지 않은 새로운 길에 도전하여 새로운 것을 만들고 이를 통해 보람을 느끼는 창의적인 개척정신을 통해 성장한다고 볼 수 있다.

이 외에도 리더십, 윤리정신, 열정, 외국어 구사능력, 팀워크, 긍정적인 사고 등 컨설턴트로서 성공하기 위해서 필요한 다양한 특성들이 존재하며 컨설턴트 자신이 부족하다고 생각되는 점은 지속적인 노력을 통해 개선할 수 있도록 노력해야 한다. 한 가지 추가로 고려해야 할 점으로 컨설턴트에게 신뢰감을 주는 외모도 매우 중요하다는 사실이다. 타고난 외모를 성형 등의 방법으로 바꾸어야 한다는 뜻은 아니나 옷차림을 비롯한 겉으로 보이는 부분에도 항상 신경을 쓰고 개선을 위한 노력을 게을리 하여서는 안 된다.

▲

제 3 절

전자무역 캡스톤디자인 프로젝트 수행 절차

본 절에서는 전자무역 전공에서의 캡스톤디자인 프로젝트 수행 절차를 구체적인 수업 진행 사례와 함께 소개하고자 한다.

1. 캡스톤디자인 교과목 구성

캡스톤디자인 교과목의 특성상 수강하는 학생들 대부분이 해당 전공에서 필요한 전공교과목을 모두 이수하고 해당 전공에서 요구하는 지식을 가지고 있다고 가정하고 진행할 수 있다. 학과의 전공 교과목 구성에 따라 다소 차이가 있을 수 있겠지만 대부분의 교과 과정이 해당 전공 졸업자로서 필요한 전공 지식을 체계적으로 전달하고 있으므로 해당 전공에서 필요한 학점 이수를 마친 학생의 경우 큰 무리 없이 캡스톤디자인 교과목에서 진행되는 프로젝트에 참여가 가능하다. 다만 함께 수강하는 해당 전공 학생들이 모두 동일한 교과목을 동일한 시기에 수강하였다고 보기는 어려우며 특정 교과목 수강 후 상당한 기간이 지난 후에는 해당 교과목에서 다루었던 내용을 모두 기억하기 어려운 경우도 있다. 따라서 개별 학생들의 전공에 대한 이해 정도에 차이가 난다는 것을 가정하고 캡스톤디자인 교과목 수강에서는 프로젝트 수행을 위해 필요한 전공 지식과 프로젝트 수행 과정에서 필요한 기본적인 도구들을 다시 한 번 재교육하는 과정이 필요하다고 볼 수 있다.

물론 특정 교과목에서 전공 지식을 교육하는 수준으로 모든 내용을 전달하는 것은 효과적이지도

않을 뿐만 아니라 캡스톤디자인 교과목의 취지에도 맞지 않는다. 교과목을 개설하게 되는 학과의 여건에 따라 학점수, 평가방법, 수강대상 인원 등이 달라질 수 있겠으나 전자무역 전공 캡스톤디자인의 경우 다음과 같은 교과목 주차별 진행 내용을 참고하여 필요한 강의 내용을 담당교수가 결정할 수 있다. 3학점, 16주차 강의를 하는 것으로 가정하였을 경우 전자무역학 캡스톤디자인 교과목 주차별 강의 진행 예시는 다음과 같다.

- 1주차 : 강의소개

  주차별 강의내용 및 캡스톤디자인 프로젝트를 소개하고 팀을 구성한다. 팀은 2~5명 단위로 구성하고 가능하면 팀별 산업체 멘토를 섭외하여 지정한다. 한 학기동안 수행하게 될 팀별 프로젝트에 대한 아이디어 도출을 위한 모임 등을 시행한다.
- 2주차 : 캡스톤디자인의 이해

  캡스톤디자인 교과목에 대한 기본적인 내용을 이해하고 전자무역학 전공에서 수행할 캡스톤디자인 프로젝트를 소개한다. 다양한 전공에서 수행된 캡스톤디자인 프로젝트의 성과물을 소개하여 캡스톤디자인 교과목에 대한 이해를 높이고 학기말에 결과물로 제출하게 될 보고서의 내용에 대해 예시와 함께 설명한다. 또한 공식적인 캡스톤디자인 프로젝트 계획서를 작성한다.
- 3주차 : 수출회사와 수출아이템 발굴

  전자무역 교과과정 중 무역실무와 관련한 교과목에서 이미 학습한 내용이지만 수행하게 될 프로젝트의 내용에 따라 국내외 시장조사 및 유망 수출입 아이템 발굴 등이 포함되므로 이에 대한 기초적인 내용을 설명한다. 수출상품의 경쟁력 및 유망 수출상품 선정기준과 발굴기법 등을 다룰 수 있다.
- 4주차 : 프로젝트 계획 점검

  팀별로 작성하여 제출한 캡스톤디자인 프로젝트 수행 계획서의 내용을 점검한다. 팀별로 해당 내용을 정리하여 발표하고 이에 대한 피드백을 산업체 멘토와 함께 진행한다. 산업체 멘토의 경우 시간의 제약으로 수업 시간 중 멘토링이 어려울 경우 이메일, 전화 등을 통해 원격으로 멘토링을 수행할 수도 있으며 제출된 프로젝트 계획서에 대한 첨삭지도를 받을 수도 있다.
- 5주차 : 문제정의와 시장분석

  컨설팅 형식의 과제 진행을 위해 주어진 문제를 명확히 파악하고 대상 기업과 제품의 경쟁 상황을 파악하기 위한 분석 도구들을 학습한다. 컨설팅에서 사용되는 다양한 환경 분석 방법론들을 학습하고 사례를 통해 익히며 이를 실제 수행하는 프로젝트 산출물로 연계하는 과정을 학습한다.

- 6주차 : 해외시장조사

국가정보 및 해외기업 정보, 국제 특허 및 해외입찰 정보 등을 효과적으로 수집하는 방법 등 상품의 수출입 전략 및 해외 마케팅 전략 수립을 위해 필요한 조사 활동에 대한 내용을 다룬다. 수업에서 다루는 내용이 실제 수행 중인 캡스톤디자인 프로젝트 내용과 연계될 수 있는 실습 또는 과제를 수행한다.

- 7주차 : 업무분석과 재설계

수행 프로젝트의 성격에 따라서 기존에 기업이 수행하던 업무의 분석과 이에 대한 개선 방안을 제시해야 하는 경우가 있다. 비즈니스 프로세스 재설계 (BPR, Business Process Reengineering)에 대한 기본적인 과정을 학습하고 이를 위한 프로세스 재설계 도구들을 학습한다.

- 8주차 : 중간고사

필요에 따라 강의 내용과 프로젝트 수행 내용을 중심으로 하는 중간고사를 실시할 수 있다. 다만 캡스톤디자인 교과목의 특성상 과제 수행이 더 중요하므로 중간고사의 형식이나 범위는 필요에 따라 조정할 수 있다.

- 9주차 : 문제해결 방안 도출

주어진 문제에 대한 해결 방안을 도출하기 위해서 프로젝트 참여 팀원들간 아이디어 취합 및 다양한 정보 수집과 분석을 위한 도구들을 학습하고 프로젝트에 적용하는 과정을 학습한다.

- 10주차 : 프로젝트 중간 점검

2차 중간 점검으로 프로젝트 진행 상황을 정리하여 보고한다. 지금까지 진행된 조사 및 분석 내용, 주어진 문제에 대한 해결 방안으로 제안된 대안들과 이에 대한 평가 내용을 중심으로 점검하며 산업체 멘토의 멘토링도 함께 수행한다.

- 11주차 : 정보기술 기반 문제 해결

최근의 조사, 분석 방법은 대규모 데이터를 다루는 경우가 많아 정보기술을 활용하여 수행되는 경우가 많고 또한 수행하는 캡스톤디자인 프로젝트의 내용에 따라 다양한 정보기술의 활용이 요구될 수도 있다. 정보기술의 발전 동향 및 기업의 요구사항에 대응하기 위한 정보기술의 역할 등을 살펴보고 프로젝트에 접목할 수 있는 방안을 검토한다.

- 12주차 : 인터넷 무역마케팅 전략

기업과 제품의 인지도 제고 및 판매 촉진을 위해 인터넷 서비스를 이용하는 인터넷 마케팅이 활발하게 도입되고 있다. 무역 분야에서의 마케팅 전략수립을 위한 과정 및 다양한 인터넷 서비스를 활용하는 마케팅 방법에 대해 학습한다.

- 13주차 : 인터넷 무역마케팅의 수단과 이행

  SNS나 검색엔진 최적화 등 인터넷 무역마케팅 수단에 대한 학습과 실제 B2B 이마켓플레이스에 상품을 등록하고 제품을 홍보하는 방법에 대해 학습한다. 이를 통해 실제 프로젝트 수행 대상 상품의 홍보 및 인터넷마케팅 전략 수립에 도움을 받을 수 있다.

- 14주차 : 전자무역 문제해결 사례

  실제 전자무역 관련 문제해결 사례 연구를 통해 간접적으로 캡스톤디자인 프로젝트 수행과정을 학습할 수 있다. 팀별로 수행하고 있는 프로젝트와 관련 있는 전자무역 사례를 발굴하여 프로젝트 수행에 도움이 되는 정보를 입수할 수도 있다.

- 15주차 : 프로젝트 결과 발표

  한 학기동안 수행한 캡스톤디자인 프로젝트의 내용을 정리하고 발표한다. 산업체 멘토와 가능하다면 실제로 프로젝트 수행 대상 업체의 관계자를 대상으로 프로젝트 내용이 전달될 수 있도록 한다면 실제 수행한 프로젝트 결과물이 현업에 적용될 수 있는 가능성을 높일 수 있다.

- 16주차 : 기말고사

  교과목 운영 계획에 따라 평가 등을 위한 목적으로 내용을 종합하는 기말 시험이 실시될 수 있다.

2. 캡스톤디자인 과제 진행

캡스톤디자인 프로젝트 교과목의 경우 과제 진행 중간에 진행 상황을 점검하는 차원에서 과제가 부여되고 이를 평가하여 성적에 반영하게 된다. 따라서 진행되는 프로젝트의 주제에 따라 구체적인 제출 내용, 보고서에 포함될 항목이 달라질 수 있다. 전자무역 캡스톤디자인 프로젝트의 경우 대부분이 최종 결과물로 보고서가 작성될 것이므로 프로젝트 수행 과정과 최종 보고서의 내용을 만들어 가는 과정을 중간 점검하는 차원에서 과제가 제시되면 바람직하다.

〈그림 1-8〉 전자무역학 캡스톤디자인 학기 과제

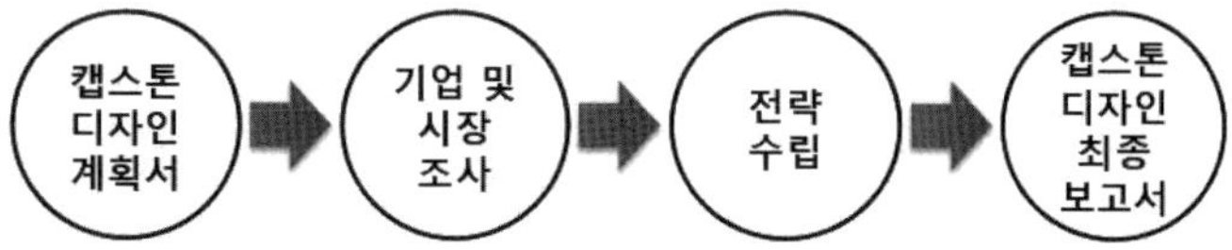

1) 전자무역학 캡스톤디자인 단계별 과제

전자무역학 캡스톤디자인이 교과목으로 운영될 경우 팀별로 진행하는 프로젝트의 내용에 따라 중간 및 최종 산출물의 내용과 프로젝트를 위해 수행하는 작업도 다소 차이를 보일 수 있다. 〈그림 1-8〉은 전자무역 전공 캡스톤디자인 교과목에서 제시 가능한 과제 내용을 예시하고 있다. 일반적인 조사 및 분석이 요구되는 전자무역 프로젝트 진행과 관련한 과제로 필요에 따라 탄력적으로 내용을 수정하여 활용할 수 있다. 본격적인 과제 수행에 앞서 캡스톤디자인 수행 팀을 구성하고 팀별로 대표를 선출하며 팀원 간 팀워크를 다질 수 있는 모임을 가질 수 있도록 하는 방안도 과제의 일부로 고려해 볼 수 있다.

- 캡스톤디자인 계획서 : 사실상 팀별로 수행할 첫 번째 과제는 캡스톤디자인 프로젝트로 수행할 계획서를 작성하는 것으로 시작한다. 캡스톤디자인 프로젝트 수행을 위한 재정지원을 받을 수 있는 경우라면 지원하는 기관에서 요구하는 양식에 따라 계획서를 작성하게 되는데 일반적으로 프로젝트명(작품명), 산업체 멘토 정보, 지도교수, 참여 학생 정보 등을 포함한다. 구체적인 프로젝트 수행 내용과 관련하여 프로젝트의 배경, 목적, 필요성 등을 담은 수행배경과 과거 유사한 프로젝트 수행 조사 내용, 상세 일정을 포함한 수행내용 및 범위를 계획에 포함한다. 또한 프로젝트 수행을 통해 얻어지는 산출물의 활용방안 및 이를 통한 기대효과를 기술하고 참여 학생별 업무 분담 및 지원을 받게 되는 경우 예산 집행과 관련한 사항도 포함하게 된다. 〈그림 1-9〉는 이와 같은 캡스톤디자인 프로젝트 수행 계획을 담은 신청서 양식의 예이다.
- 기업 및 시장 조사 : 팀별로 수행하는 프로젝트의 내용에 따라 조사가 필요한 내용과 형식이 달라질 수 있겠으나 인터넷 마케팅이나 시장 조사를 필요로 하는 과제일 경우 인터넷을 통한 기본적인 기업 및 제품에 대한 조사, 해당 상품의 시장 동향 및 경쟁 환경 분석 등이 수행된다. 경우에 따라서는 인터뷰나 설문 조사가 필요한 경우도 있으며 이 때 상세하고 철저한 조사계

획 수립이 성공적인 조사 활동을 진행하는데 필수적이라 할 수 있다. 조사 목적 및 방법, 실제 인터뷰나 설문을 통해 진행할 조사 내용, 조사된 결과에 대한 분석이 진행되며 조사과정을 자세히 기록으로 남기는 것도 과제의 내용으로 포함될 수 있다.

- 전략수립 : 팀별로 주어진 문제를 해결하기 위한 대안을 도출하고 이러한 대안들을 분석하여 최적의 대안을 제안하는 과정이다. 예를 들어 특정 상품의 해외 진출 전략을 수립하는 프로젝트의 경우 철저한 시장조사와 인터뷰, 설문 등을 통해 진출 가능한 지역들을 비교, 분석하여 이 중 최적의 진출지와 마케팅 믹스를 포함하는 최적의 진출 전략을 제안하는 것이 이 단계에서 수행된다.
- 캡스톤디자인 최종보고서 : 캡스톤디자인 프로젝트 진행 기간 동안의 수행 내용을 모두 정리하여 담은 최종 결과보고서를 작성한다. 보고서에는 필요에 따라 최초의 계획에서 변경 사항이 있을 수도 있지만 수행 배경과 수행 과정을 체계적으로 정리한다. 캡스톤디자인 수행과정에서 전자무역 전공 지식이 어떻게 활용되었는지를 포함하며 주어진 문제를 해결하기 위해 수행한 창의적인 접근 방식 및 한계점 등도 포함한다. 프로젝트 수행 결과에 대한 평가 및 팀별 수행 후기도 최종 결과보고서의 내용으로 포함하는 것이 좋다.

〈그림 1-9〉 캡스톤디자인 프로젝트 신청서 양식 예시

[서식2]

캡스톤디자인 프로젝트 신청서

			지원번호	
팀 명				
작 품 제 목				
다학제간 여부	□ 참여학생의 소속학과가 모두 동일한 경우 □ 참여학생의 소속학과가 둘 이상인 경우			
멘 토	성명		소속 및 직위	
	TEL		e-mail	
대 표 참 여 학 생	성 명		학 번	소속학과
	연 락 처			
그 외 참 여 학 생	성 명		학 번	소속학과

본 팀은 유사주제로 타사업의 지원을 받지 않음을 확인하고 귀 사업단에서 정한 캡스톤디자인 프로젝트 수행 관련사항을 준수할 것을 서약하며 과제신청서를 제출합니다.

2012년 9월 일

신 청 자 : (서명또는 날인)

지 도 교 수 : (서명또는 날인)

1. 수행배경

- 필수포함내용 (페이지 제한 없음.)
  - 사전조사
  - 캡스톤디자인 수행 주제의 선정 이유
- 다학제간인 경우 선정된 주제와의 관련성에 대해서 최대한 상세하게 작성할 것
- 배경, 목적, 개발 내용 및 필요성 포함

2. 수행내용 및 범위

- 실제 수행 계획과 관련된 모든 사항을 최대한 상세하게 작성할 것 (페이지 제한 없음.)
  - 필수포함내용
    - 선정된 주제 관련 수행된 사례 및 기존 제품(기존의 관련 이론 및 현상)에 대한 조사
    - 수행된 사례 및 기존 제품(기존의 관련 이론 및 현상) 대비 개선된 점과 독창적인 점
    - 14주를 기준으로 하는 주간 별 계획 (1주차, 2주차, ... 14주차)

3. 활용방안 및 기대효과

- 수행 결과 예상되는 산출물의 의미, 활용방안 및 활용예, 기대효과에 대해서 최대한 상세하게 작성할 것 (페이지 제한 없음.)

4. 참여학생 정보 및 업무분담표

No	소속학과	성 명	학년	학번	휴대폰	업무내용
1						
2						
3						
4						
5						
6						
7						
8						
9						
10						
	총	(대표 외 명)				

5. 소요비용 계획서

(단위 : 원)

구 분	비 용		구성비율(%)
	산출내역	금액	
재료비			
시제품 제작비			
조사활동비			
여비			
회의비			
합계 (구성비율, %)		1,000,000	100

* 상세히 작성해주시기 바랍니다.

6. 참고문헌

- 과제제안서 작성 과정에서 참고한 모든 문헌, 논문, 웹사이트 등을 순서대로 정리

[1] ...
[2] ...

7. 기타
(앞에 포함되지 못한 내용 가운데 필요 시 작성)

2) 산업체 멘토링

캡스톤디자인 프로젝트를 진행하고 과제를 준비하는 과정에서 산업체 멘토의 역할은 매우 중요하다고 볼 수 있다. 졸업 후 실제 진출을 하게 될 수도 있는 분야의 관련 업체에서 오랜 시간 실무를 경험한 전문가로부터 생생한 업무 관련 지도를 받을 수 있으며 해당 멘토와 개인적인 친분을 가질 수도 있는 좋은 기회이기 때문이다.

팀별로 혹은 해당 학기 캡스톤디자인 교과목 전체에 대한 산업체 멘토로 섭외된 산업체 전문가는 상당한 희생을 감수하고 후학들을 위해 자신의 시간과 노력을 투입하게 된다. 따라서 가능하면 산업체 멘토에게 지나친 부담과 피해가 가지 않도록 최대한 멘토의 개인적인 일정과 실제 업무와의 조정이 필요하다. 멘토링을 받게 되는 교과목 수강생들도 이 점을 충분히 숙지하고 최대한 비즈니스 매너를 지키며 기꺼이 멘토링에 참여하여 도움을 제공하는 산업체 멘토분들에게 감사의 마음을 가지고 최대한의 존중과 예의를 갖춘 모습을 보여야 할 것이다.

멘토링의 형식은 수행하는 프로젝트의 내용에 따라 달라질 수 있겠으나 조사와 전략 제안이 주를 이루는 과제일 경우 특강 형식의 강의, 팀별 미팅을 통한 질의응답, 조사를 포함한 과제 진행 계획 및 결과에 대한 검토와 피드백, 이메일 및 전화 회신 등을 포함할 수 있다. 최근 정보통신기술의 발전으로 실제 방문과 만남 없이도 다양한 방식의 효과적인 교류가 가능한데 다자간 화상 회의, 실시간 자료 첨삭지도, 이메일 및 메시징 서비스 등을 적극 활용하여 멘토링을 진행할 수 있다. 〈그림 1-10〉은 산업체 멘토에 의한 팀별 과제 검토 모임의 모습을 보여주고 있으며 〈그림 1-11〉은 산업체 멘토와 이메일을 통해 개별적인 과제 진행에 대한 의견교환이 진행되는 과정을 보여주고 있다.

〈그림 1-10〉 산업체 멘토링 과정

〈그림 1-11〉 이메일 멘토링 진행 예시

안녕하십니까? 대표이사님, 저는 계명대학교 전자무역학과 재학중인 4학년 손□ 이라고 합니다.

이번 캡스톤 디자인 프로젝트로 인해서 대표이사님과 정□ 팀장 그리고□KOREA사를 알게 되서 기쁘게 생각합니다.
그리고 바쁜 일정에도 이렇게 흔쾌히 학생들 프로젝트 검토해주셔서 너무 감사합니다.

저희 팀 명은 Counsellor team 이라고 명명을 해봤습니다. 저희보고 상담(?)을 요청하진 않았지만 저희가 갖고 있는
전자무역학적인 지식을 동원해서 해당 기업을 상담하고 전략을 제시해주는 팀이라는 뜻에서 명명해봤습니다.

저희 팀이 (주)□푸드사의□치킨 해외 진출 전략 컨설팅을 맡게 되었습니다. 그리고 그 진출 국가로써는 일본을 택하였습니다.

일본의 치킨산업은 KFC사가 독점아닌 독점을 하고 있는데 다른 치킨 프렌차이즈사들의 진출현황이 드물고
닭고기 소비현황도 한국보다 많은 실정이지만 닭을 요리의 주형태가 아닌 보조형태로 다양한 요리에 소비하는 것을 봐서는
일본인의 닭에대한 거부반응이 적어서 소비자 진입장벽이 비교적 낮다고 판단됩니다.
그래서 저희 팀은 일본이 치킨 프렌차이즈 산업에 비교적 블루오션이라고 판단되어 (주)□푸드사의 일본진출 전략을
긍정적으로 판단하고 있는 상황입니다.

동종업계의 실 사례를 바탕으로한 벤치마킹 또한 저희 팀이 전략을 제시하는데 사용하려고 합니다.
BBQ의 중국진출 사례를 바탕으로 벤치마킹을 하려고 합니다.

이상 저희 팀에서 계획을 수립한 것을 정리 한 것이구요, 첨부로 Full version을 같이 보냅니다^^
대표이사님 좋은하루 보내십시오 감사합니다!

손□씨,
일본도 좋지만 태국이나 중국이 보다 현실적일 것 같군요.
중국은 소비지로서, 태국은 소비지겸 닭고기 산지로 실질적인 검토 대상입니다

이□

이대표님,

바쁘신 중에도 이렇게 멘토링 활동에 참여해 주셔서 감사드립니다.

이번 전자무역학 캡스톤디자인 프로젝트에서는 대표적인 아시아 지역 시장으로
일본, 중국, 태국을 선정하여 팀별로 한 국가씩을 배정하였습니다.

말씀해 주신 것처럼 중국과 태국이 가장 실현 가능한 분석 결과와 제안이 도출될 수
있겠으나 아울러 대표적인 소비 시장 중 하나로 일본을 분석해 보는 것도 나름
좋은 경험이 될 수 있을 것 같다는 생각입니다. 이 팀의 경우 일본 시장 분석과 전략
제안을 수행해 보도록 허락해 주시면 어떨지요?

그럼 나중에 또 연락드리겠습니다. 감사합니다.

계명대 양근우 드림.

교수님 잘 알겠습니다.
그런데 세 팀 모두 추진방법에 대한 부분이 전무합니다.
대부분 타사 성공사례를 다루고 있는데 이는 컨텐츠가 제대로 된 것이라 할수 없을 것 같습니다.
계획서가 제대로 되어 있지 않아 제대로된 추진을 기대하기 어려우니 이점 지도부탁드립니다.

산업체 멘토의 경우 필요에 따라 자신이 지도한 팀별 멘토링 일지를 작성하여 실제 멘토링한 내용의 기록을 남길 수도 있다. 〈그림 1-12〉는 이와 같은 산업체 멘토의 멘토링 일지 형식과 내용에 대한 예시이다.

〈그림 1-12〉 산업체 멘토의 멘토링 일지 예시

[서식4]

멘토링 일지

<table>
<tr><td>일 시</td><td colspan="2">201X년 10월 25일 (15시 ~17시)</td><td>장 소</td><td>OOO Korea</td></tr>
<tr><td rowspan="8">참여명단
(부족한 경우 별지 작성)</td><td>성 명</td><td>소 속</td><td>성 명</td><td>소 속</td></tr>
<tr><td>이OO 대표</td><td>OOO Korea</td><td></td><td></td></tr>
<tr><td>정OO 팀장</td><td>OOO Korea</td><td></td><td></td></tr>
<tr><td>양OO 교수</td><td>계명대학교</td><td></td><td></td></tr>
<tr><td>최OO</td><td>전자무역학과</td><td></td><td></td></tr>
<tr><td>이OO</td><td>전자무역학과</td><td></td><td></td></tr>
<tr><td></td><td></td><td></td><td></td></tr>
<tr><td></td><td></td><td></td><td></td></tr>
<tr><td>멘토링 목적</td><td colspan="4">• 전자무역학 캡스톤디자인 프로젝트 신청서 팀별 검토 및 진행상황 점검
• OO치킨 해외진출전략 수립을 위한 시장조사 내용 발표 및 조사계획 점검 (중국팀)</td></tr>
<tr><td>멘토링 내용
(구체적으로 작성)</td><td colspan="4">• 프로젝트 신청서 내용 검토 및 코멘트

• 중국 진출 전략팀 주요 검토 사항
- 컨설팅 조사 구조화: 개요, 타겟 시장 정의, 외부환경 PEST, 시장, 고객, 경쟁, 제품, 경쟁사
- 설문조사 수정: 인사말, 개요, 목적, 우리가 알고 싶은 점을 설명하고 설문조사 시작, 유형별 개별 질문
- OO푸드가 중국 전체 진출을 하는 건 무리. 최초 입점지만 있어도 가능성 높음
- 유력한 지역으로는 칭다오, 상해, 산동성 등으로 OO푸드 지역적 조사, 진출에 대한 가격, 선택한 배경, 어떠한 항목으로 지역을 선택 할 것인지 설문으로 모든 정보 뽑아야 함
- 중국인들은 길거리 다니며 음식 먹는 모습 볼 수 없음
- 중국인들은 한번에 많은 양의 음식을 먹기 때문에 무조건 양으로 승부, 양이 안 찰 수도 있음
- 4가지 맛으로 분류하여 판매할 경우 신세대들 공략하기 좋음
- 유의점: 설계를 잘 해서 어떤 내용은 뽑아 낼 것인가? 인터뷰와 설문조사를 통해 무엇을 얻어 갈 것인가?</td></tr>
<tr><td>작성자</td><td colspan="4">멘 토 : 이 O O (서명 또는 날인)</td></tr>
</table>

참고문헌

권혁진, 경영컨설팅 실무방법론, 도서출판 대명, 2010.

노구치 요시아키, 컨설팅이란 무엇인가?, 쓰리메카닷컴, 2011.

송현직, 경관조명 및 전동기제어 시스템 캡스톤 디자인, 솔솔출판사, 2009.

이순철, 김정포, 해외시장조사론, 두남출판사, 2011.

조민호, 컨설팅 입문, 새로운제안, 2006.

조민호, 설증웅, 컨설팅 프로세스, 새로운 제안, 2006.

Rasiel, Ethan 저, 이승주, 이창현 역, 맥킨지는 일하는 방식이 다르다, 김영사, 1999.

사례연구

● 전자무역학 캡스톤디자인 강의계획서 예시 ●

e-Trade Capstone Design
Fall 201X

Instructor: 양OO
(Tel: 053-580-XXXX, E-mail: ______@kmu.ac.kr)
Class Hour: 09:00 ~ 10:15 (화요일) & 10:30 ~ 11:45 (목요일)
Classroom: 사회관 319호

※ 강의진행과 실습, 강의자료, 과제제출, 시험과 관련된 모든 정보는 강의포럼을 통해 공지할 예정입니다. 수업 전 반드시 강의포럼에 들러 공지사항 및 강의자료를 미리 확인해주십시오.

Course Description

급변하는 무역환경 하에서 기업은 무역업무의 효율적인 처리를 위해 정보통신기술을 적극 도입, 활용하고 있다. 본 강의를 통해 실제 무역 현장에서 기업이 직면하는 다양한 전자무역 관련 문제를 전공지식을 활용하여 체계적으로 분석하고 해결하는 캡스톤디자인 프로젝트를 팀별로 진행한다. 본 강의를 통해 실제 현업의 전자무역 관련 문제 분석 및 해결 방안 도출 과정을 체계적으로 학습하고 문제 해결 중심의 실무 능력을 배양하는 것을 목적으로 한다. 또한, 실제 전자무역 문제해결 사례를 함께 제공하여 전자무역 전공자들의 현업 적응 능력 및 취업 경쟁력 제고에 도움을 줄 수 있을 것으로 기대한다.

Reading Material

- **Main Text**

Class Material (강의포럼을 통해 배포)

- **Recommended Reading**

권혁진, 경영컨설팅 실무방법론, 도서출판 대명, 2010.
김연동, 이준호, 무역실무의 모든 것, 원앤원북스, 2009.
노구치 요시아키, 컨설팅이란 무엇인가?, 쓰리메카닷컴, 2011.
박성수, 박성수의 CRM IT 컨설팅, 타임스퀘어, 2011.
송현직, 경관조명 및 전동기제어 시스템 캡스톤 디자인, 솔솔출판사, 2009.
이순철, 김정포, 해외시장조사론, 두남출판사, 2011.
이승주, 경영전략 실천 매뉴얼, 시그마인사이트컴, 1999.
조민호, 컨설팅 입문, 새로운제안, 2006.
조민호, 설증웅, 컨설팅 프로세스, 새로운 제안, 2006.
조지운, 정보화 컨설팅, 울산대학교출판부, 2010.
최장우, 박영태, 인터넷 무역마케팅, 두남출판사, 2010.
Fowler, Martin, UML Distilled (3rd Edition), Addison-Wesley, 2004.

1/3

Rasiel, Ethan 저, 이승주, 이창현 역, 맥킨지는 일하는 방식이 다르다, 김영사, 1999.
Wayne Breitbarth, 김미정 역, 링크드인(세계 최대 비즈니스 소셜미디어), 말글빛냄, 2011.

Grading Policy

1. Attendance & Participation 20%
2. Homework & Project 50%
3. Midterm & Final 30%

※ 숙제는 강의포럼을 통해 공지됩니다.
※ 수업시간 중 Pop-Quiz가 출제될 수 있습니다.
※ 수업시간 중 1/3 이상 결석을 하면 과제나 시험 성적과 상관없이 최종 성적은 "F"로 처리됩니다. 결석 사유가 발생할 경우 반드시 수업 전에 이메일 등으로 연락바랍니다.

Class Schedule

	주제명	시간별 강의계획	
1주	Course Introduction	1	강의 소개 및 평가방법, 주차별 수업 일정 및 공지사항 안내
		2	강의교재 소개
		3	Ice Breaking: 강사소개 및 자기소개
2주	캡스톤디자인의 이해	1	캡스톤디자인의 정의
		2	전자무역과 캡스톤디자인
		3	캡스톤디자인 프로젝트 수행 절차
3주	수출회사와 수출아이템 발굴	1	수출상품의 경쟁력
		2	유망 수출상품 선정기준과 발굴기법
		3	수출상품과 수출가격의 이해
4주	프로젝트 계획 점검	1	팀별 프로젝트 계획 수립
		2	팀별 프로젝트 계획 발표
		3	상호 평가 및 수정 계획 수립
5주	문제정의와 시장분석	1	문제의 관찰과 정의
		2	시장 및 경쟁분석
		3	SWOT, BCG, Blue Ocean 분석 방법론
6주	해외시장조사	1	국가정보 및 해외기업 정보 수집
		2	국제특허 정보 수집
		3	해외입찰 정보 수집

2/3

7주	업무분석과 재설계	1	As-Is vs. To-Be
		2	Business Process Reengineering의 이해
		3	업무 프로세스 분석 도구 학습
8주	중간고사	1	중간고사
		2	
		3	
9주	문제해결 방안 도출	1	아이디어 취합 도구의 이해
		2	상황 분석 도구의 이해
		3	매트릭스 분석, FGI 등 실습
10주	프로젝트 중간 점검	1	팀별 프로젝트 진행상황 정리
		2	팀별 프로젝트 진행상황 발표
		3	상호 평가 및 수정 계획 수립
11주	정보기술 기반 문제해결	1	정보기술 발전 동향의 이해
		2	기업의 요구사항과 정보기술의 역할
		3	정보기술 아키텍처 제안
12주	인터넷 무역마케팅 전략	1	무역마케팅 계획 수립
		2	무역마케팅 전략 수립
		3	무역마케팅 믹스 전략
13주	인터넷 무역마케팅의 수단과 이행	1	B2B 이마켓플레이스 등록
		2	검색엔진 최적화
		3	소셜네트워크 마케팅(페이스북, 링크드인)
14주	전자무역 문제해결 사례	1	문제해결 사례연구 I
		2	문제해결 사례연구 II
		3	문제해결 사례연구 III
15주	프로젝트 결과 발표	1	팀별 기말프로젝트 발표 I
		2	팀별 기말프로젝트 발표 II
		3	프로젝트 평가 및 종합 토론
16주	기말고사	1	기말고사
		2	
		3	

3/3

• 전자무역학 캡스톤디자인 프로젝트 신청서 내용 및 멘토링 예시 •

1. 수행배경

컨설팅을 진행할 기업

Brand Name : OO 치킨

Business Name : ㈜OO푸드

보고서의 양식은 서술식과 개조식으로 나눌 수 있는데, 요즘 정부/기관 보고서에서는 서술식은 거의 쓰지 않는 추세입니다. 개조식은 ~음체로 끝나는 간결한 문장을 구사하며 말머리표가 들어가는 것이 특징입니다. 보고서는 보통 11~13 폰트의 휴먼명조체를 가장 일반적으로 사용합니다. 첫 문단을 개조식으로 바꿔보면 이렇습니다.

▶ 수행 배경

- ㈜OO푸드는 15년 역사의 식품회사로 대한민국을 넘어 세계로 나아가고 싶다는 신념아래 새로운 외식산업의 문화를 이루고자 "OO치킨"을 탄생시켰음

- 우리 모두가 안전하게 먹고, 마음 편하게 찾을 수 있도록 '품질은 최고, 가격은 합리적으로' 하는 고객만족 전략이 가맹점 네트워크에서 빛을 발하고 있음

- OO치킨은 대구시 지정 바이오센터 박사진 및 연구원, 대구카톨릭대학교 해양바이오산업 연구센터, 대구보건대학 교수진 등과 소스 및 여러 제품을 상호 협력하여 연구 개발하고 있음

▶ 수행 목적

㈜OO푸드는 15년 역사의 식품회사로 대한민국을 넘어 세계로 나아가고 싶다는 신념아래 새로운 외식산업의 문화를 이루고자 "OO치킨"을 탄생시켰습니다. 우리 모두가 안전하게 먹고, 마음 편

하게 찾을 수 있도록 '품질은 최고, 가격은 합리적으로' 하는 고객만족 전략이 가맹점 네트워크에서 빛을 발하고 있습니다. OO치킨은 대구시 지정 바이오센터 박사진 및 연구원, 대구카톨릭대학교 해양바이오산업 연구센터, 대구보건대학 교수진 등과 소스 및 여러 제품을 상호 협력하여 연구 개발하고 있습니다. "속살까지 양념이 잘 된 OO치킨"이라는 슬로건 아래 천연 양념으로 숙성, 콤비스티머 오븐에 구웠습니다. 기름기를 빼면서 구워낸 치킨은 10여 가지 이상의 다양한 맛을 즐길 수 있으며, 부위별로 골라먹는 재미도 있습니다. 2009년에는 슬로건을 "없으니까 더 맛있네 뼈없는 OO치킨"으로 변경하여 OO치킨의 특별함을 더욱 강화함으로써 고객들의 건강과 입맛 그리고 편리함을 동시에 사로잡고 있습니다.

> 자료가 없어서 다른 곳의 자료를 인용한다고 하더라도, 그대로 쓰는 것은 조금만 읽어보면 금새 알 수 있습니다. 자료를 인용하되 보고서에 맞도록 글의 맥락을 수정하는 것이 필요합니다.
>
> 한글 보고서는 1쪽에 1개의 그림 또는 표가 배치되는 것이 가장 이상적입니다.

㈜OO푸드 OO치킨은 전국에 1,000호점 가맹 네트워크 개설을 위해 2010년까지 부산, 창원, 울산, 강원, 경북지역에 지사를 구축 하였고 2011년에는 대전, 천안지사를 개설하여 수도권 진출을 위한 교두보를 마련하였습니다. 이와 같이 ㈜OO푸드는 기업 슬로건처럼 국내를 넘어 세계진출까지 꾀할수 있는 기업으로 성장하고 있는 중입니다.

OO치킨은 메인메뉴의 세트화를 시켜 저렴하여 남녀노소 누구나 부담 없이 치킨을 즐길 수 있게 메뉴를 특색화 시킨 것이 포인트입니다. 순살 치킨과 불갈비 세트는 학생들에게 많은 사랑을 받고 있으며 순살 치킨과 불닭세트는 우리 직장인들의 달달한 술안주가 됨으로써 전 연령 남녀노소 누구에게나 입맛에 맞는 메뉴를 산출 한 것이 전국 가맹점으로 성장하는 원동력이 되어 있는 것 같습니다. 또한 매장 방문시에는 가격을 1000원 할인을 시켜주는 전략으로 홀 손님에 대한 마케팅을 하고 있으며 내부인테리어는 깔끔한 인상을 심어주어 깨끗하고 맛있는 치킨에 대한 이미지를 심어주고 있습니다.

OO푸드는 대한민국을 넘어 세계로 라는 슬로건 이래로 성장 중임으로 특히 세계로 뻗어가기 위해서 가까운 이웃나라의 진출이 중요시 되고 있습니다. 그리하여 카운슬러 팀은 다른 나라에 본 기업이 진출하는 것 보다는 일본으로 진출을 해야 더 확실한 사업적 이득을 볼 것으로 예상하고 있습니다.

수행내용 및 범위 추가 또한 도식화하여 정리하면 수행할 때 많은 도움이 됩니다.
– 시장규모, 업체현황, 주요경쟁사, 정책동향 – 법, 규제, 가맹점 유치 전략, 해외진출 로드맵, 유관기관

아울러 제안서(신청서) 때는 최종보고서의 예상 목차를 미리 짜보는 것도 조사 전개에 큰 도움이 됩니다. 이러한 최종보고서의 예상목차를 요구하는 제안도 많습니다.

– 목차예시

Ⅰ. 과제수행 개요
 1. 수행 배경
 2. 수행 목표
 3. 수행 내용 및 범위
 4. 수행 프로세스
 5. 수행 방법

Ⅱ. 일본 진출 전략 수립
 1. 조사기업 개요
 2. 일본 치킨 프랜차이즈 시장 동향
  1) 일반 현황
  2) 업체 현황
  3) 소비자 동향
  4) 정책 및 규제 동향
 3. 일본 치킨 프랜차이즈 시장 진출 전략
  1) 제품
  2) 가격
  3) 유통
  4) 촉진
  5) 기타

Ⅲ. 일본 진출 가이드
 1. 정치
 2. 경제
 3. 사회 및 문화
 4. 일본 비즈니스

▶ 일본

> 왜 진출대상국가로 일본으로 정했는지에 대한 설명 또한 필요합니다.
> ex) 닭고기 소비량, 소비자 트렌드, 한류 열풍 등

4면인 바다인 섬 지역에 자리 잡은 국가로써 인구 1억 3천만 명이 살아가고 있습니다.

4면이 바다이다 보니 풍부한 해산물을 잡을 수 있는 어장을 가지고 있으며 옛날부터 어류의 음식을 즐겨 먹는 나라입니다.

일본 치킨 산업 및 문화의 특징

일본에 진출해 있는 치킨 프렌차이즈는 독보적으로 KFC 켄터키 프라이드 치킨이 독점이 아닌 독점을 하고 있는 실정입니다. 파파이스와 BBQ같은 다른 브랜드는 현 시점에서 일본에 가맹점이 없습니다. 우리나라와 다르게 일본에는 치킨집이 많이 없습니다. 그렇다 보니 프렌차이즈는 KFC가 유일하게 자리 잡고 있으며 동네에 조그마한 치킨집이 몇 군데 있는 것이 전부입니다.

일본의 소식문화에 맞게 2조각씩 3조각씩 치킨을 소비하는 소매 형태를 뛰고 있는 것도 일본의 외식소비 문화의 특징입니다. 하지만 닭고기 소비는 한국인의 소비량보다 많은 것으로 나타나 닭고기 요리를 한국인과 마찬가지로 좋아하는 것으로 볼 수 있습니다. 1인당 닭고기 소비량이 한국 12kg 일본 15kg으로 조사 되었습니다. 특히 한국에서는 한 마리 씩 판매를 하는 가게가 많다면 일본은 한 조각씩 판매를 하는 가게가 많다는 것이 특징입니다. 그리고 많은 소비량에 비해 치킨집이 없는 것은 일본은 우동에 닭고기를 넣고 라면에 닭고기를 넣으며 특히 카레를 먹을 때도 닭고기를 튀겨 넣는 그러한 음식문화가 발달하여 주로 치킨 전문점에서 소비하는 형태가 아닌 가정집에서 간단한 요리를 넣을 때 부식재료로 소비하고 있는 것이 현실입니다.

일본의 외식 문화

나홀로 족의 천국

1인 가구 수가 전체 가수 수에서 차지하는 비율이 43%에 달하는 일본은 일찌감치 1인 외식문화가 발달 하였습니다. 대다수 직장인들이 상주하는 도시에, 간편하게 홀로 식사를 즐길 수 있는 식당이 많이 있는 것도 아마도 나홀로 족이 많기 때문입니다. 서서 식사하는 테이블과 요리하는 주방장 바로 앞에 마련된 바 형태의 테이블 등 가게마다 다양한 설계로 싱글족을 유인합니다. 메뉴는 라면이나 우동, 덮밥, 타코야끼 등 주로 간편하게 먹을 수 있는 음식들로 구성, 일반적인 선술집에도 대부분 바가 구비되어 있어 식사뿐 아니라 혼자서 맥주나 청주 등의 술을 즐기는 싱글족도 있습니다.

결론

본 카운슬러 팀은 OO푸드사가 일본에 진출을 하였을 때 승산이 있다고 사료됩니다. 일본은 다양한 요리에 닭고기를 소비하고 있는 것으로 보아서 닭고기 (치킨)에 대한 거부감이 상대적으로 적게 보이며 진입장벽이 낮습니다. 다른 측면으로 보자면 치킨 전문점이 적다는 것은 그만큼 경쟁도 적다는 것으로 볼 수 있습니다. 새로운 시장을 개척하는 것을 블루 오션이라고 칭하는데 일본의 치킨 산업은 블루오션의 시장인 것입니다. 또한 일본에는 맛 집 소개를 하는 프로그램이 우리나라에 5배 이상은 많습니다. 특히 식사시간에 맛 집 소개 프로그램이 많으며 한국식 치킨을 파는 곳이 소개가 되었는데 일본인들이 현재에도 즐겨 찾는 맛집이 되었습니다. 이러한 정황을 살펴봤을 때 OO푸드사가 일본으로 진출해서 얻을 기회는 무궁무진하다고 생각됩니다.

2. 수행내용 및 범위

1) 해외시장 진출배경(BBQ 사례)

해외시장진출배경이라 하면, OO푸드에서 왜 해외시장으로 진출하고자 하는가를 말하는 것입니다. 그러므로 국내 치킨프랜차이즈 경쟁 포화와 같은 예를 들어 국내 과열시장 경쟁에서 벗어나 더 넓은 시장으로 진출하려 한다는 논리를 펴야 합니다. BBQ의 사례를 여기에서 제시하는 것은 맞지 않습니다.

BBQ의 해외시장 진출은 국내 시장의 포화에서 비롯됐습니다. 국내 치킨시장은 적게는 연간 2조에서 많게는 연간 4조원정도이고 치킨은 돼지고기에 이어 국내에서 두 번째로 많이 소비되는 육류인데다 가격도 싸고 영양도 풍부하기 때문에 창업 시장에서도 비교적 성공확률이 높은 아이템으로 꼽히고 있습니다. 또 영업이 주로 배달을 통해 이루어지다보니 소자본 창업이 가능하고 특별한 조리기술을 필요로 하지 않아 진입장벽이 낮고 그만큼 경쟁도 치열합니다. 때문에 치킨 프랜차이즈 가맹본부만 전국적으로 50여개, 가맹점 수만 약 8000개에 달하는 것으로 업계는 추산하고 있습니다. 이렇듯 치킨 전문점 시장이 포화상태에 이르자 BBQ는 해외 진출을 통해 성장의 한계를 극복하겠다는 전략을 세운 것입니다.

2) 중국진출현황

BBQ는 2003년 3월 중국 최대 민영그룹인 동방희망그룹과 공동출자하여 합자회사를 설립함으로써 중국에 진출하였으며, 2003년 7월 중국 상해시에 직영점 4개 점포를 동시에 개점 하였고, 2005년 2월 외자기업으로는 처음으로 '상업특허경영'을 허가받아 가맹사업을 전개하였습니다. 또한 가맹점에 원부재료의 안정적인 공급을 위한 자체 물류센터와 예비창업자를 성공창업자로 만들기 위한 교육센터를 상해시 송강구에 건립하여 운영하고 있습니다. 2005년 3월에는 중국 전역 확산을 위하여 산동성 지사와 천진 지사를 설립하였으며, 동북3성 진출을 위하여 중국 최대 계육 생산업체런 덕대그룹과 합자의 향서를 체결하여 가맹사업을 확대하고 있습니다. 2006년 11월에는 1개의 가맹본부와 2개 지사 1개의 생산 공장을 가지고 있고, 현재 상해40개, 청도45개, 천진15개, 동북3성2개 등 총 102개의 점포를 가지고 있습니다. 상해 소주점의 경우 하루 매출액이 50만원 정도이고 물가수준을 감안하면 높은 수치입니다. 중국 100여개의 가맹점에서 1년 동안 벌어들인 수익은 85억 원으로 추정되고 있습니다.

3) 해외진출 전략

신청서에는 어떻게 조사하겠다, 어떻게 분석하겠다라는 내용이 들어가야 합니다. 아래 내용은 답입니다.

- 코발리제이션

코발리제이션(korea + globalization)은 가장 한국적인 맛을 전 세계적으로 유지해 현지 문화와

맛이 담긴 메뉴를 접목시키겠다는 의지가 담겨있습니다. 특히 핵심메뉴와 BBQ의 정체성에서는 중심을 유지하되 사이드메뉴를 현지화 하는 전략으로 다가가고 있습니다.

- 배달문화의 정착

피자를 제외하면 음식을 가정이나 직장까지 직접 배달해주는 서비스가 없었기 때문에 BBQ는 이를 적극적으로 활용하였습니다. 중국에서의 경우에는 자국 내에서 불량음식문제 때문에 음식의 질을 의심해 배달주문을 하지 않았지만 점차 인지도가 오르면서 배달주문의 건수가 늘었습니다.

- 공격적인 경영

국내에서도 창업 후 1년 만에 100개의 가맹점이 생길정도로 공격적이었던 경영은 해외진출에서도 이어졌습니다. 중국진출 3년 만에 30개의 점포를 오픈하였고 스페인에서는 진출하자마자 2개의 직영점을 내며 공격적인 경영을 이어갔습니다.

4) 중국시장 분석

중국의 빠른 성장과 함께 패스트푸드의 인기도 함께 오르고 있다. 중국인들의 소득수준이 높아지고, 소비문화가 활발해지면서 음식문화에 자부심을 갖고 있는 까다로운 중국인들에 맞게 많은 해외 외식업체들이 중국인들의 입맛에 맞도록 운영하고 있습니다.

세부 목차를 미리 짜고 작성되지 않아 구분하기 어렵습니다. 신청서가 중국을 조사하겠다는 건지 일본을 조사하겠다는 건지 읽는 사람에게 혼동을 주기 쉽습니다.

기존 해외 진출 기업의 사례를 통해 개선해야 할 점과 전략도출 계획

OO치킨의 일본에서의 성공적인 프랜차이즈를 위하여 앞서 진출해 있는 BBQ 등을 분석(컨셉, 시스템구축(브랜드 이미지, 매장관리 등), 마케팅 등)을 해야 합니다. 또한 SWOT분석을 통하여 OO 치킨이 내세우고 있는 기업의 경쟁력과 일본 치킨 프랜차이즈의 현황을 분석해야합니다. 현재

일본 치킨시장의 경쟁 업체를 조사하고 자사와의 비교 분석을 통하여 OO치킨이 개선 해나가야 할 점 등을 연구해야 합니다. 그리고 일본시장에서 OO치킨의 이미지브랜드 및 진출 전략을 세워야 할 것입니다.

> 일본 진출에 중국 사례를 분석해야 한다는 것은 개연성이 부족합니다. 일본에서 영업하고 있는 치킨 프랜차이즈를 조사하십시오. swot 분석은 좋은 방법입니다. 개선점 도출도 좋습니다. 브랜드 전략을 세우는 것도 좋습니다.

OO푸드의 차별성

"속살까지 양념이 잘 된 OO치킨" 이라는 슬로건 아래 천연양념에 18시간 이상 숙성하여 콤비스티머 오븐에 기름기를 빼면서 구워낸 제품으로 기존 치킨점 과는 확실하게 차별화 된 10여 가지 이상의 다양한 맛과 부위별로 골라먹을 수 있는 시스템을 운영하고 있습니다. 2009년부터는 오븐치킨 콘셉트에서 한 단계 업그레이드 된 '뼈 없는 치킨 콘셉트'을 도입해 뼈 없는 OO치킨 이란 슬로건으로 차별화를 시도했습니다. 또 지속적인 교육과 본사와의 친밀한 관계유지를 위해서 3, 6, 9, 12월 셋째 주 화요일마다 OO치킨은 프랜차이지(가맹점사업자)들을 상대로 정기교육을 시행합니다. 가맹점이 20개를 넘을 때부터 시작한 교육은 가맹점 관리를 중요시하는 OO치킨의 시스템을 보여주는 실례(實例)입니다.

OO치킨 호프는 맛은 물론 다양한 메뉴를 확보 하고 있으며 먹기 좋게 뼈를 제거하여 환경을 생각하여 음식쓰레기를 줄이고 아이 어른 할 것 없이 뼈를 바를 필요 없이 먹기 좋게 만들었고, *3way 시스템을 적용하여 세 박자가 모두 들어맞아야 가맹점의 매출이 상승된다는 기본방침아래 운영되고 있다. 특히 테이크아웃 시 1천원 할인판매 되어 고객들의 호응이 커서 하나의 차별성으로 분석됩니다.

> 일본도 우리와 같이 홀, 배달, 테이크 아웃 손님들이 골고루 분포되어 있는지, 각 유형의 손님들마다 어떤 정책을 펼치고 있는지 고객 유인 제도는 어떤 것들이 있는지에 대한 조사가 필요합니다.

*3way 시스템

홀
배달
테이크아웃

〈프로젝트 계획표〉

(프로젝트기간) 20XX. 9. 4 – 20XX. 12. 6	
주차	프로젝트 내용
1주	Kick Off Team meeting & 팀 프로젝트 계획수립
2주	해외진출 대상국 결정
3주	기업 및 해당국가 시장조사
4주	해당국가 문화 및 성향 파악
5주	기업방문 및 인터뷰
6주	해당국가 잠재고객 인터뷰 (1)
7주	주요 고객층 선정
8주	가격전략 및 홍보전략 수립
9주	프로젝트 컨설팅 by 멘토, 담당교수
10주	해당국가 잠재고객 인터뷰 (2)
11주	매장 인테리어 전략 수립
12주	서비스 방법 다각화
13주	보고서작성
14주	최종발표

OO치킨의 프랜차이즈 해외진출

달고 밍밍하며 느끼한 음식을 주로 먹는 일본인들에게 "속살까지 달달한 양념이 잘 된 OO치킨"이라는 슬로건 아래 천연 양념으로 숙성, 콤비스티머 오븐에 구워 기름기를 빼면서 구워낸 치킨은 10여 가지 이상의 다양한 맛을 즐길 수 있게 하며, 부위별로 골라먹는 재미와 상대적으로 작은 치킨의 사이즈와 '뼈 없는 치킨'으로 인해 먹기 간편함을 제공하여 어린이층부터 노인층까지 다양한 고객층을 확보 할 수 있습니다. 특히, 공동연구의 천연추출물에서 찾은 물질을 OO치킨의 소스와 닭고기 양념용 소스에 첨가는 일본 현대인들의 나쁜 식습관으로 인한 질병들이 대두되고 있는 요즈음 이러한 ㈜OO푸드의 노력에는 고객의 건강을 생각하는 마음이 고스란히 드러나고 있는 부분도 고객의 확보에 큰 장점에 기인할 것입니다.

일본의 닭고기 소비 형태, 소비 문화, 소비 경로 조사

또한 일본의 배달 문화를 보기 힘든 측면에서 OO치킨은 Take Out, 홀, 배달이라는 복합적 시스템과 한 번씩 배달시켜 먹는 외식 개념의 치킨이 아닌 집에 반찬이 없을 때 밥반찬으로도 먹을 수 있고 나들이 갈 때 도시락으로도 좋은, 일상생활에서의 친근한 먹을거리로 고객에게 다가가 이윤창출에 힘이 될 것입니다.

그리고 Take Out시 "1,000원 DC"는 저렴한 가격으로 혼자 있어도 언제나 부담 없이 즐길 수 있는 보다 대중성 있는 아이템으로 판매 돌풍을 일으킬 것입니다.

일본인들이 선호하는 이벤트, 가격대, 제품 포장 방식, 구입 방식 등 조사 닭고기 등 원재료 취급 업체 조사

OO치킨의 프랜차이즈 확장에서 있어서는 자체 가공 공장 노하우와 유통시스템 인프라로 인해 원재료 및 부재료의 95% 이상을 본사에서 직접 생산해 가맹점에 공급함으로써 가맹점 주에게 충분한 이윤을 남겨줄 수 있습니다. 특히 생산단계에서 모든 메뉴는 특수염지 처리돼 천연양념에 18시간 이상 숙성 후 한 마리씩 개별 포장돼 가맹점에 보내기 때문에 별도의 손질이나 양념이 필요 없습니다. 또한, 가맹점 주를 위한 지원도 많습니다. 각종 시식지원, 할인행사지원, 전단지지원, 현수막지원, 경로잔치지원, 개업 및 경품행사지원, 광고책자지원, 영상광고지원, 연말성장률 포상제도, 최다매출포상제도 등 매출향상을 위한 다양한 지원프로그램을 갖추고 있기 때문에 일본 진출에서의 성공 확률은 높다고 기대할 수 있겠습니다.

02

제 2장

수출회사와 수출아이템 발굴

학습 목표

- 수출회사의 종류와 수출회사의 설립에 대해 이해한다.
- 수출상품의 경쟁력, 유망 수출상품 선정기준, 수출원가의 구성에 대해 이해한다.
- 유망 수출상품 발굴기법을 습득하고 수출원가를 계산할 수 있다.

학습 목차

▲

제 1 절

수출회사의 설립과 수출회사의 선정

수출을 위한 무역회사는 크게 무역업과 무역대리업 그리고 무역대행업으로 구분할 수 있다.[1] 전자무역 캡스톤디자인 프로젝트 수행을 위해 다음 중 어떤 형태의 무역회사 설립이 필요할 지 알아보고 사업자등록 신청과 무역업고유번호 신청을 실습해 본다.

무역업은 자신이 무역계약의 주체이며 수출상 또는 수입상이 될 수 있는 회사이다. 무역만 전문적으로 하는 회사가 아니더라도 제조업체가 직접 수출하는 경우도 있고 제조를 위한 원자재, 부품 구입은 수입상으로서 무역계약을 하게 된다.

무역대리업은 수출상 또는 수입상으로부터 수수료를 받고 수출입을 중개 · 알선 · 보조하는 자로서 계약시 자기 명의를 사용하지 않고 계약대리인(Agent)으로서 수출입 계약단계에서만 개입하기 때문에 본 거래에 대한 책임이 없다.

무역대행업이란 무역대행 계약을 체결하고 실제 수출자 또는 수입자를 대신하여 수출입 업무를 처리해 주는 업종을 뜻한다. 실제 수출자나 수입자가 무역경험이 없거나 은행의 거래한도가 부족한 경우에 무역대행업자가 자기 명의로 수출입거래를 진행하고 무역대행 계약에 의거 대행수수료를 지급받는다.[2]

1) 한국무역협회 무역아카데미, 무역마케팅, 2012.
2) 이기찬, 이기찬 무역실무, 중앙경제평론사, 2011.

〈그림 2-1〉 무역회사의 종류

1. 무역업의 종류

국내에서 직접 외국으로 수출하는 것은 제조자 직접수출, 위탁가공 수출, 상사수출 등의 형태가 있으며 이러한 회사는 무역업으로 분류된다.

1) 위탁가공 수출

위탁가공무역은 가공임을 지급하는 조건으로 외국에서 가공할 원자재의 전부 또는 일부를 거래 상대방에게 수출하거나 제3국에서 조달하여 이를 가공한 후 가공물품을 수입하는 수출입을 말한다. 즉, 자국내 임금수준이 높아 외국의 저렴한 노동력을 활용하거나 외국의 고도의 기술을 이용하고자 하는 경우에 이용되는 거래이다. 거래상대방에서 가공한 후 재수입하지 않고 현지 또는 제3국에 판매하는 경우도 있다.[3)]

생산을 의뢰하는 업체는 원자재를 제공하는 한편 생산할 제품의 브랜드, 품질, 규격, 수량 등을 지정해 준다. 위임을 받은 업체는 생산장비와 노동력만 투입해 제품을 생산한 후 위탁업체에게 가공임을 받는다. 원자재와 수출품의 소유권은 모두 생산 의뢰업자에게 있는데, 생산국 입장에선 국제

3) 무역용어사전, 한국무역협회.

거래에 따르는 각종 위험을 피할 수 있으며 안정된 수입이 보장되는 장점이 있다. 국내기업의 경우 저렴한 임금을 겨냥하여 중국, 동남아, 북한 등에 위탁가공무역을 하고 있다. [4]

2) 상사수출

무역상사(Trading Company)는 수출, 수입을 전문으로 하는 기업이다. 특수한 형태로는 종합무역상사, 전문무역상사, e-무역상사 등이 있다.

종합무역상사는 모든 영역에 걸친 많은 종류의 다양한 상품 거래와 광범위한 국내외 시장과의 거래를 도맡아 취급하는 거대상사를 부르는 말이다.[5] 대외무역법에 의해 해당 정부부처 장관이 해외시장의 개척 및 무역기능의 다양화를 위하여 무역거래자 중에서 종합무역상사를 지정하다가 개별 제조업체의 수출능력이 향상되면서 종합상사제도는 2009년에 폐지되었다.

전문무역상사 제도는 2003년 대외무역법이 개정되면서 새롭게 도입하였다. 첨단산업 제품의 수출활성화를 위해 전문무역상사를 지정하여 해외마케팅능력이 부족한 첨단제품 생산기업의 무역마케팅을 대행한다. 최소한의 건전 재정능력을 담보하기 위해 자본금의 규모를 70억원 이상으로 하였으며, 첨단산업 제품과 타사 제품의 비율이 수출비중의 50%가 넘도록 하여 첨단산업 제품에 대한 전문성과 수출대행의 전문성을 보장하였다.[6]

e-무역상사란 전자무역 능력이 없는 중소기업을 위해 해외 바이어와의 거래중개, 전자 카탈로그나 오퍼 등재, 인콰이어리 관리에서 계약 성사까지의 무역마케팅 지원 및 계약 이후의 무역업무를 종합 대행하는 서비스를 제공하는 업체로서 정부로부터 지정을 받은 자를 일컫는다.[7] 국내에서 영업하는 e-무역상사는 (주)이씨이십일, 이씨플라자(주), 한국옐로우페이지(주) 3개 회사로 자본금은 10억원 이상, 20명 이상의 종업원을 두어야 한다.[8]

4) 시사경제용어사전, 기획재정부, 2010.
5) 시사용어사전, 2005.
6) 전순환, 대외무역법, 한올출판사, 2005.
7) 이기찬, 무역실무 이것만 알면 된다. 중앙경제평론사, 2011.
8) 매일경제, 매일닷컴.

3) 중계무역상, 중개무역상

수입한 물품을 국내에 반입하지 않고 원상태 그대로 수출하여 수입대금과 지급금액의 차액을 취하는 무역 형태를 말한다. 중계무역과 비슷한 개념으로는 중개무역(Merchandising trade)이 있는데, 중계무역은 매매차익을 목적으로 하는 반면 중개무역은 최초 수출업자나 최종 수입업자의 대리인으로 거래에 참여하여 수수료를 취득하는 무역 형태라는 점에서 차이가 있다. 중계무역은 자체 공급 능력에 한계가 있는 국가가 제3국에서 상품을 수입하여 수출함으로써 해외시장을 공략한다는 장점이 있다.9)

〈그림 2-2〉 중개무역의 흐름도

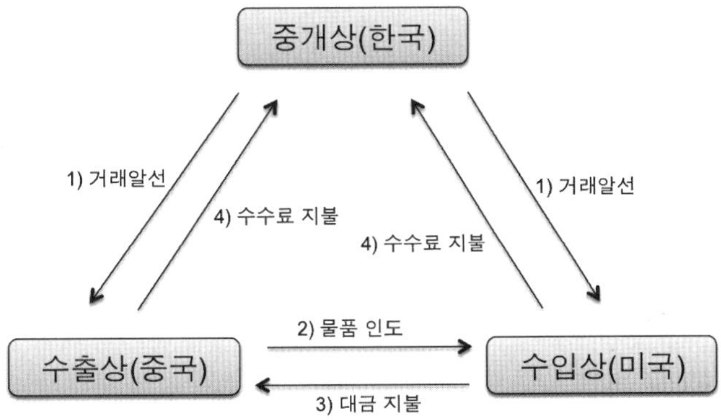

출처 : 부산광역시, 무역실무가이드.

4) 외국인도 수출

수출자가 외국에서 물품을 인도하고 물품대금은 국내에서 영수하는 형태의 거래를 뜻한다. 예를 들어 해외건설현장에서 사용하던 기자재를 국내로 들여오지 않고 현지에서 인도하거나, 원양 어선이 해외에서 채취한 수산물을 현지에서 인도하는 경우가 외국인도 수출에 해당한다. 또한 위탁가공무역 방식에 의해 해외의 가공업체에서 가공한 물건을 현지에서 제3국으로 수출하는 것도 외국인도 수출이라고 할 수 있다.10)

---

9) 시사경제용어사전, 기획재정부, 2010.

10) 이기찬, 이기찬 무역실무, 중앙경제평론사, 2011.

2. 무역대리업의 종류

1) 오퍼상(Offering Agent)

오퍼상은 수출 알선과 수입 알선을 모두 할 수 있지만 통상 외국 수출상의 위임을 받고 우리나라의 수입상을 발굴하여 소개해 주고 수출입 거래가 성사되면 외국 수출상으로부터 수수료를 받는 것이 일반적이다. 따라서 오퍼상이란 용어는 외국 수출상의 입장에서 붙여진 이름이다.[11)]

오퍼상은 단순히 에이전트의 역할만을 하는 것이 아니라 때로는 유통업자의 역할까지 해야 하는 경우도 있다. 수입물품이 필요한 회사가 오퍼상이 수입한 물품을 내수로 구매하고자 하는 경우도 많기 때문이다. 수출 오퍼상인 경우 에이전시 계약을 맺은 그 바이어의 국가 외 어디에서든 누구에게나 자유롭게 수출할 수 있으므로 행동반경이 넓다.[12)]

2) Buying Office

오퍼상은 외국의 수출상으로부터 수수료를 받고 일하는 것이지만 바잉 오피스의 경우는 외국의 수입상으로부터 수수료를 받고 국내 수출업체를 연결시켜 주는 일을 한다. 외국 수입업자의 지사 또는 대리점으로서 국내에서 수출할 물품을 구매하거나 이에 부대되는 행위를 하는 업체가 많다.

세계적인 유통업체나 패션업체는 글로벌 구매 업무를 본사 직원들이 출장을 다니면서 해결할 수 없으므로 Buying Office를 두는 경우가 많다. 거꾸로 생각하면 한국의 제조 · 수출 업체가 세계적인 유통업체에 수출을 원하면 한국에 설치되어 있는 Buying Office와 접촉해야 하는 것이다.

11) 오시학, 창업을 위한 무역교실 300문 300답, 중앙경제평론사 2009.
12) 신성찬, 오퍼상이 꼭 알아야 할 무역실무, 원앤원북스, 2009.

3. 사업자등록과 무역업고유번호 신청

1) 사업자등록

무역업을 시작하기 위해서는 사업을 개시하고 개시사실을 알리기 위해 관할세무서에 신고하는 절차가 필요하다. 부가가치세법에서는 영리목적의 유무에 불구하고 사업상 독립적으로 재화 또는 용역을 공급하는 자를 사업자라 하고 부가가치세를 납세할 의무가 있다. 신규로 사업을 개시하는 자는 사업장마다 사업개시일로부터 20일 내에 일정한 서류를 첨부한 사업자등록신청서를 소관 세무서장에게 제출하여야 한다.[13] 법인사업자가 아닌 개인사업자의 경우 연간 공급대가 예상액이 4,800만원 미만인 개인사업자는 간이과세자로 등록할 수 있지만 무역업의 경우는 간이과세를 적용받을 수 없다. 개인사업자가 사업자등록 신청시 제출할 서류는 다음과 같다.[14]

① 사업자등록신청서 1부
② 임대차계약서 사본 (사업장을 임차한 경우)
③ 허가(등록, 신고)증 사본 (해당 사업자)
  - 허가(등록, 신고) 전에 등록하는 경우 허가(등록) 신청서 등 사본 또는 사업계획서
④ 동업계약서 (공동사업자인 경우)
⑤ 재외국민 · 외국인 입증서류 (해당되는 경우)

다음 양식은 사업자등록신청서(개인사업자용)이다. 각자 가상의 무역회사를 설립하여 신청서를 작성해보자. 무역업은 개인 자격으로도 가능한 자유업종이지만 본격적인 사업을 진행할 때는 세금계산서 발급, 세금 납부 등 사업자등록증이 필요하기 때문에 사업자등록 신청은 반드시 필요한 과정이라고 할 수 있다.

13) NEW 경제용어사전, 미래와경영연구소, 2006.
14) 국세청

〈표 2-1〉 사업자등록신청서

[별지 제3호서식] (앞 쪽)

접수번호	사업자등록신청서(개인사업자용) (법인이 아닌 단체의 고유번호 신청서)	처 리 기 간
		3일(보정기간은 불산입)

귀하의 사업자등록 신청내용은 영구히 관리되며 납세성실도를 검증하는 기초자료로 활용됩니다. 아래 해당 사항을 사실대로 작성하시기 바라며, 신청서에 본인이 자필로 서명하여 주시기 바랍니다.

1. 인적사항

상 호(단 체 명)		전 화 번 호	(사 업 장)
성 명(대 표 자)			(자 택)
			(휴대전화)
주 민 등 록 번 호		F A X 번 호	
사 업 장 (단 체) 소 재 지		전자우편주소	
		국세청이 제공하는 국세정보 수신 동의 여부	동의함 ( ) 동의하지 않음 ( )

2. 사업장현황

업 종	주업태		주종목		주업종코드	개업일	종업원수
	부업태		부종목		부업종코드		

사이버몰 명칭	**사이버몰 도메인**	

사업장구분	자가면적	타가면적	사업장을 빌려준 사람 (임 대 인)			임대차 명세		
			성 명 (법인명)	사업자 등록번호	주민(법인) 등록번호	임대차 계약기간	(전세) 보증금	월 세
	㎡	㎡					원	원

허 가 등 사업여부	신고( ) 등록( ) 허가( ) 해당없음( )	주류면허	면허번호	면허신청
				여( ) 부( )
개별소비세 해 당 여 부	제조( ) 판매( ) 입장( ) 유흥( )			
사업자금 명세 (전세보증금 포함)	자기자금 원	타인자금	원	
사업자단위과세 적용 신고 여부	여( ) 부( )	간이과세 적용 신고 여부	여( ) 부( )	

그 밖의 신청사항	확정일자 신청여부	공동사업자 신청여부	사업장소 외 송달장소 신청여부	양도자의 사업자등록번호 (사업양수의 경우에 한정함)
	여( )부( )	여( ) 부( )	여( ) 부( )	

210㎜×297㎜[일반용지 60g/㎡(재활용품)]

2) 무역업고유번호 신청

해당부처 장관은 대외무역법 시행령 제30조 및 제31조의 규정에 의한 전산관리체제의 개발, 운영을 위하여 무역거래자별 무역업고유번호를 부여할 수 있다. 무역거래자는 관세법 제241조 규정에 의한 수출(입)신고시 무역업고유번호를 수출(입)자 상호명과 함께 기재하여야 한다. 대외무역법 제2조 제1호의 규정에 의한 무역을 업으로 하고자 하는 자는 무역업고유번호를 한국무역협회장에게 신청해야 하며, 한국무역협회장은 접수 즉시 신청자에게 무역업고유번호를 부여하여야 한다. 2000년 1월 1일부터 무역 활성화를 위해 대외무역법에서 무역업 신고제를 폐지하도록 규정함에 따라 현재는 신고할 의무는 없다.[15]

무역업고유번호는 수출입 통계목적상 부여받는 것으로서 무역업고유번호를 부여받는 데에는 일체 비용이 들지 않으며 한국무역협회에 회원으로 가입해야 할 의무도 없다.[16] 매년 무역의 날에 1백만 불 이상의 수출실적이 있는 업체를 포상하는데 수출입실적이 없거나 자사집계와 차이가 나는 경우 대부분 세관에 수출입 신고 시 무역업고유번호를 기재하지 않은 경우이다.

무역업고유번호 신청은 한국무역협회 본부 및 국내지부에 하면 되고 사업자등록증을 보유한 개인 또는 법인이어야 신청할 수 있다. 무역업고유번호 신청 시에는 무역업고유번호신청서, 사업자등록증 원본, 신분증 등을 지참해야 한다.[17] 다음 양식은 무역업고유번호 신청서이다. 각자 가상의 무역회사를 설립하여 신청서를 작성해보자.

15) 유광현, 무역 초보자가 꼭 알아야 할 139가지, 원앤원북스, 2006.
16) 오시학, 창업을 위한 무역교실 300문 300답, 중앙경제평론사 2001.
17) 김연동, 이준호, 실전에 바로 써먹는 무역실무의 모든 것, 원앤원북스, 2009.

〈표 2-2〉 무역업고유번호 신청서

처리기간(Handling Time)
즉 시(Immediate)

① 상 호 (Name of Firm)		② 무역업고유번호 (Trade Business Code)	
③ 주 소 (Address)		④ 업 종 (Business Type)	
⑤ 전화번호 (Phone Number)		⑥ 이메일주소 (Email Address)	
⑤ 팩스번호 (Fax Number)		⑦ 사업자등록번호 (Business Restry Number)	
⑧ 대표자 성명 (Name of Rep.)		⑨ 주민등록번호 (Passport Number)	

대외무역법 제18조 및 동법 시행령 제30조 및 제31조, 대외무역관리규정 제3-5-1조의 규정에 의하여 무역업고유번호를 위와 같이 신청합니다.

I hereby apply for the above-mentioned trade business code in accordance with Article 3-5-1 of the Foreign Trade Management Regulation.

신청일 : 년 월 일
Date of Application Year Month Day

신청인 : (서명)
Applicant Signature

사단법인 **한국무역협회장**
Chairman of Korea International Trade Association

4. 한국무역협회 회원가입

무역업고유번호 취득과 한국무역협회 회원의 가입은 별개 사항이다. 무역협회 회원으로 가입시는 가입비용이 발생되며, 무역협회에서 제공하는 다양한 정보와 서비스를 아래와 같이 제공받을 수 있다. 무역협회 회원사로 가입하면 모든 인터넷 서비스를 이용할 수 있는 대표ID가 회원사당 1개가 부여된다. 2013년 현재 신규회원은 35만원(가입비 20만원 + 연회비 15만원)이며 기존회원은 연 회비 15만원이다.[18)]

- 무역정보 이용료 면제(연간 360,000원 상당) - 무역정보는 해외바이어, 거래알선, 국내외 상품정보, 무역계약, 운송물류, 무역 통계, 국가정보 등 50여개 카테고리로 구성된 세계 최대의 무역정보 DB임
- 분야별 전문가가 국제무역계약서 작성에서 대금회수까지 무료 상담
- 해외바이어 및 국내업체에 상품홍보를 위한 채널 무료구축
- 해외바이어 정보 제공(KOMPASS 기업정보)
- 종합무역정보지 Int'l Trade 제공
- 수출입 업무에 관련한 부대비용을 우량 전문업체를 통한 할인
- 해외시장 개척 및 수출물품 제조에 필요한 자금, 저리융자(무역기금) - 업체당 최고 4억원(연리 4%, 융자기간 2년)
- 해외지사 설치인증 추천
- 무역의 날 유공자 포상 추천
- 중소기업 수출대행사업
- 품목별 수출입 요령(On-line 서비스)
- 무역경제 현안이슈 CEO Report 제공
- 해외시장 시장개척단 파견
- 해외유명전시회 참가지원
- 해외바이어 초청, 국내 무역상담회 참가 초청
- APEC회원국 비즈니스 트래블 카드발급

---

18) 한국무역협회 홈페이지, 회원가입 안내.

▲

제 2 절

수출아이템 발굴

수출을 위해서는 유망 수출아이템을 선정하는 것이 가장 중요하다. 아이템 선정이 잘못되면 힘들게 바이어를 발굴해도 거래가 성사되기 힘들기 때문에 해외 바이어에게 인기있는 수출 아이템의 선정이 필요하다. 무역 거래는 결국 제품의 가격과 품질에 의해 결정된다. 유망 수출아이템을 선정하기 위해서는 제품 아이디어, 가격, 품질, 환경 친화성 등을 골고루 살펴야 한다.[19] 본 절에서는 수출상품의 경쟁력, 유망 수출아이템 선정기준에 대하여 이해하고 다음 절에서는 수출상품과 수출원가의 구성에 대해 이해한다.

1. 수출상품의 경쟁력

수출경쟁력은 완전경쟁에 가까운 국제시장에서 수출상품이 다른 경쟁국들의 상품과 경쟁할 수 있는 정도를 말한다. 수출경쟁력은 크게 가격경쟁력과 비가격경쟁력 두 가지 요소로 구분할 수 있다. ① 가격경쟁력은 상품의 품질이 동일하다고 가정할 때 그 상품의 가격에 따라 경쟁력이 결정되는 것을 뜻한다. ② 비가격경쟁력은 가격이 비슷한 경우 품질이 얼마나 좋은가에 따라 결정된다. 수출상품의 이 같은 경쟁력은 임금수준, 기술격차, 경영능력 등 여러 요인에 의해 영향을 받는데 특히

19) 권재근, 알기쉬운 인터넷 무역, 매일경제신문사, 1999.

노동집약적인 상품일수록 임금수준에 의해 크게 영향을 받는다.[20)]

특히 가격경쟁력은 환율의 영향을 많이 받는다. 일반적으로 원화가치가 올라가면 가격경쟁력이 약화되면서 수출에 부정적인 영향을 미친다. 환율이 하락하면 수출기업은 달러로 받은 수출 대금을 원화로 환산할 때 금액이 줄어 실제 수익을 내기가 어려워진다. 또 수출기업은 글로벌 시장에서 달러로 받는 상품 가격을 낮추기 힘들어 일본과 중국 등 주변 국가와의 가격 경쟁력에서 뒤질 수밖에 없다.[21)]

환율 하락에 따른 가격경쟁력 약화를 품질과 서비스를 개선해 제품 경쟁력을 강화하는 대응 전략으로 극복해 나가야 한다.[22)] 삼성이나 LG 같은 한국을 대표하는 기업들은 환율하락에 따른 손실을 세계 1위 수준의 제품경쟁력으로 극복한다. 중소기업은 기술개발과 경영혁신을 통해 강소기업으로 성장해야 한다.

강소기업이란 대기업에 비해 규모는 작지만 해당 분야에서 세계적인 경쟁력을 갖춘 건실한 기업을 말한다. 대구 기업 중에는 평화정공㈜(회장 김상태), ㈜아바코(회장 위재곤), ㈜대주기계(대표 이재형), ㈜제이브이엠(대표 이용희), ㈜에스티원창(대표 채영백) 등 5개 기업이 최근 5년간 매출증가율이 높은 우수 중견기업인 '2012년 월드클래스 300'에 선정된 바 있다. 그렇다면 유망 수출상품을 발굴하기 위한 선정기준은 어떤 것일까?[23)]

- 국내외 수출입 통계자료를 분석하여 우리나라의 수출상품 등 수출액과 수출증가율이 높은 제품 선택
- 수출업체의 능력, 제품의 조달가능성이 높은 것
- 수출상 자신이 제품과 시장지식을 갖고 있거나, 이에 관한 정보와 지식을 쉽게 습득할 수 있는 아이템
- 국내시장 판매실적이 양호한 아이템
- 상업성이 있는 품목, 필수품
- 장래가 유망한 품목
- 법으로 금지되어 있거나 제한되어 있는 품목 회피

20) 매일경제, 매경닷컴.
21) 강원일보, 원 · 달러 환율 뚝 수출업계 바짝 긴장, 2013. 1. 12.
22) 문화일보, 日本리스크의 본질 제대로 이해해야, 2013. 1. 09.
23) 최장우, 박영태, 인터넷 무역마케팅, 두남출판사, 2010.

2. 유망 수출아이템 발굴기법

수출아이템의 발굴은 이미 알고 있는 기업의 수출 의뢰나 기존 거래선 주문을 통해 또는 여러 가지 정보를 획득하다가 우연히 아이템을 발굴하기도 하지만 직접 아이템 발굴에 나서기 위해 체계적인 발굴기법을 사용해야 한다.

다음 그림과 같이 관세청의 품목별 수출입통계를 살펴볼 수도 있고 KOTRA나 한국무역협회 사이트에서 지역별 유망 수출추천 상품을 눈여겨본다. 무역거래알선사이트에서 Buying Leads를 검색하거나 산업정보망 등의 상품정보를 검색해본다.

〈그림 2-3〉은 관세청(http://www.customs.go.kr) 홈페이지에 접속하여 무역통계 메뉴로 들어가 무역통계조회_수출입통계_품목별 수출입실적을 조회한 것이다. 관심있는 아이템의 HS코드를 알고 있다면 빠른 조회가 가능하다.

〈그림 2-3〉 관세청 품목별 수출입실적 활용

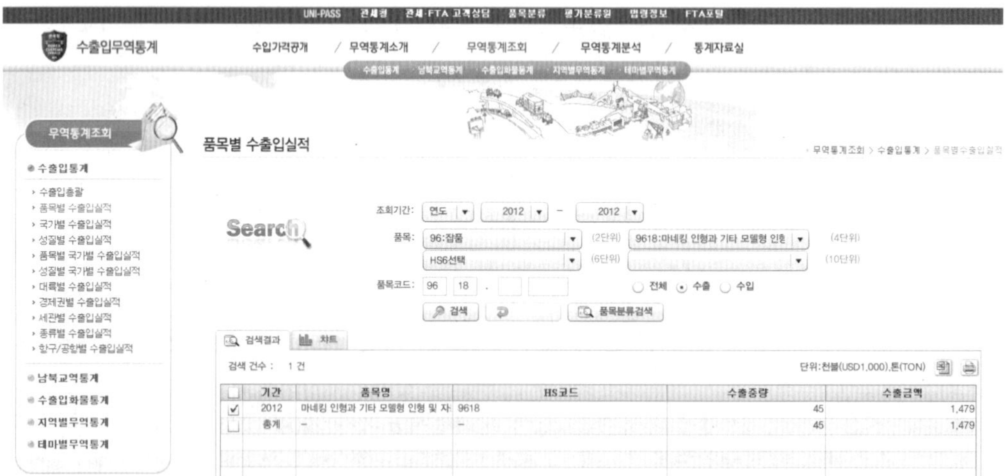

〈그림 2-4〉는 KOTRA의 글로벌윈도우(http://www.globalwindow.org) 웹사이트에 접속하여 해외시장정보_상품 · 산업동향_국가 : 미국으로 검색한 내용이다. KOTRA 해외무역관에서 조사한 최신 정보가 계속 게시되므로 아이템 발굴에 매우 유용하다.

〈그림 2-4〉 KOTRA 글로벌윈도우 상품 · 산업동향

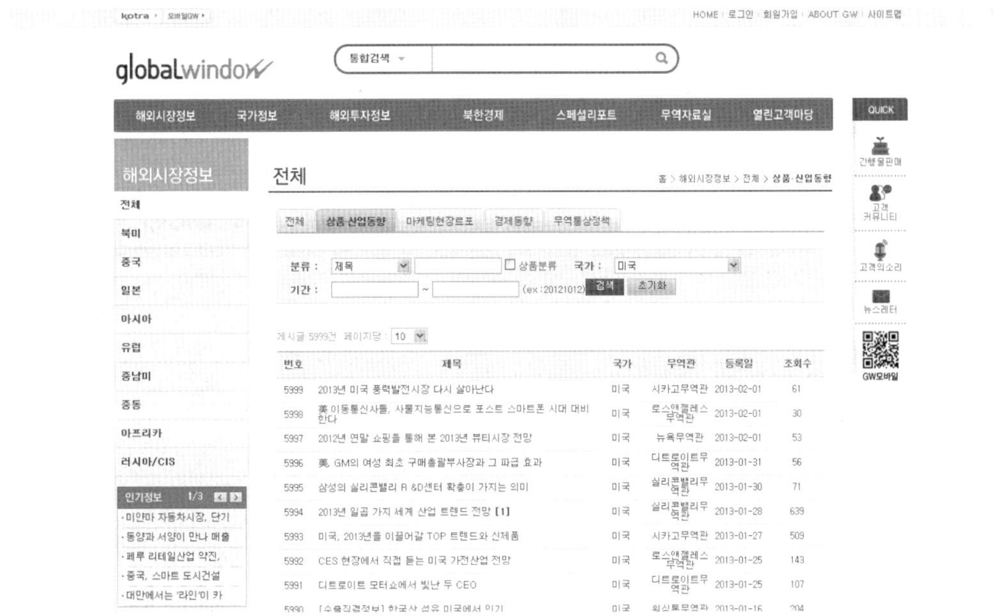

1) 무역유관기관

무역유관기관의 웹사이트에서 정보를 구하면 아이템 선정에 대한 폭이 넓어진다.[24] 한국무역협회 웹사이트에서는 품목별 시장 동향을 알려주고 있으며 KOTRA의 글로벌윈도우 사이트에서는 수출직결 정보를 제공한다.

- 무역유관기관 : KOTRA, 한국무역협회, COEX
- 각국 공관 : 주한 외국공관 및 해외주재 한국공관의 상무관실
- 기타 기관 : 각국 상공회의소, 관련산업조합 및 협회

24) 신성찬, 오퍼상이 꼭 알아야 할 무역실무, 원앤원북스, 2009.

〈그림 2-5〉는 한국무역협회 홈페이지(http://www.kita.net)에 접속하여 무역정보_품목별시장동향_통신기기로 아이템 정보를 얻는 화면이다.

〈그림 2-5〉 무역협회 품목별 시장 동향을 활용한 수출 유망상품 발굴

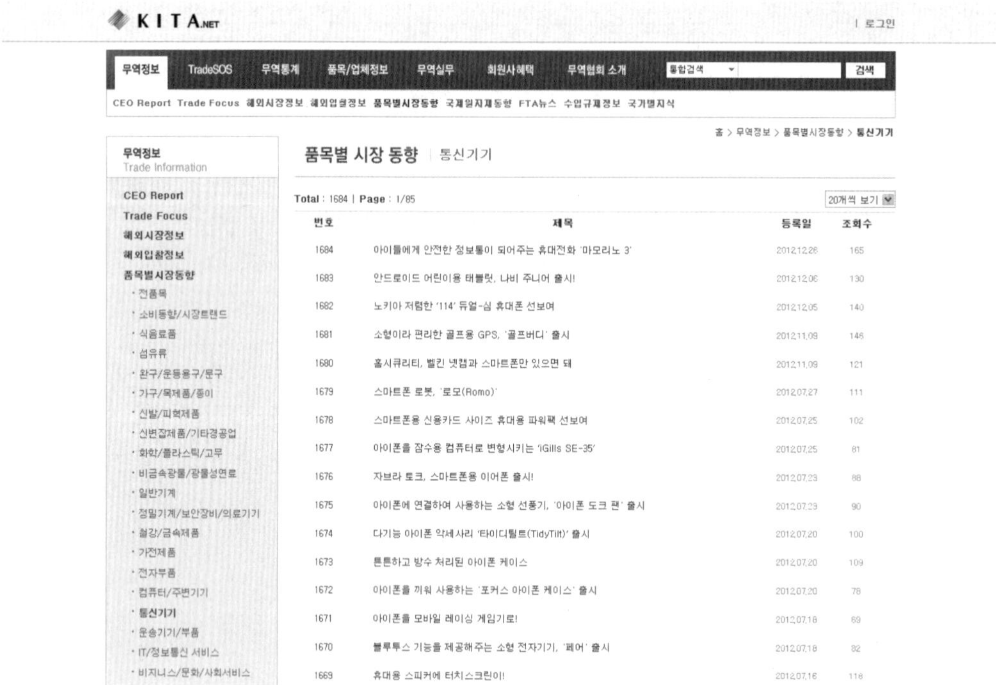

2) 무역거래알선사이트 등 인터넷 활용

온라인에서 수출 유망상품을 선정하기 위해서는 다음 〈그림 2-6〉과 같이 무역거래알선사이트(EC21)의 구매오퍼(Buying Leads)를 검색하거나 KOTRA의 해외무역관이 자체 운영하고 있는 웹사이트에 접속한다. 그런 다음 무역관 주재국의 시장에서 '히트'라고 돼 있는 상품에 대한 정보와 추천 수출유망품목의 정보를 통해 선정하면 된다.[25)]

25) 유광현, 무역 초보자가 꼭 알아야 할 139가지, 원앤원북스, 2006.

〈그림 2-6〉 무역거래알선사이트를 통한 유망 수출상품 발굴

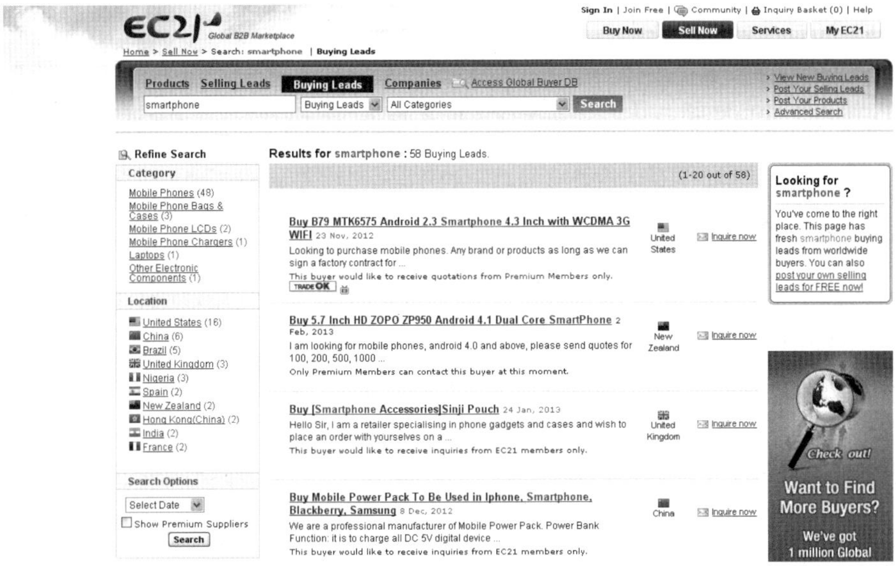

글로벌 검색엔진인 구글(google.com)이나 세계 최대의 전자상거래 사이트인 이베이(ebay.com) 등은 지구상에서 존재하는 모든 상품을 찾아볼 수 있는 정보의 바다이다. 무역거래알선사이트에 비해서는 효과적인 검색이 힘들 수도 있겠지만 다양하고 세부적인 정보검색이 가능하다는 장점이 있다.

3) 전시회 참가

관심있는 업종 및 제품의 전시회, 박람회에 직접 참가하여 제품의 성격과 특성, 수요처를 미리 파악할 수 있으며, 경쟁사들의 분포 상황과 제품의 품질을 간접적으로 비교할 수 있는 기회를 가질 필요가 있다. 삼성의 고 이병철 회장이 새로운 사업 아이템 발굴을 위해 외국을 수개월간 다녀온 열성은 본받을 만하다.[26)]

4) 수출 아이템 결정 프로세스

26) 박주관, 청년 사장학, 넥서스, 2003.

수출 아이템을 결정할 때 처음에는 담당자의 직관이 작용하지만 최종적인 결정을 내리기 위해서는 체계적인 프로세스를 거쳐서 선택해야 한다. 크게 시장성, 경쟁력, 수익성 세 가지를 고려해야 하며 신제품 또는 가격경쟁력을 가진 제품이 성공할 가능성이 높다.

시장성이 있는 아이템이라면 해당 아이템이 시장에 존재하는지 또는 유사상품이 거래되고 있는지 조사해본다. 만약 그렇다면 쉽게 포기하지 말고 다음과 같은 사항을 고려해 보아야 한다.

- 시장을 장악하고 있는 제품은 어떤 것인가?
- 우리 제품은 기존제품과 비교하면 경쟁력이 있는가?
  - 품질 : 소재, 디자인, 기능
  - 가격 : 경쟁제품의 가격, 수출 부대비용
  - 납기, A/S 등 기타 측면

해당 아이템이 거래되고 있지 않는 시장이라면 그 이유가 무엇인지 알아보아야 한다. 소비자의 기호나 구매력 때문인지, 법규 및 거래환경에 문제가 있는지 알아보고 해결 가능한 수준인지 점검해야 한다.

무역업은 새로운 아이템을 계속 찾아야 한다. 수출시장은 넓고 지역별로 수출 유망 상품은 다양하다. 수출 상품의 종류는 많지만 사양 산업으로 성장 전망이 밝지 않은 품목을 취급하면 계속 어려움이 따른다.[27] 계약이 쉽게 이루어질 것 같던 아이템에서는 실패하고 의외의 아이템에서 성과가 나올 수도 있다. 전문 아이템을 취급하고 싶겠지만 이는 수많은 시행착오를 거쳐 이루어지는 것으므로 처음에는 모든 가능성을 열어 놓고 아이템 발굴에 매진해야 한다.

〈그림 2-7〉 수출 아이템 결정 프로세스

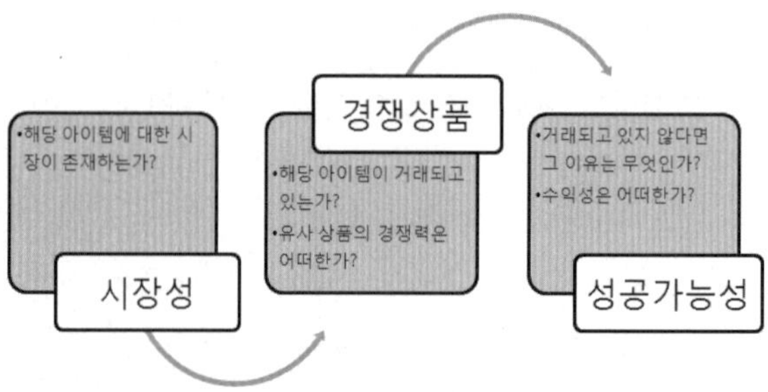

27) 신성찬, 오퍼상이 꼭 알아야 할 무역실무, 원앤원북스, 2009.

▲

제 3 절

수출상품의 이해

1. 수출원가의 구성

수출원가는 수출물품의 제조원가에다 해당물품을 수출하기 위해서 수출자가 부담해야 하는 비용을 더해서 산출한다. 이 중 물류비용은 거래조건에 따라 어디까지 수출원가에 포함시킬지를 결정해야 한다.[28] 제조업체가 아닌 무역업의 경우에 제조원가는 제조업체로부터 구매한 물품 구매단가가 제조원가에 해당된다.

수출원가는 물품 제조원가가 가장 큰 비중을 차지하고 있으며 물류비용+결제(은행)비용+행정비용은 조정이 어려운 비용이지만 에이전트 커미션과 마진(수익률)은 상황에 따라 조정할 수 있다. 무역에서 원가계산은 회사의 이익 실현에 저해되는 물품 및 불합리한 원가사항을 제거하고 매출에 따른 예상 이익과 판매 계획을 정확하게 수립하는 데 필요한 정보를 제공한다.[29]

---

28) 이기찬, 이기찬 무역실무, 중앙경제평론사, 2011.

29) 김연동, 이준호, 실전에 바로 써먹는 무역실무의 모든 것, 원앤원북스, 2009.

〈표 2-3〉 수출입 원가 구성

수출원가	항 목	수입원가
① 원자재 투입비용(재료비) ② 노무비, 관리비, 세금 ③ 검사비용, 포장비용 ④ 제조자의 이익 등 ※ 제조원가	물품대금	B/L 결제대금
	수출입부대비용	
① 내륙운송비 ② 해상운송비 ③ 창고료, 보관료, THC 등 ④ 해상보험료 ⑤ 화재보험료 등	물류비용	① 해상운송비 ② 내륙운송비 ③ 입항료, 하역료, THC 등 ④ 창고료, 보관료 ⑤ 입출고비용 ⑥ 해상보험료 ⑦ 화재보험료 등
① 신용장통지 수수료 ② Local L/C 개설 수수료 ③ 환가료, Delay charge, Loss charge 등 ④ 수출보험료 등 ※ 환차손익	결제비용	① 신용장개설수수료 ② L/G charge ③ Usance 이자 등 ※ 환차손익
① 수출추천비용 ② 수출통관비용 ③ 허가비용, 제 증명료 ④ 서류인지 대금 등 서류 확보비용	행정비용	① 수입제세(관세, 내국세) ② 수입추천비용 ③ 수입통관비용 ④ 선적검사비용, 검정료 등
① 수출자의 이익 ② 대리점 수수료/중개수수료 ③ 견본비용 ④ 통신비용 등	기타 원가항목	① 이자 : 재고이자, 여신이자 ② 대리점 수수료/중개수수료 ③ 통신비용 등

출처 : 한국무역협회

※ LCL(Less than Container Load)과 FCL(Full Container Load)의 해상운송비 : CBM(Cubic Meter의 약자로서 부피의 단위이며, 가로, 세로, 높이가 각각 1미터일 때의 부피는 1CBM)으로 환산해서 계

산해볼 때 FCL이 LCL에 비해 상대적으로 저렴하며 15~16CBM 정도의 화물이라면 FCL로 운송하는 것과 별 차이가 없다. 그러므로 15CBM 이상의 화물이라면 FCL을 이용하는 편이 유리하다

※ 항공운임

항공운임은 실제중량에 의한 방법과 용적중량에 의한 방법 중 더 무거운 것을 기준으로 해서 결정된다. 실제중량은 실제 무게(KGS)를 사용하고 용적중량은 미터를 기준으로 한 CBM에 167을 곱해서 구할 수 있다. 요컨대 항공운송에서는 1CBM을 167KGS로 간주하며 1CBM이 167KGS이 넘으면 실제중량을 넘지 않으면 용적중량(CBM X 167 KGS)을 사용하게 된다.

2. 수출가격 산정 기준

1) 자신의 가격을 고집할 때

오더 확보가 안 되더라도 수출기업이 자신의 적정 가격을 고집하고자 할 때는 바이어의 가격 인하요구를 거절하여야 한다. 단기적으로는 오더 확보가 어려울 수 있지만 만약 자사의 제품에 자신이 있다면 장기적으로는 이런 전략이 필요하다.

2) 오더 확보가 목적일 때

비록 원가 이하의 가격이라 하더라도 자사 공장의 생산이 중단되는 것을 막기 위한 목적이라든가 무역금융 만기가 도래되는 등 금융을 상환하기 위한 목적일 경우에는 원가 이하의 오더도 확보할 필요가 있다.

3. 수출 사전 원가 계산서 작성 사례

- 품목 : 스마트폰 케이스
- 수량 : 2,000 EA

- 제품 전체 중량 : 20 KG
- 제품 전체 용적 : 0.112 CBM (0.02x0.02x0.14x2,000EA)

  ※ 해상 선적 및 운송 기준 용적톤(R/T) : 1 CBM or 1 TON

  용적 1 CBM 미만 또는 중량 1 TON 미만 시 모든 비용은 1 TON으로 계산됨, 컨테이너세는 2006년 말로 폐지
- 수출원가 계산 내용

〈표 2-4〉 수출원가 계산표

항목 분류	항목	단위	단가	금액	비고
국내출고가	수출물품대	출고가		₩2,000,000	
수출부대비용	내륙운송비	독차	대구→부산	₩100,000	
	통관수수료	요율	출고가×0.15%	₩12,000	최소 12,000
선적비용	THC	CBM	₩6,500	₩6,500	일반 요율
	CFS Charge	CBM	₩5,500	₩5,500	일반 요율
	Wharfage	CBM	₩192	₩192	
	Document Fee	B/L건	₩30,000	₩30,000	B/L 발행비
업무대행비	Handling Fee	B/L건	₩30,000	₩30,000	참조 가격
FOB 원가				₩2,184,192	
마진	마진율	20%	FOB원가×20%	₩436,838	판매관리비 10% + 이익 10%
FOB 수출단가		2,000EA	₩1,311 US$ 1,140	₩2,621,030 (US$2,279.16)	전신환매입율 ₩1,150 적용

FOB(Free On Board)는 무역거래 상에 있어서 가격 결정조건, 인도조건의 하나이며 사실상의 수출원가를 말한다. FOB 조건으로 계약하면 매도인은 약정화물을 매수인이 수배한 선박에 선적하게 되나 본선 상에서 인도완료시까지의 비용과 위험은 매도인이 부담한다. 특약이 없는 한 매도인은 선박수배에 관한 책임을 지지 아니하며, 만약 매수인이 선박을 수배하지 않거나 수배된 선박이 만선이나 기타의 사정으로 그 화물을 선적치 못할 경우에는 매수인은 매도인에게 선적불능 혹은 지연에

대한 클레임을 제기하지 못하는 것이 일반적인 관례이다.[30)]

THC(Terminal Handling Charge)는 항만처리비용이다. 화물이 CY(Container Yard)에 입고된 순간부터 본선의 선측까지, 또는 본선의 선측에서 CY의 Gate까지의 컨테이너 화물 취급비용을 말하며, 일본지역인 경우는 CHC(Container Handling Charge)를 말한다.[31)]

CFS Charge(Container freight station 사용료)는 선사가 컨테이너 한 개 분량이 안 되는 소량화물을 운송하는 경우에 선적지 및 도착지의 CFS에서 화물의 혼적 또는 분류작업을 하게 되는데 이때 발생하는 비용이다.[32)]

Wharfage(부두사용료)는 부두업자 또는 부두소유자가 부두나 가치장의 사용료로서 부두의 유지, 개조를 위하여 사용자로부터 징수하는 것을 말한다.[33)]

업무대행비는 수출업무에 대한 전반적인 절차 이행이 어려울 경우 특히 소량 화물을 LCL로 처리해야 할 경우 포워더를 이용하게 되는데 이 때 서류 작성 등 전반적인 업무 대행비를 말한다. 본 사례에서는 최소 비용이다.

마진은 일반 · 판매관리비 10%에 판매이익 10%을 가산하여 20%로 설정하였는데 마진율은 수출상이 임의로 정하는 것이다. 경쟁이 심하면 마진율이 낮아지고, 독과점일 경우에는 마진율을 100% 이상 잡을 수도 있다. 마진은 시장경쟁 상황에 따라 조절하는 것이다.

위와 같은 사례를 학습한 후 자신이 개발한 수출아이템에 대한 수출 사전원가 계산서 작성을 <그림 2-8>과 같이 진행한다.

30) 공길영, 선박항해용어사전, 한국해양대학교.

31) 공길영, 선박항해용어사전, 한국해양대학교.

32) 김연동, 이준호, 실전에 바로 써먹는 무역실무의 모든 것, 원앤원북스, 2009.

33) 무역용어사전, 한국무역협회

〈그림 2-8〉 수출 사전원가 계산서

수출 사전원가 계산서

Indent no						20 년
Style no.		선적조건		Spec	길 이	
Order no.		도 착 항			넓 이	
Buyer					두 께	
Item				예상단가		
원자재						

내 역	공장투입	내 역	원가내역	매출내역	사후원가
원 자 재		수 량			
부 자 재		단 가			
공 임		총 금 액			
생산원가		마 진			
수출제비용 합계		원가대비			
수출원가 합계		매출대비			
당사마진					
오퍼예상가격					

구 분	품 명	규 격	단위	단 가	소요량	가 격	사후원가
원자재							
	소 계						
부자재							
	소 계						
기 타	포 장 비						
	내륙운송료						
	해상운송료						
	보 험 료						
	무역금융이자						
	환가료(sight)						
	E/L발급비						
	통관수수료						
	commission						
	Quota(USA)						
	소 계						

참고문헌

NEW 경제용어사전, 미래와경영연구소, 2006.

강원일보, 원 · 달러 환율 뚝 수출업계 바짝 긴장, 2013. 1. 12.

공길영, 선박항해용어사전, 한국해양대학교.

권재근, 알기쉬운 인터넷 무역, 매일경제신문사, 1999.

김연동, 이준호, 실전에 바로 써먹는 무역실무의 모든 것, 원앤원북스, 2009.

매일경제, 매경닷컴.

무역용어사전, 한국무역협회.

문화일보, 日本리스크의 본질 제대로 이해해야, 2013. 1. 9.

박주관, 청년 사장학, 넥서스, 2003.

시사경제용어사전, 기획재정부, 2010.

시사용어사전, 2005.

신성찬, 오퍼상이 꼭 알아야 할 무역실무, 원앤원북스, 2009.

오시학, 창업을 위한 무역교실 300문 300답, 중앙경제평론사, 2009.

유광현, 무역 초보자가 꼭 알아야 할 139가지, 원앤원북스, 2006.

이기찬, 무역실무 이것만 알면 된다. 중앙경제평론사, 2011.

이기찬, 이기찬 무역실무, 중앙경제평론사, 2011.

전순환, 대외무역법, 한올출판사, 2005.

최장우, 박영태, 인터넷 무역마케팅, 두남출판사, 2010.

한국무역협회 무역아카데미, 무역마케팅, 2012.

한국무역협회 홈페이지, 회원가입 안내.

사례연구

전문무역상사는 중소기업 수출의 '든든한 지원군'

종합무역상사가 차지하고 있던 수출의 견인차 역할을 전문무역상사들이 이어받고 있다. 중소기업들은 수출 활로 개척에 어려움을 겪고 있는데 전문무역상사들이 큰 도움을 주고 있다. 종합무역상사는 1970~80년대 수출 한국의 첨병 역할을 하였지만 21세기에 들어서 중소기업들의 자체적인 해외진출 능력이 갖추어졌고 종합무역상사들이 모든 중소기업의 수출을 지원하는데 한계가 있다.

한국무역협회에 따르면 대행 수출과 완제품 구매 수출을 합한 상위 25개 전문무역상사의 2011년 수출액은 7억 4360만 달러로 2010년(5억 9648만 달러)에 비해 24.7% 성장했다.

전문무역상사는 전년도 수출실적 100만 달러 이상, 수출대행 또는 완제품 구매 수출비율이 전체 수출액의 10% 이상인 업체다. 2009년 10월 종합무역상사 제도의 폐지와 함께 한국무역협회와 지식경제부에서 공동으로 지정하고 한국무역협회가 사무국을 운영하고 있다.

해외시장 개척경험과 수출마케팅 노하우가 풍부한 대기업을 포함하여 현재 164개 업체가 전문무역상사로 지정되어 있다. 독자적인 수출능력이 없는 중소기업을 지원하기 위해서 전문무역상사들은 국내외 전시회 참가나 해외 시장개척단에도 우선순위 기회를 부여받는다.

한국무역협회 김치중 무역진흥본부장은 "전문무역상사의 강점인 해외마케팅 능력과 중소기업의 우수한 제품이 만나 신시장 개척에 상당한 성과가 나타나고 있다"고 전했다. 한국무역협회는 전문무역상사제도가 성공적으로 자리 잡았다고 판단하여 중소업체들의 수출기회를 확대하기 위해서 전문무역상사들과 함께 수출상담회를 전국 단위로 개최하고 있다.

파이낸셜뉴스, 김병용 기자, 2012년 11월 12일 기사에서 발췌

03

제 3장

문제정의와 시장분석

학습 목표

- 캡스톤디자인 프로젝트 수행을 위한 문제의 명확한 정의 과정을 이해한다.
- 시장조사를 위한 시장 및 경쟁 환경 분석의 개념을 이해한다.
- 시장 및 경쟁 환경 분석을 위해 사용되는 기본적인 분석도구를 학습한다.

학습 목차

▲

제 1 절

문제의 관찰과 정의

본 절에서는 캡스톤디자인 프로젝트의 수행을 위한 문제 상황의 관찰과 이를 기반으로 명확하게 문제를 정의하는 과정을 이해한다.

1. 문제의 정의

우리는 일상생활에서 '문제'라는 단어를 많이 사용하고 있다. '너는 그게 문제야' 또는 '이거 정말 문제인데' 등은 자주 사용하거나 듣게 되는 표현이라고 할 수 있다. 여기에서 '문제'란 무엇인가 '본인이 기대한 것과 차이가 나는 상황' 정도를 의미하는 것으로 볼 수 있다. 조금 더 구체적으로 문제를 정의해 보면 '만족스럽지 못하거나 어려움을 야기하며 해결을 위해 논리적인 사고와 계산을 요구하는 상황'이라 할 수 있다.

〈그림 3-1〉은 문제의 개념을 도식화하고 있는데 현재 수준과 바람직한 수준과의 차이를 문제 상황으로 설명하고 있으며 그 사이에 바람직한 수준에는 미치지 못하지만 적절한 수준 즉, 바람직한 수준으로 가기 위한 중간 단계로서의 적절한 수준이 존재한다는 것을 보여주고 있다. 예를 들어, 자신의 키와 연령을 고려한 표준 몸무게가 '65Kg'인 사람이 현재 몸무게 '75Kg'을 유지하고 있다고 가정하자. 이 사람의 경우 표준 몸무게 즉 바람직한 수준과 현재 몸무게 즉 현재 수준의 차이가 '10Kg' 이므로 이 차이를 문제라고 볼 수 있다. 문제를 해결하기 위해서는 적절한 수단을 동원하여 그 차이

를 줄여야 하는데 우리가 흔히 알고 있는 다이어트, 운동, 식이요법 등의 방법이 동원될 수 있다.

〈그림 3-1〉 문제 상황의 인식

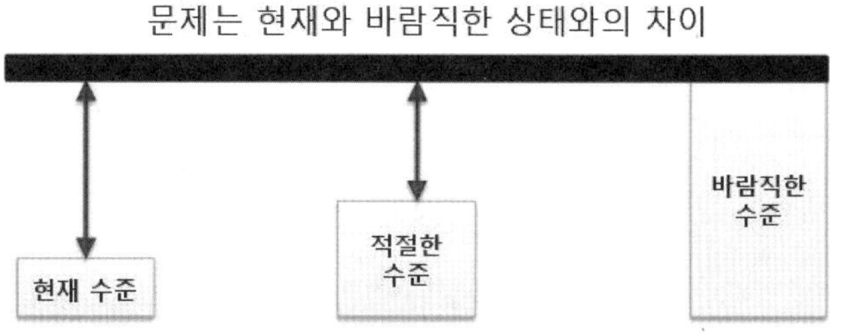

문제를 해결하기 위해 무엇보다 중요한 것이 바로 무엇이 문제인지 정확히 상황을 파악하고 문제를 정의하는 것이다. 즉 해결해야 할 문제 상황을 정확히 이해하고 해결을 위한 바람직한 방안들을 고민해야 올바른 문제 해결이 가능한데 문제 정의 단계에서 명확하게 문제를 파악하지 못했을 경우 잘못된 문제 해결책 제시로 문제의 해결은 고사하고 더욱 문제를 악화시킬 수도 있는 것이다. 매출이 급격하게 줄어 고민인 식당이 있다고 가정하자. 이 식당은 위생 상태나 종업원의 불친절 때문에 해당 지역 소비자들 사이에서 평이 좋지 못한데 이에 대한 문제해결이라면 위생 상태를 개선하고 종업원 친절 교육을 실시하는 것이라고 할 수 있다. 하지만 위생상태 개선을 위한 시설 투자에 많은 비용이 소요되어 오히려 식당 주인은 음식 가격을 조금 낮추는 것으로 문제를 해결하려고 했다고 가정하자. 이는 수익성을 더욱 악화시켜 오히려 매출 하락의 원인으로 이어질 가능성이 높다.

이와 같이 문제 해결은 무엇이 문제인지 명확히 파악하고 정의하는 것으로 시작되며 의뢰 고객의 문제를 파악하여 해결 방안을 도출하는 컨설팅 프로세스에서 컨설턴트의 임무란 문제를 정의하고 현재 수준과 바람직한 수준의 차이에 해당하는 이러한 문제 해결을 위해 다양한 대안을 도출하고 대안들간 평가를 통해 가장 적합한 대안을 제시하는 것이라 볼 수 있다.

2. 문제해결 과정

문제를 명확하게 정의하였다면 이제 이러한 문제 상황을 바람직한 상황으로 바꿀 수 있는 해결 방안을 찾아야 한다. 이렇게 문제 상황의 개선을 위한 방법을 찾는 과정이 바로 문제해결 과정이라고 볼 수 있다. 정확한 문제의 파악이 이루어진 후에 이를 해결하기 위한 다양한 대안들을 도출하고 이 중 최적의 대안을 찾는 과정이 문제 해결의 과정이라고 볼 수 있다.

문제해결 과정을 살펴보기에 앞서 우선 우리가 문제해결 과정에서 흔히 범하기 쉬운 실수를 한 가지 짚고 넘어가고자 한다. 우리가 문제를 파악하고 이에 대한 해결 방안을 찾는 과정에서 가장 범하기 쉬운 실수는 바로 주어진 문제와 단순한 현상을 혼동하는 것이다. 잘못된 문제의 정의는 부정확한 해결 방안의 도출로 이어져 궁극적으로 문제 상황을 해결하는데 도움이 되지 못한다는 점은 이미 앞서 강조하였다. 우리가 발견할 수 있는 다양한 현상 즉 사실 (영어로는 Fact)에는 이러한 현상을 나타내는 원인이 있게 마련이며 이러한 원인에 의해 나타나는 현상을 문제로 오인하게 되어 단순한 현상의 극복을 위한 대안을 도출하여 근본적인 원인의 파악과 문제해결을 하지 못하게 되는 것이다.

예를 들어, 최근 청소년 범죄의 증가가 큰 사회적 문제로 대두되었다. 이러한 현상 즉 연간 발생하는 범죄 중 청소년이 피의자로 분류되는 비율이 증가한다는 사실을 문제로 보고 청소년 범죄 증가의 원인 중 하나로 지나치게 폭력적인 게임에 노출되었기 때문이라는 결론을 내렸다고 하자. 그래서 이러한 문제에 대한 다양한 해결책이 제시되었고 실제로 야간에 청소년의 게임 이용을 막는 게임셧다운제도 등이 도입되었다. 과연 이러한 현상의 분석과 대책이 청소년 범죄율을 낮추는데 도움이 될 수 있을까? 물론 어느 정도 효과가 있을지도 모르나 실제 청소년 범죄가 증가하고 있다는 현상을 문제로 보고 이에 대한 대안을 성급하게 내놓은 것으로 보는 시각도 많다. 청소년 범죄의 증가는 그보다 더 근본적으로 우리 교육과 대입제도의 문제, 지나치게 경쟁에 내몰려 청소년기에 이루어져야 할 올바른 가치관 정립을 위한 인성 교육 등이 제대로 이루어지지 않은 것이 문제일 수 있다. 이러한 명확한 문제에 대한 파악 후에 이에 대한 해결책으로 교육제도 개선 및 인성 교육 강화를 위한 제도 도입 등이 이루어져야 할 것이다. 〈그림 3-2〉는 문제, 현상, 원인 간의 관계를 나타내고 있다.

〈그림 3-2〉 문제, 현상, 원인의 관계

〈그림 3-3〉 문제해결의 과정

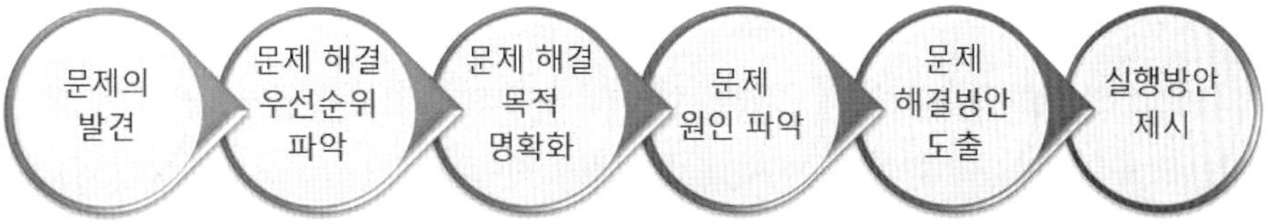

또한 〈그림 3-3〉은 문제를 파악한 이후 일반적인 문제해결의 과정을 보여주고 있다. 첫째 문제를 정확히 파악한 이후에는 문제 해결을 위한 우선순위의 파악이 필요하다. 문제 해결에는 시간을 포함한 다양한 형태의 비용이 수반된다. 즉 시간을 포함한 무한대의 자원이 제공되는 경우라면 어떠한 문제라도 해결이 가능할지 모르겠으나 일반적인 상황에서는 주어진 시간과 사용가능한 자원이 제한된 경우가 많다. 제한적인 자원을 효율적으로 활용하여 최적의 결과를 도출하기 위해서는 주어진 많은 문제들 중 가장 시급하게 해결해야 하거나 해결 시 가장 그 영향이 큰 문제, 혹은 주어진 자원을 활용하여 해결이 가능한 문제 등의 기준에 따라 문제의 우선순위를 평가해야 한다.

문제해결의 우선순위가 결정된 후에 필요한 작업은 명확한 목적을 수립하는 것이다. 문제 해결을 위해 도출한 대안으로 개선하기를 기대하는 상황과 그 정도를 명확히 수립해야 후에 문제해결 여부를 판단하는 기준으로 사용할 수 있다. 이는 분석을 통해 도출하여 실행한 문제해결 방안의 효과성 검증 등의 기준이 되는 목적 또는 목표를 명확히 하는 과정이라고 볼 수 있다.

다음으로 해결해야 할 문제의 정확한 원인을 파악하는 과정이 필요하다. 이 과정에서 문제해결을 위한 다양한 분석 방법과 창의적인 시각이 동원될 수 있다. 기업의 문제 해결을 위해 투입되는 컨설턴트의 경우 다양한 경험을 통해 주어진 문제 상황을 정확하게 파악하고 문제의 원인을 찾아내기 위한 다양한 분석 방법 즉 도구를 가지고 있는 사람이라고 볼 수 있다. 문제 상황의 분석을 위한 다양한 도구들은 학습을 통해 또는 많은 문제 해결 과정을 통해 습득할 수 있으며 문제 상황을 창의적으로 바라보고 분석을 위해 창의적인 시도를 할 수 있는 능력은 많은 경험을 통해 얻어진다. 늘 분석적이고 논리적이며 창의적으로 상황을 인식하고 고민하는 습관을 통해 컨설턴트로서의 자질을 갖출 수 있게 되는 것이다.

문제의 원인을 파악했다면 이러한 원인에 대한 해결방안을 도출해야 한다. 이 역시 창의적인 사고와 다양한 경험을 통해 효과적으로 진행될 수 있는 과정이다. 문제 해결을 위한 창의적이고 논리적이며 동시에 실현 가능한 대안을 도출하는 능력도 역시 많은 경험과 학습을 통해 제고될 수 있다. 문제 해결을 위한 대안 도출 과정에서도 역시 다양한 형태의 제약 사항들을 고려한 대안이 도출되어야 한다. 문제 해결을 위해 제안한 방법이 다양한 이유로 도저히 실현 불가능하다면 문제 해결을 위한 그 이전의 노력들이 모두 의미 없는 작업이 될 수도 있기 때문이다. 동일한 문제 상황을 보고 해결 방안을 도출하더라도 분석하는 사람에 따라 매우 다양한 해결 방안이 나올 수 있다. 이러한 대안들 중에 가장 최적의 대안을 선택하여 적용하는 것이 문제해결의 마지막 단계라 할 수 있다. 대안의 평가 역시 문제 해결을 위한 상황을 분석하고 대안을 도출하는 과정과 마찬가지로 전문적인 지식과 창의적이고 논리적인 사고가 필요한 작업이다. 많은 의견들이 문제 해결 방안으로 도출될 수 있고 이들 중 최적의 대안을 분석을 통해 결정하고 이를 실행하여 문제해결 여부를 판단하게 된다. 만약 선정된 대안으로 문제가 해결되지 않는다면 다시 그 원인을 찾아 새로운 대안을 시도해 볼 수 있는데 이 과정은 피드백 과정이라고 볼 수 있다.

컨설팅은 컨설팅을 의뢰한 고객의 문제 상황을 분석하여 주어진 문제 해결을 위한 최적의 대안을 제안하는 과정이다. 이러한 관점에서 본다는 문제해결 과정 전체가 바로 컨설팅 프로세스 즉 컨설팅을 수행하는 과정이라고 볼 수 있다. 문제를 가지고 있는 당사자가 아닌 제3자의 객관적이고 전문적인 시각에서 문제 상황을 분석하고 문제 해결을 위한 해결 방안을 마련하는 것이 컨설팅의 본질인 것이다. 다만 컨설팅의 결과가 반드시 문제의 해결을 보장하는 것은 아니다. 컨설팅은 그야말로 전문적인 조언을 제공하는 과정이고 그 조언의 채택여부는 컨설팅을 의뢰한 고객의 결정에 의존하며 그 결과도 컨설팅을 수행한 개인이나 기관이 아닌 고객의 몫이다.

3. 문제해결 프레임워크

주어진 문제의 종류에 따라 그 해결 방식이나 과정에 다소의 차이가 존재할 수 있다. 그러나 기본적인 문제해결을 위한 절차나 문제해결을 위한 대안을 고민해야 하는 위치에 있는 사람이라면 따라야할 기본적인 원칙이 존재한다.

누구나 저마다의 성격을 가지고 있고 그 성격에는 장단점이 있기 마련이다. 문제해결을 위한 사고와 태도라는 관점에서는 크게 두 가지로 나누어 볼 수 있는데 하나는 '문제 지적형'이고 다른 하나는 '문제 해결형'이다. 문제 지적형 성격을 가진 사람들의 특징은 문제 상황에 대해 부정적인 태도를 가지고 항상 비판과 지적으로 일관한다. 건설적인 비판이 아닌 대안 제시 없는 비판을 위한 비판을 하는 경우가 대부분인 사람들이 여기에 속한다고 볼 수 있다. 이러한 부류에 속하는 사람들이 주로 생각하고 상황을 분석하는 과정에서 흔히 내리는 결론으로는 다음과 같은 것들이 있다.

- 이렇게 해서는 안 된다.
- 지금까지의 방식이 아니다.
- 해봐도 소용이 없다.
- ~가 좋지 않다 / 어려울 것이다.

반면에 문제 해결형 사고를 가진 사람들은 긍정적이고 도전적인 사고를 가지고 항상 창의적이고 건설적인 마인드로 상황을 분석하고 해결책을 고민하는 경우가 많다. 따라서 이러한 사람들은 문제 지적형과는 달리 주로 다음과 같은 사고를 하게 되는 경우가 많다.

- 이렇게 하면 될 것도 같다.
- 뭔가 새 방법이 없는지 생각해 보자
- 우선은 해 보자
- ~하면은 좋을 것 같다 / 잘 될 것이다.

위의 두 가지 '문제 지적형'과 '문제 해결형' 중 어느 쪽이 문제해결을 위한 바람직한 자세라고 볼 수 있을지 생각해 보자. 아마도 대부분이 문제 해결형이라고 생각할 것이다. 당연히 주어진 문제를 분석하고 해결을 위한 대안을 찾아 제안해야 하는 컨설턴트라면 후자인 '문제 해결형' 사고와 행동을 해야 하는 것이 당연하다. 본인은 어떠한 사고를 주로하며 문제 해결을 위해 바람직한 태도와 행동 방식을 가지고 있는지 생각해 보자. 만약 본인이 다소 문제 지적형 성격을 가지고 있다고 하더라도 지금부터는 항상 긍적적이고 도전적인 문제 해결형 사고를 하도록 노력하자. 꾸준한 노력을 통해 얼마든지 긍정적인 문제 해결형 사고를 하는 사람으로 변하는 것이 가능하다. 프로 컨설턴트가 되기 위해서 또는 꼭 컨설턴트가 되지 않더라도 사회에 진출하여 본인의 자리에서 필요한 업무를 창의적으로 해내기 위해서는 무엇보다 문제 해결형 사고를 하는 것이 꼭 필요하다는 점을 잊지 말아야 할 것이다.

〈그림 3-4〉 문제해결의 3가지 원칙

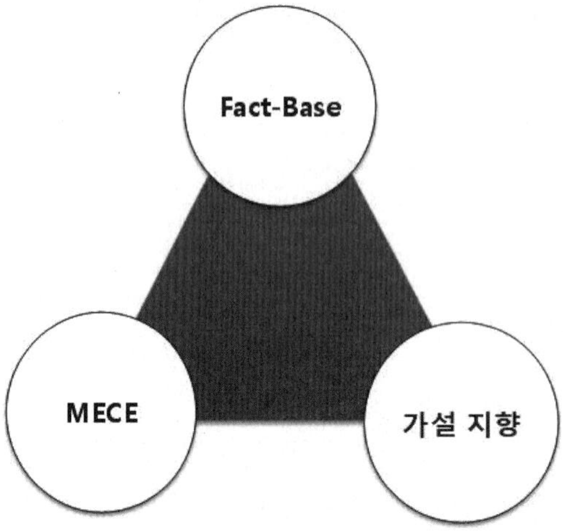

[출처: HR인스티튜트 저, 파워 로지컬 싱킹, 2002]

〈그림 3-4〉는 문제해결을 위해 필요한 3가지 원칙을 나타내고 있다. 첫째 'Fact-Base'란 사고와 분석의 근거를 Fact 즉 사실에 두어야 한다는 뜻이다. 범인을 잡기 위한 조사와 추리과정을 다루는 형사 영화를 보면 주인공인 형사가 소위 말하는 '감' 또는 '동물적 감각'으로 사건을 해결해 나가는 경우를 볼 수 있다. 영화에서는 극적인 효과를 위해 이러한 설정이 가능할지도 모르겠으나 현실에서는 많은 차이가 있다. 문제해결을 위한 분석 과정을 단순히 감으로 혹은 느낌으로 진행할 경우 올바른 문제해결이 어려운 경우가 많을 뿐만 아니라 다른 사람의 동의와 이해를 구해야하는 경우라면 본인의 주장이 매우 논리와 근거가 부족한 개인의 의견으로 치부될 가능성이 높다. 특히나 고객의 의뢰를 받고 문제 해결을 위해 고용된 컨설턴트의 입장이라면 고객이 수긍할 수 있는 논리적인 분석과 결과 도출이 필수적이며 이러한 논리를 개발하기 위한 요소로 사실에 기반을 둔 조사와 분석이 필수적이라 할 수 있다.

다음으로 MECE 원칙을 들 수 있는데 MECE란 'Mutually Exclusive Collectively Exhausted'의 머리글자를 따서 만든 용어로 사고의 구조화는 서로 배타적이면서도 동시에 부분의 합이 전체를 구성하도록 해야 한다는 의미이다. 즉 문제를 분석하고 이에 대한 대안을 도출할 때 각각의 항목이 상호 겹치지 않도록 독립되며 고려해야 할 모든 사항을 담도록 해야 한다는 원칙을 의미한다. 세계적인 컨설팅 기업인 맥킨지에서 문제에 대한 접근방식으로 사용되는 것으로 잘 알려진 원칙이며 문제해결을 위해서는 논리적으로 이러한 원칙에 따라 고민하고 해결책을 도출하는 것이 최적의 대안을 마련하는데 큰 도움이 된다. 예를 들어, 서울에서 부산에 가기 위한 방법을 고려한다고 하면 승용차를 운전하는 방법, 고속버스를 이용하는 방법, KTX를 이용하는 방법, 자전거 도로를 이용하여 자전거로 이동하는 방법, 걸어서 가능 방법, 그리고 비행기를 이용하는 방법 등이 있다고 볼 수 있다. 물론 이들 방법 몇 가지를 함께 이용하는 방법도 있을 수 있다. 각각의 교통수단은 별도로 독립적인 수단이며 부산에 갈 수 있는 방법은 모두 나열되었다면 이는 MECE의 원칙을 따르고 있다고 볼 수 있는 것이다. 주어진 문제에 대해 고민을 할 때도 이와 같이 누락되는 것이 없도록 문제와 관련되는 사항을 모두 나열하고 그 중 문제 상황과 관련한 다양한 제약사항들을 함께 고려하여 최적의 대안을 도출해야 한다. 서울에서 부산으로 이동하는 것과 관련해서는 사용 가능한 비용과 주어진 시간 등의 조건을 함께 고려하여 최적의 교통수단을 결정하게 된다. 물론 각 이동 방법의 속도, 편리함, 최종 목적지까지의 이동거리 등도 고려해야 할 조건에 포함된다.

마지막 문제해결의 원칙은 가설 지향인데 이는 문제의 해결책과 이로부터 기대되는 결과를 함께 고려해야함을 의미한다. 앞의 두 가지 원칙에 따라 문제를 해결하기 위한 대안을 분석하고 최종 의사결정을 할 때 각각의 대안에 의해 기대되는 결과를 미리 예상하고 실현 가능하며 바람직한 결과가 예상되는 최적의 대안을 선택할 수 있도록 해야 한다는 원칙이다.

4. 로직트리를 이용한 문제의 구조화

문제 상황을 명확히 파악하고 이를 해결하기 위해서는 주어진 문제를 이해하는 것이 중요한데 문제 상황을 구조적으로 파악하기 위해 사용할 수 있는 방법 중 하나로 '로직트리 (Logic Tree)'라는 것이 있다. 로직트리는 우리말로 논리나무 정도로 해석이 가능한데 문제 상황과 관련한 주요항목들을 논리적인 나무 형태로 분석하는 방법이며 문제와 관련한 진단, 현상파악, 해결안 도출 등에 활용 가능하다.

〈그림 3-5〉와 같이 하나의 문제를 나무의 가지가 뻗어나가는 것과 같이 관련 요소들을 전개해 나가게 되며 여기에 앞서 문제해결의 원칙 중 하나로 설명한 MECE의 원칙이 적용된다. 즉, 문제 상황에 대해서 고려해야 할 모든 사항들을 MECE의 원칙에 따라 나무형태로 나열하고 구성하는 것이 로직트리를 만들어나가는 과정이라고 할 수 있다.

로직트리를 이용하는 장점으로는 논리적인 사고를 촉진할 수 있으며 폭 넓은 아이디어를 도출할 수 있고 MECE의 원칙에 따라 구성됨으로 누락되는 항목이 없다는 것이다. 또한 로직트리는 문제를 어느 관점에서 시작하여도 마지막까지 원칙에 따라 구성하게 되면 모든 항목이 다 나열되므로 원칙적으로 동일한 문제에 대해 다양한 형태의 로직트리의 구성이 가능하다는 특징을 가진다.

〈그림 3-5〉의 로직트리는 판매이익이 떨어지고 있는 문제에 대한 로직트리의 구성을 예시하고 있는데 기업의 판매이익이 줄어드는 원인을 해결하기 위해 판매 가격을 올리는 방법, 생산 비용을 낮추는 방법, 그리고 가격과 비용을 유지하면서 판매량을 늘리는 방법으로 제시하고 있다. 각각의 방법에 따라 추가적으로 고민해야 할 사항들을 그 하위 요소들로 나열하고 있는데 예로 가격을 올리기 위해 단순히 판매 가격만을 올리는 방법과 새로운 기능을 추가하며 판매가격을 올리는 방법 등을 고려해 볼 수 있음을 나타내고 있다.

로직트리는 다른 말로 '이슈트리 (Issue Tree)'라고도 불리며 주어진 문제 상황이 바로 해당 조직의 이슈라는 관점에서 이해할 수 있겠다. 문제를 해결하는 과정에서 문제의 규모나 조직의 역량에 따라 모든 문제를 동시에 해결하는 것이 불가능할 수도 있는데 이럴 경우 문제의 구성 요소를 파악하고 이들 중 우선순위를 정하여 해결 가능한 부분을 단계적으로 해결할 수 있다. 이러한 과정에서도 로직트리는 유용하게 활용될 수 있다. 문제를 부분으로 나누어 단계적으로 해결하는 과정을 분할하여 정복한다는 뜻으로 '분할 및 정복 (Divide and Conquer)'이라 한다.

〈그림 3-5〉 Logic Tree를 이용한 문제 구조화 예시

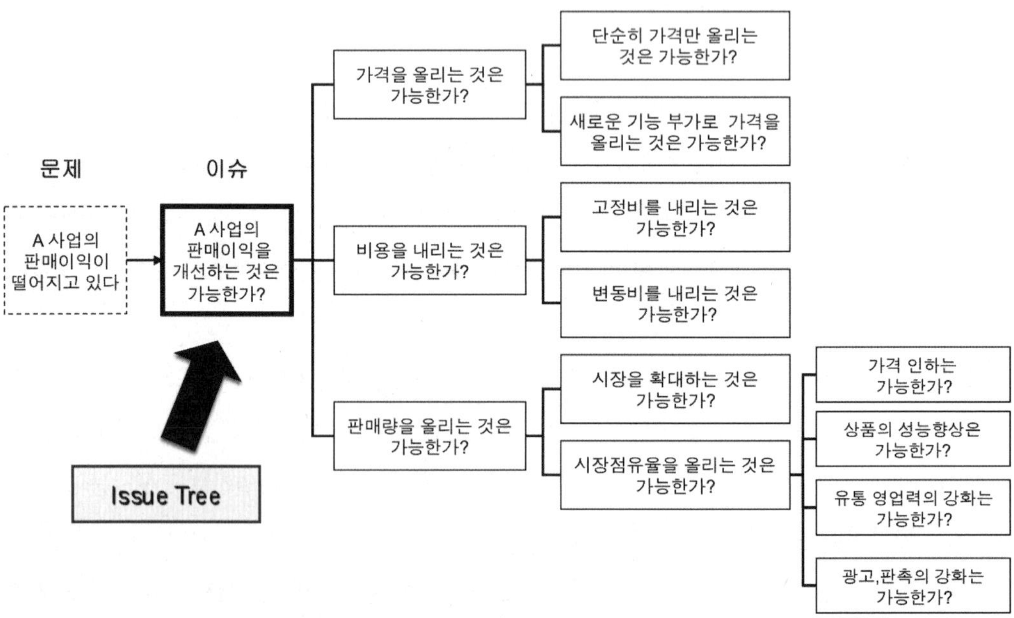

문제를 구조화하여 이해하고 설명하기 위해 사용될 수 있는 다양한 형태의 다이어그램이 존재한다. 많은 컨설턴트들은 전통적으로 많이 사용하는 혹은 자신만의 독특한 형태의 다이어그램을 활용하여 자신의 생각과 분석 결과를 도식화하고 논리적으로 전달하는데 사용한다. 로직트리와 같은 계층 구조형을 포함하여 항목을 나열하는 목록형, 단계별 절차를 의미하는 프로세스형, 개념이나 항목간의 관계를 나타내는 관계형 등 다양한 형태의 다이어그램이 존재하는데 자신만의 방법으로 창의적이고 논리적인 다이어그램을 고안하여 사용하는 것도 좋다. 최근에는 다양한 컴퓨터 소프트웨어를 이용하여 복잡한 다이어그램을 체계적이면서도 깔끔하게 그리는 방법이 많이 있으므로 이러한 도구들을 적극 활용하면 내용의 구성 즉 콘텐츠에 더욱 집중하고 이것을 도식화하는 노력은 최소화할 수 있게 된다. 〈그림 3-6〉은 대표적인 문제의 구조화 다이어그램으로 마이크로소프트 오피스 제품군의 스마트아트 기능에서 제공하는 다이어그램들의 일부를 보여주고 있다.

〈그림 3-6〉 문제구조화를 위한 도구들

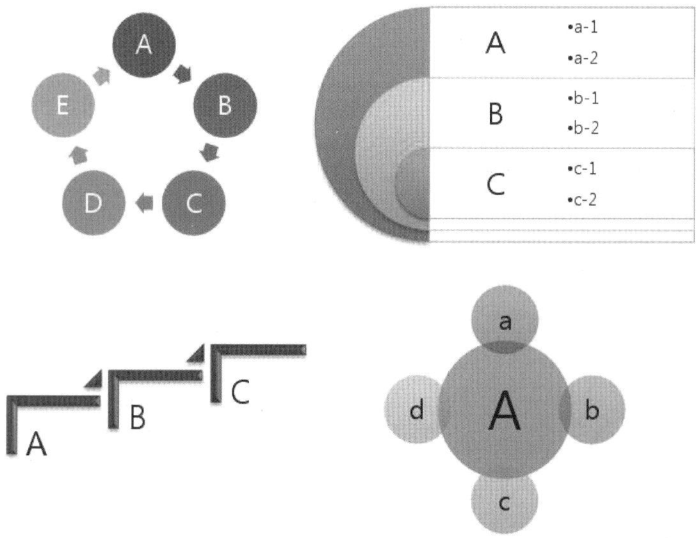

▲

제 2 절

시장 및 경쟁 환경 분석

본 절에서는 인터넷 무역마케팅 형태의 프로젝트 수행 시 많이 활용하게 되는 시장 및 경쟁 환경 분석 도구들을 학습하고자 한다.

1. PEST 분석

제품과 서비스의 성공적인 해외 시장 진출을 위해서는 목표 시장에 대한 정확한 분석이 선행되어야 한다. 이를 위해 다양한 조사 활동을 수행하고 수집된 자료들을 검토하여 시장 환경을 분석하며 이를 바탕으로 시장 진출 전략을 수립하게 된다. 시장 환경 분석을 위한 기준이 되는 틀은 지금까지 다양한 분야에서 많이 연구되었으며 실제 시장 환경 분석을 위해서 활발히 활용되고 있다. 각각의 특징과 장점을 가진 많은 분석 도구들을 주어진 문제 해결을 위해 적절히 취사선택하여 활용하는 것도 컨설턴트에게 요구되는 능력 중 하나이다.

〈그림 3-7〉 PEST 분석 프레임워크

이러한 시장 분석 도구 중 〈그림 3-7〉에서 소개하고 있는 PEST는 고려하고 있는 시장의 정치(Political), 경제(Economical), 사회문화(Socio-Cultural), 기술(Technological)적 관점의 조사를 수행하고 이러한 내용을 분석하는 과정을 의미한다. 자료 조사의 방법으로는 온오프라인을 거쳐 매우 다양하게 존재한다. 직접 해당 지역에 방문하여 현지인을 대상으로 설문조사나 인터뷰를 수행할 수도 있다. 최근에는 인터넷을 중심으로 수많은 정보 제공 사이트가 존재하기 때문에 기초적인 PEST 분석은 온라인 조사를 통해 이루어지는 경우가 대부분이다. 인터넷 상에 존재하는 수많은 정보들 중에 주어진 문제와 가장 관련이 높은 자료를 수집하고 이를 논리적으로 구성하여 필요한 분석 결과를 도출하는 것은 분석을 수행하는 담당자의 역량에 따라 크게 그 결과가 달라진다.

PEST 분석은 실제 고려하고 있는 제품과 서비스, 목표 시장과 관련한 내용을 중심으로 수행되어야 한다. 일반적인 특정 지역 정보 조사라기보다는 입수 가능한 정보 중 현재 고려 중인 제품과 서비스 혹은 해결해야 하는 문제와 관련 있는 정보만을 고려의 대상으로 삼는다. 필요에 따라 PEST의 항목은 조정하여 활용될 수 있다. 예를 들어 상품 수출의 경우 해당 지역의 무역 환경이나 규제, 특별한 무역 관행 등 고려하고 있는 제품의 수출입에 영향을 미칠 수 있는 내용에 대한 조사가 유용할 경우가 있다. 이러한 경우 'T'는 기술적인 요소대신 무역 (Trade) 환경에 대한 조사로 대체된다.

〈그림 3-8〉 BCG 매트릭스

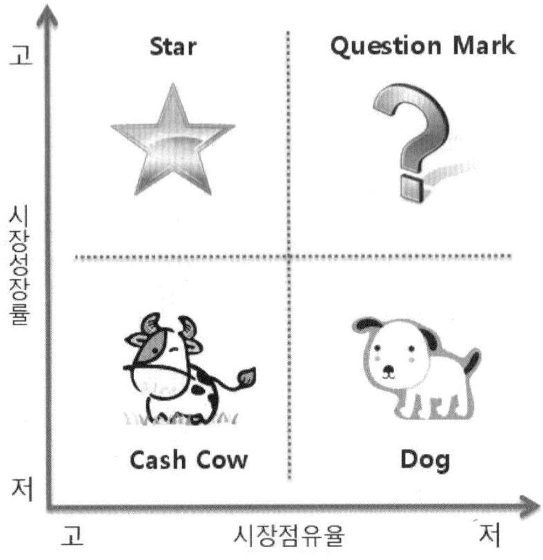

2. BCG 매트릭스 분석

세계적인 컨설팅 기업 중 하나인 보스톤 컨설팅 그룹 (BCG, Boston Consulting Group)에서 시장 분석을 위한 도구로 개발하여 사용하면서 보급된 BCG 매트릭스는 특정 제품이나 서비스의 시장 성장 전망과 해당 시장에서 특정 기업의 상대적 위치를 동시에 고려하여 이를 토대로 적절한 전략을 도출하는 분석 도구이다.

〈그림 3-8〉은 BCG 매트릭스의 구조를 보여주고 있는데 BCG 매트릭스는 단순하면서도 외부요인인 시장의 성장가능성과 내부요인인 기업의 상대적인 시장점유율을 동시에 고려하여 특정 시장에서 기업의 위치에 따라 취해야할 전략을 도출하는데 활용되는 유용한 분석 도구이다. 특히 다품종 생산물, 복합시장, 다국적 기업의 기업전략을 진단하고 도출하기 위해 고안되었으며 가로축은 기업의 시장점유율을 세로축은 특정시장의 성장률을 고저로 나누어 총 4가지 전략적 위치를 구분하고 있다.

성장 가능성이 높은 제품이나 서비스의 시장에서 상대적으로 시장점유율이 낮은 기업에게 해당 시장은 '물음표 (Question Mark)'로 분류된다. 아직 시장에서 충분히 제품이나 서비스가 소지자에게 보급되지 않았거나 앞으로의 발전 가능성이 대단히 높은 매력적인 시장이지만 특정 기업이 아직

확고하게 경쟁력 있는 위치를 점하지 못한 경우에 해당한다고 볼 수 있다. 이런 경우 기업의 입장에서 매출 혹은 수입은 낮거나 불안정한 경우가 많지만 앞으로 성장 가능성이 있으며 따라서 현금 유입은 아직까지는 부정적인 단계라 볼 수 있다. 이러한 시장에 위치해 있다고 판단할 경우 기업은 시장 환경 분석과 함께 자사의 역량을 철저히 분석하여 전략적 판단을 내려야 한다. 더 적극적이고 공격적인 투자로 시장 점유율을 높이고 경쟁적 위치를 확보하거나 추가적인 투자를 유보하고 해당 시장을 포기하는 전략을 취할 수도 있다. 성장 가능성이 높은 매력적인 시장이라고 해서 자사의 역량을 고려하지 않고 무작정 무리한 투자를 감행하는 것은 오히려 해당 기업이 경쟁력을 가지는 다른 제품이나 서비스 시장에서의 경쟁력도 약화시키는 결과를 초래할 수도 있다. 따라서 명확한 분석과 판단을 통해 전략적인 접근이 필요한 단계가 바로 '물음표' 상황이라고 할 수 있다.

2012년 기준 4세대 이동통신 표준은 'LTE (Long Term Evolution)' 기술이 대세를 이루고 있다고 볼 수 있다. 3세대 표준인 WCDMA 기술은 전 세계적인 보급이 충분히 이루어져 더 빠른 전송속도와 안정적인 서비스를 요구하는 소비자의 수요에 맞추어 전 세계 주요 통신사들은 4세대 통신 인프라 구축에 경쟁적으로 나서고 있는 실정이다. 국내의 경우 통신 3사 모두가 전국망 구축을 완료하고 더욱 안정적이고 빠른 네트워크 제공을 위한 추가적인 설비 투자와 신기술 도입으로 경쟁을 하고 있는 상황이다. 전 세계적인 통신 시장을 고려했을 경우 4세대 이동통신 시장은 향후 발전 가능성이 대단히 높고 서비스 보급도 더욱 늘어날 매력적인 시장이다. 국내의 경우 전통적인 무선통신 강자인 SKT가 LTE 시장의 선두를 달리고 있는 가운데 LTE 시장에 적극적인 투자를 선도적으로 진행한 LG U+와 KT가 2위 자리를 두고 다투고 있는 모습을 보이고 있다. 이러한 상황에서 KT 입장에서 LTE 시장을 분석할 경우 바로 '물음표' 시장으로 볼 수 있을 것이다. 성장가능성이 매우 높은 매력적인 시장이나 확실히 높은 시장점유율을 확보하지 못하였기 때문인데 향후 지속적인 투자를 통한 확실한 시장경쟁력 확보 또는 그 다음 신규 기술로의 이전 등의 전략적 선택이 필요하다고 볼 수 있다. 이와 같이 시장 환경 분석은 항상 상대적인 입장에서의 분석이 요구된다. 하나의 기업이 특정 제품이나 서비스에서는 우위를 점하고 있을지 모르나 또 다른 시장에서는 그렇지 못한 경우도 많고 시간이 지나면서 경쟁 구도로 판이하게 달라질 수 있기 때문이다.

다음으로 '스타 (Star)'의 상황은 시장 성장 전망이 높은 매력적인 시장에서 시장 우위를 점하고 있는 기업의 경우에 해당한다. 해당 기업의 경우 높고 안정적인 수입을 올리면서 앞으로도 시장의 성장에 따라 더욱 매출이 확대될 것을 예상할 수 있다. 하지만 이러한 기업이 계속해서 높은 경쟁력을 유지하기 위해서는 성장을 위한 투자를 요구받게 되며 따라서 높은 수입에 비해 연구개발, 마케팅에 소요되는 비용으로인해 현금유동성은 매우 중립적이라 볼 수 있다. 현재 국내 통신 시장을 보면 통신 3사는 앞 다투어 자사의 안정적인 통신 인프라와 앞선 통신 기술 및 다양한 부가서비스를 앞세워 막대한 마케팅 비용을 투입하고 있으며 지속적으로 차세대 무선 통신 기술에 대한 연구개발을 위해서도 천문학적인 비용을 지출하고 있다.

특정 제품이나 서비스가 시장에서 어느 정도 안정적인 보급을 달성하고 나면 우월적 시장 지위를 누리고 있는 기업에서 해당 시장 환경은 '캐시카우 (Cash Cow)'의 역할을 하게 된다. 이제 크게 성장할 가능성은 높지 않은 시장이지만 시장에서의 우월적 지위에 힘입어 높고 안정적인 수입을 누리고 있어 현금 유동성도 매우 높은 상황을 의미한다. 이러한 지위에 있는 기업은 가능하면 오랫동안 이러한 시장 상황이 유지되기를 희망하면서 가능하면 많은 현금을 회수하는 전략을 취하게 된다. 이러한 시장이 꾸준히 우유를 생산하여 공급하는 젖소(Cow)와 같다하여 현금젖소 즉 캐시카우라 한다. 과거에 비해 제품이나 서비스의 수명주기 (Product Life Cycle)가 전반적으로 짧아지고 있는 상황에서 특정 제품이나 서비스에 대한 우월적 시장 지위를 점하고 있는 기업이라고 해서 언제까지나 해당 시장에 안주하고 있을 수는 없다. 특히 가전이나 인터넷 서비스, 콘텐츠 등은 하루가 다르게 새로운 제품이 시장에 쏟아져 나오고 이를 소비하는 소비자의 선호도 매우 빠르게 변화하는 경향을 보이고 있다. 따라서 기업은 '캐시카우' 상황에 위치해 있을 경우에도 끊임없는 투자를 통해 다음 세대 스타 제품이나 서비스의 탄생을 위해 노력해야 하는 압박을 받고 있다.

마지막으로 시장의 전망도 밝지 않고 해당 기업의 시장 위치도 불안한 '개 (Dog)' 상황이 있다. '개'가 부정적인 의미로 사용된 것이 안타깝지만 이 상황은 기업의 입장에서 수입이 매우 낮고 불안정하며 현금유입도 매우 부정적인 상황이므로 빨리 해당 시장에서 철수하는 전략을 취하는 것이 최선인 상황이라고 볼 수 있다. 경우에 따라서는 빠른 시장 퇴출이 불가능한 경우도 존재하는데 법 또는 제도적인 문제로 할 수 없이 기업이 계속 해당 시장에서 영업을 유지해야 하는 경우가 이에 해당한다고 볼 수 있다.

〈그림 3-9〉 YES24 SWOT 분석 예시

Strength	**Weakness**
• 높은 브랜드 파워 • 높은 가격 경쟁력 • 다양한 품목 • E-book과 같은 차별화 상품 • 사용 편리한 컨텐츠 • 많은 독자 리뷰	• 고객층의 편중(20-30대) • 낮은 로열티(스위칭 코스트) • 다양한 품목 취급으로 인한 공급자 관리비 • 구입 전 상품 확인의 불가능
Opportunity	**Threat**
• 인터넷 시장의 확대 • 택배 서비스의 발달 • 온라인 결제의 발달 • 영세 서점의 감소 • 온라인 음반,영화 시장의 확대	• 도서정가제 • 배송료 인상 • 경쟁업체의 증가 • 기존 오프라인 서점의 온라인 진출

SO	**ST**
• 기존 고객의 데이터 베이스를 활용한 1:1 마케팅 서비스 • 높은 브랜드 파워를 활용한 종합 포탈 문화 지향 • 네트워크 외부성을 이용한 잠재 고객 확보	• 높은 가격 경쟁력과 지명도를 이용한 새로운 경쟁자의 진입 견제
WO	**WT**
• 고객층 확대를 통해 더욱 높은 시장 점유율 확보 • 편중된 고객인 20-30 대를 겨냥한 전공 서적과 전문 서적 마케팅 강화	• 기존의 마일리지 시스템과 연계해 잠재 이탈 고객 방지

3. SWOT 분석

다음으로 많이 사용되는 시장 환경 분석 도구로 SWOT가 있다. SWOT는 강점 (Strength), 약점 (Weakness), 기회 (Opportunity), 위협 (Threat)의 머리글자를 딴 용어로 기업의 강점과 약점 및 시장의 기회와 위협을 동시에 고려하여 시장상황을 분석하는 도구이다. 이중 강점과 약점은 기업의 내부역량 또는 내부요소이고 기회와 위협은 시장 상황으로 기업이 영향을 미치기 어려운 외부요소로 볼 수 있다.

특정 시장의 기회와 위협에 대해 해당 기업이 가지고 있는 역량에 따라 적절한 전략을 도출하기 위한 도구로 사용되는데 브레인스토밍 등을 통해 4개 영역에 대한 아이디어를 나열하고 이들 간의 조합을 통해 전략을 수립하게 된다. 예를 들면 시장의 기회를 살려 사업 기회를 포착하기 위해 해당 기업의 강점을 활용하거나 시장의 위협을 피하고 약점을 최소화하기 위한 전략을 도출하는 방법 등이 활용된다. 〈그림 3-9〉는 인터넷 기업 YES24의 SWOT 분석 예시이다.

4. 5-Force 분석

하버드 비즈니스 스쿨의 마이클 포터 교수가 제시한 5-Force 모델은 시장에 존재하는 5개의 힘과 이들 간의 역학관계를 설명하고 있는데 기업은 특정 제품이나 서비스 시장에 존재하는 이러한 5가지 요소를 면밀히 분석하여 적절한 전략을 수립하는데 활용할 수 있다. 〈그림 3-10〉은 '5-Force 분석'에 필요한 5가지 시장의 힘을 나타내고 있다.

우선 제일 가운데 위치한 산업 내 기존 경쟁자의 위협이 있다. 이는 기업이 동일한 제품과 서비스를 바탕으로 같은 시장에서 경쟁을 하게 되는 경우 이러한 경쟁자들과의 관계에서 나타나는 경쟁요소들을 의미한다고 볼 수 있다. 국내 통신 시장에서 SKT, KT, LG U+는 동일한 제품과 서비스로 경쟁하는 산업 내 기존 경쟁자들로 볼 수 있다. 특정 지역에 최초로 제품과 서비스를 공급하는 독점적 위치를 점하고 있는 경우가 아니라면 대부분의 기업은 자사와 경쟁하는 기업이 시장에 존재하게 되는데 경쟁력을 결정하는 요인으로는 산업의 규모, 고정비용, 제품 차별성, 브랜드 지명도, 전환비용, 경쟁자의 다양성, 후퇴 장벽 등이 존재한다. 얼마나 경쟁하고 있는 기업의 제품이나 서비스와 비교하여 차별화된 요소를 제공하며 브랜드 지명도를 보유하고 있는가 등은 기업의 경쟁력을 좌우하는 중요한 요소이다. 삼성이나 LG가 생산하는 스마트폰이 제품의 성능 면에서는 애플의 아이폰을 앞서고 있음에도 제품의 디자인, 브랜드 인지도 등에서 뒤지고 있는 것이 바로 시장에서의 경쟁력 차이를 만들고 있는 예라 할 수 있다.

전환비용은 한 기업의 제품이나 서비스를 이용하다 다른 기업이 제공하는 제품이나 서비스로 전환하는데 소비자가 감수해야하는 비용을 의미한다. 예를 들어 SKT 가입 고객이 타사로 번호이동을 할 경우 원칙적으로 가입비, 유심칩 구입비용을 부담해야하며 SKT 가입 기간 중 누리던 많은 SKT 제공서비스를 더 이상 이용할 수 없게 되는 것 등이 전환비용에 포함된다. 이동하는 통신사와 단말기 호환이 되지 않을 경우 새로운 단말기 구매 비용도 역시 전환비용에 해당된다고 볼 수 있다. 전환비용이 크면 클수록 소비자는 다른 제품 또는 서비스 제공 기업으로의 변경에 부담을 느끼게 되므로 기업의 입장에서는 전환비용을 크게 하는 것이 유리하게 된다. 인터넷 기업의 경우 이론적으로 이러한 전환 비용이 존재하지 않는다. 예를 들어 네이터 검색 서비스를 주로 이용하던 소비자가 다음의 검색 서비스를 이용하는데 필요한 전환비용은 사실상 존재하지 않는다. 브라우저 주소입력란에 네이버 대신 다음의 주소를 입력하는 수고 정도의 차이가 있을 뿐이다. 따라서 인터넷 기업의 경우 이용자의 지속 적인 이용을 담보하기 위한 다양한 방법을 지속적으로 개발, 적용하는 노력을 하고 있다. 초기에 특정 상품의 생산이나 서비스 제공을 위한 투자비용이 높은 경우에 이러한 초기

투자비용이 후퇴 장벽으로 작용하여 쉽게 해당 시장을 포기하지 못하는 경우도 발생하게 된다. 이러한 다양한 요소들이 복합적으로 작용하여 특정 시장의 기업 간 경쟁구도를 그리게 되는 것이다.

다음으로 제품이나 서비스의 생산을 위해 필요한 원재료, 부품 등 다양한 요소들을 공급하는 '공급자 (Supplier)'의 교섭력도 경쟁관계를 결정하는 요소 중 하나이다. 공급자와 공급을 받는 기업 간 교섭력의 차이에 따라 특정 시장에서의 경쟁관계가 달라지는데 공급자가 공급하는 제품과 서비스의 차별화 요소, 공급자 전환비용, 대체제의 존재여부, 공급자 집중도 및 공급량 등이 공급자의 교섭력을 결정하게 된다. 공급자가 제공하는 원재료나 부품 등의 공급 요소가 특정 제품의 생산에 절대적인 위치를 차지하고 공급 가능한 업체의 수가 시장에서 제한적이라면 그만큼 공급자의 교섭력은 커지게 되고 이를 공급받아 제품을 생산하여 시장에 공급하는 기업은 공급자의 요구조건을 따를 수 밖에 없게 된다. 반대의 경우 공급을 받는 기업이 시장에서 독점적 지위를 누리고 비슷한 부품이나 원재료를 공급할 수 있는 기업이 시장에 다수 존재할 경우 공급을 받는 기업의 교섭력이 커지게 된다. 이 역시 시장 및 기업의 상황에 따라 상대적으로 결정되는 요소이다.

스마트폰 시장에서 상호 가장 큰 경쟁자인 애플과 삼성의 경우 매우 복잡한 경쟁 및 협력 관계를 유지하고 있다. 시장에서 가장 큰 경쟁자이나 애플의 입장에서는 삼성이 가장 믿을 수 있는 부품 공급업체이기도 하다. 애플이 생산하는 아이팟, 아이폰, 아이패드 등의 제품에 수많은 삼성이 생산한 부품이 사용되어 삼성에 대한 애플의 의존도가 대단히 높은 실정이다. 이를 개선하기 위해 애플은 부품 공급선 다양화를 위해 노력하고 있지만 삼성만큼 불량률이 낮은 부품을 충분한 수량으로 공급할 수 있는 공급업체를 찾는 것이 쉽지 않다. 삼성의 입장에서도 생산되는 많은 부품을 안정적으로 판매할 수 있는 고객사인 애플을 포기할 수는 없는 상황인 것이다. 따라서 두 기업의 입장에서는 제품에 따라 교섭력의 차이를 보이는 복잡한 역학 관계를 가지고 있다. 한편 대형마트의 경우 국내 소비재 유통 시장에서 차지하는 부분이 대단히 커서 많은 기업이 대형마트에 자사의 제품을 공급하기 위해 노력한다. 따라서 유사한 상품 제조사가 많은 경우라면 대형마트에 대해 상대적으로 제조사의 교섭력은 낮아지게 되는 상황이 벌어진다.

반대로 제품의 '구매자 (Buyer)'의 교섭력은 공급자의 그것과 정확히 반대로 작용하게 된다. 애플과 삼성의 사례에서와 같이 구매액이 클 경우 교섭력이 높아 제품 가격 협상 등에서 유리한 위치를 누리는 것이 가능해 지는 것이다. 구매자의 수나 집중도, 대체상품의 유무 등이 구매자의 교섭력을 결정하는 요인이라고 볼 수 있다.

'대체재 (Substitute)'란 특정 상품과 서비스가 제공하는 가치를 대신 제공할 수 있는 제품이나 서비스를 의미한다. 커피를 마시는 대신 녹차나 홍차를 마신다면 녹차나 홍차는 커피의 대체재가 되는 것이다. 대체재의 존재유무, 가격, 대체재로의 전환비용 등이 대체재의 위협으로 작용하는데 최근에는 반드시 유사 제품 간의 경쟁뿐만 아니라 더욱 광범위한 영역에서 대체재와 경쟁해야 하는 상황으로 변화하고 있다. 인터넷 서비스의 경우 이러한 경향이 더욱 두드러지게 나타나고 있는데 세계적인 검색 서비스 업체인 구글은 SNS 서비스인 페이스북과 경쟁관계에 있다고 분석하는 경우가 많다. 이것은 많은 인터넷 이용자들이 구글의 검색 서비스를 이용하는 대신 페이스북 페이지에 궁금한 점을 게시하면 해당 사용자와 친구 관계에 있는 다른 사용자가 필요한 정보를 제공해 주는 형태로 정보 이용 패턴이 많이 변화하고 있기 때문이다. 즉, 페이스북 사용자와 사용 시간이 늘어나게 될수록 구글의 검색 이용 빈도가 낮아질 수 있다는 점이 두 서비스를 상호 경쟁하게 만드는 것이다. 스마트폰의 보급이 크게 늘면서 TV 시청시간이 줄어들게 되어 TV 광고단가가 낮아지고 이것 때문에 방송사는 인터넷 포털 기업과 일반 대중의 업무 외 자유 시간 (Free Time)을 놓고 경쟁하게 되는 시대가 된 것이다.

〈그림 3-10〉 5-Force 분석

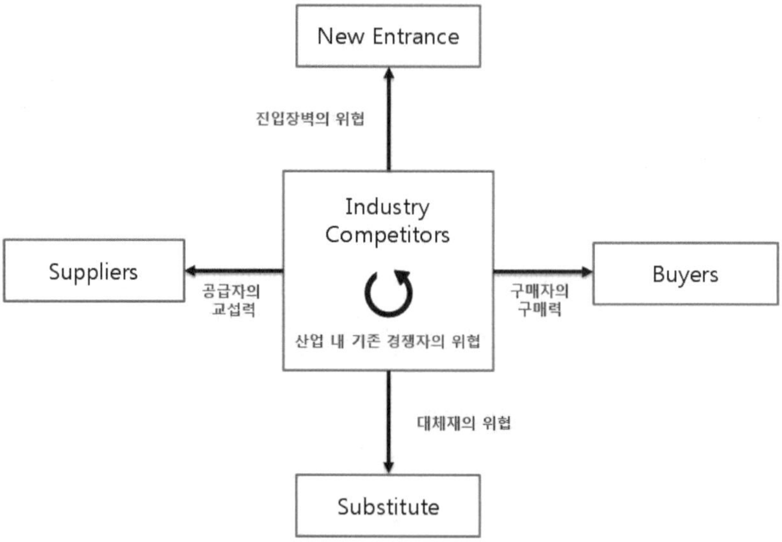

마지막으로 '신규 진입자 (New Entrance)'에 의한 위협이 시장에 존재하는데 이는 현재는 특정 기업과 유사한 비즈니스를 하지 않고 있으나 언제든 그 기업의 경쟁자가 될 수 있는 신규 시장 진출 가능성이 있는 기업의 존재 유무 혹은 그러한 가능성을 의미하는 것이다. 누구나 쉽게 유사한 제품이나 서비스를 큰 어려움 없이 제공할 수 있는 시장에는 그만큼 신규 진입자에 의한 위협이 높다고

볼 수 있다. 오프라인 기업에 비해 온라인 기업은 상대적으로 새롭게 서비스를 제공하는 비용이 낮아 신규 진입자에 의한 위협이 높다고 볼 수 있으므로 그만큼 온라인 기업들은 끊임없이 이용자의 만족도를 높이고 지속 사용의도를 유지하기 위해 노력해야 하는 위치에 있다고 볼 수 있다. 정보 이용 패턴이 PC 기반의 인터넷에서 스마트폰을 이용한 모바일 환경으로 빠르게 이전하면서 특정 서비스 개발 및 운영비용이 낮아져 경쟁이 더욱 치열해 지고 있다. PC 기반의 대형 게임이 수년의 개발기간과 수백억 원의 개발 비용을 요구하는 경우가 많은 반면 스마트폰용 게임 어플의 경우 1-2명의 개발자가 수개월 만에 적은 비용으로 만들어 성공하는 경우도 쉽게 목격할 수 있다. 특정 시장에 진입 가능 여부를 결정하는 요소에는 규모의 경제, 브랜드 지명도, 전환비용, 소요자본, 정부 시책 등이 존재한다. 특정 산업의 경우 정부의 규제 등으로 신규 진입이 불가능하거나 어려운 경우도 있다. 예를 들어 이동통신 사업자의 신규 시장 진입이나 금융업 진출은 다양한 법과 규제에 영향을 받기 때문에 누구나 쉽게 해당 사업을 시작할 수는 없다.

〈그림 3-11〉 3가지 본원적 전략

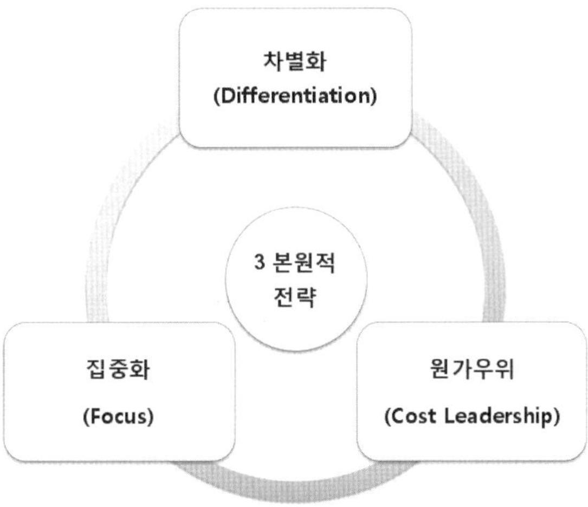

시장 상황 분석을 통해 기업이 선택할 수 있는 다양한 전략이 도출될 수 있다. 시장 환경과 기업의 역량에 적합한 전략의 선택과 추진은 기대했던 바람직한 성과로 이어질 수 있으나 잘못된 전략의 추진은 기업의 상황을 악화시켜 돌이킬 수 없는 상황으로 몰고 가는 경우도 어렵지 않게 목격할 수 있다. 기업이 선택할 수 있는 전략의 가장 대표적인 3가지는 〈그림 3-11〉에 제시된 바와 같이 차별화 (Differentiation), 원가우위 (Cost Leadership), 집중화 (Focus) 전략이다.

차별화 전략은 기업이 시장에서 경쟁하고 있는 다른 기업과 차별화된 제품과 서비스를 소비자에게 제공하는 전략을 의미한다. 제품에 새로운 기능이나 우수한 디자인을 적용하거나 우수한 사후서비스를 제공하는 등의 방법이 차별화 전략의 예라 할 수 있다. 통신 시장에서 우수한 통화품질을 제공하고 이를 지속적으로 홍보하여 소비자에게 우수한 통화 품질을 제공하는 기업으로 인식될 수 있다면 이는 분명한 차별화 전략이 될 수 있다. 동일한 품질의 제품이라도 브랜드 이미지에 따라 소비자는 프리미엄 제품이라는 인식을 가지게 되는 명품 브랜드 제품의 경우 확실한 차별화 전략에 성공한 예라 할 수 있다.

제품 간의 차별화가 어렵고 실제 소비자의 입장에서도 제품 간의 차이를 크게 고려하지 않는 제품이나 서비스의 경우 주로 가격이 중요한 선택 기준이 될 수 있는데 이러한 경우 기업의 입장에서는 생산 원가를 절감하여 조금이라도 경쟁력 있는 시장 가격을 제시할 수 있는 전략을 취해야 할 것이다. 이것이 원가우위 전략이다. 대형 마트에서 취급하는 공산품의 경우 소비자가 느끼는 제품 간 품질 차이는 크지 않다. 특히 동일한 브랜드의 동일한 제품이 판매되는 경우 제품의 품질로 소비자의 선택을 기대하는 차별화 전략은 바람직한 전략이라고 볼 수 없다. 따라서 많은 경우 유통업체는 저렴한 가격을 최대의 마케팅 포인트로 삼고 홍보하는 경우가 많다. 특히 소비자가 피부로 느끼는 대표 상품의 가격을 저렴하게 책정하여 소비자의 방문을 유도하고 다른 상품들과 함께 판매를 기대하는 전략을 취하게 된다. 이러한 전략이 대표적인 원가우위 전략이라고 볼 수 있다. 제조업의 경우 대량생산을 통한 원가절감, 부품이나 원자재의 대량 구매를 통한 투입 원자재 가격 절감 등의 방법이 원가우위 전략의 하나로 볼 수 있다.

집중화 전략은 기업이 특정 틈새시장을 목표로 제품과 서비스를 공급하여 해당 시장에서의 차별화나 원가우위 전략을 취하는 것을 의미한다. 몸이 불편한 장애우를 위한 자전거를 공급하거나 식단 조절이 필요한 소비자를 대상으로 특별한 메뉴를 제공하는 식당 등은 이러한 집중화 전략을 취하고 있다고 볼 수 있다.

5. 블루오션 전략 분석

프랑스 인시아드 경영대학원의 김위찬 교수가 그의 저서를 통해 소개하면서 세계적인 주목을 받은 블루오션 이론은 전통적인 기업 경쟁 이론에서 이야기했던 원가절감을 통한 수익성 증대 등과 같이 수많은 경쟁기업이 존재하는 치열한 시장이 아닌 지금까지 없던 무경쟁 시장을 기업이 스스로 개척하여 높은 수익을 올릴 수 있다고 설명하고 있다. 기존의 치열한 경쟁 환경을 레드오션 (Red Ocean)이라 부르고 이에 반해 경쟁이 없는 넓은 시장 따라서 기업이 높은 수익을 올릴 수 있는 시장을 블루오션 (Blue Ocean)이라 부른다.

누구도 생각하지 못한 제품과 서비스로 고객이 기꺼이 그에 대한 합당한 지불을 할 수 있다면 기업 입장에서 큰 수익을 올리고 경쟁이 아닌 혁신을 통한 지속적인 수익 창출이 가능하다는 이론이다. 〈그림 3-12〉는 블루오션 전략에서 의미하는 가치혁신의 개념을 도식화하고 있는데 기업은 제품이나 서비스의 생산과 제공을 위해 요구되는 비용은 줄이면서도 고객에게 제공하는 가치는 늘려 이를 통해 수익을 창출하는 가치혁신을 이룰 수 있다는 의미이다. 전통적인 경영이론의 관점에서 보면 제공하는 가치가 늘어날수록 그에 따라 기업이 부담해야 하는 비용이 늘어나게 되므로 모순이 되는 주장이라고 볼 수 있다. 하지만 반드시 고객이 느끼는 가치가 늘어난다고 해서 기업이 부담하는 비용이 늘어나는 것은 아니라는 것을 사례를 통해 제시하고 있다. 미국의 사우스웨스트 항공사는 중소규모의 도시간 항공편을 늘려 고객이 편리하게 원하는 도시로 빠르게 이동할 수 있도록 하면서도 상대적으로 저렴한 항공료를 책정하여 크게 성공하였다. 고객은 저렴한 비용으로 오랜 자동차 운전 대신 편리한 항공편을 이용할 수 있어 체감하는 가치는 크게 늘어났으며 사우스웨스트 항공은 대신 공항라운지나 기내식, 좌석등급을 없애는 방식으로 비용을 줄여 높은 수익을 올릴 수 있게 된 것이다. 최근 패션 시장에서도 빠른 유행에 따라 부담 없이 구입하여 입을 수 있는 합리적인 가격대의 패스트 패션 브랜드가 유행하고 있다. 유니클로나 자라와 같은 브랜드는 대량생산과 유통합리화를 통한 원가절감과 동시에 고객에게는 다양한 제품과 저렴한 가격이라는 높은 가치를 제공하는 패션 산업에서의 블루오션을 개척한 사례라 할 수 있다.

〈그림 3-12〉 블루오션 전략의 가치혁신 개념

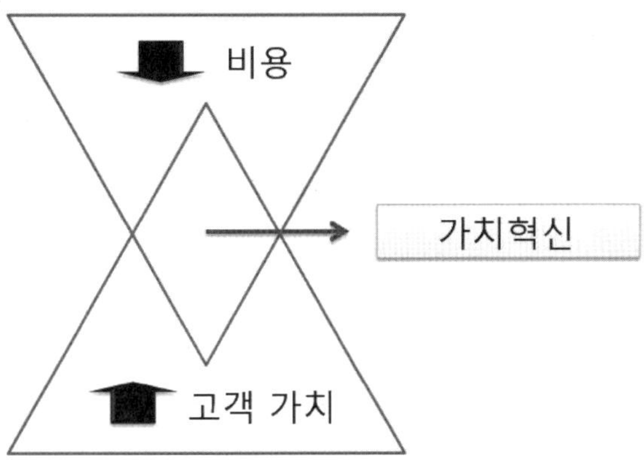

기업이 블루오션을 개척하여 상당한 기간 동안 전략적 우위를 누리더라도 대부분의 경우 이러한 블루오션 시장에는 경쟁기업들이 진출하게 되어 레드오션화되는 것을 막을 수는 없다. 따라서 기업은 끊임없는 노력을 통해 새로운 블루오션을 찾는 노력을 지속해야만 치열한 경쟁 환경에서 오래 살아남는 기업이 될 수 있는 것이다. 최근 국내에 커피를 즐기는 문화가 크게 보급되면서 고급 커피를 제공하는 커피전문점 시장이 포화상태에 가까울 정도로 늘어나게 되었다. 해마다 커피수입이 늘고 있으나 초기에 블루오션이었던 고급 커피 시장이 지나친 경쟁으로 레드오션화되고 있는 것을 알 수 있다. 그럼에도 불구하고 여전히 시장 성장 가능성을 보고 계속해서 새로운 커피 프랜차이즈가 탄생하고 체인점이 아닌 저마다 독특하고 차별화된 요소를 내세우는 개인 커피 매장도 늘고 있는 추세이다.

대한민국이 종주국임을 주장하고 있는 MP3 플레이어는 우리 기업들이 초기에 이동식 디지털 음원 재생기라는 블루오션을 창출하여 성공적으로 자리매김하였으나 애플이 뛰어난 디자인과 콘텐츠 생태계를 중심으로 전 세계적인 성공을 거두었다. 아이팟과 아이튠즈 서비스로 대표되는 MP3 플레이어 시장은 한동안 매력적인 블루오션 시장의 위치를 누렸으나 대부분의 스마트폰이 MP3 재생 기능을 탑재하면서 디지털 음원 소비 패턴이 변화하게 되어 현재는 대부분의 MP3 플레이어 제조사들이 애플을 제외하면 명맥을 유지하고 있는 수준으로 전락하고 말았다.

〈그림 3-13〉 ERRC 프레임워크

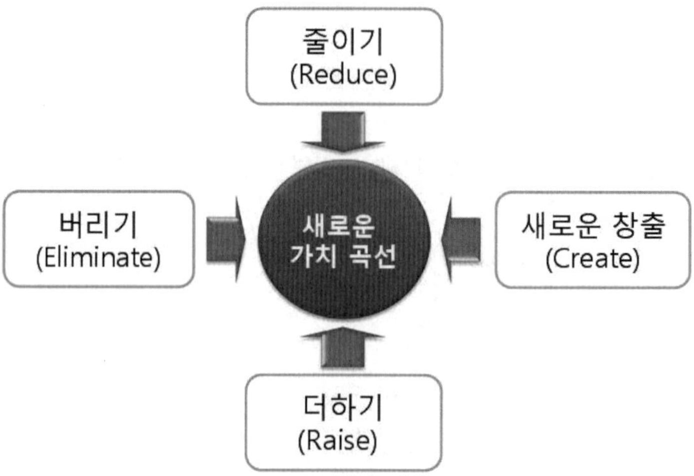

기업이 블루오션 시장을 발견하거나 창출하기 위해서는 전략적인 분석과 이에 따르는 전략적 시장 창출 활동이 필요한데 이를 위해 블루오션 전략 프레임워크에서는 ERRC 그리드 분석 방법과 전략 캔버스 (Strategy Canvas) 도구를 제안하고 있다. ERRC 그리드란 기업이 새로운 블루오션 제품이나 서비스를 창출하기 위해서는 전통적인 제품 및 서비스와 비교하여 버리고 (Eliminate), 줄이고 (Reduce), 더하고 (Raise), 창출해야 (Create)한다는 것을 의미한다. ERRC 그리드는 기존의 제품이나 서비스와 비교하여 새로운 블루오션 전략이 취해야할 특징을 의미함과 동시에 기업이 취해야할 행동 프레임워크를 의미하고 있다. 고객에서 더 많은 가치를 제공하면서도 동시에 기업의 입장에서는 비용을 절감하고 높은 수익을 올리기 위해 과감하게 기존의 전략과는 큰 차이를 보이는 전략을 취해야 하므로 이를 체계적으로 고민하고 만들어내기 위한 기본적인 분석의 기준을 제시하고 있다고 볼 수 있다. 〈그림 3-13〉은 새로운 가치창출을 통한 블루오션 전략 수립의 기초가 되는 ERRC 프레임워크의 개념을 설명하고 있다. 기업의 입장에서 핵심 가치 제공과 무관하게 비용이 소요되는 부분은 과감히 없애고 (E, Eliminate), 완전히 제거할 수는 없지만 최소화할 수 있는 부분은 줄이며 (R, Reduce) 고객에게 제공하는 가치는 늘리고 (R, Raise), 기존에 없던 새로운 요소를 추가하는 (C, Create) 방식으로 새로운 전략이 도출된다.

이와 같이 새롭게 창출되는 전략을 기존의 전략 혹은 경쟁하고 있는 다른 기업의 그것과 비교하여 한눈에 파악할 수 있도록 제시하는 도구가 전략캔버스 (Strategy Canvas)이다. 전략캔버스의 가로축은 전략간 비교의 기준이 되는 항목을 나열하고 세로축에는 각각의 요소에 대한 전략들의 상대적 위치 혹은 해당 항목에 대한 성장가능성, 기업의 입장에서 소요되는 비용 등의 요소를 고저로 표시하게 된다. 각 비교 항목별로 표시된 상대적인 위치를 선으로 연결하면 이것이 해당 전략의 가치곡선 (Value Curve)을 나타낸다고 볼 수 있으며 블루오션에서는 경쟁하는 전략과 가치곡선의 방향이 많이 다를수록 좋은 전략이라고 본다. 무조건 모든 항목에서 다른 전략보다 우위에 있다고 해서 좋은 전략이라고 볼 수는 없는 것이다. 〈그림 3-14〉는 전략캔버스 작성의 예를 보여주고 있는데 아시아나 항공에서 새로운 스마트폰용 어플 제작을 위해 경쟁사인 대한항공의 어플과 비교하여 전략을 수립한다는 가정 하에 작성되었다. 그림에서 가격이라는 요소는 양사 모두 무료로 제공하고 있고 대한항공이 소셜적인 요소나 개인화가 부족하다는 것을 확인하고 이 두 요소를 강조하는 어플을 제작하여 차별화된 고객 경험과 가치를 제공하겠다는 전략을 도출할 수 있다.

〈그림 3-14〉 전략캔버스 작성 예

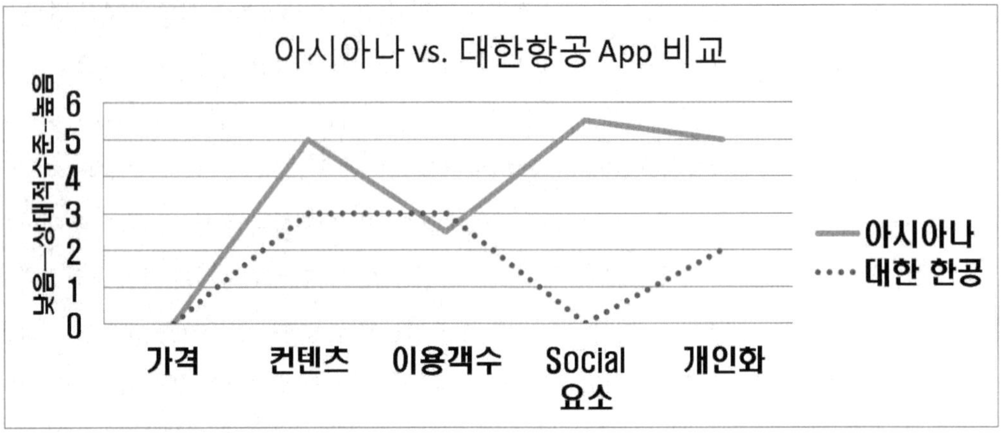

▲

제 3 절

환경 분석 도구 활용의 기초

본 절에서는 시장 환경 분석을 위해 활용 가능한 도구를 소개하고 대표적인 마인드맵 도구를 활용한 실습을 수행하고자 한다.

1. 다양한 소프트웨어를 이용한 환경 분석 수행

앞 절에서 설명한 문제 정의와 시장 환경 분석은 실제로 다양한 도구를 이용하여 수행될 수 있다. 가장 중요한 것은 아이디어를 도출하고 이를 정리하여 필요에 따라 공유하거나 다른 사람을 설득하기 위해 사용하는 것이다. 간단하게는 연필로 종이에 직접 아이디어를 적고 그리는 방식을 이용할 수도 있고 많은 사람이 동시에 작업에 참여한다면 칠판이나 화이트보드를 이용하여 내용을 정리할 수도 있다. 최근에는 시공간의 제약을 넘어 많은 이들이 아이디어를 공유하고 함께 작업할 수 있는 방법들이 많이 개발되어 소개되고 있는데 이러한 도구의 사용으로 내용의 정리, 수정, 보관, 공유 등의 부담에서 벗어나 실제 창의적인 아이디어를 도출하는데 더 집중할 수 있게 되었다고 할 수 있다.

인터넷의 보급과 특히 최근의 모바일 환경의 보급은 자료의 검색, 공유 등이 실시간으로 쉽고 빠르게 수행될 수 있는 환경을 제공하고 있으며 이러한 환경을 효과적으로 활용할 수 있는 많이 도구들도 개발되어 보급되고 있다. 캡스톤디자인 프로젝트 수행에도 많은 자료의 수집과 정리, 공유가 필요한 경우가 많은데 편리하고 효과적인 이러한 도구들을 적극적으로 활용하여 업무의 효율을 높이는 것이 바람직하다. 자료의 정리는 마이크로소프트의 파워포인트를 이용하는 경우가 많은데 파워포인트에서 제공하는 다양한 기능을 활용하여 자료 조사와 환경 분석의 결과를 정리하고 이를 다른 사람과 공유하게 된다.

2. 마인드맵과 로직트리

마인드맵이란 사람이 생각하는 방식과 유사하게 생각을 정리할 수 있는 도구로 개발되어 최근 많은 분야에서 도입, 활용되고 있다. 특정 분야에 국한되지 않고 주제에 대한 생각을 단순한 방식으로 정리하고 공유할 수 있는 도구로 브레인스토밍의 결과를 정리하기 위해 많이 사용되고 있다.

마인드맵은 작성하고자 하는 주제가 되는 중심이미지를 기준으로 해당 주제와 관련 있는 하위 개념을 의미하는 마디 또는 노드 (Node)와 마디와 마디를 연결하는 가지 (Branch)로 구성되어 있다. 중심주제의 하위 요소를 가지로 연결하고 연결된 각 마디에서 또 다시 하위 마디를 만들어 연결하는 방식으로 전체 마인드맵이 만들어지게 된다. 이와 같은 단순한 마인드맵의 구조 덕분에 아이디어나 생각을 정리하는 단순한 작업에서부터 회의준비, 기획 및 보고서 작성, 강의요약 및 준비, 학습 및 노트정리 등 다양한 분야에서 활용되고 있으며 최근에는 초등학생들도 학습을 위해 마인드맵을 배워 활용하는 경우도 많이 있다.

앞서 살펴보았던 로직트리 역시 문제 환경을 관찰하고 명확히 분석하기 위한 도구로 이용되는데 마인드맵을 이용하여 이러한 로직트리를 구성하는 것이 가능하다. 따라서 마인드맵을 이용하여 문제 환경을 분석하고 명확히 문제를 정의하는 것은 물론 문제의 해결을 위한 대안 도출 과정에서도 이를 적극 활용할 수 있다.

마인드맵이 인기를 끌면서 많은 소프트웨어 업체들이 마인드맵 작성 및 공유는 물론 많은 사람들이 동시에 하나의 주제에 대한 마인드맵을 작성할 수 있는 협업 기능까지를 제공하는 많은 마인드맵 도구들을 제작하여 시장에 소개하고 있다. 국내에도 다수의 마인드맵 소프트웨어 공급업체들이 존재하는데 그 중 하나인 ThinkWise라는 도구를 이용하여 로직트리를 작성하는 방법을 함께 살펴보고자 한다.

특히 최근에 모바일 환경으로 정보의 검색과 소비 중심이 옮겨오면서 기존의 소프트웨어 기업들이 모바일 환경을 지원하는 기능을 접목하여 새로운 버전의 소프트웨어를 적극 출시하고 있다. 마인드맵 도구들 중에도 모바일 환경을 지원하는 많은 도구들이 있는데 ThinkWise는 비교적 안정적이고 우수한 모바일 환경을 지원하는 마인드맵 도구 중 하나라고 볼 수 있다. 특히 PC 버전과 유사한 사용자 인터페이스를 제공하는 모바일 버전을 제공하고 있어 모바일과 PC 등 본인이 원하는 방식으로 언제 어디서나 마인드맵 작업이 가능하다는 장점을 가진다. ThinkWise는 양대 모바일 플랫폼이라 할 수 있는 애플의 iOS와 안드로이드를 모두 지원하는 어플을 제공하고 있어 사용하는 스마트폰의 종류에 상관없이 거의 모든 기기에서 마인드맵 작성이 가능하다는 또 다른 장점도 있다.

〈그림 3-15〉는 안드로이드 버전의 ThinkWise 설치화면을 보여주고 있다. 물론 PC 버전을 이용할 수도 있겠지만 언제 어디서나 쉽게 자신의 생각을 정리하고 다른 사람과 공유할 수 있다는 장점을 생각한다면 모바일 버전을 이용하는 것도 좋은 선택이 될 수 있다. 아이폰을 이용하더라도 유사한 사용자 인터페이스와 기능을 제공하므로 본인이 이용하는 스마트폰에 따라서 적합한 버전을 설치하여 활용해 보기 바란다.

안드로이드의 경우 안드로이드 앱마켓인 'Play 스토어'에서 'thinkwise'라는 검색어를 입력하여 어플을 검색하면 유로버전과 무료버전 ThinkWise 두 가지 어플을 확인할 수 있다. 애플의 경우 당연히 앱스토어에서 검색을 하면 ThinkWise 스마트폰용 어플을 설치할 수 있다. 무료 버전의 경우 하나의 마인드맵에 30개까지의 가지만을 생성할 수 있다는 제약이 있으나 마인드맵의 기능을 익히고 활용하는데 큰 제약은 없으므로 일단 무료 버전을 설치하여 사용해 본 후에 필요할 경우 유로 버전을 구매하여 사용할 것을 권하고 싶다.

〈그림 3-15〉 ThinkWise의 설치와 실행 (안드로이드 버전)

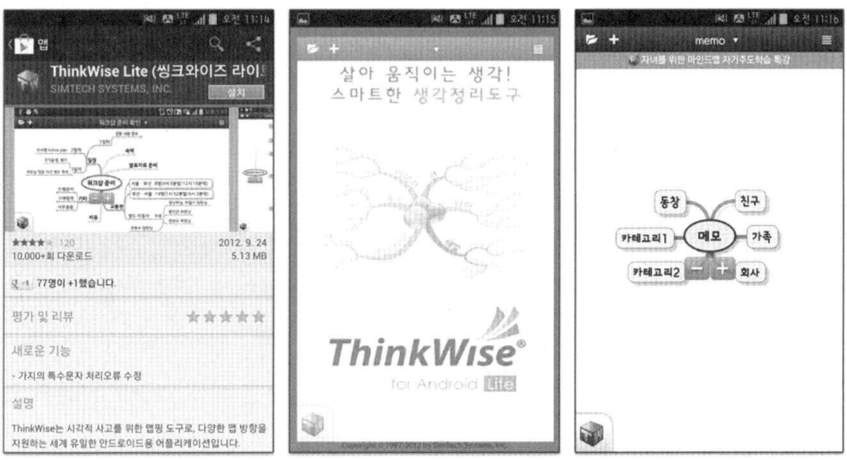

‘ThinkWise Lite’라 이름 붙여진 무료 버전을 선택하면 〈그림 3-15〉 가장 왼쪽의 그림과 같은 설치 화면이 보이고 ‘설치’를 누르면 설치가 시작된다. 설치를 마치고 ThinkWise 모바일 어플 아이콘을 누르면 중앙의 그림과 같은 ThinkWise 시작화면을 볼 수 있다. 어플의 구동이 완료되고 사용 가능한 상태에서 처음으로 보게 되는 화면은 〈그림 3-15〉 가장 오른쪽에 있는 화면과 같다. 처음 사용자를 위해 마인드맵의 기본이 되는 마디와 가지를 예시로 보여주고 있는데 아주 단순해 보이는 화면이지만 기본적인 마인드맵을 작성하기 위한 기능을 충실히 제공하고 있다.

3. ThinkWise를 이용한 로직트리 작성

자신에게 맞는 ThinkWise 모바일 버전의 설치를 마쳤다면 이제 앞서 살펴본 로직트리를 작성하는 과정을 통해 마인드맵 도구를 익히고 이를 이용하여 문제의 정의와 시장 환경 분석에 활용할 수 있는 아이디어를 얻도록 하자. ThinkWise 어플 아이콘을 터치하여 시작하면 설치한 버전에 따라 다소 차이가 있을 수 있지만 위쪽에 주요 메뉴가 위치하고 좌측 하단에 작성하고 있는 마인드맵을 위한 꾸미기 기능을 불러올 수 있는 큐브모양의 아이콘이 위치한 화면을 볼 수 있다. 중앙의 타원이 마인드맵 작성의 주제를 의미하는 노드이며 마인드맵을 작성하면서 계속해서 추가적인 마디와 가지를 늘려가게 된다.

ThinkWise는 기본적인 스마트폰 사용자 환경을 그대로 제공하고 있는데 두 손가락 멀티터치를 이용한 마인드맵 확대, 축소가 가능하며 마인드맵의 이동 역시 손가락으로 화면을 터치한 후에 원하는 방향으로 이동하는 방식으로 지원하고 있다.

스마트폰을 들고 있는 방향에 따라 가로, 세로 화면 전환도 지원하고 있는데 로직트리와 같이 좌우로 긴 마인드맵을 작성하는 경우에는 가로모드를 이용하는 것이 편리하다. 〈그림 3-16〉의 좌측은 가로모드 보기로 ThinkWise를 사용하는 모습을 보여주고 있다. 화면의 상단 메뉴에서 가장 왼쪽의 폴더 모양 아이콘은 기존에 작성하여 저장해둔 마인드맵을 불러와 수정하거나 활용할 수 있는 기능이다. 자신의 스마트폰에 마인드맵을 저장할 수도 있고 지원하는 클라우드 웹공간에 저장해 두는 것도 가능하다. 또한 ThinkWise에서 제공하는 다양한 마인드맵 샘플 파일도 불러와 활용할 수 있는데 필요에 따라서는 잘 작성된 마인드맵을 불러와 이를 수정하여 활용하는 방법도 쉽고 빠르게 마인드맵을 작성하는 요령이라 할 수 있다.

〈그림 3-16〉 ThinkWise 사용자 인터페이스

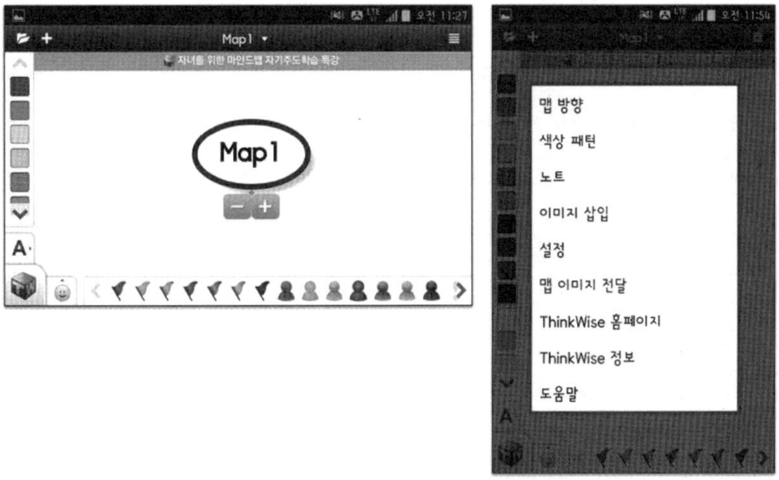

다음으로 상단 메뉴 중 '+' 아이콘은 새로운 마인드맵을 작성하기 위해 빈 화면을 생성하는 아이콘이다. 이 아이콘을 누를 경우 우선 새로 작성하는 마인드맵의 이름을 입력하고 마인드맵을 저장할 위치를 입력하는 입력 상자를 볼 수 있다. 새로운 마인드맵 역시 스마트폰 또는 웹폴더에 저장이 가능하다. 마인드맵을 많이 활용하다보면 매우 많은 마인드맵 파일이 스마트폰 또는 웹폴더에 저장되므로 가능하면 추후에 쉽게 필요한 마인드맵 파일을 찾을 수 있도록 자신만의 파일명 규칙을 만들어 사용하는 것이 좋다. 상단 메뉴의 중간에는 현재 작업 중인 마인드맵의 이름이 표시되어 있다. 새로운 마인드맵을 작성하기 위해 '+' 아이콘을 누르고 입력했던 마인드맵의 이름이 이곳에 표시되는데 이름을 누르면 다시 기본적인 마인드맵 관리에 필요한 메뉴를 볼 수 있다. 작업 중인 마인드맵의 저장, 삭제, 이름바꾸기, 다른 이름으로 저장 등이 가능한 메뉴가 표시되므로 본인이 마인드맵 작업 중 혹시 모를 내용 분실을 막기 위해 자주 저장을 하는 습관을 가지는 것이 좋다.

상단 메뉴의 가장 우측에는 문서를 여러 개 겹쳐놓은 모양이 자리 잡고 있는데 이 아이콘을 누르면 마인드맵 작성과 관련하여 매우 중요한 선택 사항들을 지정할 수 있는 메뉴를 볼 수 있다. 우선 '맵 방향'이라는 메뉴를 선택하면 작성하고 있는 마인드맵의 모양을 선택할 수 있는 메뉴가 나타나는데 본인이 작성할 마인드맵의 종류에 가장 적합한 모양을 선택하면 된다. 사실 마인드맵의 장점은 작성을 위한 규칙이 비교적 단순하고 자유롭다는 점이므로 사실 어떠한 마인드맵은 어떠한 방식으로 작성해야 한다는 규칙이 정해져 있는 것은 아니다. 하지만 내용에 따라 내용을 정리하는데 더 유리한 모양은 존재하기 때문에 본인이 판단하여 제공되는 모양 중 가장 적합한 것을 선택하여 작업을 진행하면 된다.

마인드맵 작성 중에도 '맵 방향'의 변경이 가능하지만 가능하면 처음 마인드맵 작성을 위해 새로운 마인드맵을 시작하고 바로 이 메뉴를 통해 모양을 선택하고 작업을 하는 것이 더 효과적이라고 생각한다. 단순한 '메모' 순서에 따른 절차를 의미하는 '프로세스' 정보의 정리를 체계적으로 할 수 있는 '정리' 그 반대로 단순한 정보들을 묶어가며 상위 개념을 찾아가는 '역발상' 방사형 내용 정리를 위한 '발상' 그리고 자유롭게 내용을 배치할 수 있는 '자유배치' 등의 모양을 선택할 수 있다. 이 중 로직트리와 가장 가까운 모양은 아무래도 '정리'라고 할 수 있으나 다른 모양을 이용하더라도 그 내용 전달에 큰 차이는 없을 것이다.

기본적으로 마디와 가지를 늘려가는 방법은 현재 선택된 마디 하단에 표시되는 '+'와 '-' 버튼을 이용하는 것이다. '+' 버튼을 누르면 현재 선택된 마디의 하위 마디를 추가하는 것으로 가장 최초의 가운데 주제에서 '+' 버튼을 누르면 첫 번째 하위 레벨의 마디 내용을 입력할 수 있다. 스마트폰 키패드를 이용하여 내용을 입력하고 '완료' 버튼을 누르면 마디가 추가된다. 이와 같은 방식으로 필요한 마디를 계속 추가할 수 있다. 입력했던 내용을 수정해야 할 경우에는 해당 노드를 선택하고 한 번 더 누르면 키패드가 표시되면서 내용을 수정할 수 있게 된다. 마디의 삭제는 선택 후 '-' 버튼을 누르면 되는데 마디의 삭제는 한 번 더 삭제 의사를 묻는 대화상자를 거치게 된다.

오른쪽 상단 메뉴 중 '색상 패턴'은 작성하는 마인드맵의 전체적인 색상과 모습을 선택할 수 있는 기능이며 선택된 마디에 추가적인 설명을 입력할 수 있는 '노트' 기능도 제공한다. '이미지 삽입' 메뉴를 통해 스마트폰으로 촬영한 사진이나 외부 이미지를 마인드맵에 추가하여 더욱 설명력 있는 마인드맵 작성이 가능하다. '설정' 기능은 작성 중인 마인드맵에 대한 입력방법, 화면 배율 등의 기본사항을 지정하는 기능이며 '맵 이미지 전달' 기능은 작성한 마인드맵을 다른 스마트폰 어플을 통해 다른 사람과 공유할 수 있도록 해 주는 기능이다. 이 부분이 바로 모바일 환경으로 바뀌면서 쉽고 빠르게 마인드맵을 작성하고 다른 사람과 공유하면서 함께 작업을 할 수 있는 부분이라고 할 수 있다. 작성된 마인드맵을 쉽게 카카오톡 등의 메신저 서비스를 통해 전송하거나 본인의 블로그 등에 게시하는 것이 가능하며 클라우드 서비스에 저장 후 공유하여 다른 사람이 함께 마인드맵의 내용을 보고 수정할 수 있는 등의 기능을 제공하고 있다. 물론 도움말이나 'ThinkWise 홈페이지'에 접속하여 추가적인 정보를 제공받을 수도 있다.

작성하고 있는 마인드맵의 모양을 꾸미기 위한 기능들은 좌측하단의 큐브아이콘을 선택하면 확인할 수 있는데 해당 아이콘을 누르면 〈그림 3-16〉 왼쪽 화면과 같이 어플화면의 하단과 왼쪽에 길게 작은 아이콘들이 나타난다. 왼쪽에 세로로 보이는 아이콘들은 색상을 선택할 수 있도록 제공하는 색상 아이콘들을 보여주고 있는데 큐브아이콘 바로 위쪽에 보이는 'A'라는 아이콘을 클릭하면 다시 알파벳 A, 페인트통, 붓 모양 등을 볼 수 있다. 각각 글자색, 마디 색상, 마디 테두리 색상 등을 설정하는 아이콘이다. 선택된 마디에 대해서 각각의 아이콘을 선택하고 색상을 선택하면 마디의 색상이 변경되는 것을 확인할 수 있다. 하단의 아이콘들은 특수기호나 마디의 모양을 선택할 수 있는 아이콘들을 보여주고 있다. 큐브아이콘 바로 오른쪽 아이콘을 누르면 사각형의 모양과 스마일 아이콘을 선택할 수 있는 목록이 나오고 이 중 사각형 아이콘은 마디의 모양, 스마일 아이콘은 선택된 마디에 추가적인 아이콘을 입력할 때 사용한다.

특정 노드가 선택된 상태에서 사각형 아이콘을 선택하고 오른쪽에 나열된 다양한 마디 모양 중의 하나를 선택하면 기본 마디 모양인 둥근 사각형에서 원형, 화살표, 별모양 등 다양한 마디 모양으로 변경이 가능하다. 또한 스마일 아이콘이 선택되면 다양한 모양의 작은 아이콘들이 나열되는데 그 중 하나를 선택하면 현재 작업 중인 마디에 해당 아이콘이 추가된다. 추가된 아이콘을 삭제하려면 다시 한 번 동일한 아이콘을 선택하면 해당 모양 아이콘이 마디에서 사라지게 된다. 〈그림 3-17〉은 이와 같은 방식으로 ThinkWise를 이용하여 로직트리를 작성한 예를 보여주고 있다.

〈그림 3-17〉 ThinkWise를 이용한 로직트리 작성

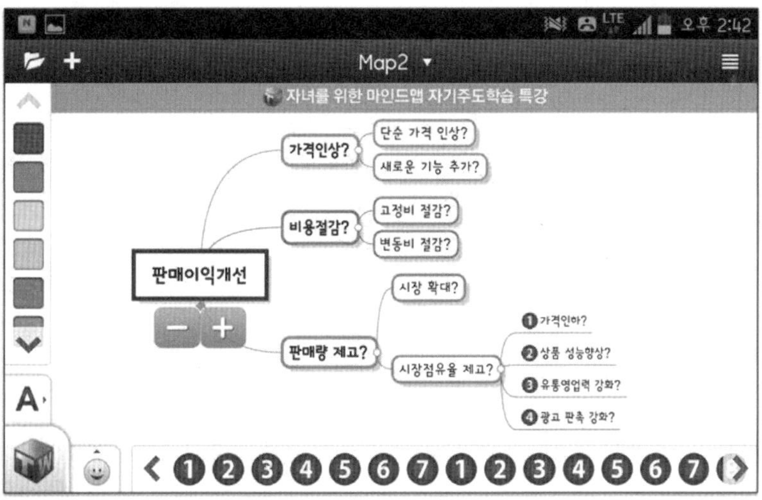

참고문헌

김위찬 & 르네 마보안, 블루오션 전략, 교보문고, 2005.

이승주, 경영전략 실천 매뉴얼, 시그마인사이트컴, 1999.

HR인스티튜트 저, 노구치 요시아키 편, 이정환 역, 파워 로지컬 싱킹, 국일증권경제연구소, 2002.

Moore, J., "The Death of Competition: Leadership and Strategy in the Age of Business Ecosystems," HarperBusiness, 1996.

Pearce, J. and Robinson, R., "Formulation, Implementation, and Control of Competitive Strategy," Irwin, 1994.

Weihrich, H., "The TOWS matrix: A tool for situational analysis," Long Range Planning, 1982.

사 례 연 구

● 캡스톤디자인 프로젝트 시장분석 수행 예시 ●

- 치킨 프랜차이즈 해외 시장 진출을 위한 일본 시장 분석 : PEST 분석

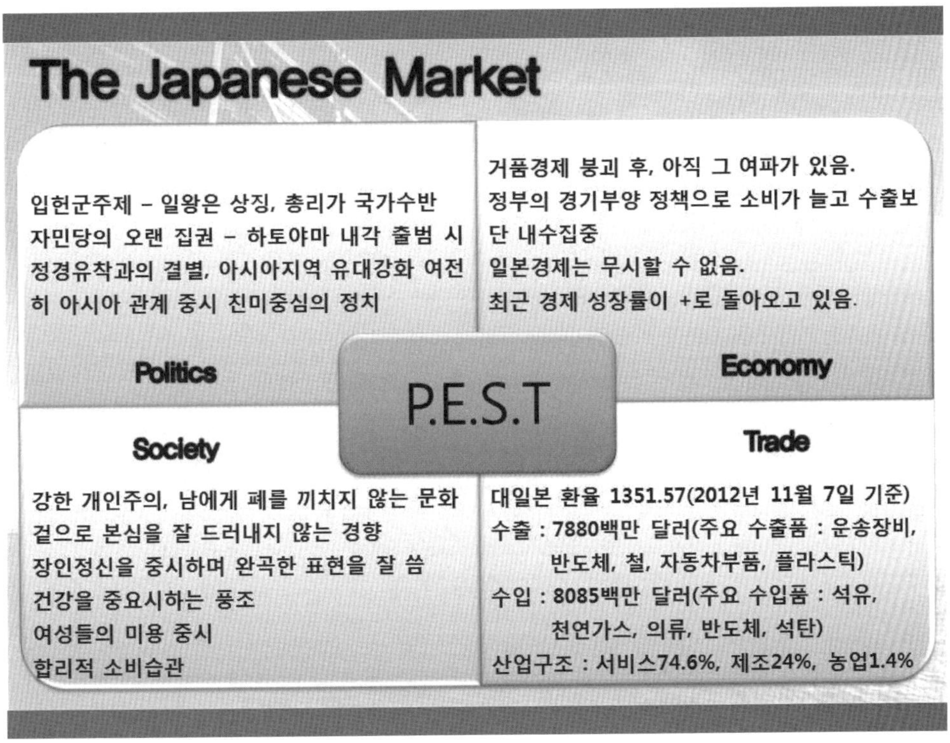

• Political

정치적 측면	시사점
현재 일본에서는 식품에 대한 방사성 물질 규제치 단속을 대폭 강화 하고 있으며 방사성 오염 식품 규제에 대한 법안 강화를 예정하고 있음.	일본에서는 규제 강화로 자국 식품에 대한 신뢰를 올리려고 하지만 일본 국민들은 자국 식품에 대한 불신을 끊지 않고 있음.
최근 일본의 내수시장의 활성화를 위해 일본 정치계에서 내어놓은 방법은 프랜차이즈와 소매점 형태의 가게에 대한 법안과 규제를 대폭 완화하여 영세민 가게에 부담을 덜게 하는 것임.	(주)ㅇㅇ푸드가 일본시장 진출 시, 프랜차이즈와 소매점 형태의 가게에 대한 법안의 완화로 자금을 확보할 수 있고 정부차원의 혜택을 누릴 수 있음.
일본에서는 수입하는 식품 가공업체, 특히 프랜차이즈들이 내어놓는 진공 포장 닭고기를 편리하게 유통하기 위해 가공을 해서 유통을 하게 되고 수입 식품에 대한 강력한 인허가 법제도가 있음.	우리나라와는 다른 강력한 수입식품 유통규제가 있음. (주)ㅇㅇ푸드가 프랜차이즈 형태의 사업으로 진출할 시, 닭고기 수입에 대한 절차를 밟아야함. 하지만 이 관문을 통과하게 된다면 오히려 더 신뢰성 있는 기업으로 거듭날 수 있음.

• Economical

경제적인 측면	시사점
동일본 대지진의 여파로 외식업계의 40%가 매출감소가 이어지고 있음.	특히 양계닭의 손실이 많으며 그에 따라 닭이나 농수산물을 수입해야하는 상황임.
외식을 꺼리고 간단하게 식사를 하려는 소비자 성향이 높아짐.	외식을 꺼리는 소비자에게 초점을 맞추기 보다는 간단한 식사를 하려는 소비자에게 초점을 맞춰야할 필요가 있음.
테이크아웃 시장이 외식을 하려는 소비자를 흡수하는 경향이 있음.	가볍게 식사를 즐기는 소비자가 늘어나고 있기 때문에 테이크아웃 형태를 고려해 봐야함.
전체 외식시장은 침체 했지만 패스트푸드 시장은 그 안에서 강세를 보임.	패스트푸드업체가 지금의 치킨프랜차이즈 업체를 차지할 것을 염두 해야 함.

• Social

사회적 측면	시사점
시각적인 아름다움을 중요시하며, 소식(小食)하는 식습관을 가지고 있음.	음식의 시각적인 아름다움을 중요시하는 일본인에게 (주)ㅇㅇ푸드가 보유하고 있는 메뉴의 다양한 모양을 어필할 수 있음. 또한 제품의 양을 소식을 하는 일본인에 맞게 적은 양에도 판매 가능한 제품을 고려해야 함.
배달음식이 일반마트에서 파는 음식보다 비싸기 때문에 잘 시켜먹지 않음.	일본에서는 배달문화가 한국보다 정착이 되어있지 않음. 사업초기 자본과 즉석에서 먹는 건강한 이미지화를 만들기 위해 배달정책은 보류해야 함.
전 세계 모바일을 사용하는 유저 중 SNS를 이용하는 일본의 비중은 20.2%로 3위임.	젊은이들과 각기 넓은 계층에서 SNS를 많이 사용함. (주)ㅇㅇ푸드가 SNS를 이용하여 전략적인 마케팅을 추진해야함.
원자력 발전 방사능 문제 때문에 식품의 안전성 문제가 사회적 이슈임. 이로 인한 웰빙 문화가 더욱 더 강조됨.	일본 정부 측에서도 강력하게 법적으로 규제하고 있는 부분인 만큼 일본 국민들 또한 식품의 안전성에 대한 부분을 각별히 신경을 쓰는 부분임. 이 부분은 ㅇㅇ푸드가 일본인에게 안심을 시키고 더 나아가서 깨끗하고 건강한 이지미를 만들어야 함.
일본 여성들 사이에서 미용을 중시하는 사회적 분위기가 있음.	일본 여성들의 대다수 인원이 다이어트를 경험하거나 굉장히 신경을 많이 씀. 이런 부분을 충족시키면서 ㅇㅇ치킨의 브랜드를 확장시켜 나가야함.

- 치킨 프랜차이즈 해외 시장 진출을 위한 SWOT 분석

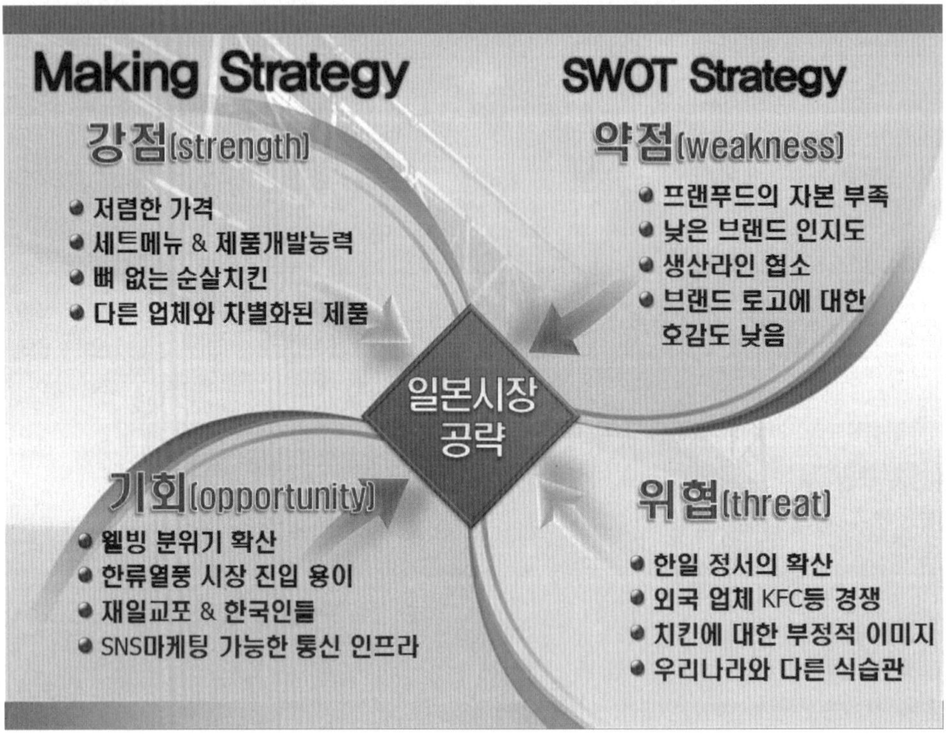

- 강점(Strength)
  - 저렴한 가격과 세트메뉴, 제품개발능력이 탁월함.
  - 뼈 없는 순살 치킨과 같은 신선한 제품들을 확보하고 있음.
  - 다른 업체와는 다른 차별화된 제품을 갖고 있고 특히 일본시장에서는 이런 측면이 더 부각되는 요소임.

- 약점(Weakness)
  - 다른 한국의 치킨프랜차이즈나 일본의 프랜차이즈 기업들보다 자본이 부족함.
  - 그에 따른 브랜드의 인지도가 낮음.
  - 한국에 국한된 생산라인과 여타 한국 치킨프랜차이즈 기업보다 생산라인이 협소함.
  - 인지도에 의한 브랜드의 호감도 또한 낮음.

- 기회(Opportunity)
  - 일본사회에 웰빙 분위기가 확산되고 있음.
  - 한류열풍으로 인한 시장 진입이 용이함.
  - 외국에 거주하고 있는 한국 교포 중 일본 거주민이 가장 많은 인구를 차지함 약 60만 명. 한국 교민들을 교두보로 일본시장 진출의 기회가 될 수 있음.
  - SNS마케팅을 할 수 있는 튼튼한 통신 인프라가 구축되어 있음.

- 위협(Threat)
  - 한 · 일간 정치 외교적 문제 때문에 한일 감정이 반 감정으로 되어가고 있음.
  - 외국계 기업인 KFC나 맥도날드의 일본에서의 선전.
  - 우리나라와는 다른 식습관 또한 하나의 장벽임.

-SWOT 분석에 따른 전략 도출

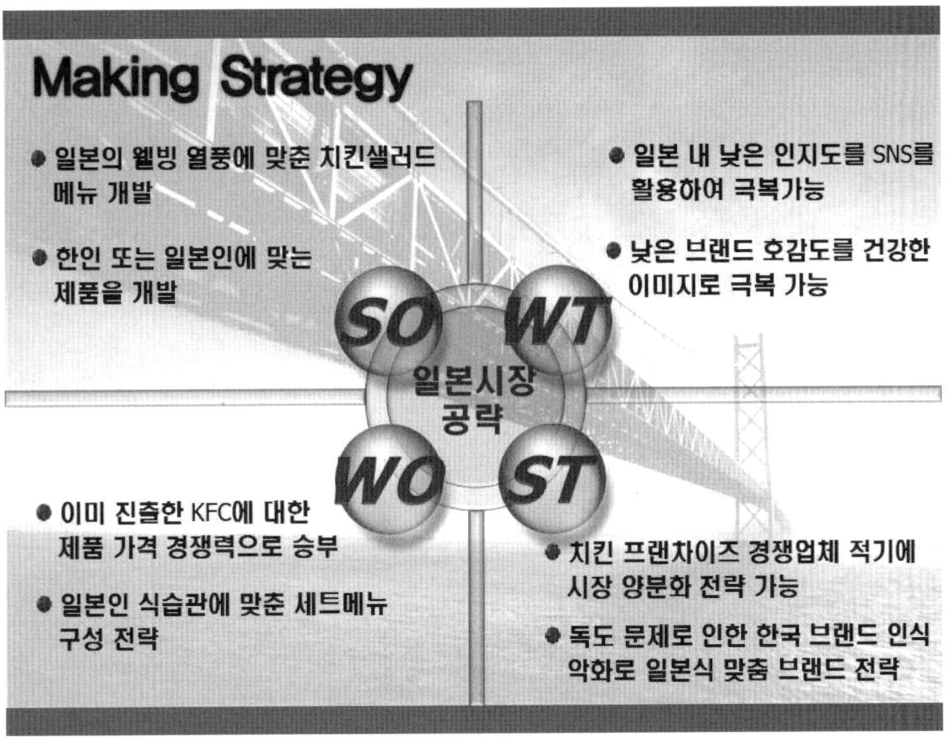

- SO전략
  - 일본의 웰빙 열풍에 맞춘 치킨 샐러드 혹은 완전 새로운 메뉴 개발이 필요함.
  - 한인 또는 일본인에게 맞는 제품 개발.

- WO전략
  - 이미 진출한 KFC나 다른 치킨 프랜차이즈 업체와는 제품 가격 경쟁력으로 승부를 봐야함.
  - 일본인 식습관에 맞춘 세트메뉴 구성이 필요함.

- WT전략
  - 일본 내 낮은 인지도를 SNS홍보를 통해 극복이 가능함.
  - 낮은 브랜드 호감도를 건강한 이미지로 극복 가능함.

- ST전략
  - 독도 문제로 인한 한국 브랜드 인식의 악화로 일본인에게 스며들 수 있도록 일본식에 맞게 브랜드를 변형할 필요가 있음.

- 시사점
  - ㅇㅇ치킨의 제품이 갖고 있는 다양성과 맛을 강점으로 사용하고 SNS를 통한 홍보를 통해 인지도와 호감도 많은 기회들을 얻을 수 있는 점과 한인들에게도 접근 가능한 전략을 펼쳐야 하며, 새로운 메뉴를 개발해야할 필요가 있음. 일본인에게 맞는 메뉴를 개발해야 함.

-치킨 프랜차이즈 일본 시장 진출을 위한 Blue Ocean 전략 (ERRC 그리드)

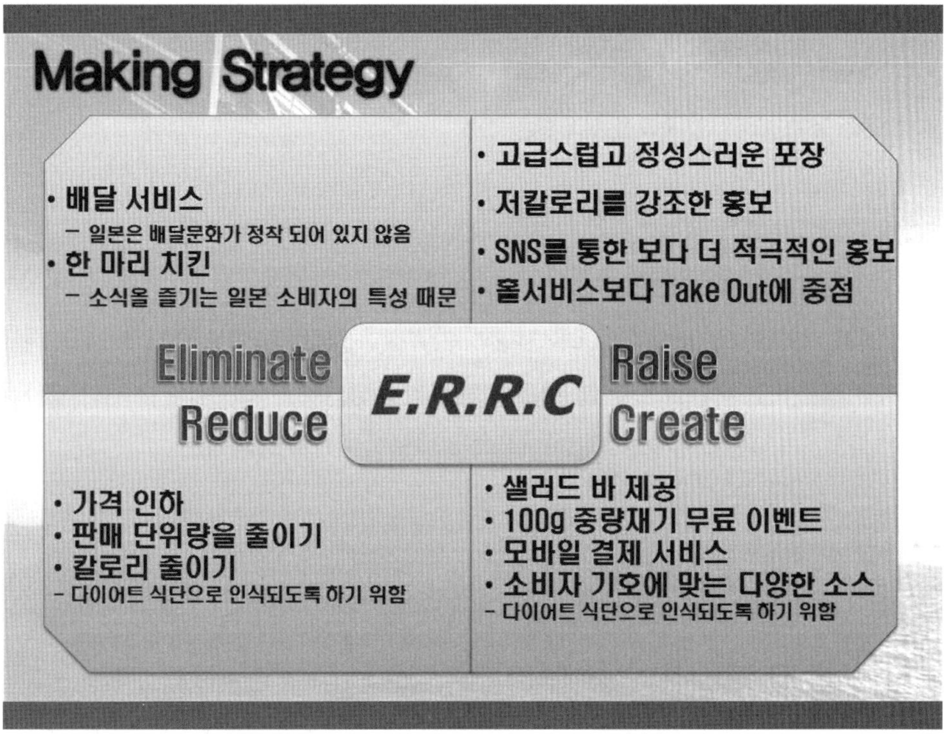

• Eliminate

- 일본의 배달문화가 아직 정착이 되어있지 않고 많은 부수적인 비용들을 줄이기 위해 배달 서비스는 제거함.
- 한 마리 통째로 닭을 먹지 않는 일본인들이 있기 때문에 그에 따른 수요를 충족시키기 위해 반 마리 또는 쿼터 또는 부분적인 판매가 가능해야 함.

• Reduce

- 여성들의 미용을 향한 욕망을 채우기 위해 칼로리를 줄임. 다이어트 식단으로 인식되도록 하기 위함.
- 가격인하 또는 할인을 함으로써 현재 일본인들의 니즈를 충족시킴.

- Raise
  - 고급스럽고 정성스러운 포장으로 시각적인 면에 민감한 일본인들의 성향을 충족시킴.
  - 저칼로리 음식이라는 이미지를 강조하며 홍보함.
  - SNS을 통한 적극적인 홍보를 활용함.

- Create
  - 샐러드바를 제공해 건강한 이미지를 만듦.
  - 소비자 기호에 맞는 다양한 소스를 개발함. 이 부분은 강력한 블루오션 전략이라고 사료됨. 많은 일본 치킨 메뉴는 프라이드 혹은 간단한 간장 양념이 전부임. 하지만 ㅇㅇ치킨의 메뉴는 다양하기 때문에 이 부분에 있어서 강한 블루오션 전략이 될 것임.

- 시사점
  - 여성들의 미용중시 경향과 건강을 중요시하는 풍조, 부분적인 치킨 유통 및 판매, 합리적인 소비습관이 E.R.R.C 전략의 핵심임.
  - 일본 치킨 메뉴자체가 다양하지 않기 때문에 다양한 메뉴를 보유한 ㅇㅇ치킨은 다양성을 무기로 일본 시장에 진출해야 이것이 강점 중에 하나가 될 수 있음.

04

제 4장

해외시장조사 방법

학습 목표

- 해외시장조사의 개념과 목적, 방법에 대해 이해한다.
- 해외시장조사의 주요내용과 사례에 대한 이해를 바탕으로 해외시장 잠재력 평가를 할 수 있다.
- 온라인 해외시장조사 방법을 실습하여 실제 기업이 필요로 하는 해외시장조사 질의서를 작성할 수 있다.

학습 목차

- 제1절 해외시장조사의 개념과 목적
- 제2절 해외시장조사의 주요 내용과 방법
- 제3절 해외시장조사 질의서 작성과 사례

참고문헌

사례연구

▲

제 1 절

해외시장조사의 개념과 목적

1. 해외시장조사의 개념

해외시장은 국내시장과는 달리 지역적인 격리성, 상이한 문화, 종교, 상관습 및 언어 등의 차이로 어려움이 많으나, 외국과 무역거래를 함에 있어서 위험을 최소화하고 이익을 극대화하기 위해서는 사전에 정확한 시장조사가 필수적인 전제조건으로 무역업 성패의 중요한 과제 중의 하나가 된다.[1) 해외시장조사란 간단히 말해 수출하고자 하는 제품이 해외시장에서 '잘 팔릴 수 있는지', '어떻게 팔 것인지' 미리 시장의 상황을 살피고 반응을 보는 것이다.[2)]

"적을 알고 나를 알면 백전백승" 이라는 속담도 있다. 해외시장조사는 비즈니스 기회와 제약요건을 파악하고, 유망 바이어와 고객을 발굴하는 과정이다. 이 과정에서 자사제품의 최대 시장, 급성장 시장, 시장 동향 및 전망, 시장 여건 및 관행, 경쟁업체 및 제품 등 실질적인 정보를 입수한다. 목표 시장에 맞는 강점을 보유한 중간 무역상을 선택하는 것도 중요한 해외시장조사의 내용이다.

특히 무역마케팅 전략의 성공은 정확한 정보의 확보에 달려 있다. 그러므로 무역업을 성공시키

1) 오시학, 한 권으로 보는 무역 콘서트, 중앙경제평론사, 2009.
2) 홍재화, 무역 & 오퍼상 무작정 따라하기, 길벗, 2006.

기 위해서는 무엇보다 특정시장을 형성하는 여러 가지 요소를 과학적으로 조사, 분석 후 적격성을 판정하는 것이며 이에 따라 해당품목의 수출 또는 수입계획을 수립하게 되는 일련의 과정이 해외시장조사이다.[3)]

수출입을 하기 위해서는 어떤 상품이든 먼저 수출입시장을 개척하고 그에 맞는 적절한 마케팅 전략을 세워야 한다. 따라서 해외시장조사는 무역을 시작하기 위해 반드시 선행돼야 하는 일이라 할 수 있다. 예를 들어 110V를 사용하는 일본시장에 220V 전자제품을 수출할 수 없듯이 먼저 목적시장의 상황을 보다 정확하게 이해하는 것이 중요하다.[4)]

2. 해외시장조사의 목적

해외시장조사의 목적은 위험의 최소화, 이익의 극대화를 통해 기업 이윤을 확보하는 것이다. 즉 해외시장조사를 통해 자사 상품이 세계의 어느 시장에서 가장 많이 팔리는지, 어떠한 판매 경로를 통해 가장 유리하게 공급할 수 있는지 등을 연구해 자사의 어떤 상품을 어느 시장에, 어떤 방법으로 수출할 것인지에 대한 무역거래 전략을 확립하는 것이다.[5)]

해외시장조사는 문제의 정의와 조사목적에 따라 시장조사의 범주가 결정된다. 예컨대 조사목적이 수출거래선 발굴이냐, 신제품 개발에 관한 건이냐, 또는 제품에 대한 소비자 반응과 판매예측이냐에 따라 해외시장조사 범위가 달라진다. 단순히 거래선 발굴이 시장조사의 주요 목적이라면 거래선 기본정보에 대한 조사만 하면 되지만 현지시장에서의 소비자 반응과 판매예측이 주요 목적이라면 더 상세한 조사가 요망된다.

해외시장을 놓고 본다면 해외시장조사는 신시장의 개척, 기존시장의 유지 확대, 상실된 구시장의 회복 등 3가지의 목적을 다르게 둘 수 있다.[6)]

- 신시장의 개척

수출 가능성이 있는 여러 시장을 상호 비교 검토하기 위해서 일반적인 예비조사가 필요하다. 다

3) 오시학, 한 권으로 보는 무역 콘서트, 중앙경제평론사, 2009.
4) 유광현, 무역 초보자가 꼭 알아야 할 139가지, 원앤원북스, 2006.
5) 유광현, 무역 초보자가 꼭 알아야 할 139가지, 원앤원북스, 2006.
6) 최장우, 박영태, 인터넷 무역마케팅, 두남출판사, 2010.

수의 해외시장 후보에서 적격지를 결정한다.

• 기존시장의 유지 확대

개괄적인 조사보다는 정밀한 시장조사가 필요하다. 신시장의 개척보다도 오히려 계속적이고 반복적인 시장조사를 실시한다.

• 상실된 구시장의 회복

이전에 거래하다가 중단된 해외시장도 다시 점검해 보아야 한다. 시장 상실의 원인을 찾아보고 해당 시장 경쟁상품과의 비교 분석에 중점을 둔 해외시장조사를 실시한다.

다시 요약하면 해외시장조사의 목적은 Why What Where How를 밝히는 것이다.

• 해외시장조사는 왜 (Why)중요한가?
• 해외시장조사는 무엇 (What)을 조사해야 하는가?
• 잠재적 해외시장 탐색 (Where)
• 어떻게 팔 것인가? (How)

▲

제 2 절

해외시장조사의 주요 내용과 방법

해외시장조사의 내용은 다음과 같이 다양하다. 거래대상 지역 선정, 목표 국가의 상관습, 해당 상품 수출입 현황기후와 지리적 여건, 수입관리제도(품목 관리제도, 수입통관, 관세율과 외환사정 등), 대상국 통화 안정성 및 경기 상태, 물류시설과 통신시장 수요시장 잠재력 조사, 취급 상품의 현지 자체 생산량, 수입량 및 수요시장 성장률 예측, 시장 발전 단계 조사, 소비자 조사대상국의 인구, 소비자 기호 및 생활수준, 연령 등이다.[7] 너무 복잡하지 않은가? 요약하면 잠재시장의 탐색과 제품의 조사인 것이다.

1. 해외시장조사의 주요 내용

1) 상품조사

상품조사는 쉽게 말하면 현재 마켓에 있어서 시장성을 가지고 있는 상품, 즉 매상이 좋은 상품은 무엇인가를 조사하고, 그 수량, 디자인의 특징, 소비자의 반응도, 매상의 움직임 등에 관해서 조사하

7) 신성찬, 오퍼상이 꼭 알아야 할 무역실무, 원앤원북스, 2009. 12. 1

는 것이다.[8] 상품조사는 취급상품의 취급과 가격 및 품목, 규격, 수요를 조사하되 미래의 수요를 포함하여 조사하고 특별히 계절적인 수요에 관한 것들도 조사한다. 그리고 자사와의 경쟁상품, 대체상품, 유사품의 현황 조사와 관련제품의 가격조사 및 현지국의 국산품 수요량 및 공급선, 공급가능선 그리고 추가적으로 관련 상품의 특허, 상표, 공업소유권 등을 조사한다.

수출입 국가의 시장조사 항목 중 환경조사의 내용은 정치, 경제, 사회적인 환경과 소비자의 조사, 공급처의 조사, 거래물품에 대한 조사 등이다. 특히 해외시장 조사 가운데 공급처에 관한 조사는 전혀 거래가 없거나 거래가 있었다 해도 거의 현품을 보지 않은 상태에서 거래가 이루어지기 때문에 공급처에 대한 신용이나 생산능력 등의 조사는 중요하다.[9]

2) 잠재시장 탐색

수출마케팅에서 잠재시장을 탐색하기 위해서는 STP (Segmentation, Targeting, Positioning) 전략을 통해 해외시장을 세분화하고 수출 아이템이 어느 시장을 목표로 할지 정해야 한다. STP 마케팅이란 마케팅 전략과 계획수립시 소비자행동에 대한 이해에 근거하여 시장을 세분화(Segmentation)하고, 이에 따른 표적시장의 선정(Targeting), 그리고 표적시장에 적절하게 제품을 포지셔닝(Positioning)하는 일련의 활동을 말하는 것으로 이러한 각 단계 활동의 첫 글자를 따서 부르는 말이다.

STP마케팅은 단계별로 다음의 절차를 따르는데, 우선 세분화 단계에 있어서는 세분화 변수의 규명과 시장세분, 세분시장의 프로필 개발, 2단계인 시장표적화 단계에 있어서는 각 세분시장의 매력평가, 표적 세분시장의 선정, 3단계인 시장 위치화 단계에 이르러서는 표적 세분시장에 대한 가능한 위치화 개념의 규명, 선정된 위치화 개념에 대한 의사소통, 개발, 선택 등의 절차를 거친다.[10]

---

8) 패션전문자료사전, 패션전문자료편찬위원회, 1997, 한국사전연구사

9) 박승락, 성옥석, 해외시장개척론, 두남출판사, 2012.

10) NEW 경제용어사전, 미래와경영연구소, 2006, 미래와경영

〈표 4-1〉 STP 전략 3단계

STP 전략 단계	단계별 주요 활동
1단계 : 시장 세분화	• 소비시장의 세분화 • 시장의 구조 분석 • 필요시 새로운 소비시장 개발 등 시장보완 전략 수립
2단계 : 목표시장 선정	• 세분화된 시장별 사업성 검토 • 목표시장의 선정
3단계 : 포지셔닝 설정	• 포지셔닝 목표 수립 • 포지셔닝을 위한 마케팅 전략 수립 • 마케팅 차별화 전략 수행 • 목표 달성

〈그림 4-1〉 카페 아일랜드 STP전략

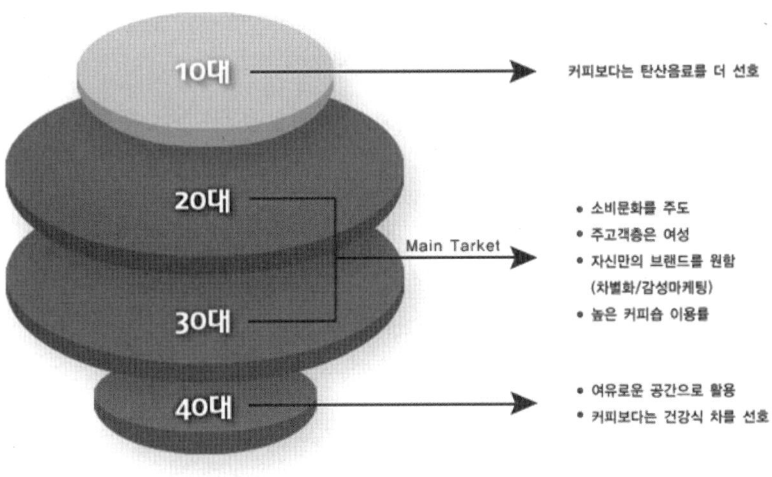

출처 : 카페 아일랜드 홈페이지 http://www.cafeisland.co.kr

기본적으로 해외진출대상 시장 선정과정에서는 기회와 위험이라는 2가지 차원의 속성과 관련된 자료를 분석하게 된다. 기회란 현재 혹은 잠재적인 시장의 크기를 말하며, 위험이란 정치, 경제, 사회, 문화적 환경 등의 이질성이나 불안정성 등을 의미한다. 추가적으로 시장경쟁 상황은 이상의 두

가지 측면을 모두 포함하고 있다고 할 수 있다. 최종적으로는 기업이 고려하는 다양한 요소들을 종합적으로 고려하여 개별 국가시장의 매력도를 평가하고 해당 순위에 따라 해외진출 대상 시장의 우선순위를 고려하여 진출을 수행하게 된다.[11)]

해외시장의 경제환경은 잠재적인 시장의 크기를 가늠할 때 가장 먼저 알아보아야 할 항목이다. 소득수준, 인구, 물가수준 및 상승률 등을 꼽을 수 있다. 첫째, 소득수준은 국제마케팅 환경에서 대부분 제품의 경우 그 지역의 시장잠재력을 나타내는 중요한 경제적 지표가 된다. 둘째, 인구는 해외시장 잠재력을 측정하는 중요한 지표이다. 특히 가격이 저렴한 소비재의 경우는 인구가 소득수준보다 시장잠재력을 나타내는 데 있어서 우선적인 지표가 될 수 있다. 셋째, 인플레이션은 소비자들의 구매력에 영향을 미치고 마케팅관리자의 계획을 어렵게 만드는 요인이 된다. 물가상승률이 높은 국가에서는 보다 경제적인 제품을 만들어야 하며 판촉도 보다 합리적으로 해야 한다.[12)]

미국의 컨설팅 회사 AT카니는 매년 세계의 '소매시장 투자 매력도 조사'를 발표하므로 참고할 만하다. 컨트리 리스크, 시장의 매력도, 시장의 규제완화도, 세계 경제에의 참가 속도, 인구 등의 지표를 바탕으로 평가한 것이다. 2012년 세계의 소매시장 매력도 조사 랭킹은 1위 브라질, 2위 칠레, 3위 중국, 4위 우루과이, 5위 인도, 6위 그루지야, 7위 미국, 8위 오만, 9위 몽골, 10위 페루 순이었다. 참고로 베트남은 2008년 세계 1위에서 해마다 순위가 계속 떨어져 2012년에는 32위로 급락하였다.

본격적인 해외 시장조사는 3-5개의 목표 잠재시장 중에서, 우선 2-3개로 선택하여 집중하는 것이 좋다. 목표를 집중시킴으로서 시장조사의 예산과 인력을 효율적으로 사용하고 최선의 목표 시장을 빨리 결정할 수 있다.

① 1단계 : 국가별 수출통계 정보를 입수, 자국 기업의 제품이 선호되는 국가 파악

② 2단계 : 자사제품과 관련이 있는 대규모 시장과 고성장 시장(5~10개)을 파악, 시장의 과거 3~5년간 시장추이를 분석

③ 향후 시장잠재력이 풍부한 고성장 가능성이 있는 일부 시장 파악

④ 세부 분석을 통해 위에서 열거한 시장 중에서 통계적으로 가장 유망한 시장을 3~5개 정도로 압축

---

11) 이순철, 김정포, 해외시장조사론, 두남출판사, 2011.

12) 김성용, 관광마케팅, 기문사, 2006.

잠재 해외시장 2~3개에 대한 체크리스트를 만들어서 상호 비교 · 평가하며 최종 목표 해외시장을 정할 수 있다. 이 체크리스트는 수출에 관련된 여러 가지 고려해야 할 사항들을 제공하고 있다. 모든 시장을 한 번 조사하였으면 추가적으로 목표시장에 범위를 점점 좁혀서 시장을 비교 분석하는 데에 이 체크리스트가 활용될 수 있다. 고려하고 있는 시장의 위험요소와 시장특징을 밝히는 것이다. 이 문제는 제반사항 즉 시장규모, 시장성장성, 시장 접근성, 경제적 안정성, 정치적 풍토, 문화적 관습, 환경요소, 지리적 요소 등을 항목별로 점수를 주어 순위를 매겨야 한다.[13)]

〈표 4-2〉 해외시장 평가리스트

시 장 규 모	1. 인구 2. GNP 3. 1인당 GNP 4. 투자율 5. 제품시장규모 6. 동제품 수입규모
시장성장성	1. 인구성장율 2. GNP성장율 3. 1인당 GNP성장율 4. 투자증가율 5. 동제품 소비증가율
시장접근성	1. 수입관세율 및 제세 2. 국내공급자 3. 해외공급자 4. 판매 대리점 5. 가격책정방법 6. 판촉방법 7. 신용조건
경제안정성	1. 국제수지 2. 외환보유고 3. 외환환금성 4. 환율동향
정치적 환경	1. 비관세 장벽 2. 수입에 대한 일반감정 3. 정책변화
기 타	1. 지리적 거리 2. 문화적 특수성

3) 시장규모

시장규모는 전체 규모, 제품별 규모, 또는 기업별 규모 등 다양하게 목적에 따라 조사하게 된다. 이와 더불어 해당제품을 누가 가장 많이 구매하는지에 대한 주요 수요처 조사도 병행할 수 있다.[14)]

13) 문병준, 글로벌 마케팅, 경문사, 2003.
14) 이순철, 김정포, 해외시장조사론, 두남출판사, 2011.

〈그림 4-2〉 시장규모의 예

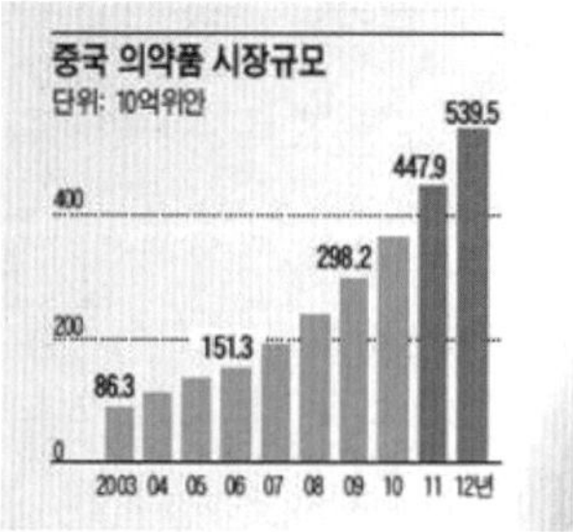

출처 : 조선일보, 요동치는 세계 제약 시장, 2010년 4월 30일.

4) 시장성장성

목표 해외시장의 시장성장성을 점검할 때 지속적인 성장세를 보이고 있는지 시장이 위축되고 있는지를 주로 살펴봐야 한다. 지난 3~5년의 수입실적과 동향도 점검해야 한다. 이러한 자료를 통해 시장성장성과 추세를 알아보는 것이다. 시장 성장이 최고조에 달했다면 시장이 위축될 것만 남았으며, 수입실적의 변동이 심하다면 수입증가 시기를 잘 확인하여 시장의 확대시기를 예측해야 한다. 시장의 성장 잠재력이 높아지면 제품 가격은 낮추면서도 이익률이 증대될 수 있다.

5) 시장접근성

수출업자가 자신의 상품이나 서비스를 수요하는 해외시장에 접근할 수 있는 정도를 의미한다. 즉 외국의 상품과 서비스 공급자가 국내시장에서 국내상품과 서비스 공급자보다 열악한 대우를 받지 않도록 보장하는 원칙이다. 최근에는 시장접근의 개념이 너무 좁으므로 더 광범위한 개념인 시장 참여로 대치해야 한다는 주장도 있다.[15)]

FTA 체결으로 우리 수출기업의 관세혜택 이외에 해당국 시장 접근여건이 대폭 개선된다. 시장접근성을 높이는 방법으로 가장 많이 활용되는 것이 제휴이므로 현지공급자나 판매자를 물색하는 것이 중요하다. 미국과 유럽의 기업들은 일반적으로 시장에 대한 접근성을 획득할 수 있는 방법으로 신흥 국가의 현지 기업들과 제휴를 맺었는데, 그렇게 해야만 했던 이유는 부분적으로 정부의 규제

15) 시사경제용어사전, 기획재정부, 2010.

때문이기도 하다. 일본과 한국의 기업들은 초기의 국제화 노력에 있어서 서구 기업들과 제휴를 맺어 노하우를 얻고 시장에 진입했다. 후발 아시아의 기업들도 노하우와 시장접근성은 물론 신뢰성을 얻기 위해서 제휴사가 필요하다.[16)]

6) 경제안정성

경제적 안정성은 여러 가지 요인에 의해서 좌우된다. GNP 성장율이나 1인당 국민소득, 실업율 동향 등을 살펴보면 해당 국가 경제가 호황인지 불황인지 알 수 있다. 해외시장의 경기가 소비 수요에 어떠한 영향을 미치는지 검토해야 한다. 성장하면서도 안정적인 해외시장은 분명 기업 입장에서 상당히 매력적이다.

개발도상국 중에는 무역통계를 수집하지 못하게 하거나 대외무역 통계를 인위적으로 높여 발표하는 경우도 있다. 이런 경우 잘못된 통계를 기반으로 경제안정성에 대한 잘못된 판단을 내리거나 기업들이 잘못된 투자를 할 수 있으므로 조심해야 한다.

7) 정치적 환경

국제마케팅에 있어서 정치적 환경은 그 나라가 정치적으로 얼마나 위험하지 않고 안정되었는지를 의미한다.[17)] 정치적 환경은 기본적으로 경제정책 및 경제 여건에 영향을 미치고, 결국 정부 채무의 원리금 상환능력 및 의지에 영향을 미친다는 점에서 본질적으로 중요한 평가 요소로 작용한다.[18)]

정치적 위험을 예측하고 평가하려는 노력은 다음의 세 가지 필요성에 의해 계속되어 왔다. 첫째, 미래의 위험한 국가를 미리 찾아내어 기업의 노출을 최소화하려는 필요성이다. 둘째, 필요 이상으로 정치적 불안정이 과대 평가되었던 국가나 정치적 환경이 개선된 국가를 찾아내어 진출을 고려할 필요성이다. 셋째, 정치적으로 위험하나 진출 대상에서 자동적으로 제외될 정도로 위험하지 않은 국가를 확인할 틀을 마련할 필요성이다.[19)]

---

16) 아르누 드 마이어 저, 신문영 역, 글로벌 기업의 조건, 교보문고, 2007.
17) 김성용, 관광마케팅, 기문사, 2006.
18) 김병기, 왜 우리는 AAA를 원하는가, 삼성경제연구소, 2007.
19) 이철, 장대련, 글로벌 시대의 국제 마케팅, 2000.

8) 문화적 특수성

국경을 넘어 마케팅활동을 수행하려면 필연적으로 이질적인 문화적 환경에 노출하게 된다. 문화적 환경이 글로벌 마케팅에서 중요한 이유는 이것이 각 해외시장의 소비자행동에 영향을 미치기 때문이다. 문화적 환경은 소비자 의사결정 과정에 영향을 미쳐 각 문화권별로 주어진 마케팅 자극에 대한 소비자 반응이 다르게 나타나는 경우가 많다. 따라서 글로벌 마케팅을 성공적으로 수행하기 위해서는 각 해외시장의 문화적 환경의 유사점과 상이점을 찾아내어 이것이 현지시장의 소비자 행동에 미치는 영향을 분석하여 적절한 마케팅 프로그램을 개발하는 것이 중요하다. 문화의 구성요소로 언어, 종교, 가치체계, 공간개념, 시간개념, 미적 감각 등이 중요하다.[20)]

예를 들어 일본의 경우 컴퓨터의 하드웨어는 발달하였으나 소프트웨어는 상당히 낙후되어 있는데 이는 동양 문화에서 메모나 컴퓨터통신을 통한 기계적 의사소통보다는 서로 만나 얼굴을 쳐다보고 얘기하기를 좋아하는 등 소프트웨어에 대한 문화적 장벽이 있기 때문이라는 분석이 있다.[21)]

2. 해외시장조사의 방법

해외시장조사 방법으로는 무역업체가 자체적으로 조사를 실시하는 직접조사와 대한무역투자진흥공사(KOTRA) · 한국무역협회 등을 통해 필요한 정보를 입수하는 간접조사가 있다.[22)] 직접조사를 1차 자료 조사라고 하고 간접조사를 2차 자료 조사라고 한다.

1) 직접조사

수출대상 국가를 조사자가 직접 방문하여 실시하는 시장조사 활동이며, 수출대상 제품에 대한 심도 있는 요구사항이 있거나 구체적 사항에 대한 조사가 필요할 경우 직접조사를 수행한다.[23)] 장점은 의사결정시 필요한 심도 있는 정보를 획득할 수 있으며 단점은 비용과 시간이 상대적으로 많

20) 문병준, 글로벌 마케팅, 경문사, 2003.
21) 이규현, 신상품마케팅, 경문사, 2005.
22) 유광현, 무역 초보자가 꼭 알아야 할 139가지, 원앤원북스, 2006.
23) 한국조선해양기자재글로벌지원센터

이 소요되어 중소기업들은 간접조사를 선호하는 편이다. 주요 정보 제공처는 해외지사, 자사직원 및 현지 시장조사 전문기관이다.

2) 간접조사

간접조사에는 KOTRA 현지무역관을 활용하거나, 현지에 진출해 있는 에이전트나 오퍼상을 활용하는 방법, 수출입은행이나 수출보험공사를 통해 관련 지역업체의 신용정보를 조회하는 방법이 있다. 이 중에서 가장 많이 쓰는 방법은 KOTRA 현지무역관을 이용하는 방법이다.[24] KOTRA는 81개국 118개 무역관을 통해 해외 바이어 찾기, 시장조사 등을 지원한다. 수출 희망 품목의 관심 바이어 발굴 비용은 15만원이며 수요동향, 수입동향/수입관세율, 경쟁동향, 수출동향, 소매가격동향/유통구조, 품질인증제도, 생산동향, 기타 등 맞춤형 시장조사는 항목 당 11만원의 수수료를 받는다. 이 비용은 기업에서 직접 해외출장을 나가는 것 보다 훨씬 저렴한 것이다.

그 외에도 국내외 경제단체 및 유관기관의 자료를 이용할 수 있는데 해외시장조사에 필요한 기초자료는 무역협회나 KOTRA 홈페이지에서 제공하는 각종 무역통계, 지역별 시장동향, 국별 수출업체 총람 등을 활용할 수 있다. 그리고 UN 무역통계연보나 IMF 발간연보 등의 국별 수출입 통계자료를 이용한다. 국내에 주재하고 있는 외국공관의 상무관실 또는 자료실에 비치된 각종 자료도 이용할 수 있으며 상무관과의 상담을 통해 시장조사를 할 수도 있다.

3) 인터넷 해외시장조사

온라인 조사는 국가별로 다양한 사이트를 검색할 수 있으며, 정보의 바다인 인터넷을 잘만 활용한다면 원하는 정보를 저렴한 비용으로 신속하게 얻을 수 있다. 다만 그러한 정보를 찾아낼 수 있는 인터넷 검색능력, 관련 정보 사이트에 대한 지식, 몇 시간이고 꾸준히 정보를 검색할 수 있는 인내력, 정보의 옥석을 구분하고 분석할 수 있는 능력이 기본적으로 갖춰져 있어야 한다.[25] 인터넷 해외시장조사는 국내 사이트와 국외 사이트를 이용하여 국가정보를 수집할 수 있고 무역정보 DB사이트, 기업정보 DB사이트를 활용하여 기업정보를 수집할 수 있다. 제품에 대한 정보는 검색엔진이나

24) 김연동, 이준호, 실전에 바로 써먹는 무역실무의 모든 것, 원앤원북스, 2009.

25) 김연동, 이준호, 실전에 바로 써먹는 무역실무의 모든 것, 원앤원북스, 2009.

무역거래알선사이트에서 얻을 수 있다.

〈표 4-3〉 해외시장조사 On-Line 국가정보 수집(국내 사이트)

대한무역투자진흥공사 글로벌윈도우 (www.globalwindow.org)	- KOTRA 해외현장보고, 지역별 국가정보, 북한경제 및 해외투자 정보, 무역자료 제공
한국무역협회 (www.kita.net)	- 국가별 개황, 외교 현황, 출장 여행정보, 무역 제도 수록 - 한국, 중국, 미국 등 국가별 무역 통계, 세계경제, 남북교역 통계, 품목정보 조회 제공
대한상공회의소 (www.korcham.net)	- 해외경제동향 제공 - 특히 중국, 베트남, 일본 시장에 대한 정보 풍부함

〈그림 4-3〉 한국무역협회(www.kita.net) 국가별 지식

〈그림 4-4〉 대한무역투자진흥공사(www.globalwindow.org) 국가정보

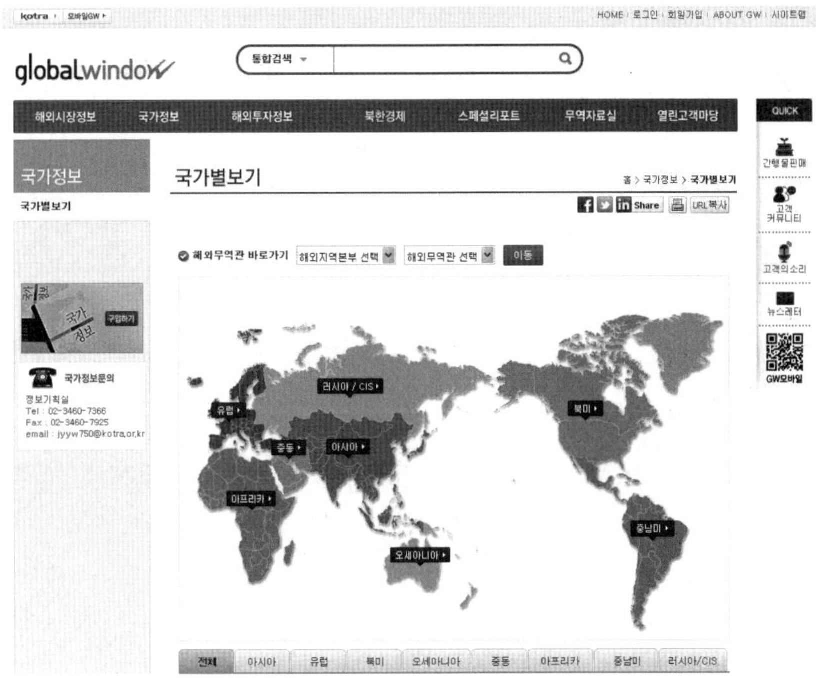

〈그림 4-5〉 대한상공회의소(www.korcham.net) 해외경제동향

〈표 4-4〉 해외시장조사 On-Line 국가정보 수집(국외 사이트)

미국 컨트리와치사 (www.countrywatch.com)	- 191개국의 정치, 경제, 기업 및 비즈니스, 환경 등 세부정보 제공 - 구체적이고 실시간으로 업데이트된 국가정보 제공 - 특정 국가의 시장조사에 유용
미국 CIA World Factbook (www.cia.gov)	- 일반개황, 경제현황 등 무료 제공 - 세계 각국의 정보와 지도 실시간 제공
유럽국가정보 유로페이지 (www.europages.com)	- 주요 유럽국가와 제3국 등 150여 개국의 국가정보(옐로우페이지) 제공 - 각국 일반개황, 경제, 비즈니스, 여행 등 수록

출처 : 최장우, 박영태, 인터넷 무역마케팅, 두남출판사, 2010.

〈표 4-5〉 해외시장조사 On-Line 기업 정보 수집

무역정보 DB사이트 활용	- KOMPASS (국가별 바이어, 셀러 조회, 해외 기업 및 상품정보, 해외 홍보지원, 무역거래 알선) - Thomas Register (미국 및 캐나다 제조업 분야)→ ThomasNet.com - KOTRA/KITA
기업정보 DB사이트 활용	- Yellow Pages - 기업현황정보 - 재무, 증권정보 - CD-ROM, 디렉터리
검색엔진	- 무역거래알선사이트 검색 - google.com - alibaba.com - ec21.net

출처 : 최장우, 박영태, 인터넷 무역마케팅, 두남출판사, 2010.

〈그림 4-6〉 Thomas Net

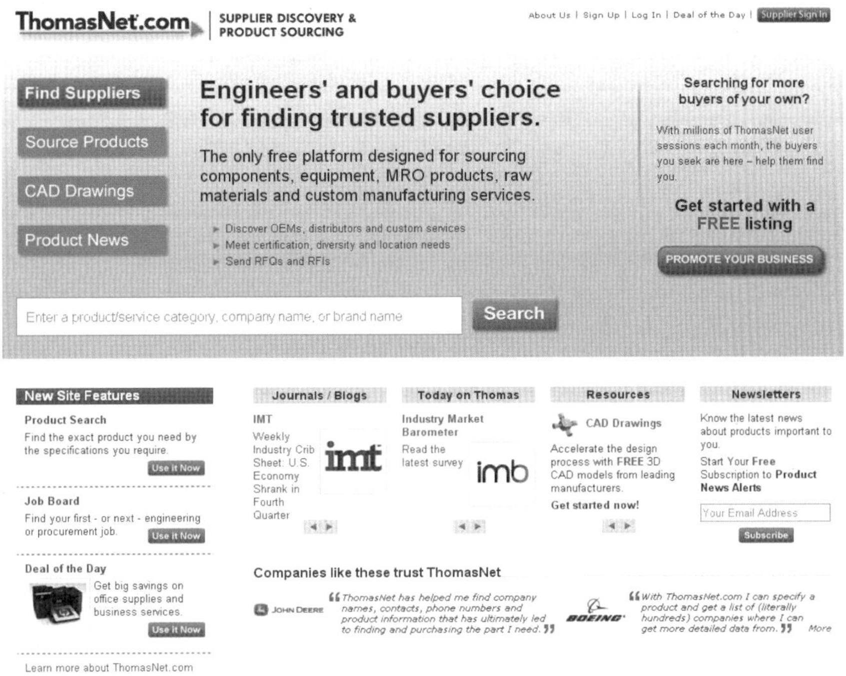

▲

제 3 절

해외시장조사 질의서 작성과 사례

1. 해외시장조사 질의서

해외시장조사의 계획과 결과보고서는 회사 내에서 자체적으로 관리하는 경우도 있고 해외시장조사 대행 서비스를 이용할 경우 서비스업체와 의뢰업체 사이에 커뮤니케이션이 중요하다. 이 때 반드시 해외시장조사 질의서 양식에 따라 해외시장조사 항목을 결정해야 하며 조사내용을 체계화시킬 필요가 있다.

해외시장조사 질의서 항목은 크게 국가, 산업, 마케팅, 경쟁으로 나누어 구성할 수 있으며 세부적인 조사 항목은 다음 표와 같다. 각 팀별로 발굴한 유망 수출상품에 대한 해외시장조사 결과를 질의서 양식으로 본 교과서에 있는 해외시장조사 사례를 참고하여 작성해본다.

〈표 4-6〉 해외시장조사 질의서 항목

구분	내용
국가	• 개관 • 경제현황 • 정부현황 • 기타
산업	• 제품 • 시장구조 • 산업동향
마케팅	• 미디어 • 유통채널 • 고객 • 고객지원 서비스
경쟁	• 기초정보 • 마케팅 관련사항 • 제품

출처 : 최장우, 박영태, 인터넷 무역마케팅, 두남출판사, 2010.

해외시장조사 대행 업무는 KOTRA, 중소기업진흥공단, EC21, ECplaza 등의 기관에서 유료로 서비스하고 있다. KOTRA와 중소기업진흥공단은 KOTRA 해외무역관에서 업무를 수행하고 EC21은 전세계 30여 개국에 리서치 네트워크를 구축하여 시장조사 서비스를 제공하고 있다.

시장조사를 신청할 때는 관심바이어 조사와 공급선 발굴 조사 등 목표를 분명히 하고 구체적인 주문을 〈표 4-8〉 신청서와 같이 해야 한다. 그러면 의뢰한 품목에 대해 현지 시장 상황을 파악할 수 있는 대략적인 시장규모, 경쟁 현황, 수출입통계, 관세 등 수입관련 규제사항의 시장성과 수입관심도가 높은 바이어 리스트에 대한 조사를 대행해 준다. 해외시장조사를 이용하여 제공되는 바이어 명단은 해당품목 취급 수입상이며, 이들 업체가 우리 회사와 거래와 상담 연락을 반드시 희망하는 것은 아님을 유의해야 한다.

〈표 4-7〉 EC21 Global Network List

지역	리서치 파트너
북미지역	– SIS International : 북미시장 B2B 시장조사
	– Canada Export Center : 북미시장 B2B 시장조사
	– LAVA IP : 북미시장 B2B 시장조사
유럽지역	– Psyma BIZ Research : 독일시장 B2B 시장조사
	– EFG Worldwide : 유럽시장 B2B 시장조사
일본지역	– RJC Research : 일본시장 B2B 시장조사
	– LAVA IP : 일본시장 B2B 시장조사
중국지역	– Info–China Research : 중국시장 B2B 시장조사
	– Market Insight Research : 중국시장 B2B 시장조사
	– Asia Wissen Research : 중국시장 B2B 시장조사
동남아, 중동지역	– D'Well Research : 인도시장 B2B 시장조사
	– Market Xcel : 인도시장 B2B 시장조사
	– RNB Research : 인도시장 B2B 시장조사
	– LAVA IP : 동남아 및 중동지역 B2B 시장조사

자료 : EC21 홈페이지, 해외네트워크 현황.

〈표 4-8〉 해외시장 조사대행 신청서

해외시장 조사대행 신청서(시장동향조사)

회 사 기 본 정 보								
회사명	한글				영문			
대표자	한글				영문			
담당자	한글				부서/직위			
	영문				부서/직위			
연락처	주소							
	전화				팩스			
	홈페이지				E-Mail			
사업자등록번호					업태			
대표품목					회원여부			
참고사항	대표자명		설립년도		종업원수		연간매출	
	연간수출		주수출국					

신 청 내 역				
조사항목				
조사지역	조사국가		조사지역	
상품명(영문)			HS Code	
구체적인 주문정보 내용				

위와 같이 시장동향조사를 신청합니다.

20 년 월 일

신청자 : (인)

2. 해외시장조사 사례

1) 제품명

플랜츠 vs. 좀비(Plants vs. Zombies)는 팝캡 게임즈에서 개발한 디펜스류 게임이다. 해바라기, 스쿼시, 콩슈터, 얼음 콩슈터, 각종 좀비 등 개성있는 캐릭터들이 게임 상에 존재하는데 (주)다울엘씨는 게임회사와 라이선스 계약을 맺고 폰케이스를 출시하였다.

〈그림 4-7〉 플랜츠 vs. 좀비 폰케이스

2) 해외진출 목표 국가 : 미국

KOTRA 글로벌윈도우에서 미국 국가개요, 정치 및 사회 동향, 경제동향 및 전망, 수출입동향, 한국과의 교역동향 및 특징, 수입규제제도, 관세제도, 주요인증제도, 지식재산권, 통관/운송 등에 대한 정보를 열람할 수 있다.

3) 산업

가. 제품

① 미국시장에서 전반적인 휴대폰 케이스 제품 수요

미국의 조사에 의하면 2012년 기준 미국 모바일 액세서리 시장 규모는 360억, 스마트폰용 액세서리 시장은 200억 달러 규모에 이른다. 이는 전년도에 비해 10% 이상 급격히 성장하고 있는 수치이며 수요가 꾸준히 증가하여 2017년 390억 달러 시장으로 성장할 전망이다.

〈그림 4-8〉 미국 휴대폰 케이스 시장 전망

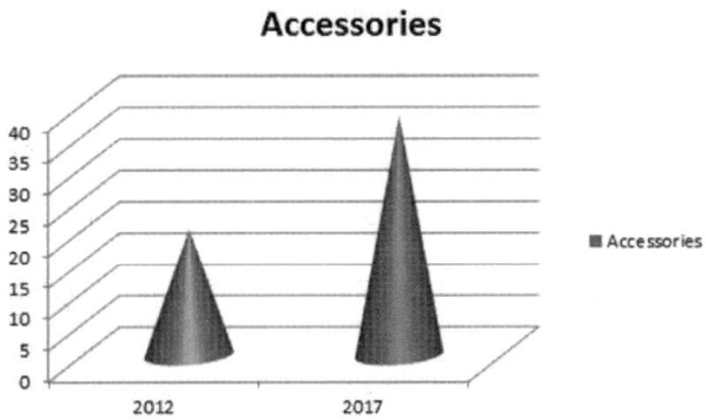

자료 : ABI Research, 시카고 무역관

미국에서 스마트폰 케이스 같은 액세서리를 주로 대리점을 통해 구매 하였지만 최근 패션아이템으로 인식함에 따라 백화점에서 판매를 하기 시작하였다. 또한 미국 소비자들은 스마트폰 액세서리 구매에 평균 56.18 달러를 쓰는 것으로 나타난다.

〈그림 4-9〉 스마트폰 액세서리 수요

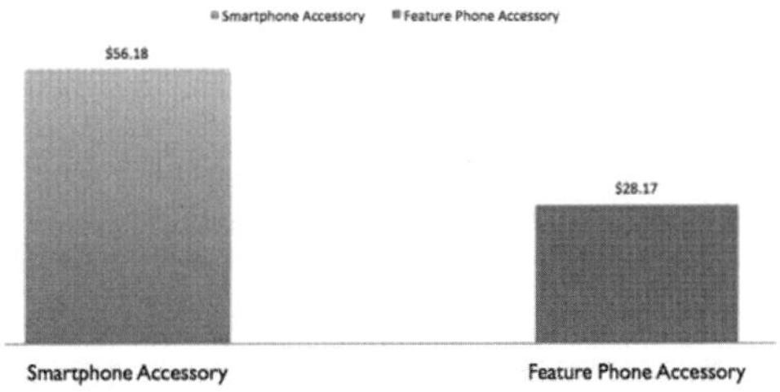

자료 : ABI Research

② 현지에서의 한국 제품 수요

갤럭시 시리즈가 미국시장에서 인기가 작았던 2010~2011년에는 미국의 대부분의 소비자가 아이폰을 사용하였고 그에 따른 값싼 중국산 케이스의 수요에 밀려 한국산 폰 액세서리는 미국에서 점유율이 낮았다.

하지만 2012년 이후 갤럭시 시리즈의 인기에 힘입어 값싼 중국산과 가격 면에서도 큰 차이가 없고 완성도 면에서는 월등히 앞서는 한국 제품에 대한 수요가 늘어나기 시작하였다. 2012년 말 미국 시장에서의 한국산 폰 액세서리 점유율은 전년도에 비해 5% 상승한 13.5%에 이른다. 아직은 중국산(55%)에 비해 점유율이 많이 낮은 수치이지만 한인타운을 중심으로 한국산 제품의 수요가 늘어가고 갤럭시 시리즈에 인기에 따라 그 수요는 더욱 증가할 것으로 예상된다.

③ 제품 수명주기

미국 시장 뿐만 아니라 현재 전세계에서 스마트폰 시장은 급속히 성장하고 있는 추세이다. 그와 더불어 스마트폰 액세서리 시장도 단순히 핸드폰 보호를 위해서가 아닌 패션 아이템으로 여겨지면서 성장기에 이르고 있다.

미국 소비자들이 이제는 값싼 중국산 제품 보다는 완성도가 있고 개성이 있는 제품을 많이 수요하고 있기 때문에 미국 진출시에 그에 맞는 개성있고 완성도 있는 제품으로 진출한다면 성공 가능성이 클 것이다.

〈그림 4-10〉 제품수명주기

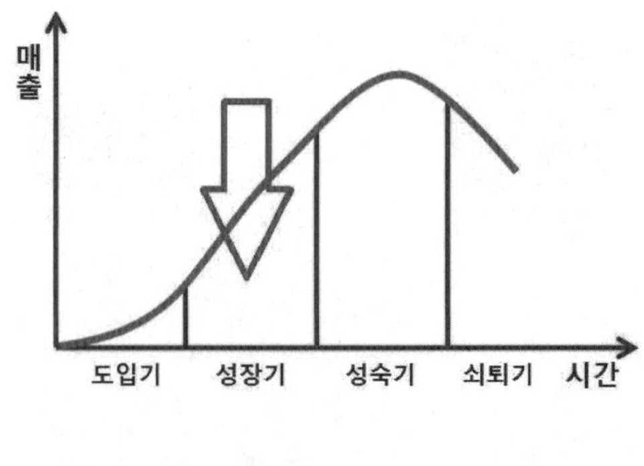

나. 시장구조

① 보편적인 미국 유통시장 구조

〈표 4-9〉 미국 유통시장 구조

마케팅 채널	과정	예
직접 마케팅 (Direct, Vertical Retailing)	제조업체 → 소비자	카탈로그, 일부 온라인 쇼핑몰
단축마케팅 (Limited, Branded & Private Label)	제조업체 → 소매유통 → 소비자	타겟, 월마트, 코스코 자체 브랜드
일반마케팅 (Extended)	제조업체 → 도매유통 → 소매유통 → 소비자	백화점, 할인매장, 유통업의 대부분

② 미국의 도매상과 소매상 : 중략

③ 미국 유통업체별 종류 및 특징 : 중략

다. 산업동향[26)]

① 산업 관련 이슈

• 美, 한국 핸드폰 액세서리 제품에 관심[27)]

한국 제품에 관심을 보이는 미국 바이어는 군인 신분으로 한국에 근무하던 시절, 완성도가 높고 내구성이 뛰어난 한국 제품에 좋은 인상을 가졌다. 과거 중국산도 취급했으며 거래하는 동안 커다란 문제는 없었지만 한국 제품이 완성도와 섬세한 면에서 다른 국가의 제품들과 비교했을 때 월등

26) KOTRA & globalwindow.org

27) [수출직결정보] 美, 한국 핸드폰 액세서리 제품에 관심, KOTRA, 2012. 12. 13

하다고 판단하기 때문에 한국 제품을 취급해보고 거래를 확대할 계획이며 품질이 우수하다면 가격이 높아도 상관없다고 한다.

핸드폰 액세서리에 대한 미국 내 수요가 매우 높으며 적절한 가격과 고품질을 내세운 한국산에 대한 반응이 좋을 것으로 판단되는바, 미국 시장에서 선전할 경우 주변국인 캐나다, 멕시코 등지로 매출을 확대해 나갈 계획이다. 현재 미국 시장에서는 핸드폰 액세서리 주요 공급국인 중국, 인도 제품을 주로 취급하는 Best Buy 등 전자제품을 판매하는 리테일 스토어를 공략할 예정이다. 지역적으로는 젊으며 화려한 것을 선호하는 인구가 상대적으로 많이 거주하는 뉴욕, 캘리포니아, 이 주 인근 지역인 버지니아, 메릴랜드, 워싱턴DC를 초반 공략시장으로 설정한다.

② 경쟁

미국의 핸드폰 케이스와 커버 수입동향을 우선적으로 살펴본다면 크게 고급 브랜드와 중저가 브랜드로 나눌 수 있다.

• 고급 브랜드

Michael Kors(79.95달러), Kate Spade(70달러), Marc by Marc Jacobs(148달러) 등을 비롯해 루이비통, 프라다 등 유명 브랜드에서도 핸드폰 액세서리를 생산한다. 높은 가격에도 트렌디하고 세련된 제품을 찾는 여성들로부터 인기를 끌고 있다. 이러한 제품들은 미국 내 유명 백화점인 Nordstrom, Macy's, Mark Jacobs 매장, Kate Spade 매장 등에서 유통되고 있다.

(출처 : 코트라 수출직결정보)

• 중저가 브랜드

아마존 등의 온라인 웹사이트, 간이 판매대 등에서 유통되며 브랜드 이미지가 없는 제품들도 있고 중국산이 대부분이다. 온라인 판매는 제품에 대한 소비자 평가가 소비자의 구매 결정에 가장 큰 역할을 한다. 중저가 제품들의 가격은 20달러 이하의 제품들이 대부분이다.

(출처 : 코트라 수출직결정보)

• 미국의 핸드폰 케이스와 커버 수입 동향

중국의 압도적인 시장점유율이 두드러지지만 증감률은 2년간 32.7%에서 4.4%로 급감하는 추세이다. 한국의 성장이 단연 돋보이며, 특히 2011년 72.9%의 대성장을 보였고 2012년 말까지는 59.8% 이상을 뛰어넘는 증가율이 기대된다. 중국산 수입량이 점차 감소하는 반면, 동남아시아로부터의 수입은 증가, 이러한 상황에서 세련되고 완성도가 높은 한국 제품이 차별성을 갖춰 경쟁력을 키울 수 있을 것으로 전망된다.

(출처 : 코트라 수출직결정보)

〈표 4-10〉 미국의 핸드폰 케이스와 커버 수입 통계 (단위 : 백만 USD, %)

순위	국가	2010		2011		2012(1~9월)	
		금액	증감률	금액	증감률	금액	증감률
1	중국	2,722	32.7	2,915	7.1	2,376	4.4
2	베트남	151	37.3	206	37.1	198	22.9
3	프랑스	69	14.9	73	6.5	63	22.3
4	이탈리아	47	-8	50	6.9	41	12.6
5	필리핀	34	30.3	42	22.7	39	23.5
6	인도네시아	26	-7.7	27	22.3	27	21.7
7	인도	23	9.9	32	23.8	25	6.4
8	대만	22	78.3	29	41.7	23	11.8
9	태국	21	38.4	22	6.9	20	14.6
10	멕시코	20	14.6	23	29.6	19	11.9
14	한국	5	14.1	9	72.9	10	59.8
	합계	3,213	30.3	3,513	9.4	2,917	6.9

자료 : 한국무역협회

③ 경쟁 업체의 강점, 약점 및 가격비교

〈표 4-11〉 스마트폰 케이스 경쟁업체 비교

	인케이스 디자인	벨킨	앵그리버드
강점	• 화려한 컬러 • 다양한 제품라인과 디자인 콜렉션 라인 • 많은 소비자층 확보 • 수준높은 디자인	• 기능성이 우월 • 깔끔하고 모던한 디자인 • 애플사와의 협력관계	• 게임 콘텐츠와의 결합으로 시너지효과 • 다양한 액세서리 라인 구축 • 인지도가 높음
약점	• 높은 가격대	• 디자인이 다소 딱딱하고 건조하다는 평가	• 소비자층 연령대가 한정되어있음. • 캐릭터 상품 특성상 쉽게 질려하는 경향
가격대	4~6만 원대	2~3만 원대	1~2만 원대

참고문헌

NEW 경제용어사전, 미래와경영연구소, 2006, 미래와경영

김병기, 왜 우리는 AAA를 원하는가, 삼성경제연구소, 2007.

김성용, 관광마케팅, 기문사, 2006.

김연동, 이준호, 실전에 바로 써먹는 무역실무의 모든 것, 원앤원북스, 2009.

문병준, 글로벌 마케팅, 경문사, 2003.

박승락, 성옥석, 해외시장개척론, 두남출판사, 2012.

시사경제용어사전, 기획재정부, 2010.

신성찬, 오퍼상이 꼭 알아야 할 무역실무, 원앤원북스, 2009.

아르누 드 마이어 저, 신문영 역, 글로벌 기업의 조건, 교보문고, 2007.

오시학, 한 권으로 보는 무역 콘서트, 중앙경제평론사, 2009.

유광현, 무역 초보자가 꼭 알아야 할 139가지, 원앤원북스, 2006.

이규현, 신상품마케팅, 경문사, 2005.

이순철, 김정포, 해외시장조사론, 두남출판사, 2011.

이철, 장대련, 글로벌 시대의 국제 마케팅, 2000.

최장우, 박영태, 인터넷 무역마케팅, 두남출판사, 2010.

패션전문자료사전, 패션전문자료편찬위원회, 1997, 한국사전연구사

홍재화, 무역 & 오퍼상 무작정 따라하기, 길벗, 2006.

사 례 연 구 : KOTRA 뉴욕무역관의 해외시장정보

[수출직결정보] 美 운동용품시장 지속 성장 전망 - 美 바이어, 한국 요가매트 · 가방 수입 관심 -

작성일 2012-12-08, 작성자 임소현(KOTRA 뉴욕무역관)

미국 요가 및 운동용품 판매업체 Gaiam Inc.는 코트라 뉴욕 무역관에 한국 요가매트 · 가방을 수입할 의사가 있다고 밝힘. 미국 운동용품시장은 지난 5년간 경기침체로 3.7% 위축됐으나 경기회복으로 인한 소비심리 개선으로 향후 5년간 연평균 1% 성장할 전망. 미국 시장 내 중국산 제품 유입 증가로 많은 미국 운동기업 생산업체가 생산 기반을 중국으로 이전하는 등 가격경쟁이 치열해지는 추세. 미국 운동용품의 주요 시장으로는 소매시장(50%), 도매시장(35%), 학교(10%) 등이 있으며 정부 차원에서 운동을 장려함에 따라 학교의 비중이 증가할 것으로 전망

▶ 바이어 인콰이어리 개요

- 회사명 : Gaiam, Inc.
- 대표 : Lynn Powers
- 주소 : 833 W. South Boulder Rd. Louisville, Co 80027
- 전화번호 : +1-303-222-3694
- 웹사이트 : www.gaiam.com
- 연매출액 : 약 2억7477만 달러
- 찾는 제품 : 요가매트 · 가방(이외의 요가 관련 다른 제품은 현재 찾지 않음.)
- 담당자 : Bob Young
- 바이어 문의 만료기간 : 2012년 12월 28일

〈그림 4-11〉 Gaiam 사에서 판매 중인 요가매트 · 가방
자료원 : www.gaiam.com

▶ 미국 운동기구시장 동향과 전망

- IBIS World에 따르면 올해 미국 운동기구시장 규모는 약 0.6% 성장해 38억 달러 규모에 이를 것으로 추산되나, 지난 2008년부터 2010년까지 미국 경기침체로 운동기구시장이 대폭 위축돼 2012년까지 5년 평균 시장성장률은 -3.7%가 될 것으로 전망

- 비만 억제와 균형잡힌 식사를 위한 교육, 캠페인 등을 통해 더 많은 사람이 운동의 중요성을 인지하게 됨에 따라 운동 참여인구가 지속적으로 증가하는 추세
  - 2012년까지 지난 10년간 미국의 피트니스 클럽 맴버십 인구는 연평균 5% 증가

- 중국으로부터의 저가 운동기구 수입이 증가함에 따라 가격경쟁을 위해 많은 미국 운동기구 생산업체가 생산 기반을 노동비가 비교적 저렴한 중국으로 이전
  - 미국 운동기구시장의 가격경쟁이 점차 치열해지는 경향

- IBIS World는 미국 운동기구시장 규모가 2017년까지 향후 5년간 연평균 1% 성장해 2017년에는 40억 달러에 이를 것으로 전망
  - 경기회복에 따른 소득 증가와 소비심리 개선이 운동기구에 대한 소비자의 수요를 증가시킬 것

▶ 주요 시장

- 미국 운동기구시장에서 가장 큰 소비층은 중산층 이상의 가정에서 사는 십대 남자 청소년 또는 청년

- 미국 운동기구시장에서 가장 큰 비율을 차지하는 시장은 소매업체로 전체 시장의 50%를 점유하며 뒤이어 도매업체가 35%의 비율을 차지
  - 지난 5년간 운동기구 제조업체가 가격경쟁력 향상을 위해 도매업체를 통하지 않고 바로 소매업체에 판매하는 비율이 증가함에 따라 도매시장은 감소하는 추세

- 학교는 미국 전체 운동기구시장의 10%를 차지하는 주요 시장 중 하나인데, 미국 정부에서 운

동의 중요성을 강조하고 장려함에 따라 운동기구시장에서 학교의 구매 비중이 더욱 증가할 것으로 전망

〈그림 4-14〉 미국 운동기구 주요 시장 비중

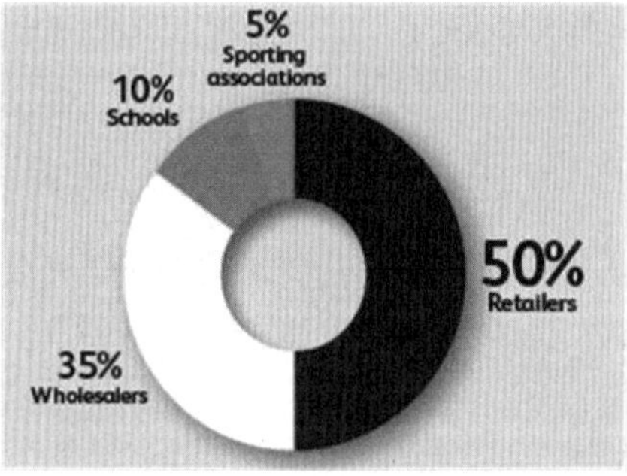

자료원 : IBIS World

▶ 수입시장 동향

- 2012년 1~9월 요가를 포함한 운동기구(HS Code 9506)의 수입규모는 41억6713만 달러로 전년 같은 기간 대비 약 2.6% 증가
  - 현재 중국(69.4%)이 미국 운동기구 수입시장의 70% 가까이를 점유하며 지배적 역할
  - 중국에 이어 대만(9.0%), 멕시코(3.8%), 캐나다(3.2%), 태국(2.7%) 등이 미국의 운동기구 주요 수입국

- 우리나라의 대미 수출액은 2010년 66.82%, 2011년 1.69% 증가한 데 이어 2012년에도 1월부터 9월까지 전년 같은 기간 대비 2.55% 증가
  - 2012년 1월부터 9월까지 우리나라의 대미 운동기구 수출액은 3619만 달러로 미국 운동기구 수입시장에서 9위 차지

▶ 미국 운동기구 주요 생산 · 판매업체 정보

- ICON Health & Fitness Inc.(2012년 기준 미국 시장점유율 17.0%)
  - 주소 : 1500 S. 1000 West, Logan, UT 84321

- 전화번호 : 1-435-750-5000
- 웹페이지 : www.iconfitness.com
- 생산 · 판매제품 : treadmill, ellipticla traner, weight benches
- 브랜드 : NordicTrack, HealthRider, ProForm, Image, iFit, Weslo, Weider

• Amer Sports Corporation(2012년 기준 미국 시장점유율 3.2%)
  - 주소 : 8750 W Bryn Mawr Ave FL 2, Chicago, IL 60631
  - 전화번호 : 1-773-714-6400
  - 웹페이지 : www.amersports.com
  - 생산 · 판매 브랜드 : Salomon, Wilson, Atomic, Arc'teryx, Mavic, Suunto, Precor

• Nautilus Inc.(2012년 기준 미국 시장점유율 2.4%)
  - 주소 : 16400 Se Nautilus Drive, Vancouver, WA 98683
  - 전화번호 : 1-763-764-7600
  - 웹페이지 : www.nautilus.com
  - 생산 · 판매제품 : Home gyms, free weights and benches, treadmills, exercise bikes, elliptical machine

▶ 시사점

• 한국 요가매트, 요가 가방 생산기업은 바이어에게 직접 구체적인 사항을 문의 요망

• 4.6%에 해당하는 관세율이 한미 FTA 발효로 즉시 철폐됨에 따라 미국 수입시장에서 한국상품의 가격경쟁력 향상 또는 국내 생산기업의 수출비용 절감 기대
  - 미국 운동기구시장 내 가격경쟁이 치열해짐에 따라 비용 절감을 위해 노력할 필요

출처 : KOTRA & globalwindow.org

05

제 5장

업무분석과 재설계

학습 목표

- 업무프로세스에 대한 분석과 바람직한 재설계의 개념을 이해한다.
- BPR의 개념과 프로세스를 이해한다.
- 업무 프로세스 분석 도구에 대해 학습한다.

학습 목차

▲

제 1 절

As-Is vs. To-Be

본 절에서는 업무의 명확한 분석과 이를 토대로 새롭게 제안할 새로운 업무 처리 절차를 설계하는 과정에 대해 이해한다.

1. 업무 프로세스

모든 업무에는 해당 업무를 처리하는 순서 또는 과정이 존재하는데 이를 업무 프로세스라 한다. 동일한 업무를 수행하더라도 기업에 따라 심지어는 해당 업무를 처리하는 담당자에 따라 그 과정에 차이를 보이는 경우가 있다. 업무의 특성이나 업무 처리를 담당하고 있는 담당자의 개인적인 성향 등에 따라 업무 처리 절차의 차이가 수용 가능할 수도 있고 전혀 업무 처리 절차의 차이가 인정되지 않는 상황도 있다. 예를 들어 미용실에서 머리를 손질하는 과정을 생각해 보자. 미용사에 따라 머리를 손질하는 과정에 약간의 차이가 있고 각자가 생각하는 최선의 방식으로 머리 손질을 하게 되며 그 과정과 결과에 따라 고객의 만족도는 달라진다. 만족하는 고객이 많은 곳은 높은 매출을 올리고 머리 손질을 받기 위해 예약과 함께 오랜 시간 대기를 해야 하는 경우도 있고 이와 반대의 경우도 흔하다. 커트를 하거나 염색 또는 퍼머를 하는 과정을 보면 미용실과 미용사에 따라 과정도 소요되는 시간에도 차이가 난다.

이번에는 자동차를 생산하는 생산 공장의 컨베이어 벨트를 생각해보자. 자동차는 2만여 개의 부품으로 이루어진 매우 복잡하고 정교한 기계 조립품이다. 특히 최근에 생산되는 자동차 모델의 경우 수많은 편의기능과 함께 웬만한 전자기기와 비교해도 뒤지지 않을 만큼의 많은 전자부품이 사용되는 복잡한 전자기기라 할 수도 있다. 사용되는 부품의 종류가 늘어나고 더욱 정교하고 섬세한 부품의 활용이 늘어날수록 그 조립과정은 더욱 표준화, 정밀화되고 있는데 이는 수많은 자동차부품 중 단 하나라도 제 역할을 못할 경우 심각한 제품의 결함은 물론 이로 인해 소중한 생명에 치명적인 교통사고로 이어질 수 있는 가능성을 높이기 때문이다. 그 이유로 자동차와 같은 기기의 조립은 한 치의 오차나 과정의 실수를 용납하지 않는 표준화된 절차를 따르게 되는 것이다.

우리의 일상에도 많은 경우 각자가 정한 절차에 따라 많은 부분이 반복적으로 진행되는 경우가 많다. 아침에 일어나 학교에 가거나 직장인의 경우라면 출근을 하기 위해 준비하는 과정을 생각해 보면 사람에 따라 준비하는 시간도 다르고 절차에도 차이가 난다. 정해진 시간 내에 특정한 업무를 수행해야 하는 기업의 입장에서는 업무를 효율적으로 수행하는 것이 투입되는 비용대비 높은 성과를 올릴 수 있으므로 매우 중요한 사항이라 할 수 있다. 지속적으로 수행하는 업무를 객관적으로 분석하여 비효율적인 면을 개선하기 위한 노력을 기울이고 필요에 따라서는 과감한 비용투자로 새로운 업무 처리 과정을 도입할 필요도 있다. 특히 다양한 원인에 의해 새로운 업무의 도입이 필요한 경우라면 해당 업무를 철저히 분석하여 최적의 업무 처리 과정을 도입하는 것이 기대하는 결과를 얻을 수 있는 지름길이라 볼 수 있다.

사람은 누구나 본인이 오랜 시간동안 지켜온 규칙을 변경하거나 완전히 버리고 새로운 규칙을 받아들이는 것에 거부감을 가지고 있다. 그 정도의 차이는 있으나 익숙한 것을 지키려는 관성은 사람이 가진 기본적인 성향이며 사람에 의해 운영되는 조직 역시 그러한 성향을 가지게 된다. 특히 오랜 역사와 전통을 가진 기업일수록 예전의 업무 처리 방식의 변경이나 새로운 환경의 도입에 대한 조직적인 저항을 보이는 경향이 있다. 물론 전통적인 방식을 오랜 세월동안 지키고 그러한 전통 자체를 경쟁력으로 삼는 경우도 많이 있다. 예를 들어 3대째 가업을 이어 예전 방식 그대로 음식을 조리하는 음식점이나 공예품을 생산하는 장인이 수십 년간 제품 생산 방식을 유지하는 것과 같은 경우가 여기에 해당한다고 볼 수 있다.

치열한 경쟁 환경에서 세계적인 기업들과 경쟁해야 하는 기업의 경우 그러나 새롭게 발전하는 환경에 적응하고 경쟁 기업들과 비교하여 경쟁 우위를 유지하기 위해 자의든 타의든 끊임없이 변화해야 하고 여기에는 업무 처리 절차의 지속적인 개선도 포함된다. 해당 기업이 오랜 기간 개발하여 발전시킨 기술과 철학은 계승하면서도 조금 더 나은 방식으로 제품을 생산하고 서비스를 제공하는 것은 긍정적인 의미의 업무 처리 절차 개선이라고 볼 수 있다. 개인의 경우에도 자신이 인지하고 있는 자신의 단점을 의식적으로 고쳐나가려고 하는 노력을 평생 게을리 하지 말아야하고 이렇게 노력하는 사람이 일반적으로 사회적인 성공을 이루는 경우가 많다.

2. 무역 업무 프로세스의 변화

1장에서는 세계 무역 환경의 변화를 복잡화, 고속화, 글로컬화, 녹색화의 4가지 방향으로 설명하였다. 이 중 복잡화는 향후 더욱 본격적으로 전개될 양자간 FTA 협상의 결과로 예상되는 무역 관련 업무 프로세스의 절차가 과거에 비해 더욱 많은 경우의 수를 가지게 됨을 실례로 들 수 있다. 즉, 도래할 FTA 중심 무역 환경에서는 거래 시기별, 거래 국가별, 거래 상품의 형태별로 업무 처리의 일부를 달리하는 무수히 많은 무역 업무 절차의 조합이 만들어지게 될 것이다. 〈그림 5-1〉은 일반적인 무역 업무 프로세스를 그림으로 표현하고 있는데 기업이 무역을 수행하기 위해서는 다양한 관련 기업 혹은 기관이 필요한 업무를 처리하는 과정을 포함한다.

〈그림 5-1〉 무역 업무 프로세스

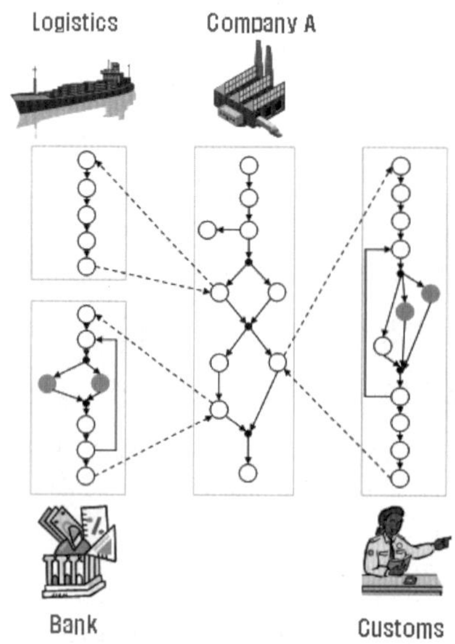

〈그림 5-2〉 FTA에 따른 무역업무 처리절차의 변경

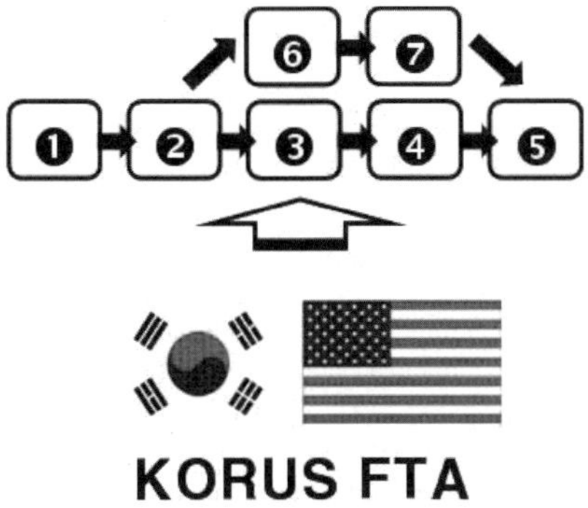

무역 업무는 마케팅, 외환, 결제, 상역, 물류, 통관 등 비교적 정형화된 프로세스를 따르고 있고 그에 따라 국제적으로 통용되는 업무 처리 방식이 무역 거래의 형태에 따라 많은 부분 결정되어 있다고 볼 수 있다. 이러한 정형화된 무역 업무 처리 절차가 FTA 체결 등으로 무역 거래 상품별, 시기별, 국가별로 필요에 따라 일부 절차의 변경이 필요하게 되는 것이다. 〈그림 5-2〉는 FTA 체결에 따라 무역 관련 업무 절차의 변경을 나타내고 있는데 예를 들어 기존의 업무가 '❶→❷→❸→❹→❺'의 순서에 따라 처리되었다고 가정해 보자. 이를 한 · 미 FTA 발효에 의해 특정 상품 수출입에 필요한 서류나 절차의 변동이 발생하여 업무 처리 순서가 '❶→❷→❻→❼→❺'로 변경될 수 있다는 의미이다. 예를 들어 FTA 체결 국가 간 거래에서 가장 중요한 서류 중 하나가 특정 물품의 원산지를 공식적으로 증명하는 '원산지증명서'인데 이러한 추가 서류의 발급 절차가 이전의 업무 처리 절차와 차이를 보이게 되는 것이다.

3. 업무 프로세스의 재설계와 PI

FTA 발효와 같은 규정 혹은 규제 등에 의해 무역 업무 처리 절차의 변경이 강제로 수행되는 경우도 있고 개인이나 기업이 효율적인 업무 처리를 위해 자발적으로 업무 처리 절차를 변경하는 경우도 있다. 두 경우 모두 기존의 업무 처리 절차를 새로운 것으로 변경하는 과정을 거치게 되며 변경되기 전 기존의 업무 처리 방식을 현재의 처리 절차라 하여 'As-Is 프로세스'라 하고 변경된 방식을 'To-Be 프로세스'라 한다.

모든 조직에서는 이와 같이 비효율적인 업무 처리 방식을 개선하기 위한 노력을 지속적으로 하게 된다. 예를 들어 대학에서 학기 초 수강신청과 관련한 업무 중 수강 신청 변경 절차를 생각해 보도록 하자. 현재 대부분의 대학에서 수강 신청 및 변경은 시스템을 통해 처리하고 있다. 이에 수강 신청 변경 기간 중에 많은 수강 변경 신청이 발생하게 되어 학기 첫 주의 수업이 제대로 진행되지 않는 경우가 많이 발생한다. 이러한 상황을 개선하고자 수강 변경 가능 횟수를 제한하고 해당 과목 담당 교수의 허가를 받아야 하는 과정을 도입했다고 가정하자. 이 경우 수강 변경을 위해서는 특정 과목을 신청한 학생이 수강 변경을 시스템으로 신청하면 각 과목 담당 교수는 이러한 요청을 전달받아 수강 시스템에 접속한 후 변경 허용 여부를 확인하는 과정이 필요하게 된다.

이 사례에서 자유롭게 수강 정정이 가능하도록 허용했던 수강 정정 처리 과정은 As-Is 프로세스라 할 수 있고 이와 관련한 문제를 해결하기 위해 새롭게 수강 정정 절차를 변경한 새로운 수강 정정 과정을 To-Be 프로세스라 할 수 있다. 일반적으로 좀 더 효율적으로 업무 처리를 하기 위한 방향으로 변경이 되며 그 결과가 예상했던 것과 달리 또 다른 문제를 발생시키거나 오히려 기존의 방식보다 더 못한 결과를 나타낼 수도 있다. 따라서 조직은 계속해서 더욱 높은 수준의 업무 효율성을 추구하기 위해 지속적으로 업무를 분석하고 개선하기 위한 노력을 하게 된다.

이러한 업무 처리 절차의 개선을 비즈니스 프로세스 재설계 즉 'BPR (Business Process Reengineering)'이라 한다. 업무 프로세스 재설계는 기존에 사용하던 주문서 양식을 개선하여 수정하는 간단한 작업에서부터 전체 생산 라인의 조립 과정을 변경하거나 직원의 평가 시스템을 완전히 새롭게 변경하는 수준의 변화까지 그 정도가 매우 다양하다 할 수 있다. 이러한 업무 프로세스 재설계 중 조직의 업무를 짧은 기간에 크게 변화시켜 급격한 업무 생산성의 제고를 도모하는 것을 업무 프로세스 혁신 즉 'PI (Process Innovation)'라 한다. 조직은 이러한 혁신적인 업무 개선 작업을 통해 빠르게 변화하는 환경에 적응하고 적당한 수준의 긴장감을 유지하는 긍정적인 효과를 기대하며 기존의 방식에 익숙한 조직 구성원들에게는 급격한 환경 변화에 적응할 것을 요구하고 있다.

▲

제 2 절

BPR의 개념과 과정

본 절에서는 업무 프로세스 재설계에 대한 개념과 사례, 전자무역과 BPR의 관계에 대해 이해한다.

1. 경영환경의 변화와 BPR

앞 절에서 설명한 바와 같이 기존에 일을 하는 방식 즉 업무처리 방식을 새롭게 변경하는 것을 업무 프로세스 재설계라 할 수 있다. 특히 기업이 수행하는 업무 프로세스는 비즈니스와 관련이 있는 경우가 많아 이를 비즈니스 프로세스 재설계 즉 BPR (Business Process Reengineering)이라 한다.

BPR은 단순히 기존의 업무를 다르게 처리하는 수준을 넘어 전사적인 수준에서 추진하는 경영혁신운동으로 인식되는 경우가 많다. 즉, BPR은 근본적으로 기존의 업무를 분석하여 이를 처리하는 업무 처리절차를 획기적으로 재설계함으로써 이와 관련한 비용, 품질, 시간을 혁신적으로 개선하는 것을 의미한다. 여기에서 혁신적인 개선이란 현재하고 있는 일을 단순히 개선하는 수준을 넘어 처음부터 다시 시작한다는 혁명적인 개념에서 출발해야 한다는 것을 의미한다. 현상을 조사하여 문제점을 찾아 개선하는 수준을 넘어 해당 업무가 추구하는 목표를 설정한 후 그 목표를 달성하는데 장애가 되는 요소를 제거하는 창의적이고 혁신적인 아이디어의 창출이 요구되는 과정이다.

〈그림 5-3〉 경영환경의 변화와 혁신의 필요성

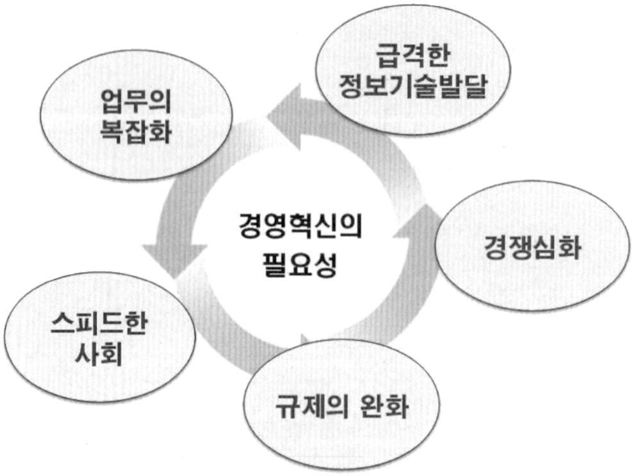

이처럼 기업에게 처음부터 다시 모든 것을 시작해야 하는 수준으로 업무의 혁신을 강조하는 것은 기업을 둘러싼 환경의 변화 때문이라 할 수 있다. 과거와는 달리 시공간의 제약이 줄어든 상황에서 세계적인 기업과 경쟁하며 지역의 소비자를 넘어 전 세계 시장을 대상으로 성공할 수 있는 제품과 서비스를 지속적으로 공급해야 하는 시장 환경은 기업이 살아남기 위한 수단으로서 업무 혁신을 추구할 수밖에 없도록 만들고 있다. 매우 빠르고 복잡한 시장 환경에서 개별 소비자들의 기대 수준도 과거에 비해 매우 높아졌으며 다양한 대내외적인 규제 강화 현상도 기업의 생존을 어렵게 만드는 요소로 작용하고 있다. 그나마 다행인 것은 기업의 지속적인 업무 혁신을 돕는 다양한 정보통신기술이 역시 끊임없이 연구, 개발되어 보급되고 있다는 점이다. 〈그림 5-3〉은 기업을 둘러싼 이러한 경영환경의 변화를 정리하고 있다.

이러한 기업 환경의 변화는 무역을 둘러싼 환경의 변화와도 매우 유사하다. FTA 체결에 의한 규정과 규제의 증가, 경쟁의 심화, 그린 무역에 대한 요구 등 무역도 비즈니스의 일부임을 감안하면 이해할 수 있을 것이다. 따라서 기업은 꾸준한 노력을 통해 계속해서 발전하는 정보통신기술을 업무에 접목할 수 있는 방법을 고민하고 이를 통해 업무 효율을 높일 수 있도록 노력해야 할 것이다.

2. BPR 수행 과정

기존의 업무 처리방식을 더 효율적으로 변경하는 작업은 기존 업무 처리 방식의 분석에서 시작한다. 기존의 업무 처리 방식에서 비효율적인 측면을 찾아 이를 새롭게 개선하는 것이 업무 재설계 과정이라 할 수 있으며 이 과정에서 단순히 업무 처리 순서나 담당자를 바꾸는 경우가 발생할 수도 있고 업무의 빠르고 정확한 처리를 위해 정보통신기술을 도입, 활용하는 방식으로 변경될 수도 있다. BPR은 기존 업무의 분석, 개선을 위한 업무 재설계, 새롭게 정의된 업무 프로세스의 실행과 평가의 과정을 거치게 된다. 〈그림 5-4〉는 이러한 BPR의 과정을 도식화하고 있다.

〈그림 5-4〉 BPR의 단계

BPR의 첫 번째 단계인 'Reposition' 단계는 조직의 업무 프로세스를 검토하여 각각의 위상을 재정립하는 과정이라 할 수 있다. 다시 말해 조직이 수행하는 수많은 업무 처리 과정은 조직의 목표에 따라 그 중요도가 달리 평가될 수 있다. 조직의 목표를 달성하기 위해 그 중요도가 높은 핵심 프로세스를 선정하고 이를 중심으로 전체 업무 처리 과정을 변경하게 된다. 이윤 추구를 목적으로 하는 기업의 경우 고객의 니즈를 분석하고 이를 충족시킬 수 있는 제품과 서비스를 공급하여 최대의 수익을 올리는 것이 궁극의 목표라 할 수 있는데 이러한 목표를 달성하는데 직접적인 관련이 있는 업무의 중요성이 상대적으로 높다고 할 수 있다.

기업의 전략과 밀접한 관계가 있는 중요도가 높은 업무, 현재 심각한 문제를 발생시켜 조직의 목표 달성에 큰 장애가 되고 있는 업무, 실행 시 단기간에 최대의 효과가 기대되는 실행가능성이 높은 업무 등이 핵심 프로세스로 우선 재설계의 대상이 된다고 볼 수 있다. 이러한 기준으로 중요도가 높은 업무에서 낮은 순으로 재설계를 실시하게 되며 경우에 따라서는 모든 조직의 업무가 재설계의 대상이 될 수도 있고 여러 가지 제약으로 우선순위가 높은 업무만 그 대상이 될 수도 있다. 개선 효과를 판단하는 과정에서는 유사한 업무 프로세스를 가지고 있는 경쟁기업이나 직접적인 경쟁 업종 기업이 아닐지라도 해당 업무를 효과적으로 수행하고 있는 다른 기업이나 조직에 대한 벤치마킹 과정이 포함될 수 있다. 벤치마킹을 통해 수집된 사례와 정보들은 그 이후 단계인 업무 재설계 과정에서도 참고할 수 있는 중요한 자료가 된다. 벤치마킹을 통해 수집된 정보와 기존 업무의 분석을 통해 구체적으로 업무 재설계 후 기대하는 목표 수준의 설정까지를 모두 'Reposition' 단계에서 수행하게 된다. 예를 들어 기존에 2시간이 걸리던 업무를 재설계 과정을 통해 1시간으로 50% 단축시키겠다는 목표가 수립될 수 있다.

다음으로 'Redesign' 단계에서는 이전 단계에서 우선순위에 따라 선정된 개선 대상 업무 프로세스에 대해 실제 새로운 방식의 업무 처리 절차를 도출하게 된다. 이 단계에서는 다음과 같은 점을 유의해야 한다. 첫째, 과거로부터의 습관이나 통념에서 벗어나 완전히 새롭고 객관적인 시각으로 업무 처리 과정을 그려나가야 한다. 사람은 누구나 변화를 두려워하는 특징을 가지고 있다. 특히나 오랜 기간 동안 동일한 방식으로 업무를 처리해 오던 현업의 업무담당자들은 새로운 환경이나 업무 처리 방식에 대한 학습과 이에 요구되는 업무의 혼선을 달가워하지 않는다. 따라서 업무 재설계 과정에서 필연적으로 기존 업무담당자들의 저항이나 그로인해 과거로 회귀하려는 경향을 경험하게 되는데 이는 BPR 과정에서 유의해야 한다.

다음으로 재설계 후의 목표는 과감하고 높게 설정하는 것이 좋다. 비록 목표한 수준에 도달하지 못하더라도 가능하면 혁신적인 수준으로 업무 효율을 높이기 위해 높은 목표를 두고 노력하는 것이 바람직하다. BPR은 개별 업무부서 차원이 아닌 전체 조직 차원에서 수행되는 경우가 많다. 따라서 이런 경우 개별 조직의 목표와 전체 조직의 목표가 상충되는 경우도 발생하게 되는데 이때는 더 상위 수준의 목표에 우선해야 한다. 전체 조직이 더 큰 목표를 향해 조직적으로 노력하는 과정에서 하위 단위 수준의 목표들은 서로 조정되고 때로는 양보되어야 하는 경우도 발생한다.

업무 재설계를 통해 영향을 받게 되는 부서들은 필연적으로 변경된 업무 도입 초기에 상당한 혼란과 갈등을 겪게 된다. 따라서 부서의 이해가 상충되거나 혼선이 있는 경우를 대비하여 상호협조 체제를 공고히 하고 미리 변화에 대비한 조치를 마련할 필요가 있다. 또한 업무 재설계 시 가능하면 반복적이고 단순한 업무의 경우 도입 가능한 정보통신 기술을 활용할 수 있도록 적극 검토하고 조직원들은 조금 더 창의적이고 부가가치가 높은 업무에 집중할 수 있도록 고민해야 한다.

Redesign 단계에서는 변경될 업무 처리 절차에 대한 프로토타입 구축과 이에 대한 시뮬레이션 검증 단계가 포함된다. 업무 처리 절차의 변경은 조직 전반에 적지 않은 충격을 줄 수 밖에 없고 특히 해당 업무 담당자의 경우 큰 혼란을 겪을 수도 있다. 많은 업무 처리 과정에 대한 변경을 동시에 진행하는 경우에는 변경된 업무 처리 절차 간에 예상하지 못한 충돌이나 비효율적인 요소가 들어날 수 있다. 실제 업무 적용 후 의견을 조율하고 다시 변경 작업을 수행하는 것은 업무에 큰 혼선을 줄

뿐만 아니라 이로 인해 실제 조직의 큰 재정적 피해를 입을 수도 있다. 따라서 실제 업무 적용시 발생 가능한 문제를 미리 찾아 해결할 수 있도록 변경된 업무 절차의 시현을 포함한 실험을 실시하고 그 결과를 분석하여 추가적인 문제의 발생 여부를 미리 확인할 필요가 있다. 이러한 테스트 과정은 그 중요성을 아무리 강조해도 지나침이 없다.

업무를 재설계하는 과정에서 지켜야할 기본적인 원칙이 존재한다. 우선 총체적인 업무 흐름과 결과에 초점을 두고 업무를 조직화할 필요가 있다. 단순한 일의 단위가 아닌 목표나 결과를 중심으로 업무가 진행될 수 있도록 설계하며 가능하면 한 담당자가 일련의 업무 과정 여러 단계를 수행할 수 있도록 설계하는 것이 바람직하다.

다음으로는 가능한 수준에서 업무수행 결과를 이용하는 사람이 해당 업무를 수행하도록 구성하는 것이 바람직하다. 업무에 따른 결과를 활용하여 다른 업무를 수행하는 경우라면 필요한 결과를 도출하기 위해 가장 적합한 사람이 바로 해당 업무를 수행하도록 제도적인 장치를 마련하는 것이다. 다른 부서 또는 조원이 수행한 결과를 받아 그 다음 업무를 수행하는 과정을 거치게 되면 이전 수행 단계의 결과가 기대했던 것과 다를 경우 다시 업무 협의와 재작업 등의 과정을 거치고 이러한 단계에서 그 업무 결과를 기다리는 사람은 아무 일도 할 수 없는 상황이 오게 된다. 따라서 가능하다면 순차적으로 해당 업무를 가장 잘 이해하고 있는 사람이 수행하도록 설계하는 것이 좋다.

다음으로는 정보를 발생시키는 부서에서 정보의 처리도 함께 수행하도록 하는 것이 좋다. 일반적으로 특정 업무에 가장 근접한 사람이 업무를 처리하면 처리과정을 관리하는데 드는 비용이 최소화된다. 감독이나 감사의 개념이 아니라면 역시 해당 업무 처리 부서에서 발생하는 정보를 해당 부서에서 관리하고 처리하도록 하는 것이 제일 효율적이다.

본사와 지사 또는 지역적으로 분산되어 있는 자원이라도 중앙 통제가 가능한 것으로 가정하고 설계하는 것이 좋다. 인적, 물적 자원이 분산되어 있는 경우 이용자는 편리할 수 있지만 업무의 중복과 관리를 위한 비용이 추가로 발생하여 규모의 경제 효과가 상실될 수 있다. 따라서 가능하면 정보기술을 활용하여 높은 유연성과 경제적 효과를 기대할 수 있는 방식으로 처리하는 것이 좋다. 예를 들어 대량 구매 시 가격 할인이 가능한 물품의 경우 필요한 부서의 요청 상품, 수량을 집계하여 주기적으로 주문하거나 재고관리도 중앙에서 통제할 수 있는 시스템을 갖추면 불필요한 비용의 지출을 최소화할 수 있다.

마지막으로 업무수행을 담당하는 부서 또는 개인이 책임과 권한을 동시에 가질 수 있도록 하는 방향으로 재설계한다. 대부분의 조직은 업무수행자와 감독 및 의사 결정자를 구분하는 것이 일반적이다. 하지만 실제 작업 수행자가 해당 업무를 가장 잘 이해하고 그 결과에 따르는 대응도 제일 잘

할 수 있으므로 실제 작업 담당자가 필요한 의사결정을 빠르게 내리고 필요시 대응 조치도 강구할 수 있는 시스템을 갖추는 것이 바람직하다고 볼 수 있다. 물론 이에 대한 충분한 안전장치 또는 결과에 대한 보상 시스템을 갖추는 것도 중요하다.

세 번째 단계는 업무 재설계가 완료된 후 변경된 업무 처리 절차를 실제로 실행하고 이에 대한 평가를 통해 필요 시 추가 업무 분석과 설계를 수행하는 단계이다. 평가를 위해서는 사전에 개선된 업무 처리 방식의 효과를 검증하고 수용 가능한 정도를 비교할 수 있는 기준이 마련되어야 한다. 개선된 업무 처리 절차의 효과를 검증하기 위해 관련 업무로부터 도출되는 산출물을 수집하고 이를 평가하기 위한 절차와 담당자도 미리 결정해 두어야 한다. 업무 프로세스의 개선은 일회성 작업이 아니라 조직이 존속하는 한 계속해서 수행해야 할 작업이다. 시대가 바뀌고 업무 환경이 변경되면 또 다시 더욱 효율적인 업무 수행이 가능하도록 업무 처리 절차를 개선할 여지가 발생할 수 있고 조직은 이러한 요구에 발 빠르게 대응하고 적극적으로 이를 수용할 때 더욱 성공적으로 유지될 수 있는 것이다.

3. 컨설팅과 BPR

캡스톤디자인 프로젝트의 일환으로 기업이 요구하는 업무를 수행하는 과정에서 요구된 업무의 성격에 따라 일반적인 컨설팅 과정의 업무를 수행할 가능성이 있다. 조직에 속한 내부 인력은 자사의 업무를 객관적이고 비판적인 시각으로 평가하고 변경하는데 다소 제약이 있을 가능성이 있다. 컨설팅을 수행하는 인력의 경우 조금 더 객관적인 관점에서 업무를 분석하고 재설계하는 BPR 프로젝트를 수행하는 것이 가능한 이유이다. 하지만 특정 업무에 대한 이해 정도가 가장 높은 사람은 실제로 해당 업무를 수행하는 사람일 가능성이 높다. 따라서 특정 분야의 컨설팅 경험이 풍부한 컨설팅 담당자와 실제 해당 조직의 업무 담당자가 협업을 통해 개선된 업무 프로세스를 도출하는 것이 가장 바람직한 결과를 제공할 가능성이 높다.

캡스톤디자인 프로젝트의 일부로 기업이 기존에 수행해 왔던 무역 업무 처리 과정을 전자무역 환경에 맞게 개선하거나 FTA 체결에 따라 변화된 무역 업무를 해당 기업에 가장 적합한 방법으로 접목할 수 있는 방법을 찾는 등의 업무를 수행할 수 있다. 이 과정에서 컨설팅 수행 담당자는 기존의 업무를 분석하고 새롭게 도입될 절차나 시스템 등의 방법론을 가장 효과적으로 도입할 수 있는 방법을 찾아 클라이언트 기업에게 제안하게 된다. 기업이 변경된 업무 프로세스를 실제로 수용하고 업무에 적용할지는 해당 조직이 결정해야 하는 문제이다. 이때 일반적으로 조직의 대표가 가장 큰 영향을 미칠 가능성이 높으므로 조직을 책임지고 있는 최고경영자의 생각과 성향이 업무 프로세스 재설계 프로젝트 성공을 좌우하게 된다.

4. 스마트워크와 BPR

최근에는 특히 스마트폰이나 태블릿 PC 등의 보급이 확대되면서 이러한 스마트 기기를 업무 처리에 도입하여 더욱 효율적인 업무 처리를 도모하는 경우가 많은데 이러한 스마트 기기의 업무 도입도 BPR의 한 예라 할 수 있다. 업무 처리 절차의 획기적인 개선을 위해서는 많은 경우 목표한 수준의 개선을 위해 발전된 정보통신기술의 도입을 고려하게 된다. 예를 들어 창고의 재고 파악 업무에 소요되는 시간과 비용을 획기적으로 단축하기 위해 RFID 기반의 물품재고 자동 관리 시스템을 도입할 수 있다. 이 경우 창고에 입출되는 상품에 RFID 태그를 부착하여 자동으로 어떠한 물품이 창고에 입고되고 출고되는지 그 수량과 일시가 자동으로 기록되고 이를 이용하면 관리자에 의해 수동으로 재고 관리를 하는 것과 비교하면 획기적으로 시간과 비용을 단축할 수 있게 되는 것이다.

〈그림 5-5〉 스마트워크의 개념과 지원환경 예시

최근에는 스마트 기기를 업무에 도입하여 일하는 방식을 획기적으로 개선하는 '스마트워크(Smart Work)'라는 개념도 일반화되고 있다. 정보통신 기술을 이용하여 시간과 공간의 제약 없이 언제나 원하는 업무 수행이 가능한 환경을 의미하는데 대부분의 기업에서 도입하여 업무에 활용하고 있는 정보시스템을 업무 담당자가 이용하는 스마트 기기를 지원하는 형태로 변경한다면 쉽게 이

러한 스마트워크 환경이 구축될 수 있다. 최근 대부분의 기업 업무가 정보시스템을 활용하고 이러한 업무 처리는 네트워크가 연결된 정보기기만 있다면 사실 꼭 사무실이라는 물리적인 공간에서 함께 수행될 필요는 없는 것이다. 과거 재택근무의 개념과 같이 집에서도, 필요에 따라서는 이동 중에도 언제나 필요한 업무를 수행할 수 있는 것이다. 이를 가능하게 하는 하드웨어, 소프트웨어, 통신 네트워크만 지원된다면 이와 같이 시공간의 제약을 벗어나 업무 수행이 가능한 것이다. 〈그림 5-5〉는 이러한 스마트워크 환경의 개념과 실제 스마트워크를 도입하였을 경우 이를 활용한 업무 처리 과정을 예시하고 있다.

무역 업무에 있어서도 스마트워크 도입이 큰 효과를 가져올 수 있는 부문이다. 많은 경우 시차가 다른 해외와의 업무가 요구되고 사무실이 아닌 다른 공간에서 업무를 처리해야 하는 경우도 많이 발생하는 무역 업무의 특성 상 스마트워크 도입은 무역 업무 생산성 향상에 크게 도움이 될 것이다. 예를 들어 바이어 상담 시 제품의 특성과 실제 사용 사례를 담은 자료를 상담 장소에서 즉시 스마트폰이나 태블릿 PC를 이용하여 보여줄 수도 있으며 은행 업무 등도 언제든 가능해 진다. 또한 기업의 정보시스템이나 무역 유관기관의 시스템 접속이 언제 어디서나 가능해지고 해외 출장 중에도 무거운 서류를 모두 스마트 기기에 담아 간편하게 이동할 수 있다. 물론 다중 회의나 전화 등도 스카이프 등의 인터넷 서비스를 저렴한 비용으로 활용하는 것이 가능하다. 캡스톤디자인 프로젝트로 무역 업무를 분석하고 이의 개선을 위한 제안을 하는 컨설팅을 수행한다면 다양한 정보통신기술을 활용한 스마트 무역(Smart Trading) 환경을 제안하는 것을 고려해 볼 수 있겠다.

스마트워크 보급과 함께 주목받고 있는 정보기술 환경의 하나로 '클라우드 컴퓨팅(Cloud Computing)'이 있다. 클라우드 컴퓨팅이란 구름처럼 사용하는 정보기술을 의미하는데 구체적으로 네트워크 상 어딘가에 존재하는 다양한 서비스를 사용자의 필요에 따라 언제, 어디서나 어떠한 기기를 이용해서도 활용할 수 있도록 해 주는 환경을 의미한다. 모바일 오피스의 도입으로 사무실 이외의 공간에서도 동일한 수준의 업무 처리가 가능하도록 지원하면서 업무의 연속성을 보장하고 자료 이동과 보관, 기기마다 다른 특성에 대한 적용 등을 최소화할 수 있도록 자료의 저장, 보관, 관리는 물론 업무 처리 기능도 모두 네트워크에 접속된 서버에서 처리하고 사용자는 단순히 자신이 원하는 시간과 장소에서 원하는 기기를 이용하여 해당 기기가 지원하는 방식으로 네트워크에 접속하여 업무를 처리하면 되는 것이다.

스마트워크가 시공간의 제약을 넘어 언제 어디서나 업무 처리가 가능한 환경을 제공한다면 클라우드 컴퓨팅 기술은 업무 처리를 위해 필요한 다양한 정보처리 능력과 방대한 자료를 언제 어디서나 손쉽게 활용할 수 있도록 제공해 주는 역할을 한다고 볼 수 있다. 업무 프로세스 재설계 과정에서 스마트워크의 도입을 고려한다면 필요한 방대한 자료나 정보처리 업무를 스마트 기기가 아닌 네트워크 상의 서버에 맡기고 필요한 정보의 활용 부분에 집중할 수 있는 클라우드 컴퓨팅 환경의 도입을 반드시 고려할 필요가 있다. 무역 업무의 경우에도 다양한 기관의 방대한 자료 처리를 요구하는 업무가 포함되므로 이러한 클라우드 컴퓨팅의 도입이 스마트 트레이딩 구현을 위해 반드시 필요하다고 할 수 있다. 무역거래 알선사이트를 이용하거나 방대한 무역 관련 자료를 검색하고 활용하는 경우 이러한 자료의 저장과 활용을 스마트 기기가 아닌 자료의 저장과 활용을 지원하는 인터넷 상의 클라우드 서비스로 대신할 수 있다. 또한 제품의 단가를 계산하거나 FTA 규정에 따른 무역 거래 조건의 변경에 따른 수익률 계산 등 필요한 정보의 분석도 이를 지원하는 기업의 정보시스템이나 인터넷 서비스를 이용하여 처리하고 처리된 결과의 보관, 전달, 공유 등은 클라우드 서비스를 이용할 수 있다.

〈그림 5-6〉은 대표적인 개인용 클라우드 서비스인 애플의 iCloud와 네이버 N드라이브의 동작원리를 설명하고 있다. 개인도 스마트 기기를 활용하면서 이와 같은 클라우드 서비스를 이용하여 쉽게 자료를 기기 간에 공유하고 필요시 언제든 접속기기에 상관없이 이용할 수 있으며 기기의 분실과 같은 경우에도 중요한 자료의 유실을 막을 수 있는 등의 장점을 누릴 수 있다. 기업의 경우는 그 가치가 더욱 높고 보안이 필요한 자료를 모바일 기기의 특성상 분실이나 유출 가능성이 높은 스마트 기기에 저장하기 보다는 요구되는 보안 수준을 지원하는 기업용 클라우드 서비스를 활용하는 것이 더욱 바람직하다고 볼 수 있다.

이처럼 클라우드 서비스와 관련하여 반드시 함께 고려해야 할 사항 중 하나는 바로 중요한 자료의 유출을 막는 보안이라 할 수 있다. 스마트폰 등 스마트 기기는 아무리 조심을 한다고 해도 휴대가 가능한 기기라는 점에서 분실, 도난, 파손 등의 가능성이 늘 존재한다고 볼 수 있다. 사실 기기의 분실이나 도난 시 해당 기기의 가치 상실보다 더 큰 문제는 해당 기기에 담겨있는 자료의 유실이다. 만에 하나 기업의 중요한 보안 문서가 담겨있는 기기를 분실하거나 도난당했을 경우 그로인한 피해는 해당 기기의 실질 가치보다 훨씬 크며 따라서 분실 또는 도난 시에도 자료 유출로 인한 2차 피해가 발생하지 않도록 막을 수 있는 장치의 마련이 꼭 필요하다.

자료 유출의 피해를 1차적으로 막을 수 있는 방법이 바로 스마트 기기를 클라우드 서비스에 접속하는 사용자 단말기로만 사용하고 실제로 업무 처리나 중요한 문서의 보관은 모두 클라우드를 활용하는 방법이다. 이럴 경우 기기를 분실하더라도 접속 ID, 비밀번호 등이 노출되지 않는다면 자료의 유출을 차단할 수 있다. 개인의 경우도 공인인증서와 같은 중요한 자료가 담겨 있는 스마트 기기의 분실 및 도난에 주의해야 하며 만에 하나 그러한 일이 발생하더라도 피해를 최소화할 수 있도록 비밀번호 관리 등에 주의를 기울여야 할 것이다.

〈그림 5-6〉 개인용 클라우드 서비스 사례

5. BPR의 주요성공 요인

지금까지 살펴본 조직의 업무 프로세스 재설계 작업이 성공적으로 해당 조직에 정착되어 효율성을 높이는데 도움이 주기 위해서는 몇 가지 중요한 조건들이 있다. 예를 들어, 지금까지 내수용 제품만을 생산하여 국내 소비자 대상 제품의 연구, 개발, 유통을 주로 하던 기업이 조금 더 시장을 확대하고 수익성을 개선하고자하는 목적으로 해외 판로 개척에 나설 경우 필요에 따라 기존에 없던 해외 시장 판로 개척을 위한 부서와 업무가 생겨나게 된다. 조직은 이러한 업무의 변화를 효과적으로 수행하기 위해 적절한 예산을 투입하고 전담조직을 구성한 후 필요한 시장조사와 제품 연구, 개발을 진행해야 하는데 이 과정에서 기존에 없던 많은 업무 프로세스가 수행되어야 할 것이다. 이러한 일련의 새로운 과정이 큰 문제없이 성공적으로 해당 기업에서 수행될 경우 원래 기대했던 시장 확대, 수익성 제고 등의 효과를 기대할 수 있는 것이다.

BPR의 성공을 위해 우선 중요한 사안이 바로 최고경영자의 업무 혁신을 위한 의지와 이를 위한 적극적인 시간과 노력의 투입이다. 많은 경우 새롭게 도입되는 업무는 해당 업무 담당자가 책임지고 수행하며 그 결과에 대한 책임도 지게 된다. 하지만 최고경영자의 업무 혁신을 위한 의지와 노력에 따라 그 성공여부가 결정되는데 조직에 큰 영향을 미칠 업무의 변경에 대한 최종 의사결정은 최고경영자의 몫이기 때문이다. 또한 직접 최고경영자가 관심을 가지고 진행 상황을 모니터링하는 업무의 경우에는 해당 업무 혁신의 성공을 위해 전사적인 노력이 따르게 마련이며 따라서 성공적으로 운영될 가능성이 높다. 따라서 무엇보다 최고경영자가 이러한 업무 혁신에 어떠한 생각과 의지를 가지고 있는지가 매우 중요하며 조직을 이끌고 있는 최고경영자라면 언제나 과거에 안주하기 보다는 늘 조직이 더 나은 방향으로 변화할 수 있는 방안을 마련하기 위해 관심을 가지고 관리해야 하는 책임을 지고 있다.

다음으로 새로운 업무 프로세스 도입에 직접적인 관련이 있는 부서만이 아니라 전체 조직 차원에서 업무 프로세스 재설계 프로젝트가 추진되어야 한다. 새로운 업무 처리 절차를 도입한다는 것은 비록 직접적인 변화에 영향을 받는 부서와 해당 부서에 속해있는 조직원들에게 가장 큰 노력을 요구하겠지만 얼마나 빠르게 새로운 업무 처리 절차에 적응하고 기대하는 효과를 가져올 수 있는가는 전사적인 협조와 관심에 달려있다. 특정 부서가 아닌 전체 조직의 성과를 위해 전사적인 관점에서 수행되는 업무 분석과 재설계 과정이므로 이를 통해 얻어지는 조직의 성과 증대는 조직의 일부만을 위한 것은 아니다.

전체 조직 차원에서 업무 과정을 분석하고 이에 대한 개선점을 도출하는 과정에서 필요에 따라서는 조직에 미치는 부정적 영향을 최소화하거나 조직의 역량에 맞추어 단계적으로 이러한 혁신이 수행되는 경우도 있다. 이런 경우에는 프로세스 재설계 후 가장 효과가 클 것으로 분석된 업무를 우선적으로 채택할 필요가 있다. 즉 업무 재설계의 우선순위를 정해 우선순위가 높은 업무를 먼저 채택하고 필요에 따라 역량에 따라 그 다음으로 중요한 업무를 개선하는 단계적인 절차를 밟는 것이다. 물론 조직의 역량이 허락한다면 비효율적인 업무 전체를 동시에 혁신하는 방식도 채택 가능하다.

또한 근시안적인 관점이 아닌 장기적인 관점에서 프로세스를 추진할 필요가 있으며 많은 경우 필요한 정보통신기술을 활용하여 업무의 재설계와 도입, 정착을 고려하는 것이 좋다. 조직 특히 이윤 추구를 목표로 하는 기업의 경우 투자한 비용 대비 효과가 단시일 내에 나타나기를 원하는 경우가 많다. 업무에 따라서는 단기간에 그 효과를 볼 수 없는 경우도 있겠지만 가능하다면 주요 업무 성과 개선 여부를 경영층이 확인할 수 있도록 중간목표를 설정하고 이를 우선 달성하는 것이 바람직하다.

전사적인 차원에서 변화된 업무에 대한 협조와 지지를 이끌어 내기 위해서는 전체 조직원들의 참여의식을 높이고 공감대를 형성하는 과정이 반드시 필요하다. 업무 혁신은 이러한 작업을 담당하는 내부 혹은 외부 전문가의 일도 변경된 업무를 담당하게 될 부서만의 일도 아니라 그 성공과 실패의 영향이 전사적으로 미치게 되는 조직 전체의 이슈라 할 수 있다. 따라서 프로젝트 추진 초기에 이러한 업무 혁신이 필요한 이유와 변화될 방향 및 효과에 대해 함께 이해하는 과정이 반드시 필요하며 이 과정에서 불필요한 오해와 조직의 긴장을 조성하는 일은 없도록 만드는 것도 프로젝트 성공을 위해 필요한 중요한 작업 중 하나이다.

명확한 목표를 설정하고 최고경영자부터 위에서 아래로의 변화를 추구하는 것이 필요하다. 최고경영자의 의지와 관심이 프로젝트 성공에 큰 영향을 미치는 것처럼 상위 책임자들이 관심을 가지고 업무 혁신을 위해 공감대를 형성하고 협조할 필요가 있다. 또한 업무 프로세스 재설계 프로젝트를 책임지고 있는 부서나 담당자는 명확한 일정 목표를 수립하고 이렇게 수립된 일정이 철저히 지켜질 수 있도록 관리하며 이에 대한 철저한 평가와 평가 결과에 대한 후속조치를 이행해야 한다. 프로젝트 일정은 전체 조직과의 약속이다. 따라서 유사한 프로젝트 경험이 많은 외부 전문가 또는 업체의 도움을 받아서라도 반드시 충분한 프로젝트 요건 분석을 통해 현실적인 프로젝트 계획을 수립하고 이를 철저하게 따르는 것이 좋다. 프로젝트 성과 평가에 대한 기준도 미리 정하여 이의 달성 여부를 수시로 점검하고 이에 대한 적절한 보상 등이 뒤따라야 할 것이다.

조직의 규모에 따라 차이가 있겠지만 업무 프로세스의 변화는 조직 차원의 스트레스를 유발하는 과정이다. 따라서 충분히 변화에 대한 필요성을 공감하고 협조적인 분위기를 조성하기 위해서는 원활한 의사소통 분위기와 방식을 확립할 필요가 있다. 또한 변화된 업무 환경에 적응할 수 있는 충분한 시간을 부여하고 이에 필요한 적절한 교육을 제도화하여 추진할 필요가 있다.

▲

제 3 절

업무 프로세스 분석 도구

본 절에서는 업무 프로세스 재설계를 위해 활용 가능한 도구를 소개하고 이를 이용하여 필요한 업무 재설계 과정을 직접 수행해 보고자 한다.

1. 프로세스 모델링과 도구

앞 절을 통해 업무 프로세스 재설계의 필요성과 성공적인 업무 프로세스 재설계를 위해 고려해야 할 사항들을 살펴보았다. 캡스톤디자인 프로젝트 수행을 통해 무역 업무에 있어서 기존에 해당 기업이 수행하지 않았던 새로운 업무의 도입을 제안하거나 기존에 수행하던 업무의 효율성 제고를 위한 개선안을 제시할 경우가 있다. 이 경우 기존의 업무 처리 절차와 새롭게 제안하는 변화된 절차를 표현하기 위한 방법이 필요하게 된다. 업무 처리 절차를 말과 글로 설명하는 것은 여러 이유로 그다지 효과적이지 않다. 한 눈에 기존의 업무와 변경된 업무를 파악하고 차이점을 알 수 있는 업무 프로세스 표현 방법이 있다면 업무 프로세스 재설계 과정이 훨씬 쉽고 효율적일 수 있다.

이러한 업무 프로세스를 표현하는 방식을 업무 프로세스 모델링 도구라 하는데 다양한 도구들이 활용될 수 있다. 오래 전에 개발되어 오랜 기간동안 사용된 도구도 있고 상대적으로 최근에 개발되어 사용되는 도구도 있다. 도구의 종류보다는 업무의 변경사항을 쉽고 정확하게 표현하고 이를 필요로 하는 사람이 역시 쉽게 이해할 수 있는 도구라면 최선의 선택이라 할 수 있다. 이러한 도구를 활용하면 사용자의 업무 및 변경 요구사항을 쉽게 문서화할 수 있는 장점이 있다. 변경의 대상이 되는 업무 처리 절차를 객관적인 시각으로 문서화하여 이를 기반으로 새로운 효율성 제고 아이디어를 도출하고 다시 이렇게 변경될 업무 처리 과정을 같은 도구를 이용하여 표현할 수 있게 된다.

업무 처리 절차를 분석하고 새롭게 설계하는 분석가와 이러한 업무를 실제로 담당하는 실무자 사이에 상호 이해하기 쉬운 도구를 사용하게 되면 일종의 업무 처리 절차에 대한 공용어를 가지게 되는 효과를 기대할 수 있다. 양측이 모두 이해하는 동일한 도구를 가지고 업무를 표현하고 변경될 사항에 대해서도 동일한 도구를 이용하여 표현할 경우 이러한 정보를 쉽게 공유할 수 있게 되는 것이다. 동일한 도구를 사용함으로써 일관성 있고 정확한 사용자의 요구사항을 파악할 수 있다는 이점도 기대할 수 있다.

프로세스 모델링 즉 업무 처리 절차의 표현을 위해 활용할 수 있는 도구에는 매우 다양한 종류가 존재하며 제일 간단한 예로는 해야 할 일을 표시하는 동그라미와 순서를 나타내는 화살표 두 가지 구성 요소로만 이루어진 도구를 이용할 수도 있다. 사실 도구의 종류보다는 얼마나 쉽게 빠르게 모두가 이해할 수 있도록 업무 처리 절차를 모델링 할 수 있는가라는 점이 더 중요하다고 볼 수 있다.

주로 업무를 분석하여 정보시스템을 개발하기 위해 사용되는 도구들을 이용하면 업무 처리 절차의 모델링이 가능하다. 이 책에서 소개되는 방법 이외에도 무수히 많은 방법이 존재할 수 있으며 각각이 장단점을 가지고 있으므로 본인이 생각할 때 가장 쉽게 익혀 명확하게 업무 프로세스에 대한 자신의 생각을 담을 수 있는 도구를 선택하는 것이 바람직하다.

2. 순서도 (Flowchart)

순서도는 말 그대로 일을 수행하는 순서 즉 흐름을 표현하기 위한 그래픽 도구이다. 업무 처리의 시작부터 중간 단계를 거쳐 최종 단계에 이르기까지의 순서를 그림으로 표현하는 도구인 순서도는 정보시스템의 처리 순서, 문서의 흐름, 그리고 업무 처리 절차의 흐름 등을 표현할 수 있는 도구이다. 실제로 컴퓨터용 프로그램을 제작하기 전에 프로그램이 논리적으로 처리해야 하는 기능들을 설계하기 위한 도구로 오랫동안 사용되어 왔다.

기업의 단위 업무 처리 과정을 보면 단계별로 처리해야 하는 순서가 존재하고 이 과정에서 생성되는 자료나 참조해야 하는 자료 그리고 업무의 결과로 발생하는 자료를 처리하는 단계 등이 모두 포함되므로 순서도를 이용하여 업무를 분석하고 새롭게 설계하는 것이 가능하다. 기업이 수행하는 많은 업무 중 재설계의 대상이 되는 업무를 기준으로 순서도를 작성하고 이것의 분석을 통해 개선 아이디어를 도출하는 것이 가능하다. 무역 업무의 경우에도 단계별로 수행되는 업무와 해당 업무를 처리하는 과정에서 작성되거나 생성되는 문서들이 존재하고 최종적으로 이러한 자료의 보관 처리까지가 업무 처리 과정의 일부가 되며 따라서 순서도의 응용이 가능하다고 볼 수 있다.

〈그림 5-7〉 업무 프로세스 모델링을 위한 순서도 주요 심볼

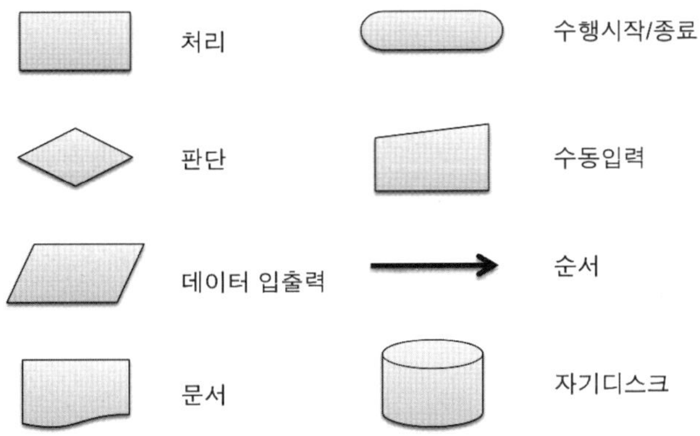

순서도는 일의 순서를 표현하기 위해 미리 정해진 몇 가지 심볼을 이용한다. 이러한 심볼을 익히고 적절히 사용하여 필요한 업무 설계를 수행하면 되는 것이다. ISO에서 정한 표준화된 심볼들을 이용하여 업무의 흐름을 표현할 수 있는데 이렇게 그려진 순서도를 보고 분석가는 해당 업무가 가장 최선의 방식으로 처리되고 있는지를 분석할 수 있는 것이다. 순서도에는 대략 25가지 내외의 심볼이 사용되는데 이 중에는 많이 사용되지 않는 정보시스템 구성요소를 나타내는 것들도 있어 업무 처리 절차를 모델링하기 위해서는 10개 내외의 심볼을 익히는 것만으로도 충분하다.

〈그림 5-7〉은 순서도를 작성하기 위해 정의된 많은 심볼들 중에서 업무 프로세스 모델링을 위해 필요한 주요 심볼들을 표현하고 있다. 화살표는 직선 또는 필요에 따라 꺽인 형태로 각 심볼들을 연결하여 일을 처리하는 순서 즉 일의 흐름을 표시하는데 사용되며 화살표로 연결된 이러한 심볼들 내부에는 해당 순서에서 처리해야 하는 업무 또는 자료의 설명이 들어가게 된다.

'처리'는 실제로 수행되어야 할 업무 단계를 의미하므로 순서도를 이용하여 업무 처리 절차를 모델링할 때 가장 빈번하게 사용되는 심볼이라 할 수 있다. '판단'은 업무를 처리하는 과정에서 조건에 따라 서로 다른 업무 처리를 필요로 할 때 사용하며 업무 처리를 위해 필요로 하는 자료나 업무 처

리의 결과로 생성되는 데이터는 '데이터 입출력' 심볼을 이용하여 나타낸다.

'문서'의 경우 업무 처리를 위해 참고하거나 업무의 처리 결과로 생성되는 문서를 의미하며 무역 업무를 수행하는 과정에서 요구되는 다양한 형태의 문서들이 이 심볼을 이용하여 표현될 수 있겠다. 단위업무의 시작과 끝은 '수행시작/종료' 심볼을 이용하는데 모든 업무가 수많은 다른 업무와 연계되고 상호 영향을 미치는 경우가 대부분이나 업무를 필요에 따라 일정 수준에서 구분하고 이렇게 구분된 업무의 명확한 시작과 끝을 이와 같은 심볼을 이용하여 표시해 주는 것이 좋다. 예를 들면 '신용장개설,' '적하보험가입,' '관세환급신청' 등으로 업무를 구분하고 이를 별도로 모델링하면 업무에 대한 이해도 쉽고 필요에 따라 재설계하는 과정도 명확해질 수 있다. '수동입력' 심볼은 담당자에 의해 자료의 입력이 필요한 경우에 사용하며 이렇게 입력된 자료가 정보시스템에 저장될 경우 '자기디스크' 심볼을 사용하게 된다. 이 외에도 다양한 순서도 작성 심볼이 존재하며 필요에 따라 추가로 활용할 수 있다. 하지만 많은 도구를 하나의 순서도에 활용하는 것보다 쉽게 이해할 수 있도록 사용하는 심볼의 수는 최소화하고 업무 처리 절차에 집중하는 것이 바람직하다.

〈그림 5-8〉 순서도 작성 예

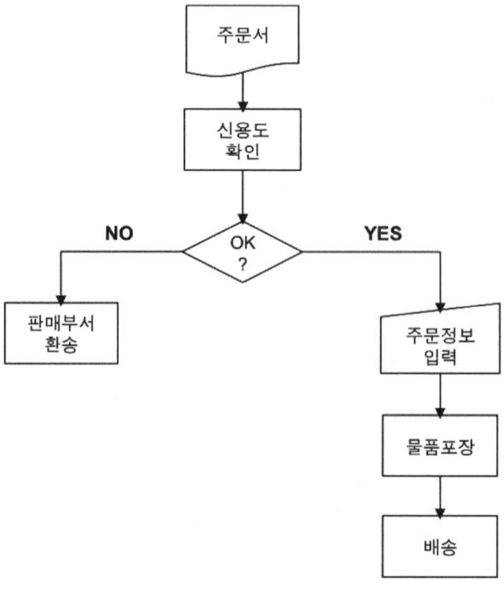

〈그림 5-8〉은 주문서 처리 업무 프로세스를 순서도를 이용하여 간단히 모델링한 예시이다. 주문서가 도착하면 주문자의 신용도를 확인하는 단계를 거친다. 신용도 확인 결과에 따라 다른 업무 처리 단계를 따르게 되므로 '판단' 심볼을 이용하여 신용도 확인 결과를 표시하였으며 신용도에 문제

가 없을 경우 주문정보를 수동으로 입력하고 주문받은 물품을 포장하여 배송하는 단계를 거치게 된다. 만약 신용도 확인 단계에서 주문자의 신용이 해당 주문을 할 수 있는 수준이 아닐 경우 물품 배송 대신 판매부서에 해당 정보를 전달하고 주문을 반송하는 업무를 처리하게 된다. 이와 같이 업무처리 과정을 순서도를 이용하여 모델링하면 쉽게 해당 업무의 처리 절차를 이해할 수 있다.

위에서 예시한 업무에서 주문서를 받고 신용도를 확인한 후 물품 배송을 위해 주문정보를 입력하는 단계가 있는데 사용된 심볼에 따르면 수동으로 해당 정보를 입력하는 것을 알 수 있다. 만약 업무 프로세스 재설계를 위해 이 업무에 대한 순서도를 작성하였다면 업무 효율성 제고를 위해 이 순서를 자동화하는 방법을 생각해 볼 수 있다. 즉, 주문서를 전달받으면 해당 문서의 정보를 수동으로 입력하는 대신 주문 정보를 문서로부터 자동 추출하여 시스템에 자동으로 입력하고 그 이후의 과정을 수행할 수 있을 것이다. 만약 이와 같이 기존의 업무를 재설계하여 시행한다면 수동으로 정보를 입력하는 경우 발생 가능한 입력 오류나 주문 증가로 인한 업무 지체 등의 문제를 다소 해결할 수 있을 것이다. 〈그림 5-9〉는 이와 같이 변경된 업무 처리 프로세스를 역시 순서도를 이용하여 표현하고 있다.

〈그림 5-9〉 재설계된 주문처리 업무 프로세스

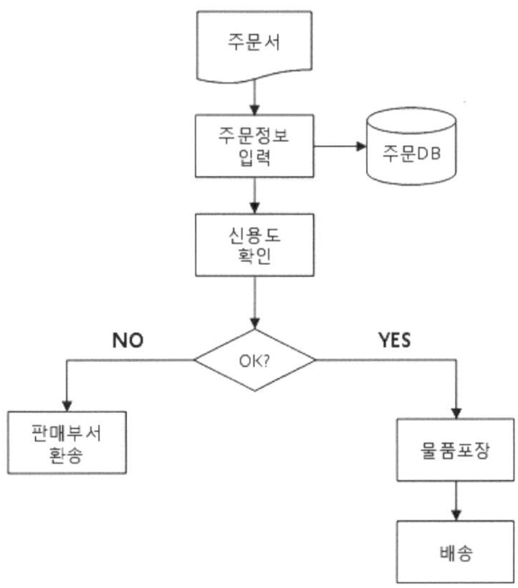

이와 같이 조직의 업무 프로세스를 모델링하는 과정에서 유용하게 사용될 수 있는 도구인 순서도는 종이와 연필을 이용하여 손으로 직접 그릴 수도 있지만 작성, 수정, 보관, 공유 등이 편리한 PC 프로그램을 이용할 수도 있다. 순서도를 작성하기 위해 사용할 수 있는 프로그램은 다양하고 순서

도 작성을 목적으로 개발된 프로그램이 아닐지라도 필요에 따라 쉽게 응용하여 순서도 작성을 위해 활용할 수 있는 소프트웨어도 다수 존재한다.

이 중 대부분의 문서 작성을 위해 사용되는 마이크로소프트의 오피스 제품군과 한글과컴퓨터의 한글 제품이 가장 쉽게 이용할 수 있고 또한 다른 문서의 내용과 함께 사용할 수 있는 장점이 있다. 즉 이러한 범용 소프트웨어를 활용하면 업무 프로세스의 재설계와 관련한 정보와 함께 실제 재설계 대상 업무의 모델링 결과를 순서도를 이용하여 제시할 수 있는 것이다. 오피스 제품의 경우 발표 자료 작성을 위한 파워포인트 및 문서작성용 워드는 물론 유사한 사용자 인터페이스를 공유하는 모든 오피스 포함 프로그램에서 순서도 작성을 위한 그리기 기능을 제공하고 있다. 오피스 제품군의 경우 상단의 '삽입' 메뉴를 클릭하면 표시되는 하위 메뉴 항목 중 '도형'을 선택하면 제공되는 다양한 도형 템플릿이 제공된다. 이 중 '순서도' 그룹을 보면 순서도 작성을 위해 필요한 모든 도형의 템플릿에 제공되고 이러한 템플릿 목록에서 필요한 항목을 선택한 후 문서 작성 영역에서 순서도를 작성하면 된다. 자유롭게 각각의 도형을 이동하고 도형 간의 순서를 표시하기 위해 화살표 도구를 이용하여 도형을 연결하면 순서도가 완성된다. 완성된 후에도 필요하다면 자유롭게 도형을 추가, 삭제, 위치이동, 도형 텍스트 입력 등의 수정 작업이 가능하다.

〈그림 5-10〉 오피스(좌)와 한글(우)의 순서도 그리기 기능

마찬가지로 한글과컴퓨터의 한글에서는 버전에 따라 다소 차이가 있으나 '입력' 메뉴를 선택하면 '그리기마당'이라는 문서에 그림을 그려 넣을 수 있는 하위 메뉴를 확인할 수 있다. 그리기마당 대화상자를 보면 한글과컴퓨터사에서 제공하는 다양한 도형들이 좌측의 '선택할 꾸러미' 목록에서 제시된 그룹별로 구분되어 있다. 이 중에서 '순서도' 꾸러미를 선택하면 역시 순서도 작성을 위한 도형들이 우측에 나열된다. 필요한 도형을 선택하고 문서 작성 영역에 마우스를 이용하여 도형의 크기를 지정하면 해당 도형이 문서에 그려지게 되며 이러한 과정을 반복하여 순서도를 완성하게 된다. 〈그림 5-10〉은 오피스와 한글의 순서도 그리기 기능 화면을 보여주고 있다.

3. UML 활동도 (Activity Diagram)

조직의 업무 프로세스 모델링을 위해 사용할 수 있는 또 다른 도구로 UML (Unified Modeling Language)의 활동도 (Activity Diagram)가 있다. UML이란 주로 정보시스템 분석, 설계를 위해 사용되는 객체 지향 방법론 (Object-Oriented Methodology)을 기반으로 정보시스템의 구성요소나 정보처리 절차를 모델링하기 위해 사용되는 다양한 방법들을 통합한 모델링 언어를 의미한다. 소프트웨어 판매, 개발, 이용자들의 컨소시엄인 OMG (Object Management Group)라는 단체에서 1997년에 발표하였으며 그 이전에 사용되던 많은 모델링 방법들을 대신하여 표준 모델링 방법으로 자리잡았다. UML은 현실세계에 존재하는 다양한 사물에 대한 특징과 사물의 행위 등을 추상화하여 모델링하고 이것을 기반으로 정보시스템을 개발하는데 활용할 수 있는 다양한 방법을 제공하고 있다.

UML에서 제공하는 사물과 사물의 관계를 모델링하기 위한 다이어그램으로는 클래스 다이어그램 (Class Diagram), 객체 다이어그램 (Object Diagram), 유즈케이스 다이어그램 (Use Case Diagram), 순차 다이어그램 (Sequence Diagram), 통신 다이어그램 (Communication Diagram), 상태 다이어그램 (State Diagram), 활동 다이어그램 (Activity Diagram), 컴포넌트 다이어그램 (Component Diagram), 배치 다이어그램 (Deployment Diagram) 등이 존재하는데 이 중에서 업무 프로세스를 모델링하기 위해 활용 가능한 것은 활동도 (활동 다이어그램)라 할 수 있다. 활동도는 시스템 내부에서 발생하는 일련의 행위 또는 순차적 사건 등을 모델링하는데 활용되는 도구인데 이를 응용하면 조직 내의 업무 처리를 위해 어느 부서에서 혹은 업무 담당자가 어떠한 순서에 따라 특정 활동을 수행해야 하는지를 나타내고 이를 분석하여 새로운 업무 프로세스를 설계할 수 있다.

〈그림 5-11〉 UML 활동도를 이용한 업무 프로세스 모델링

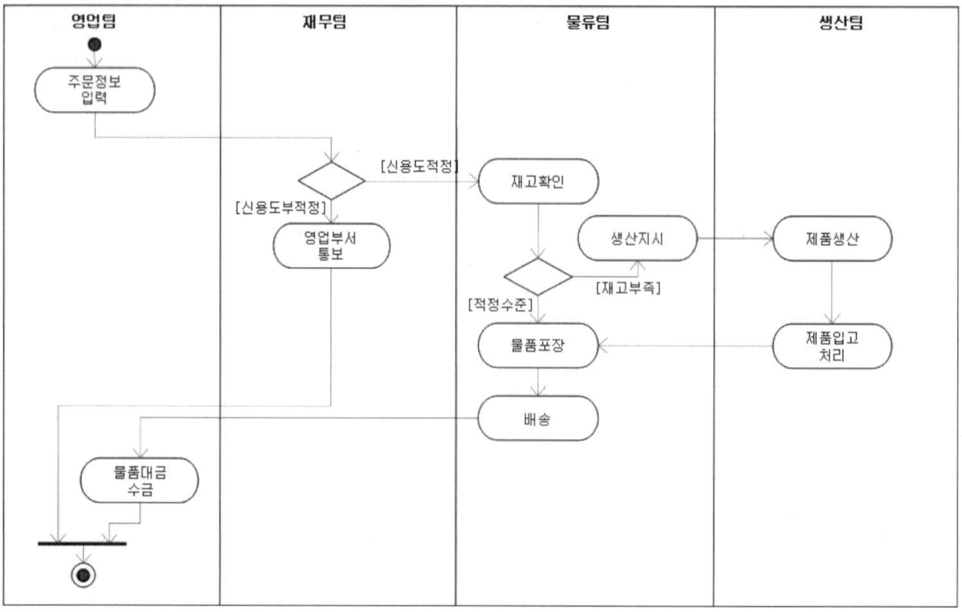

〈그림 5-11〉은 활동도를 이용하여 주문 처리 업무 프로세스를 간략히 모델링한 사례를 보여주고 있다. 다른 모델링 도구들과 마찬가지로 UML의 활동도에서도 사용되는 몇 가지 중요한 심볼들이 정의되어 있는데 둥근 사각형은 필요한 행위를, 이러한 사각형을 연결하는 화살표는 행위간의 선행 관계를 표현한다. 또한 마름모꼴은 조건 분기를 위해 활용되며 각 행위를 서로 다른 열에 표시함으로써 해당 행위를 수행하는 행위자 혹은 부서를 표현하고 있다.

그림에서는 각 열에 해당 업무를 처리하는 팀을 배치하고 있는데 예를 들어 영업팀에서 주문을 받아 시스템에 주문정보를 입력하는 행위부터 업무가 시작된다고 볼 수 있다. 주문이 입력되면 해당 주문자에 대한 신용도 평가를 실시하는데 이는 재무팀에서 담당하고 신용도 평가에서 부적정 평가를 하게 되면 해당 사실을 영업부서에 통보하고 해당 주문 처리는 일단 종료된다. 재무팀에서 해당 주문에 대한 적정 신용도 평가를 내리면 주문 정보가 물류팀으로 전달된다. 물류팀에서는 주문된 물품의 적정 재고 여부를 판단한다. 만약 적정한 수준의 재고를 확보하고 있다면 해당 물품을 포장하고 배송한 후 영업팀에 배송 정보를 전달한다. 영업팀에서 해당 주문에 대한 물품대금을 수금하게 되면 역시 해당 주문 건이 종료된다. 물류팀 업무 과정에서 또 다른 분기 항목이 있는데 만약 주문받은 물품의 적정 재고가 없다면 추가 생산지시를 내리게 되고 생산지시를 전달받은 생산팀에

서는 해당 제품을 생산하고 생산된 제품을 입고 처리하여 물류팀에서 일정에 맞추어 배송이 될 수 있도록 그 이후 과정을 처리하게 된다. 이보다 훨씬 자세하게 세부 업무를 모델링 할 수 있으나 이해를 돕기 위한 예시로 간략히 주문 처리 업무를 모델링하였다. 이와 같이 활동도를 이용하여 모델링된 업무는 다시 분석 후 개선이 필요한 단계를 반영하여 재설계될 수 있다.

UML에는 활동도 이외에도 업무 프로세스 모델링에 도움이 되는 몇 가지 다이어그램이 더 있는데 개체간의 순차적인 정보 교환을 표현할 수 있는 순차도 (Sequence Diagram) 역시 활용 가능성이 높다. 또한 특정 행위자가 수행하는 역할과 업무를 모델링하는 '유즈케이스 다이어그램'도 유용하게 사용될 수 있다.

4. 기타 업무 프로세스 모델링 도구

앞서 소개된 순서도와 UML의 활동도와 같이 조직의 업무 처리 절차를 정해진 규칙에 따라 표현하고 이를 이용하여 BPR을 수행하는 담당자들의 검토와 논의를 거쳐 새로운 업무 처리 방식으로 변경하는 과정에서 사용될 수 있는 도구는 다수가 존재한다. 또한 필요하다면 업무 프로세스 재설계를 담당하는 팀에서 간단한 도구를 자체 개발하여 사용할 수도 있다. 담당자간의 합의와 충분한 이해만 보장된다면 동그라미와 선만으로도 훌륭히 업무 재설계 작업이 가능할 수도 있는 것이다. 다만 오랜 기간 동안 현장에서 활용된 범용의 도구들은 많은 사람들이 그 사용법을 인지하고 있으므로 공통의 이해를 위한 추가적인 학습이나 개발을 위한 노력이 필요하지 않으며 따라서 이러한 도구를 이용하여 작업하는 것이 여러모로 더 중요한 업무 분석과 재설계 작업에만 집중할 수 있는 방법이라 할 수 있다. 도구는 그야말로 작업을 돕는 보조적인 역할을 할 뿐이다. 더욱 중요한 것은 해당 업무에 대한 깊이 있는 지식과 논리적인 사고로 정확하게 업무의 단계별 장단점과 업무 처리 과정의 변경으로 예상되는 결과를 비교적 정확히 예측할 수 있는 통찰력이라고 볼 수 있다.

이러한 다양한 도구들 중 자료 혹은 데이터 흐름 중심으로 업무를 분석할 수 있는 '자료 흐름도 (DFD : Data Flow Diagram)'가 있다. 〈그림 5-12〉는 재고관리 업무를 위해 작성한 자료 흐름도의 일부이다. 재고관리 업무의 경우 보관, 검수, 재고파악 등의 업무 과정에서 생성되는 많은 자료들이 존재하고 이러한 자료들의 정확한 입출력 및 원활한 전달이 재고관리 업무의 중요한 일부이다. 업무 흐름도는 이렇게 관리가 필요한 자료 중심으로 업무의 처리 과정을 모델링하는 도구라고 할 수 있다. 그림에서 보는 바와 같이 자료 흐름도는 업무 처리 과정에서 자료의 흐름과 가공 절차를 중심으로 업무를 구조적으로 분석하는 기법이며 원래는 정보시스템의 여러 가지 구성 요소들을 표현하고 구성 요소들 사이의 접속 관계를 표현하기 위해 많이 활용된다.

〈그림 5-12〉 자료 흐름도 (DFD)를 활용한 재고업무 모델링 예시

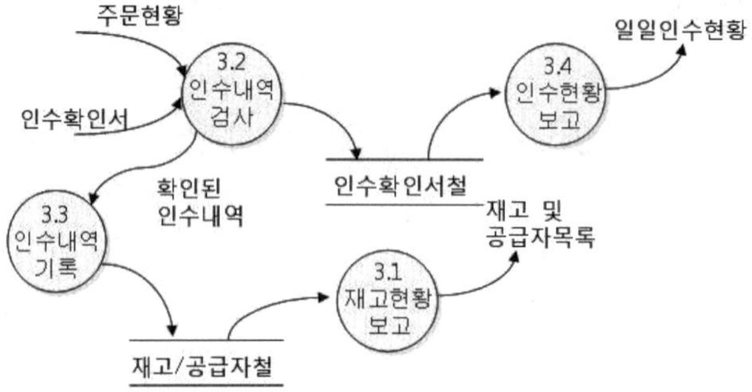

자료 흐름도는 기본적으로 4가지 심볼을 이용하여 작성하는데 자료의 흐름을 화살표로 나타내고 자료의 변환이나 단계는 원형으로 표시하며 원 내부에 고유번호와 처리절차를 입력하여 체계적인 업무 처리 과정을 표시한다. 자료저장소는 위아래 두 줄로 나타낸 것으로 자료의 저장을 위해 사용되는 다양한 매체 혹은 서비스가 될 수 있다. 최근에는 클라우드 서비스를 이용하는 것이 가능하므로 자료저장소는 반드시 물리적인 저장매체로 볼 수는 없다. 〈그림 5-12〉에는 사용되지 않았으나 사각형을 이용하여 사용되는 자료의 공급처나 출처를 표시할 수 있다. 자료 흐름도는 이와 같이 4가지 구성 요소로 이루어져 있으며 필요에 따라 이러한 간단한 심볼을 이용하여 복잡한 업무 처리 과정과 이러한 과정에서 생성되고 전달, 공유되는 많은 자료 관리 과정을 쉽게 표현할 수 있다.

이 장에서 소개된 다양한 업무 프로세스 모델링 도구들은 책에서 다룬 수준보다 종류에 따라 훨씬 복잡하고 작성을 위해 지켜야 할 복잡한 규칙들도 존재한다. 이 외의 다른 도구들도 각각 장단점을 가지고 있으며 업무의 성격에 따라 또한 업무를 재설계하는 목적에 따라 적합한 도구가 달라질 수도 있다. 그러나 무엇보다 중요한 것은 이러한 복잡한 도구 사용법을 익히고 다양한 심볼을 이용하여 복잡한 그림을 완성하는 자체에 있는 것이 아니라 효과적인 업무 처리 절차 분석과 재설계를 통해 해당 업무의 효율성을 제고하는데 있음을 잊지 말아야 할 것이다.

참고문헌

국정홍보처, 한미 FTA를 말한다, 국정홍보처, 2006.

김연동, 이준호, 실전에 바로 써먹는 무역실무의 모든 것, 원앤원북스, 2009.

김현남, 생각하며 배우는 UML 2.0, 영진닷컴, 2004.

손승희, 비즈니스 프로세스 관리, 북넷, 2011.

폴 하몬 저, 권윤태 역, 비즈니스 프로세스 재설계를 위한 실천적 방법론 : 실무자가 알아야 할 선진기업들의 일 잘하는 기술, 길잡이미디어, 2007.

Arlow, J. and Neustadt, I., "UML and the Unified Process," Addison Wesley, 2002.

Booch, G., Rumbaugh, J. and Jacobson, I., "The Unified Modeling Language User Guide," Addison Wesley, 1999.

Davenport, T., "Process Innovation: Reengineering Work through Information Technology," Harvard Business School Press, 1993.

Regan, E. and O'Connor, B., "End-User Information Systems: Perspectives for Managers and Information Systems Professionals," Macmillan Publishing Company, 1994.

사례연구

● 비즈니스 프로세스 리엔지니어링(BPR) 수행 사례 ●

- 한 보험사의 보험청약업무 개선을 위한 업무 분석과 프로세스 재설계 수행

- BPR 이전 기존 보험 청약업무
  - 부서별로 보험 가입을 위한 신청서 입력부터 서류검색, 가입 신청자의 건강자료 조사, 신용도 조사, 의사 자문, 법률 자문, 보험료 산정을 위한 위험도 산정, 보험료 및 보험 판매사원의 수익금 계산 업무까지 순차적으로 수행
  - 약 30단계의 절차를 5개 부서를 통해 진행, 평균 19명이 보험 청약 업무에 참여
  - 보험 신청 건당 평균 22일이 소요되나 실제 작업시간은 총 17분에 불과

Before BPR

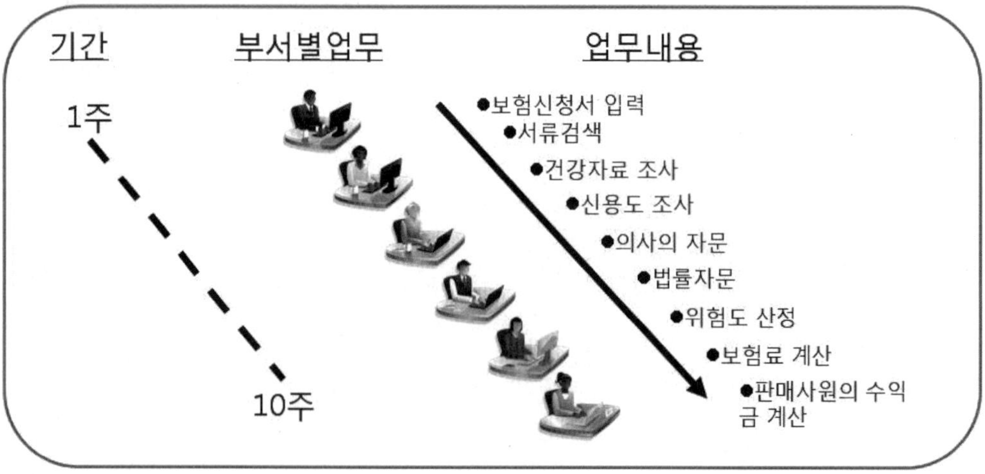

-업무를 분석하고 개선을 위해 필요한 정보시스템을 도입하여 업무 효율성 제고

- BPR 이후 보험 청약업무의 변화

• 보험 청약 건별 케이스 매니저 제도 도입
• 보험 청약 관련 업무 데이터베이스의 공유
• 보험 청약 종류별로 자동 분류 및 평가를 수행하는 전문가시스템 도입
• 의료 및 법률 자문을 위한 의사와 변호사도 하나의 시스템으로 연결
• 청약 업무 최소 4시간, 평균 3일로 소요시간 단축
• 100명의 영업 인력 절감 효과
• BPR 이전보다 청약 건수 2배 증가

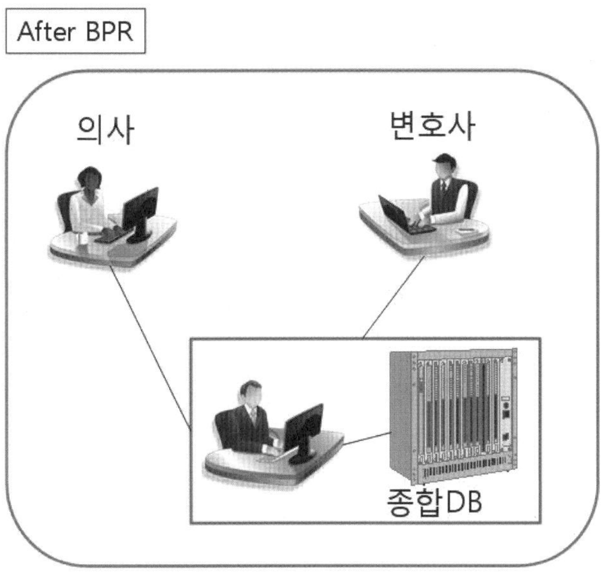

06

제 6장

문제해결 방안 도출

학습 목표

- 문제해결을 위한 다양한 아이디어 취합 도구를 학습한다.
- 문제해결 과정에서 필요한 정보 수집 방법들을 학습한다.

학습 목차

▲

제 1 절

문제해결과 아이디어의 취합

본 절에서는 캡스톤디자인 프로젝트 수행과정에서 문제해결을 위해 사용 가능한 다양한 아이디어 취합 방법들을 학습한다.

1. 그룹에 의한 문제 해결

캡스톤디자인 프로젝트를 수행하는 과정은 주어진 문제에 대한 해결 과정이라 할 수 있다. 앞서 3장에서 문제의 정의와 주어진 문제를 해결하기 위한 과정에 대해 살펴보았다. 문제를 발견하고 해결의 우선순위를 선정한 후 정확한 문제 해결 목적을 설정한다. 다음으로 문제의 원인을 파악하고 원인에 대한 해결책으로 문제 해결방안을 도출하게 되며 여기에서 도출된 방안의 구체적인 실행방안을 제시하는 단계를 거쳐 문제를 해결하게 된다.

이 문제 해결 과정 중 문제에 대한 분석 이후 실제 해결방안을 도출하기 위해서 필요한 혹은 고려해야 할 사항들에 대해 살펴보도록 하자. 우선 캡스톤디자인 프로젝트의 특성상 개인이 아닌 여러 사람이 참여하여 문제를 해결해 가게 되며 따라서 문제 도출 과정에서 다양한 의견이 제시될 수 있고 때로는 제시된 의견들이 상호 충돌하는 경우도 발생하게 된다. 이는 문제해결 과정에서 자연스러운 현상이며 이러한 과정을 효과적으로 극복했을 경우 보다 바람직한 문제해결 방안이 도출될 가능성이 높다.

이와 같이 캡스톤디자인 프로젝트 수행 중 특히 문제에 대한 해결방안을 도출하는 과정에서는 다수의 사람이 참여하는 그룹 의사 결정이 필요한 경우가 많이 발생하게 된다. 꼭 캡스톤디자인 프로젝트 수행의 경우뿐만 아니라 우리가 살아가는 과정에서 많은 경우 문제 해결을 위해 독자적인 판단보다는 여러 사람의 의견을 조율하여 결정하는 그룹 의사결정의 상황을 많이 경험하게 된다. 따라서 그룹 내 구성원 개개인의 선호 혹은 이익을 합의를 통해 하나의 결정으로 줄여나가는 과정이 필요하게 된다.

이와 같이 그룹에 의한 의사결정은 개인이 혼자서 독자적으로 수행하는 개인 의사 결정과 다른 특징을 보인다. 예를 들어 아침에 학교에 가거나 출근을 하기 위해 옷을 고르는 경우는 날씨와 그날의 일정, 본인의 선호 등을 고려하여 선택 가능한 대안들 즉 현재 옷장에 준비가 되어 있는 의상들 중 본인이 제일 선호하는 대안을 선택하면 된다. 이에 반해 점심시간에 친구들 혹은 동료들과 점심 메뉴를 선택하는 상황을 생각해 보자. 이것은 한 사람의 선호에 따라 결정되는 것이 아니라 함께 점심을 먹으러 가게 되는 사람들 전체의 의견이 조율되어야 하는 그룹 의사결정 문제가 된다. 매우 단순한 문제로 보일 수도 있으나 우리가 매우 자주 접하게 되는 그룹 의사결정 상황이라고 볼 수 있다. 이 경우에는 함께 식사를 하러 가게 되는 사람들의 서로 다른 선호와 목적, 기준들에 의해 발생 가능한 상호 충돌이나 마찰을 해결해야 하는 문제로 바뀌게 되는 것이다. 물론 점심 메뉴를 고르기 위해 심각한 고민을 하거나 의견 대립으로 인한 충돌, 마찰이 발생하여 더 큰 문제로 확대되는 경우는 많지 않지만 합리적인 의사결정을 위해 다양한 방식이 도입되기도 한다. '사다리타기'도 이러한 방법 중 하나라고 볼 수 있다.

점심 메뉴를 선택하는 비교적 쉽고 간단한 그룹 의사결정에서 차세대 전투기 도입을 위한 기종 선정 등 상대적으로 매우 복잡하고 고려해야 할 사항이 많은 문제에 이르기까지 그룹 의사결정이란 여러 대안들 중 개인들이 가지고 있는 서로 다른 의견과 선호들을 하나의 집약적인 그룹의 선호로 줄여나가는 과정을 거치게 된다. 이 과정에서 서로 다른 의견을 일치시키기 위해 도입 가능한 다양한 방법들이 존재하며 새로운 수많은 과학적, 논리적 방법들이 여전히 계속 연구되고 있다. 국회의원이나 대통령을 선출하기 위해 사용하는 '투표'도 사회의 의견을 모아 선택하기 위한 그룹 의사결정 방법 중 하나로 볼 수 있다. 이 외에도 전문가가 참여하여 문제를 분석하고 의견을 조율하는 과정에서 사용되는 방법들도 다수 존재하며 최근에는 다양한 분야에서 '게임이론'이라는 방법도 활발히 도입되어 활용되고 있다. 캡스톤디자인 프로젝트의 성공적인 수행을 위해서도 합리적이고 효율적으로 문제 해결을 위한 방안을 도출하기 위해 다양한 그룹 의사결정 방법, 정보수집 방법을 도입하여 활용할 필요가 있다.

2. 그룹 문제해결 방법의 분류

다수가 참여하여 문제를 해결하는 과정에서는 같은 문제를 두고 이에 대한 해결방안으로 다양한 의견이 제시될 수 있다. 때로는 제시된 의견들 중 상호 충돌되는 의견을 조율해야하는 경우도 발생한다. 주어진 문제를 해결하는 과정에서 우선은 다양한 의견을 빠짐없이 도출하여 이에 대한 장단점 분석과 토론을 거쳐 합의에 이르는 방법을 따르는 것이 좋은데 이를 위해서 우선은 많은 아이디어를 모으는 것이 바람직하다.

문제를 해결하는 과정에서 필요한 단계별 목적에 따라 사용 가능한 기법들은 크게 두 가지로 나눌 수 있는데 그 하나는 많은 아이디어를 만들어내기 위한 아이디어 창출 기법이고 다른 하나는 이렇게 도출된 많은 아이디어를 하나로 모으기 위한 아이디어 취합 기법이다. 아이디어 창출 기법은 가능한 많은 아이디어를 산출하기 위한 방법으로 아이디어를 구두로 표현하는 브레인스토밍 (Brainstorming), 아이디어를 구두가 아니라 조용히 기술하여 제안하는 브레인라이팅 (Brainwriting), 아이디어를 창출하기 위한 브레인라이팅 기법에 토의 및 투표 과정을 더한 명목 집단 기법 (NGT, Nominal Group Technique) 등이 있다.

창출된 아이디어 즉 다양한 의견들을 모아 공통의 방안으로 채택하기 위한 아이디어 취합 기법은 특정한 주제 영역에 대한 결과를 예상하는데 주로 많이 이용되는 기법들로 참여하는 전문가의 교육 수준, 소속 기관, 동료 인지도, 자가 진단 등 해당 문제 해결을 위해 참여하는 전문가에 의해 많은 영향을 받게 된다. 문제 해결을 위해 참여하는 사람들의 의견을 조율하고 공통된 해결 방안으로 만들어 나가는 방법으로 사용 가능한 기법에는 델파이 (Delphi) 기법, 설문조사 (Survey) 기법 등이 있다.

이 외에도 문제를 행렬, 그래프 등의 모형을 이용하여 시각화하고 잘 조직화된 구조로 바꾸어 분석하는 해석적 구조화 모형, 인지도 등의 방법도 존재한다. 〈그림 6-1〉은 문제 해결을 위해 사용 가능한 대표적인 방법들을 정리하고 있다. 이와 같이 캡스톤디자인 프로젝트 수행 과정에서 주어진 문제를 해결하기 위해 도입하여 활용 가능한 방법들을 하나씩 자세히 알아보기로 하자.

〈그림 6-1〉 문제 해결을 위한 방법의 분류

아이디어 창출 기법

- 브레인스토밍(Brainstorming)
- 브레인라이팅(Brainwriting)
- 명목 집단 기법(Nominal Group Technique)

아이디어 취합 기법

- 델파이(Delphi) 기법
- 설문조사(Survey) 기법

체계적 구조화 분석

- 해석적 구조화 모형
- 인지도

3. 브레인스토밍

브레인스토밍이란 창의적인 사고를 유발하기 위해 아이디어에 대한 판단은 나중으로 미루고 질보다는 양에 초점을 맞춘 아이디어 창출 기법이다. 영단어 뜻 그대로 머릿속 (Brain)에 폭풍(Storm)이 일어나는 것과 마찬가지로 떠오르는 생각들을 여과 없이 모두 쏟아내어 가능하면 많은 대안들을 만들어 내는 것에 가장 큰 목적을 두고 있는 방법이라 할 수 있다. 이미 많은 분야에서 다수가 참여하여 문제를 해결하기 위해 초기 단계에서 활용되고 있으며 캡스톤디자인 프로젝트 수행 과정에서도 역시 단계별로 프로젝트 참여 인원의 문제에 대한 아이디어를 수집하기 위해 활용 가능하다.

브레인스토밍의 가장 큰 목적은 다수의 아이디어를 만들어 내는 것이다. 이 목적을 달성하기 위해 주어진 문제에 대한 브레인스토밍 수행 과정에서는 지켜야할 다음과 같은 몇 가지 원칙이 있다.

- 비판금지 : 때로는 다른 사람의 의견으로 언급된 아이디어가 나의 생각과 다른 것일 수도 있고 내가 제안한 아이디어가 다른 아이디어와 상충되는 경우도 있다. 어떠한 경우에도 우선 제안된 아이디어에 대해서는 비판이 금지된다. 우선은 많은 아이디어를 도출하는데 일차적인 목

적이 있으므로 개별 아이디어에 대한 평가나 가치 판단은 후에 검토와 토론 과정을 거쳐 조율되거나 취사선택될 수 있다. 따라서 브레인스토밍 과정에서는 자유롭게 자신의 의사를 이야기할 수 있는 분위기를 조성하여 누구나 편하게 아이디어를 제안할 수 있도록 하는 것이 좋다.

- 자유분방 : 아이디어를 제시하는 과정에서 정해진 형식이나 절차를 따르는 것은 지양해야 한다. 정해진 순서에 따라 할당된 수의 아이디어를 제안하도록 요구하거나 특정한 형식에 따라 정리된 아이디어를 제시하도록 강제하는 등의 방식은 자유로운 발상과 소통을 방해할 수 있으며 이는 다시 창의적인 문제 해결 방안 도출을 가로막는 부정적인 효과를 나타낼 수도 있다. 가급적이면 자유로운 분위기에서 자신의 의견을 제안할 수 있도록 하는 것이 좋은 문제 해결 방안을 찾을 가능성을 높인다.
- 다다익선 : 효과적인 문제 해결을 위해서는 많은 아이디어를 도출할수록 좋다. 일반적으로 많은 방안을 서로 이야기하고 공유하다보면 더 좋은 아이디어를 떠올리게 되는 경우가 많다. 따라서 브레인스토밍을 수행하는 과정에서는 아이디어의 질보다는 양에 초점을 맞추고 많은 아이디어를 만들어 내는데 집중하도록 한다.
- 아이디어의 조합과 개선 추구 : 브레인스토밍 과정에서 제안되는 아이디어가 반드시 모두 새로운 것일 필요는 없다. 다시 말해 이미 제안된 아이디어에 새로운 것을 더하거나 일부 수정한 것도 또 다른 하나의 아이디어로 인정하는 것이 좋다. 이러한 방식으로 아이디어를 조합하고 계속해서 개선하는 것도 최종적으로 좋은 대안을 찾는데 도움이 되는 방법이라 할 수 있다.

이와 같은 원칙에 따라 브레인스토밍에 참여하는 인원들이 각자의 의견을 제안하고 제안된 의견들을 분석하고 검토하여 최종 결론에 이르는 과정을 거치게 된다. 이러한 브레인스토밍 방법은 일반적으로 다수가 참여하여 많은 의견을 제안하는 것이 개인이 문제 해결을 위해 노력하는 것보다 낫다는 것을 전제로 짧은 시간에 많은 아이디어를 도출할 수 있다는 장점을 가진다. 하지만 단점도 존재하는데 우선 자유분방한 분위기에서 전체적인 통제가 어렵다는 점을 들 수 있다. 또한 많은 사람이 브레인스토밍 과정에 참여하는 경우 때로는 좋은 생각이나 유용한 결론을 도출하기 보다는 의견 일치를 통해 결론에 도달하려는 분위기가 형성되어 원래 의도했던 다양한 의견 도출이 어려운 경우도 발생한다.

브레인스토밍 방법이 제안되는 아이디어의 질보다는 양에 초점을 맞추고 있기 때문에 아이디어를 잘 다듬고 정리하는 데는 적합하지 못하다는 단점도 존재한다. 오랜 시간동안 심사숙고하기 보다는 생각나는 아이디어를 바로 이야기하고 정리하는 과정을 거쳐 주로 간단한 문제를 해결하는 경우는 적합하나 다양한 요소를 고려해야 하는 복잡한 문제에는 다소 한계를 보이는 단점도 있다. 이러한 단점에도 불구하고 초기 문제 정의단계에서부터 최종 결과보고서 작성에 이르기까지 캡스톤디자인 프로젝트 수행에서 단계별로 필요한 사항에 대해 함께 고민하고 결정하는 경우 유용하게 사용될 수 있는 방법이므로 브레인스토밍을 수행하는데 꼭 기억해 두어야할 원칙과 진행 방식 등을 잘 익혀두는 것이 좋다. 〈그림 6-2〉는 캡스톤디자인 프로젝트 수행 과정에서 주어진 문제 해결을 위한 아이디어 도출 과정에서 브레인스토밍 방법을 수행하는 장면을 보여주고 있다.

〈그림 6-2〉 캡스톤디자인 수행을 위한 브레인스토밍 과정 예시

브레인스토밍은 다양한 변형 방식이 존재하는데 앞서 설명한 브레인스토밍의 단점을 극복하는 새로운 방법들이 많이 소개되었다. 그 중에는 회의 시작 전에 주어진 문제에 대한 의견을 자신의 신분을 밝히지 않고 적어서 제출한 후 이를 회의 리더가 초기에 아이디어의 출처를 밝히지 않고 제출된 내용을 소개한 후에 브레인스토밍을 수행하는 방법이 있다. 이러한 익명의 브레인스토밍은 주어진 문제에 대해 미리 고민해 볼 수 있는 시간을 주어 함께 모여 아이디어를 창출하는 시간을 줄이고 조금은 다듬어진 아이디어를 제안할 수 있다는 장점이 있다.

4. 브레인라이팅

브레인스토밍의 단점을 보완하기 위해 개발된 브레인라이팅은 말 그대로 토론 대신 초반에 문제에 대한 자신의 아이디어를 종이에 적어 이를 교환하는 방식으로 아이디어를 도출하는 방법이다.

브레인스토밍의 단점을 극복하기 위해 개발되었으며 모든 구성원이 동시에 아이디어를 만들어내는 작업을 수행할 수 있다는 장점이 있다. 또한 비판금지의 원칙이 있는 브레인스토밍이나 아무래도 의견을 말로 교환하다보면 있을지도 모르는 상대방의 반대 의견이나 비판이 전혀 존재하지 않아 자유롭게 사고하고 초반에 부드럽고 온화한 분위기에서 의견이 수집될 수 있다는 장점도 있다. 따라서 다소 소심하거나 소극적인 참가자의 의견도 파악할 수 있다는 점도 유리하며 종이에 적힌 타인의 생각을 읽으면서 이로부터 또 다른 사고를 할 수도 있다. 말로 하는 대화 또는 회의의 경우 참가자의 성격에도 많은 영향을 받게 되는데 적극적이고 리더십이 있으며 강한 개성을 가진 사람들이 브레인스토밍 과정을 이끌면서 독점하거나 성급하게 전체 과정을 마무리하려는 시도를 어느 정도 막을 수 있다는 장점도 가진다.

반면에 아무래도 말로 이야기를 하는 것보다 글로 적는 과정을 거치게 되므로 머릿속에 스쳐지나가는 자연발생적인 아이디어가 손실되거나 글을 적는 과정에서 아이디어가 중복되는 것을 막을 수 없다는 단점이 있다. 글로 자신의 생각을 적는 것에 어려움을 느끼는 사람도 있을 수 있고 이에 따라 아이디어의 명확성이 떨어지는 경우도 있고 정해진 시간에 아이디어를 적어 제출해야 한다면 브레인스토밍의 자유로운 분위기와는 달리 참가자가 조급함이나 오히려 산만함을 느낄 수도 있다. 많은 사람이 동시에 참여하는 경우에는 진행에 많은 시간이 소요될 수 있다는 점도 브레인라이팅의 단점이라 볼 수 있다.

브레인라이팅 기법도 단점을 보완하기 위한 몇 가지 변형기법이 존재한다. 그 중 하나는 '6-3-5'라는 방법으로 6명의 참가자가 3개의 아이디어를 만들어서 한 회전을 하고 한 회전에 소요되는 시간을 5분으로 하는 방법이다. 즉 참가자는 칸이 그려진 카드나 종이에 정해진 주제에 대한 자신의 아이디어를 빠르게 적어 정해진 시간이 지나면 옆으로 자신의 아이디어가 적힌 카드나 종이를 넘기고 자신도 전달받은 카드나 종이에 다시 새로운 아이디어를 정해진 시간에 채우는 과정을 반복하게 된다. 산술적으로 3개의 아이디어를 6번씩 적어 한 사람이 모두 18가지의 아이디어를 적게 되고 따라서 모든 참가자가 6번의 회전을 통해 30분 만에 총 108가지의 아이디어를 만들어내게 되는 방법이다.

대인간의 마찰과 소수에 의한 독점을 줄일 수 있는 장점이 있으며 참가자가 정해진 시간에 많은 아이디어를 만들어내야 하는데 따르는 스트레스를 받을 수 있다는 단점도 존재한다. 주로 논리적이기 보다는 빠르게 떠오르는 직관적인 아이디어를 찾기 위한 방법으로 많이 사용되며 제품 홍보를 위한 카피 구상 등 광고 분야에 많이 활용되는 것으로 알려져 있다. 〈그림 6-3〉은 브레인라이팅 6-3-5 기법을 이용하는데 사용할 수 있는 양식을 예시하고 있는데 이와 같은 내용을 담아 자유롭게 제작하여 활용할 수 있다. 또한 카드 행태의 용지를 사용할 수도 있고 수첩을 이용할 수도 있다.

〈그림 6-3〉 브레인라이팅 6-3-5용 아이디어 제출 양식

Brain-writing Method Exercise Sheet

Team: ______________ Name: ______________

	Round I	Round II	Round III	Round IV	Round V	Round VI
A						
B						
C						

아이디어 정리의 부담과 중복된 아이디어의 도출을 피하기 위해 참가자가 자신의 아이디어를 카드에 적은 후 아이디어를 범주별로 정리하고 이를 커다란 칠판에 고정되어 있는 플립 차트에 붙이는 '핀-카드(Pin-Card)' 방법도 있다. 이는 다른 사람의 아이디어가 적힌 카드를 확인하면서 자신의 아이디어를 카드에 적어 나가는 방식으로 아이디어의 중복을 피할 수 있으며 다른 아이디어와의 가능한 조합을 찾아 이를 정리하여 새로운 아이디어로 채택할 수 있다는 장점이 있다. 칠판에 핀-카드를 이용하는 방식은 다소 구식이라 할 수 있으며 이보다 더욱 편리한 '포스트잇'을 이용하는 것이 더 일반적이다.

화이트보드에 여러 번 반복해서 떼고 붙일 수 있는 포스트잇을 활용하면 다양한 아이디어를 쉽게 적고 비교하며 분류하는 것이 가능하기 때문이다. 포스트잇은 어느 곳에나 잘 붙고 쉽게 구할 수 있으며 다양한 모양과 색상, 크기의 포스트잇을 구할 수 있기 때문에 유용하게 활용할 수 있다. 아이디어 회의를 위해 포스트잇을 사용할 경우 가능한 1개의 포스트잇에 1개의 아이디어를 적는 것이 좋고 가능한 필요한 내용을 간결하면서도 명확하게 적는 것이 바람직하다. 몇 가지 색상의 포스트

잇을 이용하여 구분하거나 다양한 배열을 이용하여 내용을 정리할 수 있다. 또한 화이트보드를 이용하면 포스트잇과 함께 화이트보드에 추가로 정보를 기록하는 등의 활용도 가능하다. 〈그림 6-4〉는 화이트보드에 포스트잇을 이용하여 아이디어를 적고 배열하는 방법으로 의견을 도출하고 분석하는 과정을 보여주고 있다. 최근에는 PC나 스마트 기기를 이용하여 활용할 수 있는 디지털 포스트잇 프로그램도 많이 보급되고 있다. 단순히 개인의 메모용으로 활용하는 것을 넘어 SNS 공유 기능 등과 접목하면 시공간을 초월한 브레인라이팅 수행을 위해 이러한 도구를 활용하는 것도 가능하다.

〈그림 6-4〉 포스트잇을 이용한 아이디어 도출

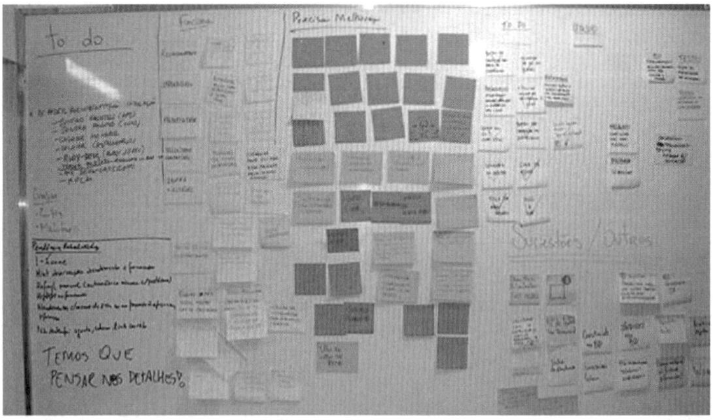

5. 명목 집단 기법

또 다른 아이디어 창출 기법의 하나로 명목 집단 기법(Nominal Group Technique)이 있는데 이 방법은 앞서 설명한 브레인스토밍, 브레인라이팅, 그리고 여기에 더해 투표를 혼합한 방법이다. 이는 단순히 다수의 아이디어를 도출하여 정리하는 것을 넘어 도출된 아이디어에 대한 참여자들의 의사결정까지를 포함하는 방법으로 의사 결정 취합을 위한 사회 심리학 연구에서 시작되었다.

명목 집단 기법에서는 우선 참여자들이 자리에 앉아 주어진 문제에 대한 의견을 각자 종이에 적게 한다. 이때 주의할 점은 참여자들 간에 서로 의논을 하거나 대화를 하지 못하도록 사전에 이러한 규칙을 설명하고 따르도록 한다. 각자 의견을 적은 종이를 중앙에 모아두고 한 사람씩 돌아가면서 무작위로 중앙의 의견 용지를 하나씩 뽑아 모두가 들을 수 있도록 읽게 한다. 이 때 미리 정해진 서기는 해당 내용을 정리하여 모두가 볼 수 있도록 화이트보드나 플립차트에 적도록 한다. 물론 빔프로젝터에 연결된 PC를 이용하거나 자료 공유 앱을 이용하여 스마트 기기로 이 과정을 수행하는 것도 가능하다. 의견이 하나씩 정리되는 과정에서도 역시 각 아이디어에 대한 비판이나 토의는 금지된다. 제안된 모든 아이디어가 정리된 후에는 참여자가 각각의 아이디어에 대해 자신의 의견을 이야기하고 토론한다. 이 때 참여자는 자신의 아이디어에 집착하지 않도록 주의한다. 충분한 토론이 진행된 이후 참석자들은 제안된 아이디어에 대한 순위를 정하게 되는데 이 과정에서 필요하다면 투표를 통해 우선순위를 정할 수도 있다. 최대 득표를 한 아이디어가 최종안으로 결정된다.

명목 집단 기법은 다수가 참여하지만 초반 아이디어를 제안하는 단계에서는 대화나 의견 교환을 금지하므로 타인의 영향을 경감하고 참여자 모두가 공평한 위치에서 자신의 아이디어를 제안할 수 있다는 장점을 가진다. 또한 아이디어의 창출과 이에 대한 평가를 구분하고 하나의 아이디어에 집착하는 것을 방지하며 참여자들에게 제안된 아이디어에 대한 토론 및 반대할 기회를 부여한다. 또한 제안된 아이디어에 대해 순위를 매기는 과정을 통해 모두가 최종 선택된 안에 대해 공감할 수 있는 가능성을 높인다.

이 방법에도 몇 가지 단점이 있는데 첫째 전체 과정을 원활하게 진행하기 위한 능숙한 리더와 참여자들이 명확하게 이해할 수 있는 질문이 제시되어야 한다는 점이다. 참여자들은 모두 자신의 아이디어를 다른 사람들이 이해할 수 있도록 기록해야 하므로 최소한의 글쓰기 능력이 요구된다는 점도 단점으로 볼 수 있다. 또한 한 번에 하나의 문제만을 다룰 수 있으며 대규모 그룹은 진행에 지나치게 많은 시간이 소요되므로 적합하지 않은 방법이라 볼 수 있다.

6. 델파이 방법

앞서 설명한 브레인스토밍, 브레인라이팅, 명목 집단 기법 등은 모두 많은 아이디어를 창출하기 위한 방법이라 할 수 있다. 물론 명목 집단 기법은 최종적으로 아이디어를 선정하는 단계도 포함하고 있는 것을 살펴보았다. 명목 집단 기법과 같이 다수의 사람을 대상으로 의견을 취합하기 위한 방법도 다수 존재하는데 이 중 하나가 델파이(Delphi) 방법이다.

델파이 방법은 브레인라이팅과 서베이 기법을 응용한 것으로 실제로 한 곳에 모여서 수행할 수도 있으나 지리적으로 떨어진 전문가 그룹을 구성하여 여러 차례 동일한 설문지를 회람하는 방식으로 해당 전문가 그룹으로부터 가장 믿을 만한 수렴된 의견을 도출하는 방식이다. 주로 전문가의 의견 일치를 위한 방법으로 사용되며 기술 예측, 공공 정책 수립, 교육 혁신, 프로그램 계획 등 다양한 분야에서 많이 활용되고 있다. 참여하는 전문가의 동의 정도와 얻어야하는 정보의 양에 따라 3-5회 정도 반복하게 된다.

시행하는 방법은 조사 대상 그룹에 설문지를 배포한 후 그 결과를 분석하고 다시 동일한 설문지와 함께 이전 설문 분석 결과를 함께 제공한다. 일반적으로 설문 결과를 확인한 후 동일한 설문 문항에 대한 답변을 할 때 자신이 이전에 제시했던 의견이 소수 의견일 경우 다수의 의견에 따르려는 기본적인 심리를 이용하는 방법인 것이다. 이 과정을 몇 차례 반복하게 되면 주어진 문항들에 대해 대체적으로 다수의 의견에 수렴하는 경향을 확인할 수 있는데 반드시 모든 항목에 대해 100% 일치된 의견을 얻을 수는 없으나 반복을 통해 어느 정도 의견 일치를 보게 되는 경우가 많다.

델파이 방법의 특징은 매회 동일한 설문을 진행하고 설문 결과 분석 자료를 함께 참여자에게 제공하지만 참가자의 익명성은 보장되므로 자유롭게 자신의 의견을 제시할 수 있다는 점이다. 또한 반복적으로 설문 결과에 대한 피드백을 제공하여 최종적으로 통계적인 참여자 그룹의 응답으로 만들어간다는 특징을 가진다. 익명성 제공과 우편, 팩스, 최근에는 이메일, 웹 서비스, 모바일 네트워크를 통한 참여 등이 가능하므로 지리적으로 멀리 떨어진 대규모의 집단이 참여한 조사도 가능하다는 장점이 있다. 또한 진행 과정에서 정확한 기록이 남아 전문가 의견 조율의 과정을 알 수 있게 된다.

하지만 전체 델파이 과정을 진행하고 최종 결론에 이르기까지 많은 시간이 소요되고 참여자들에게 동일한 설문을 반복적으로 수행한다는 점은 큰 부담이 된다. 최근에 웹이나 모바일 서비스를 이용하여 비교적 빠르고 간편하게 수행할 수 있다는 점 때문에 조금은 나아졌지만 여전히 원하는 결과를 얻기까지 많은 어려움이 따르는 것이 사실이다. 응답자가 설문 내용을 잘못 이해하거나 의견 제안을 위한 글쓰기에 능숙하지 않을 수도 있으며 인간이 가지는 다수를 따르려는 습성을 기반으로 진행되나 이것이 과학적으로 입증된 사실은 아니므로 반드시 기대하는 방향으로 의견 수렴이 이루어지지 않을 수도 있다. 마지막으로 첫 번째 설문 결과를 제시하고 재실시하는 과정에서 응답자 그룹에게 문제에 대한 선입견을 갖게 하여 다양한 관점에서 사고하는 것을 막을 수도 있다는 단점도 존재한다.

아이디어 창출과 수렴을 위한 방식들은 각각의 장단점을 가지고 있으며 필요에 따라 가장 적합하다고 판단되는 방식을 결정하여 활용하는 것이 중요하다. 앞서 설명한 명목 집단 기법과 델파이 방법도 유사하지만 다소 차이가 나는데 〈표 6-1〉은 두 방식의 차이를 정리하고 있다.

〈표 6-1〉 델파이 방법과 명목 집단 기법의 비교

구분	델파이 방법	명목 집단 기법
응답자	서로 모른다	서로 인식된다
물리적 위치	떨어져 있다	같은 자리에 있다
진행방법	설문서를 통하며 통제 팀에 의해 피드백을 받는다	말로 대화할 수 있다
답변 형태	즉각적인 대답을 요구하지 않는다	즉각적인 자료와 해답을 요구한다
시간 및 비용	시간과 비용이 많이 요구된다	시간과 비용이 절감된다

6. 설문조사

다수의 참여자로부터 의견을 모아 취합하는 방법 중 일반적으로 가장 많이 활용되는 방법이 바로 설문조사라 할 수 있다. 캡스톤디자인 프로젝트 수행 과정에서 소비자, 전문가, 바이어, 업무 담당자 등 필요한 대상 그룹의 의견을 취합하는 방법으로도 이메일, 전화, 모바일, 설문지, 웹사이트 등 다양한 방식을 이용하여 수행될 수 있다. 설문조사는 전문가를 포함 다수의 의견을 취합하는 방법으로 적절한 응답자가 선별되고 응답자간의 토론이나 의견 교환 등 상호 작용이 필요하지 않다고 판단되는 경우에 유용한 방식이다. 대면 인터뷰를 포함하여 전화, 우편, 인터넷 등을 활용하여 시행될 수 있으며 최근 모바일 네트워크가 발전하면서 SNS 등을 통해 더욱 쉽고 빠르게 참여를 유도할 수 있는 환경이 마련되었다.

〈그림 6-5〉 설문조사 과정

〈그림 6-5〉는 일반적인 설문조사 진행 과정을 나타내고 있으며 각 단계별로 고려해야 할 사항이나 수행해야하는 작업은 다음과 같다.

- 계획 : 설문조사의 목표를 설정하고 수집된 자료의 분석 전략을 수립하는 단계이다. 캡스톤디자인 프로젝트 수행 과정에서 조사 대상으로부터 조사를 통해 수집해야 할 내용을 명확히 결정하고 이에 따라 반드시 질의해야 할 항목과 불필요한 항목을 결정한다. 설문조사를 통해 수집된 자료로부터 의미 있는 결과를 도출하기 위해서는 자료에 대한 논리적이고 합당한 분석 방법이 적용되어야 하는데 이는 주로 자료의 성격에 맞는 적합한 통계기법의 적용이라 할 수 있다. 적합하지 않는 분석 방법을 적용할 경우 의도와는 달리 전혀 엉뚱한 분석 결과와 이에 따르는 잘못된 판단을 할 수도 있기 때문에 자료 분석 전문가의 도움을 받아 적절한 분석 방법을 수립하고 사전에 분석에 필요한 절차나 도구를 준비해 두는 것이 좋다. 통계적인 관점에서 조사를 통해 확인이 필요한 필수 개념을 정의하고 측정하고자 하는 항목에 대한 측정 방법과 가설을 개발하는 단계라 할 수 있다.
- 연구 설계 : 과거에 비해 정보통신 기술의 발전으로 설문조사의 수행 과정에서 요구되는 시간과 비용이 크게 줄었으나 여전히 대규모 조사의 경우 많은 비용이 드는 것이 사실이다. 또한 비용이 충분히 허락한다고 하더라도 한 번의 조사를 통해 얻을 수 있는 정보의 양은 제한적일 수밖에 없다. 경품이나 참가 사례비를 제공하더라도 지나치게 오랜 시간의 조사는 조사 대상자의 피로도를 증가시켜 왜곡된 정보가 수집될 가능성을 높이게 된다. 조사를 통해 달성하고자 하는 목표에 따라 반드시 필요한 정보와 수집된 정보의 분석 방법을 확정하는 단계가 바로 연구 설계 과정이다.
- 표본 조사 : 조사 대상이 되는 모든 사람을 조사하는 것은 사실상 불가능하거나 시간이나 비용의 제약으로 수행이 어려울 수 있다. 따라서 전체를 대표하는 모집단에서 통계적으로 유의한 방법을 사용하여 전체 집단을 대표하는 대상을 선정하는 과정이 표본 선정 단계이다. 이 과정에서 매우 신중하게 연구 대상 집단을 선정해야 하며 설문조사는 바로 이렇게 선정된 표본에 대한 조사결과를 전체 모집단의 추정치로 변환하는 과정이라 할 수 있다.

〈그림 6-6〉 네이버(좌) 및 구글(우)의 자동 번역기 실행 화면

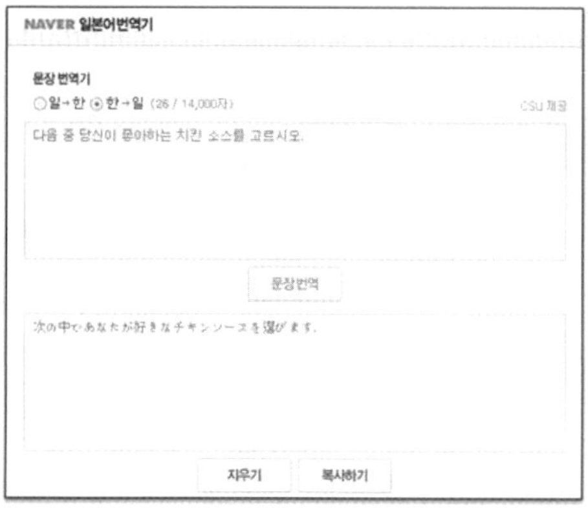

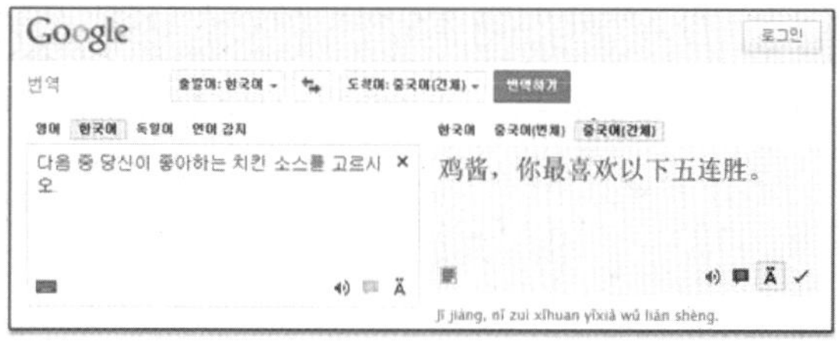

• 설문지 작성 : 설문조사를 통해 수집하고자 하는 또는 분석을 통해 얻고자하는 정보에 따라 필요한 정보를 얻기 위한 질의 문항으로 옮기는 과정이다. 설문조사의 목적과 관련된 정보와 최대의 신뢰도를 유지하면서도 유효성 있는 정보를 수집할 수 있는 문항으로 설문지를 구성해야 한다. 설문 문항을 구성하는 것도 학습이 필요한데 무작정 궁금한 내용을 설문 대상자에게 질문하는 것이 아니라 설문 문항이 지켜야 할 원칙에 따라 설문 분석 과정에 영향을 미치지 않도록 적절하게 구성될 필요가 있다. 이 과정에서도 필요에 따라 설문조사 전문가의 도움을 받는 것이 좋다. 캡스톤디자인 프로젝트 수행 과정에서 특히 해외 시장 조사 등을 위해 진행하는 설문조사의 경우 한국어로 작성된 설문을 조사 대상 국가의 언어로 번역하는 과정에서 명확한 의미전달이 어려운 경우가 발생하게 되는데 작은 번역상의 실수로도 조사 전체의 신뢰를 떨어뜨리는 요소로 작용할 수 있으므로 신중을 기할 필요가 있다. 최근에는 포탈사이트 등에서 제공하는 자동번역기의 도움을 받아 각종 외국어로 된 설문지를 작성하는 경우도 있으나 이때에도 반드시 완성된 설문지를 최종적으로 원어민이나 해당 언어 전공자에게 검토 받는 과정이 필요하다. 〈그림 6-6〉은 네이버와 구글이 제공하는 외국어 자동 번역 서비스를 이용하여 설문에 필요한 문장을 번역하는 화면을 보여주고 있으며 〈그림 6-7〉은 캡스톤디자인 프로젝트 수행 과정에서 중국인 소비자를 대상으로 치킨과 관련한 설문조사를 수행하기 위해 작성된 중국어 설문지 예시이다.

〈그림 6-7〉 외국인 소비자 대상 설문조사를 위한 설문지 작성 예시

中国人对于炸鸡的喜好度问卷调查

您好.我是启明大学电子贸易专业的学生.我们的当当炸鸡计划进入海外市场。现在对于当当炸鸡进入中国市场的必要性信息和材料进行调查。希望通过这项调查，对当当炸鸡进入中国市场地区的选择和中国人对炸鸡的喜好程度及味道进行详细的了解。希望您在百忙之中抽出5 分钟进行问卷调查。谢谢您的配合。

1. 您的年龄层?
1 10　　2. 20　　3.30　　4.40

2. 您的性别?
1.男性　　2.女性

3 一个月大约吃几次炸鸡?
1.1-2 次
2.3-4 次
3.4-6 次
4.7 次 以上

4.喜欢什么口味的炸鸡?
1.辣酱
2.芥末味
3.甜辣酱
4.其他（　　）

5.吃过没有骨头的炸鸡吗?
1.有　　2.没有

6.在哪里吃炸鸡比较方便?
1.外卖
2.店里

7.吃炸鸡的时候喜欢喝酒吗?
1. 是　　2.不是

8.故乡在中国的哪里?

9.对于韩国炸鸡量和味道,需要改善的地方请提出您宝贵的意见.

- 수정 및 코딩 : 설문지를 통해 수집된 정보를 통계적 분석에 적당한 형태로 옮기는 과정이다. 설문 분석을 위해 활용되는 SPSS, SAS 등의 소프트웨어에서는 입력 자료의 형식으로 쉽게 이용 가능한 마이크로소프트 EXCEL 파일을 지원하기 때문에 일반적으로 EXCEL 시트에 자료를 정리하게 된다. 최근에 주로 사용하는 웹이나 모바일을 통한 설문 조사의 경우 자동으로 입력된 자료를 분석에 필요한 형태로 EXCEL 파일에 정리하여 제공하는 경우가 많다. 이러한 서비스를 이용할 경우 수동으로 수정 및 코딩을 진행하면서 발생 가능한 자료의 누락, 입력 오류 등을 줄일 수 있다.
- 분석 준비 : 실제 분석을 위해 준비된 자료에 대해 통계적 오차를 식별하고 미응답된 결측 데이터를 처리하는 과정이다. 결측치 처리의 경우 적절한 분석 전략에 따라 평균값으로 대체, 분석에서 제외, 최소값 입력 등의 방식을 선택할 수 있다.

- 분석 및 보고 : 자료의 분포를 파악하고 조사 초기에 수립했던 분석 전략과 방법에 따라 자료에 대한 분석과 결과 해석을 수행하는 과정이다. 통계 처리는 사용될 분석 전략에 따라 적합한 것을 선택하여 사용하는 것이 좋다. 단순한 평균, 합계 등 기술적 통계로 충분하다면 쉽게 사용할 수 있는 EXCEL 프로그램을 통한 분석으로도 충분하며 좀 더 전문적인 분석 결과를 요구하는 경우라면 가설 검증 등을 수행하기 위해 전문적인 통계 분석 프로그램을 사용할 수도 있다. 이때 미리 분석에 필요한 절차와 결과 해석 방법론을 충분히 숙지하여 통계 결과를 잘못 해석하는 일이 발생하지 않도록 주의하여야 하며 필요하다면 전문가나 기관에 의뢰하여 통계 분석과 결과 해석을 수행하는 것이 좋다.

지금까지 살펴본 설문조사 방법은 넓은 지역 및 많은 수의 응답자를 다룰 수 있으며 복잡성을 피하고 응답자의 익명성을 보장하여 비교적 솔직한 답변을 얻을 수 있다는 장점이 있다. 또한 자료의 분석을 통해 상황이나 의견 변동에 대한 원인을 찾을 수 있다는 점도 설문조사 방법이 가지는 장점이라 볼 수 있다. 하지만 대규모 조사의 경우 상대적으로 긴 시간이 요구되며 특정 주제에 대한 조사일 경우 적절한 응답 대상자를 구하기 어려운 경우도 많고 만일 해당 주제에 대해 적합하지 않은 대상으로 시행된 설문조사는 그 결과를 신뢰하기가 어렵다는 단점도 있다. 설문조사 항목에 따라 응답 대상자가 문항을 잘못 이해하거나 설문을 기피하는 항목에 대해서도 정확히 파악하고 적절한 처리를 하는 것이 어려울 수도 있다.

▲

제 2 절

문제해결을 위한 정보 수집

본 절에서는 캡스톤디자인 프로젝트 수행을 위해 필요한 정보 수집 과정에서 활용 가능한 인터뷰 방법과 구글 문서 도구를 이용한 온라인 조사 방법에 대해 소개하고자 한다.

1. 인터뷰를 통한 정보 수집

우리는 필요한 정보를 언제 어디서나 바로 찾아 확인할 수 있는 시대에 살고 있다. 따라서 문제해결 과정에서 필요한 정보는 언제든 검색을 통해 수집이 가능하다고 볼 수 있다. 하지만 정보 검색으로는 도저히 얻을 수 없는 중요한 정보를 때로는 인터뷰를 통해 해당 분야의 전문가 혹은 주어진 문제와 관련 있는 사람으로부터 얻게 되는 경우도 많다. 내가 필요한 정보를 누군가는 가지고 있으며 다른 사람의 이러한 정보를 수집하여 빠르게 적용함으로써 문제 해결에 도움을 받을 수도 있다.

캡스톤디자인 프로젝트 수행 과정에서도 주어진 문제의 종류에 따라 실제 프로젝트를 의뢰한 기업의 담당자, 제품을 사용하는 소비자, 업계 전문가, 심지어는 경쟁사 직원 등 다양한 분야의 생생한 목소리를 듣기 위해 인터뷰가 실행될 수 있다. 인터뷰는 필요로 하는 정보와 인터뷰 대상자만 정해지면 누구나 하면 된다고 생각할 수도 있으나 실제로 인터뷰를 진행하는 사람의 태도나 능력에 따라 필요 이상의 값진 정보를 얻을 수도 오히려 조사 대상 기업에 대한 나쁜 이미지만 남길 수도 있다. 인터뷰 역시 철저한 준비와 진행을 위한 경험과 연습이 필요한 분야라 할 수 있다. 〈그림 6-8〉은 세계적인 컨설팅 회사인 맥킨지에서 제안하는 성공적인 인터뷰를 위한 7가지 요령을 정리하고 있다.

〈그림 6-8〉 성공적인 인터뷰를 위한 7가지 요령

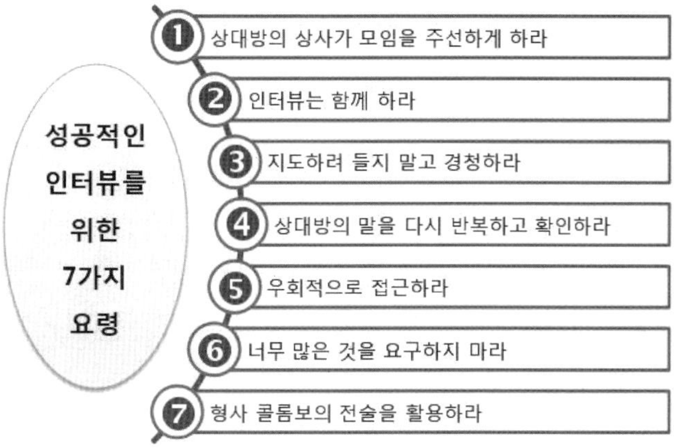

출처 : 에단 라지엘 저, 이승주, 이창현 공역, 맥킨지는 일하는 방식이 다르다, 2001

- 상대방의 상사가 모임을 주선하게 하라

  대부분의 경우 인터뷰는 자신의 업무와 직접적인 관련이 없는 경우가 많다. 농담삼아 이야기하는 것처럼 대한민국에 바쁘지 않은 사람은 없다. 자신의 업무로 바쁜 사람에게 소중한 시간을 할애해서 성실하게 인터뷰에 응할 것을 기대하는 것은 쉬운 일이 아니다. 따라서 가능하면 필요한 정보를 제공해 줄 수 있는 인터뷰 대상자보다 높은 직위에 있는 사람으로부터 인터뷰 요청이 전달될 수 있도록 하는 것이 성실한 인터뷰 참여를 이끌어 낼 수 있는 방법이라 할 수 있다.

- 인터뷰는 함께 하라

  인터뷰를 진행할 때 혼자보다는 진행을 도와줄 보조자와 함께 진행하는 것이 바람직하다. 필요한 질문을 하고 답변을 체계적으로 정리하는 일을 혼자서 모두 수행하게 된다면 인터뷰 대상자가 인터뷰 중 표정이나 행동으로 보여주는 중요한 비언어적 표현을 놓치게 될 수도 있다. 따라서 가능하면 인터뷰 진행에서 내용을 정리하거나 질문을 하는 것을 분담하거나 번갈아가며 할 수 있는 파트너와 함께 하는 것이 좋다.

• 지도하려 들지 말고 경청하라

인터뷰는 필요한 정보나 의견을 상대방으로부터 얻어내기 위한 과정이다. 따라서 질문은 간결하고 분명하게 하고 가능하면 답변자에게 많은 시간을 할애하는 것이 좋다. 많은 이야기를 하다보면 인터뷰 참여에서 오는 보이지 않는 긴장도 줄일 수 있고 질문했던 것 이상의 추가적인 정보나 의견도 인터뷰 대상자로부터 듣게 될 가능성이 있다.

• 상대방의 말을 다시 반복하고 확인하라

사람에 따라 자신의 생각과 의견을 논리적으로 정리하여 전달하는 것에 어려움을 느끼는 경우도 있다. 또한 이야기한 사람이 의도한 바와는 다르게 이해할 가능성도 있으므로 인터뷰를 진행하는 사람이 자신의 언어로 이해한 내용을 반복하여 이야기한 의도가 정확하게 전달되었는지 확인하는 과정이 필요하다. 이 과정에서 의견이 더욱 명확해지고 때로는 추가적인 언급을 통해 더 많은 정보를 수집하게 될 가능성도 있다.

• 우회적으로 접근하라

인터뷰는 경찰에서 피의자를 심문하는 과정과는 본질적으로 차이가 있다. 인터뷰를 요청한 측에서 필요에 따라 정보를 얻기 위해 협조를 구하는 과정이므로 절대로 인터뷰 대상자가 압박을 느끼거나 기분이 상하는 일은 없도록 하는 것이 좋다. 만약 그렇다면 오히려 인터뷰 대상자는 자신이 가지고 있는 중요한 정보를 이야기하지 않을 수도 있기 때문이다. 따라서 너무 직설적이고 개인적인 질문은 피하고 점차 인터뷰 대상자가 마음을 열 수 있도록 충분한 시간을 가지고 접근하는 것이 필요하다. 인터뷰 대상자와의 충분한 교감과 상호 신뢰의 분위기를 조성하는데 성공한다면 인터뷰를 통해 기대했던 것 이상의 결과를 얻을 수도 있는 것이다.

• 너무 많은 것을 요구하지 마라

한 번의 인터뷰로 자신이 필요로 하는 모든 정보를 얻으려고 욕심을 부려서는 안 된다. 물론 어렵게 얻은 인터뷰 기회를 통해 가능하면 많은 것을 얻고자 하는 것은 자연스러운 인간의 본능이지만 지나치게 상대방에게 부담을 주어 스스로 좋은 기회를 망치게 될 수도 있다. 그리고 인터뷰를 통해 반드시 얻고자 하는 중요한 내용 몇 가지에 집중해야 성공적인 인터뷰가 될 수 있다. 너무 많은 내용을 인터뷰 대상자로부터 듣게 되면 그 많은 정보를 제대로 활용하지 못할 수도 있기 때문이다.

• 형사 콜롬보의 전술을 활용하라

고전 TV 시리즈물인 형사 콜롬보를 보면 주인공은 목격자 등을 심문할 때 결정적인 질문을 가장 마지막에 문을 나서며 하는 습관을 가지고 있다. 이것은 인터뷰 대상자가 모든 인터뷰가 끝

낫다고 생각하면 다소 긴장이 풀리면서 경계심도 풀리고 기대하지 않았던 중요한 이야기를 할 가능성이 높기 때문이다. 이러한 사람의 심리를 이용하여 인터뷰 말미에 중요한 질문 한두 개를 추가로 하는 것도 좋은 전략이다.

인터뷰는 사전 준비가 매우 중요한 정보 취득 도구이다. 인터뷰 대상자에 대해 미리 많은 정보를 파악하고 인터뷰를 진행하도록 하고 질문 목록과 의외의 대답이나 예상하지 못한 상황에 대한 백업 계획도 미리 수립해 두어야 한다. 항상 상대방이 충분한 생각을 하고 이야기를 할 수 있도록 배려하고 마지막에는 반대로 혹시 질문 받으리라고 예상했던 질문 중에 빠진 질문이 없는지 물어보는 것도 좋은 전략이 될 수 있다. 〈그림 6-9〉는 캡스톤디자인 프로젝트 수행 과정에서 필요한 인터뷰를 진행하는 장면을 보여주고 있다. 해결해야 할 문제의 내용에 따라 제품의 소비자나 프로젝트를 의뢰한 클라이언트 기업 업무 담당자도 인터뷰의 대상이 될 수 있다.

〈그림 6-9〉 소비자(상) 및 클라이언트(하) 대상 인터뷰 진행

2. 구글 문서 도구를 이용한 온라인 조사

1) 구글 문서 도구 소개

앞 절에서 다수의 사람으로부터 의견을 취합하고 분석하는 방법의 하나로 설문조사에 대해 알아보았다. 실제 설문조사를 면대면 인터뷰, 전화 등의 방법으로 수행할 수도 있으나 최근에는 가장 적은 비용으로 대규모 조사를 빠르게 수행할 수 있는 방법으로 웹이나 모바일 서비스가 널리 이용되고 있다. 웹 서베이가 가능한 도구를 이용하여 설문을 작성하고 이를 최근 널리 이용되고 있는 페이스북, 트위터 등의 SNS와 카카오톡, 라인 등의 모바일 메신저 서비스를 통해 홍보하고 참여할 수 있도록 공개하여 더욱 쉽고 빠르게 필요한 조사를 수행하는 것이 가능해졌다. 이 절에서는 이와 같이 웹과 모바일을 통해 간단히 필요한 내용을 조사하고 분석할 수 있는 구글 문서 도구의 활용법을 소개하고자 한다.

구글 문서 도구는 구글이 제공하는 많은 무료 웹 서비스 중 하나로 문서, 스프레드시트, 발표용 자료 등을 작성하거나 기존의 문서를 읽고 편집할 수 있는 기능을 제공한다. 마이크로소프트 오피스 문서와 대부분의 기능이 호환되며 특히 특정 소프트웨어를 PC에 설치하여 사용하는 것이 아니라 인터넷이 연결된 PC라면 언제 어디서나 인터넷 브라우저만을 이용하여 이 모든 기능을 이용할 수 있다는 장점이 있다. 물론 태블릿 PC나 스마트폰 등의 스마트 기기에서도 대부분의 기능을 문제없이 활용할 수 있다.

구글 문서 도구는 이 외에도 간단한 인터넷 양식을 제작하고 배포하여 다른 사람이 주어진 양식 파일에 답을 하도록 하고 이를 저장하여 쉽게 웹 설문조사를 수행하는데 활용할 수 있다는 장점이 있다. 비용을 지불하고 필요한 설문을 수행하는 유료 웹서베이 사이트에서 제공하는 다양한 기능에는 못 미치나 기본적으로 필요한 문항을 구성하고 많은 사람들에게 쉽게 페이지를 열어 설문에 응하도록 하며 응답 내용에 대한 간단한 집계 정보까지 자동으로 제공해 준다는 장점이 있다. 따라서 특히 해외 시장조사의 경우 필요한 질문을 해당 외국어로 작성하고 시공간을 초월하여 참여 대상자에게 설문 문항을 담은 양식 페이지에 접근할 수 있는 인터넷 주소를 전달하는 방식으로 진행할 수 있다.

2) 구글 문서 도구를 이용한 설문 작성

인터넷 브라우저를 열고 주소창에 'docs.google.com'을 입력하면 구글 문서[1] 페이지로 연결되는데 작성하는 문서를 저장하고 관리하기 위해 구글 계정이 필요하다. 스마트폰 이용자, 특히 안드로이드 기반 스마트폰 이용자라면 대부분이 구글이 제공하는 서비스 이용을 위해 구글 계정을 가지고 있을 것이다. 만약 그렇지 않다면 '가입하기' 버튼을 클릭하고 이메일주소, 비밀번호, 생년월일 등의 간단한 정보를 입력한 후 구글 계정을 생성하도록 하자. 구글 계정은 구글 문서 도구뿐만 아니라 구글이 제공하는 다양한 서비스에 공통으로 사용된다. 주로 구글 이메일 서비스인 지메일 주소를 이용하여 로그인 계정을 만드는 경우가 일반적이며 안드로이드 기반 스마트폰에서도 동일한 계정 정보를 이용하여 구글 서비스간의 정보 동기화에 활용하고 있다.

구글 계정을 생성하였다면 로그인을 하고 왼쪽의 메뉴에서 '만들기' 버튼을 클릭한다. 만들기 버튼을 클릭하면 문서, 프리젠테이션, 스프레드시트, 양식, 그림 등을 선택할 수 있는 메뉴가 나타난다. 문서, 프리젠테이션, 스프레드시트의 경우 각각 마이크로소프트 워드, 파워포인트, 엑셀의 기능과 거의 유사한 문서 작성, 발표용 슬라이드 작성, 표 작성 프로그램을 이용할 수 있는 화면이 나타난다. 온라인 설문조사의 경우 인터넷 사이트 회원 가입 페이지 등에서 볼 수 있는 양식 웹 페이지를 이용하므로 '양식'을 선택한다. 양식 메뉴를 선택하면 필요한 설문조사를 구성하는 문항을 하나씩 입력할 수 있는 화면이 나타나는데 미리 준비한 설문 문항들을 유형에 따라 하나씩 입력해 나가면 된다.

〈그림 6-10〉은 구글 문서 도구의 양식 작성 화면에서 설문조사를 위한 문항 입력 과정을 보여주고 있다. 제일 첫 번째 입력란인 '양식'에는 설문조사의 타이틀을 입력하고 설문 응답자에게 설문의 목적, 조사 대상, 기간, 응답요령 등 일반적으로 설문 응답자에게 설명해야 할 내용들을 다음 입력상자에 적는다. 다음으로 '질문 제목'에는 실제 응답자에게 질문할 질문 내용을 입력하게 되며 '도움말 텍스트'에는 응답자가 해당 문항 응답 시 참고할 내용이 있다면 입력하도록 한다.

1) 최근에는 구글 문서 도구가 구글이 제공하는 클라우드 서비스인 구글 드라이브 (drive.google.com)와 통합되면서 작성된 구글 문서 도구를 이용해 작성된 문서를 저장할 수 있는 인터넷 저장 공간이 함께 제공된다. 또한 구글 드라이브 모바일 버전도 제공되어 스마트폰에서도 대부분의 구글 문서 관련 작업이 가능해 졌다. PC용 구글 드라이브 소프트웨어를 설치하면 PC에 저장된 문서 파일과 구글 드라이브 문서들을 동기화할 수도 있다.

〈그림 6-10〉 구글 문서 도구를 이용한 설문지 작성

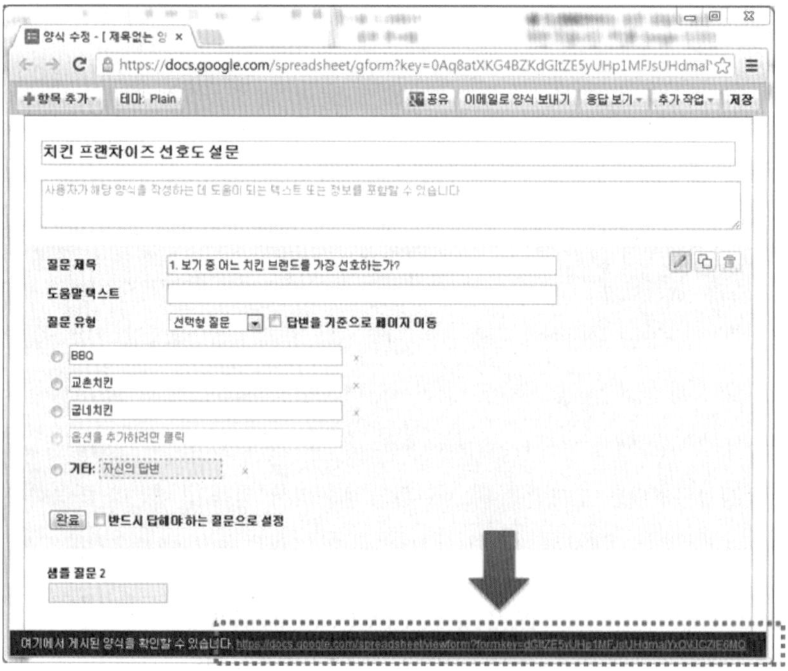

다음 항목은 '질문 유형'을 선택하는 단계이며 일반적으로 응답자가 간단한 답을 입력하도록 하는 문항에는 '텍스트'를 다소 긴 형태의 응답이 필요한 경우는 '단락 텍스트' 항목을 선택한다. 성별과 같이 여러 개의 보기 중 하나를 선택하는 경우는 '선택형 질문'을 제시된 보기 중 해당되는 것을 모두 선택하게 하는 형태의 문항에는 '확인란'을 이용한다. 여러 개의 보기를 리스트 형태로 제시하여 그 중 하나를 선택하게 하는 경우에는 '목록에서 선택'을 만족도를 1~5 사이의 점수로 선택하게 하는 형태의 문항에는 '점수 범위 선택'으로 질문 유형을 선택한다.

설문 문항을 추가하려면 좌측 상단의 '+항목 추가' 버튼을 클릭하면서 동시에 문항의 형태를 선택하도록 한다. 물론 각각의 문항은 제목, 질문 유형, 보기 등 모든 내용을 수정할 수 있다. 특정 문항을 응답자가 미응답으로 처리할 수 없도록 하기 위해서는 해당 문항을 '반드시 답해야 하는 질문으로 설정' 선택 상자를 클릭하면 된다. 모든 문항 추가가 완료되면 오른쪽 상단의 버튼 메뉴 중 '저장'을 클릭하면 된다. 브라우저에서 다시 구글 문서 페이지에 접속해 보면 방금 작업한 양식 문서가 '내 드라이브'에 저장되어 있는 것을 알 수 있다.

설문지 양식을 작성 중인 브라우저 창의 하단에 보면 〈그림 6-10〉의 하단에 화살표로 표시된 바

와 같이 지금 작성된 설문 양식에 접근할 수 있는 고유의 인터넷 주소가 생성되어 있는 것을 알 수 있다. 이 주소를 클릭하면 완성된 설문지 양식을 확인할 수 있으며 작성된 양식 문서의 고유 주소를 설문 응답 대상자에게 이메일, SNS, 모바일 메신저 등을 통해 전달함으로써 설문에 참여하도록 유도할 수 있다.

〈그림 6-11〉 완성된 설문지 예시

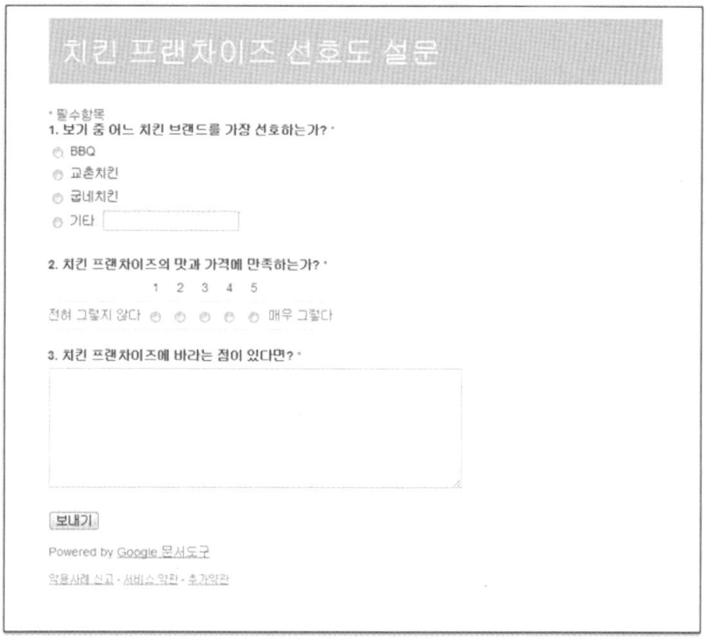

〈그림 6-11〉은 구글 문서 도구로 작성된 설문지 예시이다. 이 화면에서 설문 응답자가 문항별로 답을 선택하거나 입력하고 최종적으로 하단의 '보내기' 버튼을 클릭하면 응답 내용이 구글 드라이브에 해당 문서 내용으로 저장된다. 필요하다면 응답이 진행되는 과정을 모니터링 하거나 문서 양식을 수정할 수도 있다. 구글 드라이브에 접속하여 저장된 문서를 클릭하면 작성된 양식에 대해 응답한 내용이 엑셀 스프레드시트 형식으로 정리되어 나타난다. 응답 시간과 각 문항별 응답 내용이 행별로 정리되어 나타나는데 화면의 상단 메뉴 중 '양식'을 클릭하면 '양식 수정' 메뉴를 통해 문항 수정이 가능하다. 또한 '양식 – 응답 요약 보기'를 클릭하면 현재까지 응답 내용에 대한 간단한 집계 결과를 그래프와 함께 확인할 수 있다 (〈그림 6-12〉 참조). 조금 더 전문적인 통계 분석은 저장된 자료를 엑셀 형식으로 저장하여 SPSS 등의 통계 프로그램을 이용할 수 있다.

〈그림 6-12〉 구글 문서 설문 응답 내용 집계 화면

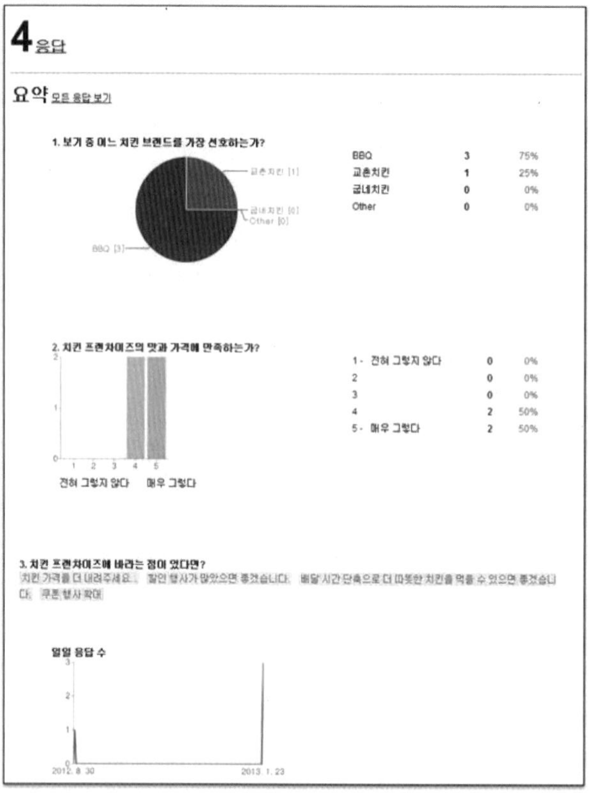

참고문헌

김성희, 정병호, 김재경, 의사결정분석 및 응용, 영지문화사, 2004.

사카이 조 저, 길주희 역, 한 권으로 끝내는 비즈니스 사고법의 모든 것, 지식공간, 2012.

에단 라지엘 저, 이승주, 이창현 공역, 맥킨지는 일하는 방식이 다르다, 김영사, 2001.

조준성, 구글앱스: 스마트 오피스 구축을 위한 구글 서비스 100% 활용 가이드, 위키북스, 2011.

채서일, 마케팅조사론(제3판), 비앤엠북스, 2010.

최종후, 전새봄, 설문조사: 처음에서 끝까지, 자유아카데미, 2008.

Holzner, S. and Holzner, N., "Google Docs 4 Everyone," Macmillan Computer Pub, 2009.

사례연구

● 현지인 대상 시장조사 사례 ●

- 일본 지역 시장 진출 전략 수립을 위해 현지인 대상 조사 실시
- 대상 및 목적 :
  - 한국 거주 및 관광을 목적으로 한국에 체류하고 있는 일본인 대상으로 설문조사 실시
  - 본 팀이 제시한 전략이 신빙성이 있는지 확인하고 관련된 정보 수집 목적
  - 일본인 현지 사정과 입맛에 맞는 제품을 만들기 위해 새로운 메뉴에 대한 질문을 추가하였고 SNS관련 질문, 여성 미용관련 질문을 추가하여 조사

- 방법 및 인원 :
  - 12문항의 설문지로 본 팀이 전략 구성에 필요하다고 판단한 문항으로 구성
  - 일본인 30명 목표
  - 사전 조사 지역에 대한 인터넷 검색, 이동 경로 및 일정, 장소 계획 수립
  - 예상하지 못한 상황에 대비한 백업 플랜 철저히 수립
  - 지역 : 서울시 중구 명동 일대

- 조사를 위한 설문지 준비 (일본어 번역) :

(株)ランフード日本進出戦略調査

こんにちは。
啓明大学校電子貿易学科キャップストーンデザインの授業の一環として、大邱地域の企業であるフランドルフードの 「タンタンチキン」の成功的な海外進出戦略に関する調査を実施しました。

本調査でキャップストーンのデザインチームでは、国内市場でフランフードの「タンタンチキン」について分析したいと思います。

あなたが応答してくださる内容は秘密が保障されます。あなたの誠意あり率直な回答は、本研究に多くの助けとなるかもしれません。本調査は、研究以外の目的には絶対に使用しません。質問に率直に答えていただければありがとうございます。

本アンケートに関連して質問があれば、下記の電話番号にご連絡いただければお答えします。

お忙しい中にもご協力いただき、誠にありがとうございます。

2012年11月3日

啓明大学校 キャップストーンのデザイン研究チーム
キャップストーンのデザイン調査担当 : 孫智勲(☎ 010-9343-5639)

1。あなたの性別は、次のいずれに該当しますか。
① 男 ② 女

2あなたの年齢は何歳ですか。
( )歳

3. 平均月収入はどれくらいですか。

4.あなたの職業は、次のいずれに該当しますか。
① 学生 ② 会社員 ③ 自営業 ④ 公務員 ⑤ その他

5. 現在、あなたの居住地は、日本のどの地域ですか。

6.ダイエットしたことはありますか。
① はい ② いいえ

7.ダイエットはどのくらいしますか。
① 1年に3ヶ月 ② 1年に2ヶ月 ③ 1年に1ヶ月 ④ 1年に2週 ⑤ その他( )

8.ダイエットしたことがあったらどのようにしますか。
① 食事調節 ② 運動 ③ 断食 ④ 運動+食事調節 ⑤ その他( )

9. 食事調節をしたらどの 食べ物を食べますか。
① サラダ+鶏の胸肉 ② フルーツ ③ 栄養補助食品 ④ その他( )

10. 低カロリーチキンサラダを購入した場合、適正価格はどのくらいだと思いますか.
① 1000円~1500円 ② 2000円~2500円 ③ 3000円~3500円 ④ 3500~ ⑤ その他( )

11. SNS(Social Network Service)を使ったらどのサービスですか。(複数選択可)
① Facebook ② Twitter ③ mixi ④ 利用しなさ ⑤ その他( )

12. SNSで割引を受けることができる場合に使用しますか。
① はい ② いいえ

- ご多用中にもお時間をいただいてありがとうございます. -

- 조사 진행 과정 :

- 결과 분석 :

현지인 시장조사&인터뷰

성별	남	3명
	여	27명
연령	10대	1명
	20대	17명
	30대	6명
	40대	4명
	50대	1명
	60대	1명
직업	학생	12명
	직장인	11명
	자영업	2명
	공무원	1명
	기타	4명

여성을 집중적으로 질문함

20~30대가 가장 많이 분포

학생과 직장인이 많았음

현지인 시장조사&인터뷰

다이어트 경험	있다	22
	없다	8
다이어트 빈도	1년 3달	3명
	1년 2달	3명
	1년 1달	5명
	1년 2주	5명
	기타	6명 (매일, 1년에2~10일)
다이어트 방법	식단 조절	5명
	운동	2명
	금식	3명
	운동 + 식단조절	12명
	기타	0명

다이어트 경험이 많음

1달 또는 2주 단기 빈도가 높음

다이어트 빈도 수가 높음

식단조절을 통한 다이어트 많음

현지인 시장조사&인터뷰

식단조절 하신다면 어떤 음식을 이용 하는지? (중복체크 함)	샐러드+닭 가슴살	13명
	과일	7명
	영양보충제	3명
	기타	3명
저칼로리 치킨샐러드를 구입하신다면 적정가격은?	1000~1500엔	23명
	2000~2500엔	1명
	3000~3500엔	0명
	3500 이상	0명
	기타	500 ~ 800 - 6명

샐러드+닭 가슴살, 과일 분포가 높음

저렴한 가격을 기대함

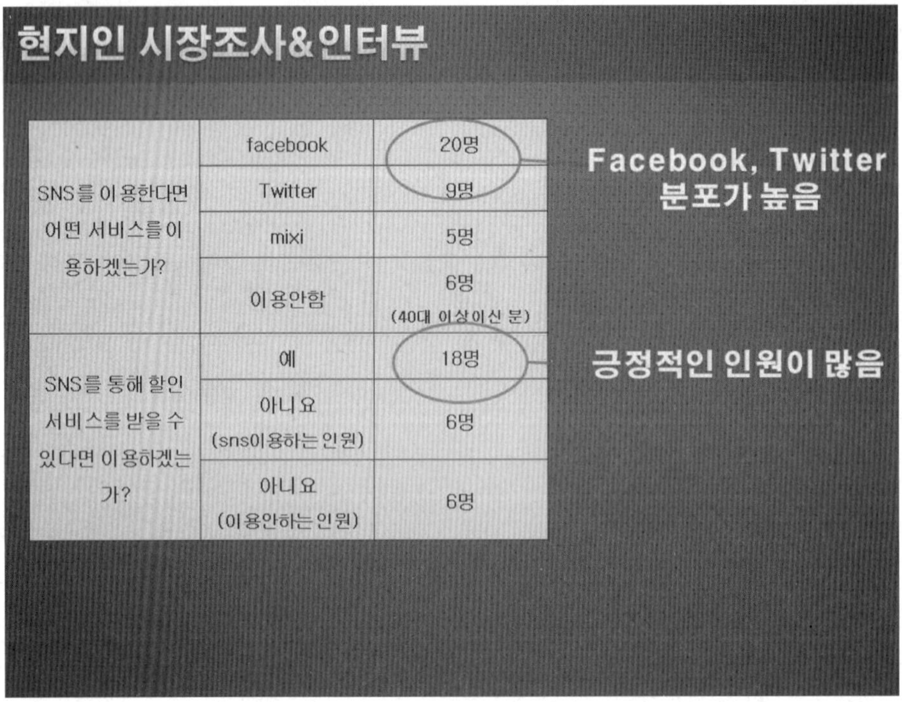

SNS를 이용한다면 어떤 서비스를 이용하겠는가?	facebook	20명
	Twitter	9명
	mixi	5명
	이용안함	6명 (40대 이상이신 분)
SNS를 통해 할인 서비스를 받을 수 있다면 이용하겠는가?	예	18명
	아니요 (sns이용하는 인원)	6명
	아니요 (이용안하는 인원)	6명

- 현지인 설문조사를 통한 결론 도출

- 일본 여성은 실제로 미용에 신경을 많이 쓰고 있으며 다이어트에 대한 욕구가 높고 이것을 운동과 음식으로 조절하는 경향이 있음
- 새로운 메뉴로 여성의 다이어트에 도움이 되는 치킨 샐러드 메뉴를 특화 시켜 일본 시장에 접근하는 것이 바람직함
- SNS를 많이 이용하고 있으며 이것을 통하여 할인을 받을 의향이 있기 때문에 적극적으로 SNS를 통한 홍보를 추진해야 함

07

제 7장

정보기술 기반 문제해결

학습 목표

- 최근의 정보기술 발전 동향을 이해한다.
- 전자무역 환경 도입을 위한 정보기술 아키텍처의 개념을 학습한다.

학습 목차

▲

제 1 절

정보기술의 발전 동향

본 절에서는 최근의 주요한 정보기술 발전 동향을 이해하고 전자무역 캡스톤디자인 프로젝트 수행 과정에 적용 가능한 방안을 살펴보고자 한다.

1. 전자무역과 정보기술의 발전

전자적인 방식으로 무역 업무를 수행하는 전자무역의 특성 상 정보기술의 발전과 매우 밀접한 관련이 있으며 따라서 이와 관련한 업무를 수행하는 경우에는 항상 새롭게 개발되거나 변화하는 정보통신기술 환경에 관심을 기울일 필요가 있다. 전자무역 캡스톤디자인 프로젝트를 수행하는 과정에서도 주어진 문제에 따라서 기존의 무역 업무 처리 절차를 분석하고 이를 개선하기 위한 방법의 제안을 위해 새로운 정보통신기술의 도입을 고려해야 할 가능성이 높다. 기존의 전통적인 무역 업무 처리 절차를 대신하여 전자무역 환경을 도입하거나 이미 도입된 전자적 업무 처리 방식을 새로운 정보기술 도입을 통해 효율성 제고를 도모하는 등의 제안이 가능하다.

제 5장에서 조직의 업무 혁신과 업무 처리 절차 개선 활동인 BPR 수행 과정에 대한 설명과 함께 스마트워크를 무역 분야에 접목한 스마트 무역의 개념을 소개하였다. 또한 네트워크에 연결되어 업무 서비스를 지원하는 클라우드 컴퓨팅의 개념에 대해서도 살펴보았다. 무역 업무에 있어서도 수많은 데이터가 생성되고 이러한 데이터를 효과적으로 저장, 처리, 분석할 수 있는 환경의 구축을 통해

더욱 효율적인 업무 처리는 물론 기업의 생산성 향상, 수익 증대 등의 효과를 기대할 수 있다. 대한민국은 세계적인 경기 침체 속에서도 2011년에 이어 2012년에 2년 연속 무역 1조 달러를 기록하며 세계 8위의 무역 규모를 기록하였다. 이와 같은 무역 규모의 성장은 다시 말해 무역 거래 건수의 증가와 이에 따르는 대규모 무역관련 데이터의 생성을 의미하기도 한다. 전자무역 환경의 구축을 통해 무역 업무 처리의 개선은 물론 전자무역 환경을 통해 생성되는 대규모 무역 관련 데이터의 효과적인 관리와 활용이 또 다른 이슈로 떠오르고 있다.

정보기술 분야의 발전은 그 방향이나 속도를 예측하기 어려울 정도로 빠르고 변화의 폭도 크다. 많은 변화와 주목을 받고 있는 기술들 중 스마트 무역 환경과 관련이 높은 클라우드 컴퓨팅, 빅 데이터와 BI 등을 살펴보고자 한다.

2. 빅 데이터와 비즈니스 인텔리전스

우리는 매일 인지하지 못하는 순간에도 엄청난 양의 데이터를 생성하고 있다. 지인들과 주고받는 모바일 메신저 카카오톡 메시지는 물론 대중교통을 이용하면서 물품을 구매하면서 사용하는 버스카드나 적립카드 등을 통해서도 이용내역 또는 구매내역 데이터를 생성하게 된다. 특히 모바일 단말기가 보급되면서 개인이 생성하는 데이터의 양은 기하급수적으로 늘어나게 되었다.

〈그림 7-1〉 대규모 데이터의 생성 현황

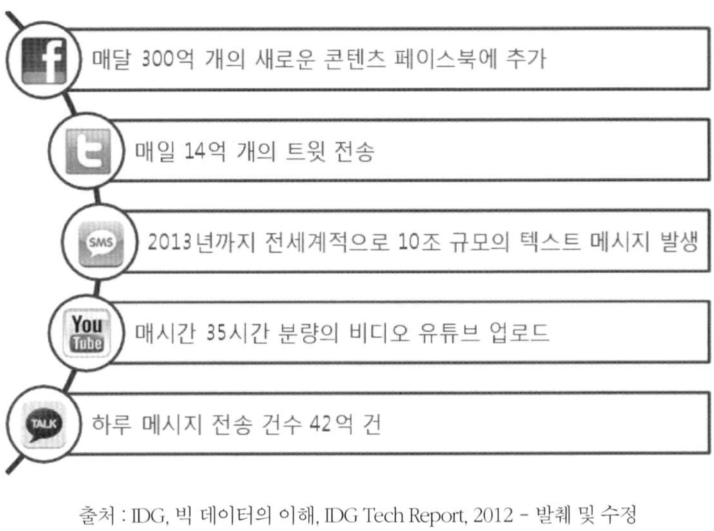

출처 : IDG, 빅 데이터의 이해, IDG Tech Report, 2012 - 발췌 및 수정

〈그림 7-1〉은 현재 전 세계 많은 이용자들에 의해 사용되고 있는 인터넷 서비스들이 생산하고 있는 대규모 데이터의 현황 일부를 보여주고 있다. 전 세계 수억 명의 페이스북 회원은 매월 300억 건의 새로운 콘텐츠를 자신의 페이스북 페이지를 통해 게시하고 있으며 동영상 공유 사이트의 대명사로 자리 잡은 유튜브에는 매시간 35시간 분량의 비디오 자료가 업로드 되고 있다고 한다. 한 가지 주목할 만한 점은 2012년 기준으로 우리나라 대표 모바일 서비스인 카카오톡의 하루 메시지 전송 건수가 42억 건으로 세계적인 인터넷 서비스들의 서비스 이용 기록과 어깨를 나란히 하고 있다는 점이다.

그림에서 보는 바와 같이 주로 회원 간의 관계를 기반으로 하는 소셜 서비스들이 인터넷 정보 생산과 공유량을 폭발적으로 성장시키는데 크게 기여를 했다는 점이다. 회원들의 필요에 의해 작성되거나 제작되어 유통되는 콘텐츠 이외에도 데이터를 이용하는 패턴이나 위치정보 등 우리가 인지하지 못하는 순간에도 생성되고 저장되는 데이터의 양은 이보다 훨씬 크다. 이와 같이 기존의 데이터에 비해 양이나 종류가 훨씬 크고 따라서 수집, 저장, 검색, 분석 등을 위해 새로운 방식을 요구하는 형태의 데이터를 '빅 데이터(Big Data)'라 한다.

고객관계관리 (CRM : Customer Relationship Management)에서는 고객에 관한 데이터 분석을 통해 고객의 성향을 파악하고 고객의 행동을 미리 예측하여 그에 맞는 마케팅 활동을 수행함으로써 기업의 수익을 극대화하는 노력을 하고 있다. 이 역시 고객이 생성하는 대용량의 데이터를 수집하고 분석하여 논리적인 의미를 파악하는 과정이라 할 수 있다. 이처럼 무역 업무 처리 과정에서 생성되는 대용량 데이터를 특히 전자무역, 나아가 스마트 무역 환경을 통해 수집 가능한 무역 빅 데이터를 분석하여 교역량을 증가시키고 수익성을 개선하는데 도움을 줄 수 있을 것이다.

특히 SNS를 중심으로 전 세계의 수많은 이용자에 의해 엄청난 규모의 데이터가 지속적으로 생성되고 있는데 이러한 데이터를 효과적으로 분석하여 기업의 제품 개발, 마케팅, 시장 전략 수립 등에 활용한다면 더 큰 결과를 기대할 수 있다. 데이터 분석을 위해서는 전통적인 통계분석 기법은 물론 다양하게 연구, 개발된 데이터 분석 기법들이 활용될 수 있다.

기업이 경쟁력 향상을 위해 기업의 내외부에서 발생되는 데이터를 수집하고 분석하여 전략을 수립할 수 있는 역량을 '비즈니스 인텔리전스 (BI, Business Intelligence)'라 한다. 원래 비즈니스 인텔리전스의 개념은 기술적인 관점에서 많이 이야기되어 왔다. 이러한 관점에서는 비즈니스 인텔리전스를 '고객, 제품, 서비스, 운영, 공급자, 파트너에 대한 개별 정보 및 모든 관련 거래 데이터를 모으고 관리하며, 분석하는 것'으로 정의하고 광범위한 데이터의 수집과 통합적 이용을 전제로 하여 데이터 웨어하우스 (Data Warehouse)[1])를 구축하고 이를 이용하기 위한 OLAP[2])이나 데이터 마이닝 (Data Mining)의 도입을 기업에게 요구하였다. 한편 조금 넓은 의미에서 비즈니스 인텔리전스를 정의한다면 '기업의 활동을 위해 유용한 정보를 생성하는 일련의 행위'라고 볼 수 있으며 따라서 반드시 막대한 비용을 투입하여 데이터 웨어하우스를 구축하고 이로부터 정보를 추출하는 시스템을 갖추는 것만을 의미하는 것은 아니다. 조직이 필요한 정보를 데이터 분석을 통해 얻는 모든 행위 예를 들어 신규 진출 시장 결정을 위해 과거 경쟁 기업의 매출을 분석하거나 해당 시장 소비자의 소비 성향을 분석하는 것 모두가 비즈니스 인텔리전스라 할 수 있다.

캡스톤디자인 프로젝트 수행 과정에서 대상 기업이 기존에 가지고 있던 무역 관련 업무 처리 절차를 개선하거나 매출 증대와 수익성 개선을 위한 방안으로 관련 데이터 분석을 통한 비즈니스 인텔리전스 도입을 제안할 수 있다. 고가의 장비와 복잡한 분석 시스템을 도입하는 것이 아니라 기업에게 도움이 될 수 있는 가치 있는 정보를 도출하기 위해 데이터를 분석하고 그 결과를 기업의 의사결정에 활용하는 절차와 조직 문화를 만드는 것으로도 큰 의미가 있다고 볼 수 있다. 특히 최근에 큰 주목을 받고 있는 소셜 서비스 데이터 분석을 통한 특정 시장의 소비자 동향이나 시장 분석, 제품에 대한 평판 분석 등은 비교적 적은 비용으로 큰 효과를 기대할 수 있는 좋은 비즈니스 인텔리전스 활용 사례라 할 수 있으므로 기업이 적극 도입을 고려할 수 있도록 제안할 필요가 있다.

3. 데이터 마이닝

앞에서 설명한 비즈니스 인텔리전스는 대용량 데이터의 분석을 통해 기업에게 가치 있는 정보를 도출하는 것을 의미하므로 다양한 데이터 분석 기법이 활용될 수 있다. 단순한 데이터의 집계부터 복잡한 통계적 분석이나 인공지능 기술에 이르기까지 데이터 분석을 위해 적용될 수 있는 다양한 방법이 여기에 포함된다. 그 중 하나로 대규모 데이터베이스 내에 존재하지만 숨겨져 있는 상호관련성이나 패턴에 대한 정보를 찾아내는 것을 데이터 마이닝 (Data Mining)이라 한다.

'Mining'이라는 용어가 내포하듯이 데이터 마이닝은 기업 활동의 결과로 발생되는 방대한 데이터로부터 유용한 지식을 찾아내는데 초점을 두고 있다. 예를 들어 20대 대학생들이 금요일에 주로 어

1) 기업 내에 존재하는 다양한 데이터를 모두 한 곳에 모아 저장하는 데이터 창고라는 개념으로 다양한 분석의 대상이 되는 기업 정보 공급원으로서의 역할을 하는 정보저장소이다. 일반적으로 업무용 데이터베이스와는 별도로 구축된다.

2) 'On-Line Analytical Processing'의 약자로 의사 결정에 도움을 주기 위한 다차원적 기업 정보 분석 기법을 의미한다.

느 곳에서 소비를 하는지를 파악하거나 특정 지역에 초등학생 자녀를 둔 주부가 많이 구매하는 야채의 종류는 어떠한 것들인지 등의 정보를 파악하는 것들은 데이터 마이닝의 적용 사례라 할 수 있다.

〈그림 7-2〉 데이터 마이닝 응용사례

〈그림 7-2〉는 데이터 마이닝의 응용 사례로 잘 알려진 '맥주와 기저귀' 판매 경향을 나타내고 있는데 대형 마트의 판매 데이터를 분석하는 과정에서 맥주와 기저귀가 함께 많이 판매된다는 사실을 발견하여 기저귀를 판매하는 코너에 맥주를 함께 진열하여 매출을 더 높일 수 있었다는 사례이다. 이는 아이 기저귀를 사러 온 아이 아빠들이 자신이 TV 시청을 하며 마실 맥주를 함께 구매한다는 사실로 분석되었는데 이와 같이 고객이 구매하는 상품에 대한 정보를 수집하고 이를 분석하여 그전에는 알 수 없었던 판매 상품들 간의 연관성을 파악하고 이를 상품 진열에 반영하여 기업의 매출을 올린 데이터 마이닝 응용 사례라 할 수 있다. 대부분의 유통 업체에서 도입하고 있는 포인트 카드 제도는 바로 이와 같이 회원 가입 시 수집한 개인 신상 정보와 매번 고객이 구입할 때마다 수집되는 구매 정보를 함께 분석하기 위한 수단으로 활용되고 있다. 이와 같이 구매자의 판매 데이터 분석을 통해 상품 구성이나 배치 등 다양한 분야에 응용하는 것을 장바구니 분석 (Market Basket Analysis)이라 한다.

데이터 마이닝을 통해 기업은 다음과 같은 효과를 기대할 수 있다. 첫째, 단순한 정보 검색이나 보고서가 밝혀낼 수 없었던 정보를 얻을 수 있다. 둘째, 특정 제품이나 서비스에 적합한 목표 고객을 찾아 집중된 마케팅을 수행하는 것이 가능해진다. 셋째, 분석 결과를 통해 의사결정을 지원함과 동시에 그 결과를 예측하는데도 활용이 가능하다. 데이터 마이닝은 앞서 소개한 맥주와 기저귀의 사례와 같이 유통업체를 포함한 다양한 분야에서 판매 정보를 분석하여 활용하는 분야에서 활발히 도입되고 있다. 또한 수사 기관에서 사건 간의 연결고리를 분석하여 미해결 사건을 해결하거나 사건의 프로파일링을 통해 유사 범죄를 파악하는 것도 데이터 마이닝의 응용 사례라 할 수 있다.

데이터베이스에 저장된 정형의 데이터를 분석하는 것뿐만 아니라 SNS를 통해 공유되는 많은 비정형 문자 정보를 분석하는 텍스트 마이닝 (Text Mining)도 이러한 데이터 마이닝의 응용 분야 중 하나라 할 수 있다. 전자무역 분야의 마케팅 전략 수립 또는 수출입 관련 데이터 분석을 위해서는 정형, 비정형 데이터 분석이 동시에 필요하다고 할 수 있다.

▲

제 2 절

전자무역과 정보기술 아키텍처

본 절에서는 전자무역 환경 도입을 위한 정보기술 아키텍처의 개념을 이해한다.

1. 전자무역 환경의 변화 전망

전자무역 캡스톤디자인 프로젝트를 진행하는 과정에서 주어진 문제 해결을 위해 해당 기업에게 전자무역 환경의 도입을 제안해야 할 가능성이 매우 높다. 단순하게는 인터넷 마케팅 전략 수립 과정에서 기업용 페이스북 페이지를 개설하고 적합한 운영 방법을 제안하거나 기업이 현재 도입하여 활용하고 있는 ERP 시스템에 전자무역 업무 프로세스를 연계하기 위한 추가적인 시스템 설계와 도입을 제안할 수도 있다. 문제의 종류와 제안하는 해결 방안의 복잡도에 상관없이 전자무역 캡스톤디자인 프로젝트에 참여하는 팀은 필요한 전자무역 환경 제안에 필요한 충분한 관련 지식을 가지고 적절히 활용할 수 있는 능력을 갖출 필요가 있다.

앞서 1장에서는 세계 무역 환경의 변화 방향으로 복잡화, 고속화, 글로컬화, 녹색화를 설명한 바 있다. 무역 업무의 복잡도가 증가함에 따라 빠르고 정확한 업무 처리를 위해 정보통신기술을 도입하는 전자무역 환경의 확산은 어쩌면 당연한 것으로도 볼 수 있다. 정보통신기술의 발전에 따라 이를 응용하는 전자무역 환경의 변화도 빠르게 진행되고 있으며 따라서 전자무역 업무를 수행하는 현업 담당자는 물론 캡스톤디자인 프로젝트를 통해 기업의 전자무역 관련 컨설팅을 수행하는 경우에도 이러한 변화에 항상 관심을 가지고 꾸준한 정보 수집과 학습에 노력해야 할 것이다. 향후 전자무역과 관련한 환경은 다음과 같은 특징을 가지고 발전할 것으로 전망된다.

1) 다양한 무역 정보서비스의 탄생

웹 2.0 시대를 맞이하여 많은 웹 사이트에서는 자사의 콘텐츠나 서비스를 자유롭게 이용할 수 있도록 그 이용 방법을 외부에 공개하는 것이 일반화되었다. 예를 들어, 구글이나 야후, 국내의 네이버 등은 자사의 특징적인 서비스나 콘텐츠를 간단한 방식으로 자유롭게 조합하여 이용할 수 있도록 그 방법을 공개하고 있는데 웹 2.0에서는 이를 공개 API[3] (Open API: Application Programming Interface)라 한다.

웹 2.0에서 추구하는 자유로운 개방과 공유를 위해 자사의 서비스와 해당 사이트가 보유하고 있는 콘텐츠의 활용 방법을 API로 공개하고 있는 것이다. 대표적으로 구글은 자사의 지도서비스인 'Google Map'을 이용하여 필요한 정보를 지도상에 표시하는 API를 제공하고 있는데 많은 사이트에서 이를 활용하여 새로운 서비스를 개발, 제공하고 있다. 이러한 Open API를 활용하면 누구나 발전적인 방향으로 각 사이트에서 제공하는 서비스를 자유롭게 재조합하는 것이 가능해 진다. 전자무역 분야에 있어서도 u-Trade Hub와 같은 공공 서비스는 물론 다양한 관련 사이트에서 기능을 자유롭게 활용할 수 있도록 공개 API 형태로 만들어 제공하게 될 것이다. 또한 무역과 관련한 많은 통계 자료나 거래 정보들이 거래 알선 사이트를 통해 역시 공개되고 이를 자유롭게 창의적으로 조합한 다양한 서비스들이 기업차원에서 또한 개인차원에서 활발히 만들어지고 공개될 것으로 예상된다. 당연히 스마트 기기를 지원하며 다양한 센서 기술들과 접목되어 더욱 부가가치 높은 정보 서비스가 탄생할 것이다.

3) 응용 프로그램을 제작하기 위해서 미리 다양한 기능을 라이브러리 형태로 만들어 둔 것을 의미하며 각 API에서 미리 정의한 방식대로 해당 기능을 호출하면 정해진 기능을 수행하도록 만들어진 프로그램 요소이다. 최근에는 모바일 어플을 개발하기 위한 API들이 각 플랫폼별로 많이 개발되어 공개되고 있다.

〈그림 7-3〉 공개 API를 이용한 전자무역 서비스 개발

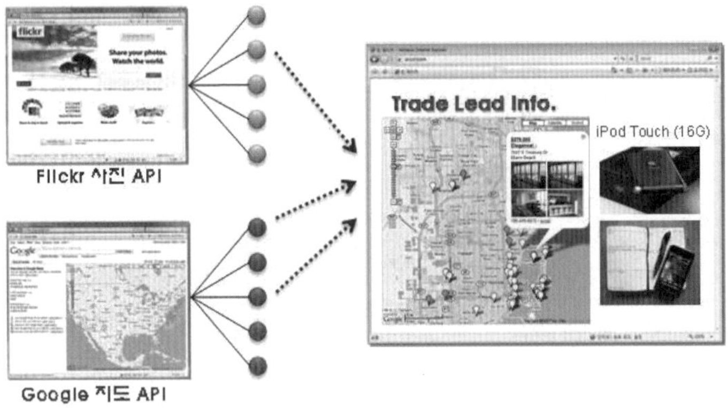

〈그림 7-3〉은 u-Trade Hub에서 제공하는 상품 오퍼 관련 정보를 사진 콘텐츠 공유 사이트인 플리커에서 제공하는 Open API와 구글에서 제공하는 지도 관련 API를 활용하여 개별 Offer 내용에 대한 추가적인 정보를 제공하는 개념을 나타내고 있다. 즉, 'iPod Touch'라는 상품에 대한 Offer를 게시한 사용자의 위치를 Google Map으로 표시하고 해당 상품에 대한 사진 정보를 플리커에서 가져와 표시하는 등의 Open API 조합이 가능하다. u-Trade Hub와 같은 공공사이트에서는 제품, 기업 정보와 각종 산업 동향 정보 등 마케팅 포탈에서 제공되는 유용한 콘텐츠를 자유롭게 활용할 수 있도록 함으로써 더욱 많은 사용자를 확보하고 나아가 새로운 형태의 신규 서비스 개발을 기대할 수 있다.

2) 전자무역 환경의 지능화

다양한 지능형 정보시스템 요소가 도입되어 무역 정보 관리 및 분석에 활용되고 이를 통해 더욱 부가가치 높은 정보 서비스를 제공하는 전자무역 환경이 탄생할 것이다. 앞서 설명한 비즈니스 인텔리전스의 도입으로 대규모 무역 관련 데이터를 효과적이고 지능적으로 분석하여 개별 기업이 자사의 제품과 서비스를 세계 시장을 대상으로 거래하는데 큰 도움을 주게 될 것이다.

〈그림 7-4〉 전자무역 업무 효율성 제고를 위한 규칙기반 관리 시스템의 도입

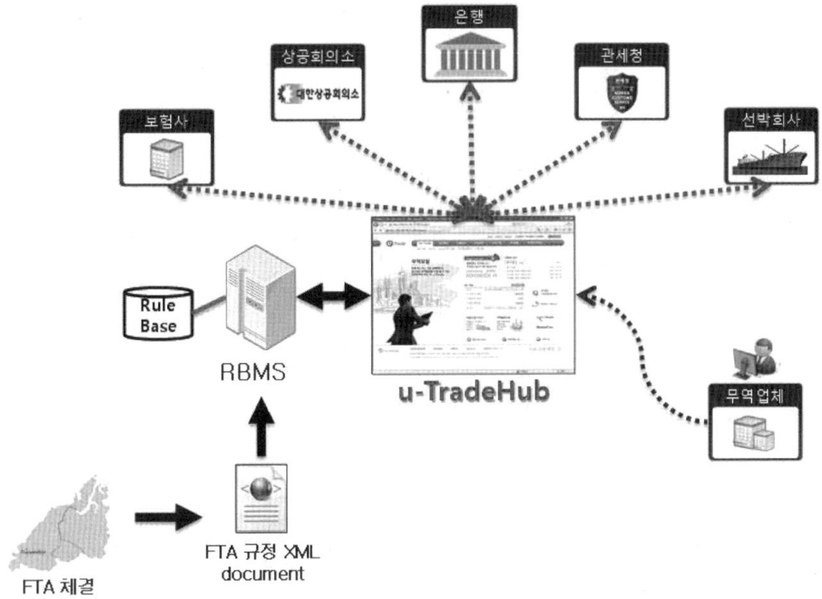

무역 빅 데이터의 분석에 비즈니스 인텔리전스 방법이 도입되는 것과 같이 무역 업무 프로세스의 효율 제고를 위해서도 지능형 기술의 도입이 가능하다. '~하면 ~하다' 형태의 규칙 정보를 관리하는 규칙기반 관리 시스템 (RBMS: Rule Base Management System)의 연계를 통해 향후 FTA 체결 확대 등을 포함한 무역 환경의 변화를 시스템에 반영하여 단절 없는 무역 업무 처리가 가능해진다.

규칙기반 관리 시스템은 특정 시스템에서 관리되어야 할 많은 규칙 형태의 지식을 효과적으로 관리할 수 있는 환경을 제공하는 시스템을 의미한다. 정보시스템은 실제로 규칙 형태로 표현이 가능한 수많은 업무 처리 절차를 프로그래밍하여 사용자가 해당 시스템에 구현된 업무 처리 절차에 따라 업무를 수행할 수 있도록 환경을 제공하게 되는데 업무 절차의 변경이 필요한 경우 매번 해당 시스템의 프로그램 자체를 수정해야 한다. 시스템의 변경 요구가 빈번하게 발생하지 않는 경우라면 이는 크게 문제가 되지 않으나 업무 절차가 자주 변경되고 그에 따라 고려해야 할 사항이 복잡한 경우 시스템 변경에 요구되는 시간과 비용은 크게 늘어나게 된다. RBMS는 규칙 형태로 표현 가능한 업무 처리 절차를 실제 시스템의 프로그래밍에서 독립시켜 별도로 관리할 수 있게 함으로써 시스템의 유연성을 높이고 업무 처리 절차의 변경 발생 시 시스템 자체가 아닌 규칙 베이스(Rule Base) 내의 규칙 변경만으로 시스템의 업무 처리 절차가 변경될 수 있는 환경을 제공한다. 따라서 FTA 체결

로 국가별, 상품별, 시기별 달라지는 무역 거래 조건을 자동으로 반영하여 무역 업무가 원활하게 진행될 수 있도록 무역 업무 시스템이 진화할 것이다.

〈그림 7-4〉는 이러한 개념을 도식화하고 있는데 기존의 국내 전자무역 기반 플랫폼인 u-Trade Hub에 RBMS를 도입하여 무역 업무 변경 사항들이 규칙 형태로 반영되고 새로운 무역 업무 절차에 따라 무역 업무가 처리됨을 나타내고 있다. 무역 관련 업무를 담당하는 담당자의 경우 필요한 업무 절차를 u-Trade Hub를 통해 처리하게 되면 보험사, 은행, 관세청 등의 무역 유관기관을 포함하여 변경된 무역 업무 처리 절차에 대한 특별한 고려 없이도 원활하게 업무가 처리된다.

3) 무역정보 커뮤니티 확대

무역 관련 업무를 수행하는 전 세계의 현업 담당자들이 자발적으로 참여하여 정보를 공유하는 커뮤니티 서비스의 확대가 예상된다. 웹 2.0의 경향 중 하나로 사이트에서 제공하는 일방적인 콘텐츠의 소비를 넘어 자발적으로 정보를 생산하고 동시에 소비하는 '생산소비자 (Prosumer: Producer + Consumer)'의 역할을 하는 사용자가 늘고 있다. 무역 업무에 있어서도 자율적 서비스 확산과 가치 있는 정보 제공, 이를 통한 무역 업무의 실질적 개선 효과를 기대할 수 있는 다양한 형태의 서비스가 탄생할 것이다.

예를 들어 특정 파트너와의 무역 거래 경험을 평가하고 이러한 정보를 공유하게 하는 무역 거래 평판 서비스 (Trade Opinion Service)가 제공될 수 있다. 이는 무역 업무를 담당하고 있는 서비스 이용자가 자신이 거래 경험을 가지고 있는 개별 바이어 혹은 상품에 대한 평가가 가능하도록 지원한다. 특정 상품에 대한 상품평과 특정 바이어와의 거래 경험에 대한 자발적인 정보 제공은 특정 상품 거래 혹은 특정 바이어와의 거래를 고려하고 있는 사용자에게 가치 있는 정보가 될 수 있다.

또한 'Trade Advisor' 서비스를 통해 개별 사용자에게 특정 상품이나 거래 바이어를 자동으로 추천해주는 기능을 제공할 수도 있다. 즉, 구체적인 거래 제안 (Trade Lead) 정보를 작성하기 위한 충분한 사전 지식이 없거나 특정 시장에 대한 경험이 없는 신규 거래자를 위해 해당 지역 혹은 상품군에 대한 전문적인 지식이나 거래 경험이 많은 다른 사용자가 거래 성사를 위한 자세한 절차와 필요 정보를 제공해 줄 수 있도록 하는 서비스이다. 이는 추후 실제로 온라인 오퍼상 (e-Trade Broker) 유료 서비스로의 발전 가능성도 높다.

2. 정보기술 아키텍처

건물을 세우기 위해서는 사전에 건물에 대한 모든 정보가 담긴 설계도를 제작하게 된다. 건물의 설계에 따라 건축 과정이 진행되기 때문에 설계 단계의 중요성은 아무리 강조해도 지나치지 않을 것이다. 이처럼 좋은 설계가 훌륭한 건축물 탄생의 필수 조건인 것처럼 조직에 필요한 정보시스템 환경을 구축하는 과정에서도 건축물 설계와 같은 분석, 설계 과정이 필요하며 그 결과로 만들어지는 정보시스템 아키텍처 (Information System Architecture)가 설계도와 같은 역할을 하게 된다. 〈그림 7-5〉는 건축물과 정보시스템 설계 과정의 유사성을 설명하고 있다.

〈그림 7-5〉 건축물과 정보시스템 설계 과정의 유사성

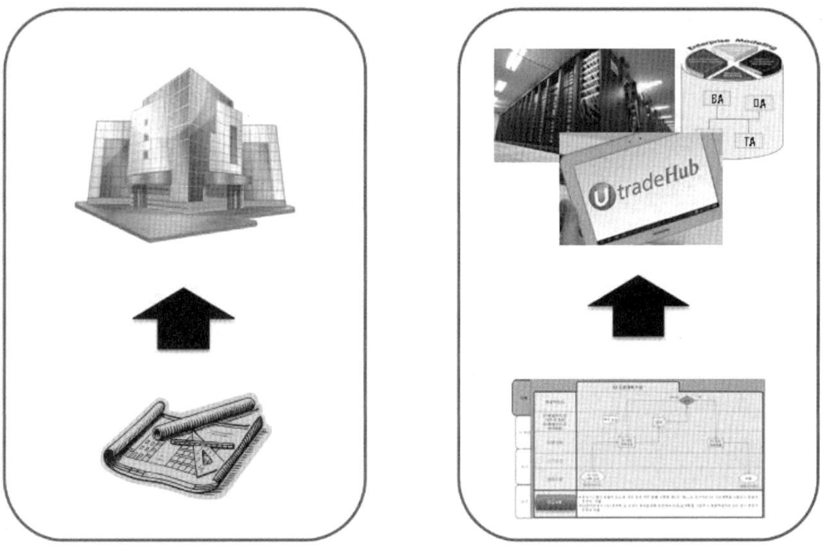

건축물 설계 정보시스템 설계

전자무역 캡스톤디자인 프로젝트 수행 과정에서 전자무역 환경의 도입이나 기존 환경의 변경을 제안할 경우 대상 기업의 업무를 철저히 분석하고 비용, 인력, 기대 효과 등을 다각도로 고려한 후에 가장 적합한 정보기술의 도입을 제안해야 한다. 이미 대부분의 기업에서는 업무 처리를 위해 다양한 형태의 정보기술을 도입, 활용하고 있다. 따라서 추가적인 정보기술의 도입이나 기존 환경의 변경은 해당 기업이 기존에 구축하고 있는 정보기술 환경과의 복잡한 연계를 고려해야하는 쉽지 않은

작업이 될 수도 있다.

최근에는 정보기술 도입 과정에서도 비효율을 제거하고 기존의 정보기술 환경과의 중복, 연계 부족 문제를 최소화하면서 동시에 체계적이고 구축 후 효과를 극대화하기 위한 방식으로 구조적인 접근을 하고 있다. 이를 전사적인 정보시스템 구조라는 의미로 엔터프라이즈 아키텍처 (EA, Enterprise Architecture)라 하는데 정보화를 추진하는 과정에서 개별 업무의 개별 정보화를 지양하고 조직의 전체 관점에서 종합적으로 추진하는 설계 과정을 의미한다. 전자무역 환경 도입에 있어서도 개별 무역 업무 또는 부서의 정보화만을 고려하는 것이 아니라 전체 기업의 정보환경을 종합적으로 고려하여 설계하고 구축하는 과정이 필요하다.

전자무역 환경 도입에 있어서도 이와 같은 전사적 설계 관점의 접근을 통해 전체 기업의 비전 및 업무 요건과 연계된 시스템 구축이 가능하며 기존의 시스템과 정보 연계 및 통합성을 확보할 수 있게 된다. 또한 추후 전자무역 환경의 변화, 새로운 정보 기술의 개발 등으로 추가적인 시스템 확장과 개선이 필요한 경우에도 재구축 비용을 최소화할 수 있다는 장점도 있다.

엔터프라이즈 아키텍처 관점에서 정보 환경 설계를 추진할 경우 그 결과로 정보시스템 구축 대상 업무 분석, 필요한 데이터 구조, 응용 정보시스템의 구조, 구현을 위한 도입 기술 구조, 보안 환경 구조 등이 도출된다. 또한 설계 결과로 구축될 정보 환경을 조직에 도입하기 위한 이행 계획과 전체 프로젝트 진행을 위한 조직, 절차 등을 담은 추진 체계도 그 결과로 도출된다. 캡스톤디자인 프로젝트 수행 과정에서 기업의 전자무역 환경 도입을 제안할 경우 이와 같이 해당 기업의 전사적 관점에서 필요한 요소를 가능한 모두 도출하여 제공하는 것이 기업의 전자무역 관련 문제 해결을 위해 실질적 도움이 된다.

참고문헌

김성희, 정병호, 김재경, 의사결정분석 및 응용, 영지문화사, 2004.

양근우, 이근우, 전자무역 확산을 위한 웹 2.0 기반 u-Trade Hub 고도화 방안에 관한 연구, 인터넷전자상거래연구, 제10권, 제3호, 2010, pp: 157-176.

에단 라지엘 저, 이승주, 이창현 공역, 맥킨지는 일하는 방식이 다르다, 김영사, 2001.

조재희, 박성진, OLAP 테크놀로지, 시그마컨설팅그룹, 1999.

채서일, 마케팅조사론(제3판), 비앤엠북스, 2010.

Berry, M. and Linoff, G., "Data Mining Techniques 3/E: For Marketing, Sales, and Customer Relationship Management," John Wiley & Sons, 2011.

Berson, A., Smith, S. and Thearling, K., "Building Data Mining Application for CRM," McGraw-Hill, 2000.

IDG, 빅 데이터의 이해, IDG Tech Report, 2012.

08

제 8장

인터넷 무역마케팅의 계획 및 전략수립

학습 목표

- 무역마케팅의 개념과 특징에 대해 이해하고 무역마케팅 전략을 수립할 수 있다.
- 무역마케팅의 구체적인 계획을 수립할 수 있고 온라인과 오프라인 거래선 발굴 방법에 대하여 이해할 수 있다.
- 오프라인 거래선 발굴방법 중 해외전시회 참가 성공전략에 대해 이해한 후 해외전시회 모의 참가 실습을 한다.

학습 목차

▲

제 1 절

무역마케팅의 개념과 전략 수립

1. 무역마케팅의 개념

마케팅에 대한 정의는 여러 학자들이 주장하고 있는데 대표적인 정의 두 가지를 소개하면 다음과 같다.[1] 미국 마케팅협회(AMA)는 1985년 "마케팅이란 개인이나 조직의 목표를 충족시키는 교환을 창출하기 위하여 아이디어, 재화 및 서비스의 개념화, 가격결정, 촉진 및 유통을 계획하고 실행하는 과정이다"라고 정의하였다. 마케팅의 대표적인 학자인 코틀러(Kotler)는 "마케팅이란 제품이나 가치를 창조하거나 다른 사람과의 교환과정을 통하여 소비자의 필요와 욕구를 충족시키는 인간활동이다"라고 정의하였다.

무역마케팅은 다수의 해외시장을 대상으로 마케팅 활동을 전개하는 것을 말하며, 그 활동이 국경을 초월하여 경제, 사회, 문화, 법률 등이 이질적인 환경에서 이루어지므로 효과적인 무역마케팅 전략의 개발이 필요하다.[2] 업무적인 측면에서 무역마케팅은 해외시장조사부터 시작하여 계약을 체결하고 대금을 회수하는 일련의 절차를 의미한다고 할 수 있다. 이 과정에서 아이템을 발굴하거

1) 이정학, 호텔경영의 이해, 기문사, 2002.

2) 최장우, 박영태, 인터넷 무역마케팅, 두남출판사, 2010.

나 바이어를 찾아내고 해당상품을 확보하여 선적하는 업무가 발생한다.

수입시에 국내시장을 조사하는 것을 '수입 마케팅', 수출 시 상대국시장을 조사하는 것을 '수출마케팅'이라 한다. 수입 마케팅에서 주로 조사하는 항목은 법규제, 국내시장의 규모, 소비자 동향, 경합제품 등으로 이러한 사항들을 조사한 후에 수입품의 유통경로나 가격설정을 한다. 수출마케팅에서는 상대국의 풍토나 기후, 정치 및 법제도, 경제와 금융제도, 유통 및 통신 등의 기본적인 정보뿐만 아니라 각 지역의 시장, 수출물품의 경합품, 판매루트 등 물품의 판매전략을 고려한 정보를 폭넓게 수집하여 가격을 설정한다.[3)]

2. 무역마케팅의 중요 요소

성공적인 무역마케팅을 위해서는 상품력, 영업력, 관리력, 정보력의 4가지 항목으로 대별될 수 있으며 이 4가지 요소가 잘 조합되고 유기적으로 연동하여 강한 추진력을 발휘할 때 경쟁에서 우월적 지위를 유지할 수 있는 것이다.

1) 상품력

상품력은 품질, 용도, 상품 수요의 일치 정도, 성능, 디자인, 가격, 브랜드, 경쟁 상품과의 차별성 등을 중요한 평가 기준으로 삼을 수 있으며 고객은 이들 기준을 조합하여 상품을 평가하는 것이다.

2) 영업력

상품과 서비스를 바이어에게 판매하기 위하여 전개하는 영업능력도 중요하다. 광고 홍보, 유통촉진 그리고 거래시 제공되는 제반 서비스 능력이 영업력을 좌우한다. 수출담당자는 현지 시장조사 결과를 분석하여 해외시장의 요구를 생산에 반영시킬 수 있어야 한다.

3) 관리력

3) 쿠로이와 아키라 저, 홍승린 역, 돈 잘 버는 회사들이 선택한 무역실무 테크닉, 비즈니스맵, 2009.

상품력과 영업력 외에 간과해서는 안 될 부분이 수입대체성 부자재를 개발하거나 국내에서 확보해 환율인상에 따른 부담을 최소화하는 관리력이다. 수입대체품의 개발은 기업 혼자서 하기에는 어려움이 많이 따르므로 중소기업청과 중소기업진흥공단에서 다양하게 지원하고 있는 기술개발 프로그램을 활용할 수 있다. 외국과의 가격경쟁에 대비해 생산 및 서비스 공정을 최적화하고 투입되는 에너지와 물류비용 등을 절감하는 노력 또한 요구된다.

전문인력 부족이나 자금난으로 인해 기업 스스로의 능력으로 문제를 극복할 수 없을 때에는 전문적인 컨설팅을 받기 위해서 중소기업진흥공단에서 시행중인 '중소기업 컨설팅 지원사업'과 '중소기업 건강진단사업' 등을 활용할 수 있다.[4)]

4) 정보력

수출 경쟁력을 결정하는 요소로는 기술력과 디자인으로 대표되는 품질이 가장 중요하지만 기업들은 해외시장에 대한 정보가 여전히 부족하고 현지시장의 각종 규제에 제대로 적응하지 못하고 있다.[5)]

그러므로 해외시장에 대한 정보력을 향상시켜 해당 국가의 상관습이나 문화 그리고 기호 등을 고려한 제품기능과 품질, 디자인개선 및 변환, A/S 등을 연구해 목표시장에 맞는 마케팅전략을 구사하면 수출성공 가능성은 한층 높아질 것이다.

3. 무역마케팅 전략 수립

무역 환경변화는 기업에게 기회와 위협을 동시에 제공하고 있으며, 무역마케팅 계획 수립 전에 이러한 위협을 제거하고 기회를 최대한 활용하기 위한 구체적인 무역마케팅 전략이 선행되어야 한다. 무역마케팅의 계획수립은 시장상황분석→해외시장 진출전략 수립→무역마케팅믹스 결정→무역마케팅 조정 · 통제의 과정을 거쳐 이루어진다.

여기서 무역마케팅믹스 결정이 중요한데 마케팅믹스란 기업이 마케팅 목표에 따라 설정한 시장

4) 이용진, 수출로 위기를 극복해야, 중부일보 사설, 2012. 1. 25.
5) 한국정책방송, 수출 中企, 해외시장 정보력 강화 과제, 2010. 7. 15.

표적에 마케팅 활동을 집중시키기 위해 사용하는 모든 투입변수 등을 해당기업의 환경과 상황에 맞게, 그리고 마케팅 효과가 최대화되도록 배합하는 마케팅 전략이다.[6] 마케팅 믹스의 요소는 상품이나 서비스(product), 판매장소(place), 가격(price), 판매촉진의 형태(promotion) 등이다. 흔히 4Ps 라고 한다.

1) 수출제품전략(product)

• 표준화전략

표준화전략은 수출 제품에 대한 변경 없이 그대로 이미 개발된 내수용 제품을 목표시장에 공급하는 전략이다. 표준화전략은 일관성 있는 기업 이미지를 유지하고 소비자들의 브랜드 충성도를 최대한 활용하면서 본사 또는 해외자회사와 제품판매에 있어 협력하면서 적극적인 무역마케팅 활동을 수행할 수 있는 장점이 있다.

• 적응화전략

적응화전략은 내수용 제품을 현지시장에 맞도록 변경시켜 목표시장에 공급하는 전략이다. 이는 현지 법규에 의해 어쩔 수 없이 강제적으로 적응해야 하는 경우와 현지 소비자의 선호도나 현지 유통시스템 때문에 자발적으로 적응하는 경우로 나눌 수 있다.

• 신제품개발전략

무역마케팅에서 신제품은 세 가지 경우가 있다. 전 세계에서 처음 출시되는 신제품이거나, 해외시장에서 이미 출시되었지만 우리 회사가 처음 취급하는 제품, 국내에서는 이미 취급하고 있지만 특정 시장에 처음 진출하는 제품 등이 있다. 기존의 제품을 변형하거나 새로운 기능을 개발해서 제품수명주기를 연장시키는 것도 신제품개발전략에 포함된다.

• 원산지와 수출제품전략

원산지는 제품에 대한 소비자의 이미지에 영향을 미치며, 이는 원산지국의 경제발전 수준 및 특수성에 따라 달라질 수 있으므로 수출제품의 원산지를 어디로 할지 전략적으로 판단해야 한다. 원

6) 한국언론진흥재단

산지 국가의 이미지는 소비자들이 그 국가에 대하여 점점 더 호감을 가지게 될 때, 제품에 대한 마케팅에 의해 제품에 대한 이미지가 향상되어질 때, 또는 제품의 질이 높아질 때에 변화하게 된다.[7)]

• 해외상표전략

무역마케팅에서 상표는 매우 중요한 영향을 미친다. 제조업자는 저가시장과 고가시장을 구분하여 여러 가지 상표를 사용할 수 있다. 상표가 해외시장에 잘 알려지지 않은 경우에는 OEM 전략을 활용할 수 있다. Original Equipment Manufacturing은 주문자(수입 업자)의 상표를 부착, 수출하는 방식으로 국제 간 주문 생산 또는 하청 생산을 의미한다.[8)] 우리 기업의 상당수는 여전히 OEM 방식에 치중하고 있는데 OEM 방식으로는 글로벌 경쟁의 시대에 살아남을 수 없다. 강력한 브랜드를 소유한 기업은 많은 이점을 누리게 되므로 21세기 기업경영의 최대 목표는 브랜드 자산가치의 극대화이다.[9)]

• 수출포장전략

수출품의 포장은 운송포장과 상업포장 모두 신경을 써야 한다. 상업포장은 상품의 외형을 미화시켜 소비자로 하여금 구매의욕을 불러일으키기 위한 목적의 포장이다. 운송포장은 물품 유통경로의 이동에 따라 외부로부터 내용물을 보호하기 위한 목적의 포장으로서, 공업포장(industrial packing) 또는 곤포라고도 하며 외장(내장을 포함한다)에 해당한다. 한편, 수출 포장(export packing)은 해외시장과의 무역에 있어서 행해지는 운송포장으로서 무역포장이라고도 한다.[10)]

2) 수출가격전략(price)

• 환율변동

자국통화의 가치가 상대적으로 하락하는 경우 수출기업은 수익성을 높일 수 있다. 반면 자국통화의 가치가 상승하는 경우 해외시장에서 경쟁력을 가지지 못한 기업은 판매량과 이익이 감소하게 된다.

---

7) 문병준, 글로벌 마케팅, 경문사, 2003.
8) 지식경제용어사전, 지식경제부, 2010.
9) 예종석, 예종석 교수의 희망경영, 마젤란, 2008.
10) 전순환, 국제운송 물류론, 한올출판사, 2004.

하지만 수출 가격은 낮추긴 쉬워도 다시 높이기 어렵기 때문에 자국통화의 가치가 상승하는 경우를 미리 예측해서 가격 설정을 보수적으로 가져가야 한다. 환율의 예측은 기업들에게 매우 어려운 부분이기 때문에 환위험 관리가 필수적으로 요구된다.

• 인플레이션

개발도상국은 투자 수요의 계속적인 증가와 현대 정부의 기능 확대로 인한 재정 수요의 증대 때문에 인플레이션(inflation)이 나타난다.[11] 개발도상국의 물가 수준이 지속적인 상승하면 수출기업은 이윤을 유지하기 위해 비슷한 경쟁제품의 가격과 비교하면서 수출가격을 적절하게 인상할 수 밖에 없다.

• 경쟁업체 가격

가격결정은 경쟁자의 행동에 큰 영향을 받을 수 밖에 없다. 수출시장에서 경쟁자가 가격을 인상하지 않는다면 우리 회사도 가격을 인상하기 어려워진다. 적정 이윤율을 고집하여 가격탄력성을 잃을 경우 초기 시장개척 단계에서 신규 거래처의 오더를 받기 어려울 수도 있다. 수입국 내에 있는 경쟁업체의 판매가격과 비슷한 수준으로 가격을 결정한 후에 수출하는데 필요한 각종 부대비용을 뺀 다음 시간, 장소, 제품별로 수출업자의 이윤율을 차별적으로 적용하여 수출가격을 책정하는 방식을 고려할 수 있다.[12]

• 덤핑

국제시장에서의 덤핑은 수출가격을 제조원가 이하로 낮추어 판매하는 경우를 의미하는 것이 아니고, 동종상품의 국내 판매가격보다 수출가격이 낮은 경우를 말한다.[13] 수출가격이 낮으면 낮을수록 수입국의 소비자에게는 이득이겠지만, 만약 수출업자들이 수출국 정부의 지원을 받아 아주 싼 가격에 수출한다면 각국 정부는 덤핑으로부터 자국기업을 보호하기 위해 반덤핑관세를 부과한다.

3) 무역유통전략(place)

---

11) 전유문, 금융지식이 미래의 부를 결정한다, 원앤원북스, 2006.
12) 홍재화, 무역 & 오퍼상 무작정 따라하기, 길벗, 2006.
13) 손정식, 사장님을 위한 5분 경제, 한국경제신문사, 1996.

글로벌 가격결정에는 유통경로 또한 영향을 미친다. 유통경로상의 업체에 대한 마진이나 경로의 길이가 나라별로 다르기 때문에 최종소비자 가격뿐만 아니라 공장도가격, 수출가격 등에도 영향을 받게 된다.

제조업자와 유통경로상 업체간의 파워도 가격 결정에 영향을 미치는 요인 가운데 하나이다. 예를 들어 현지에 대형 유통업체들이 많이 있어 이들의 시장지배력이 큰 경우 제조업체로서는 대량구매에 따른 할인을 많이 해줄 것이다. 특히 현지 시장에 대한 경험이 많지 않은 경우에는 현지 대리점 등에 대한 의존도가 그만큼 높아짐에 따라서 공장도가격과 최종소비자가격간에 많은 차이가 존재한다.[14)]

4) 수출 촉진전략(promotion)

판매촉진은 정보의 제공을 통하여 소비자와 판매업자를 동시에 자극, 설득함으로써 판매고와 이윤을 증대하려는 모든 기업활동을 의미하며 판매원 활동, 광고, 판매촉진 등이 포함된다.[15)]

• 수출광고

광고주가 직접 수출광고매체를 사용하는 경우도 있으나 대부분은 광고대행사의 국제광고부나 현지의 광고대행사를 이용한다. 수출광고에서는 어떤 광고대행사를 쓸 것이며 그 광고대행사가 작성하는 마케팅 플랜을 얼마나 잘 체크하느냐 하는 점이 관건이다. 이러한 체크 및 컨트롤을 위해 현지에 파견되는 자기 회사 사원에게 수준 이상의 마케팅 트레이닝을 실시하며, 광고에 대해서도 상식 이상의 지식을 익히게 할 필요가 있다. 수출광고의 성공사례를 보면 대개 현지의 광고대행사를 잘 이용하는 것이 좋은 것으로 나타났다.[16)]

• 위탁판매수출

위탁판매수출이란 물품을 무환으로 수출하여 당해 물품이 판매된 범위에서 대금을 결제하는 계약을 말한다. 판매 기간이 끝난 후에 판매되지 않은 물품은 재수입한다. 이 거래 방식에서 수탁자는

---

14) 문병준, 글로벌 마케팅, 경문사, 2003.
15) 박은태, 경제학사전, 경연사, 2011.
16) 한국언론진흥재단 자료

물품을 관리하는 책임만 지고 자금과 위험에 대한 부담이 없으나 위탁자는 모든 책임을 지게 된다. 새로운 시장을 개척하고자 할 때 이런 거래 방식을 사용한다.[17)]

• 판매촉진

인적판매, 광고, PR을 제외한 마케팅 촉진활동으로서, 소비자의 구매와 취급상의 효율성을 자극하는 것으로 이에는 일상업무로 볼 수 없는 상품전시, 진열 및 전람회 등을 포함하는 것이다. 판매촉진 수단은 주로 소비자, 거래처(중간상) 및 판매원 등에게 직접 이용된다.[18)] 수출 판촉활동으로는 현지 체험관, 시식회, 제품 시연회 등이 있다.

17) 지식경제용어사전, 지식경제부, 2010.

18) NEW 경제용어사전, 미래와경영연구소, 2006, 미래와경영

▲

제 2 절

무역마케팅의 계획 수립과 거래선 발굴방법

무역마케팅믹스가 결정되었다면 무역마케팅 조정 · 통제 과정에 들어간다. 구체적인 온라인과 오프라인 거래선 발굴방법에 대하여 계획수립 후 실행에 옮긴다. 마케팅 계획은 기업이 일정 기간 내에 달성하고자 하는 목표와, 이 목표를 달성하는 데 필요한 방안을 종합적으로 계획하는 것이며 다음과 같은 설정을 포괄하고 있다.[19)]

- 판매예정량이나 예정이익액에 대한 목표설정
- 품질, 가격, 유형 등과 관련된 제품 계열의 결합방식 결정
- 현재시장 및 잠재시장의 존재와 그 규모의 확인
- 판매경로의 선택
- 판매촉진, 선전광고, 서비스정책

19) 매일경제, 매경닷컴

1. 오프라인 거래선 발굴방법

1) 해외전시회 및 사절단 참가

해외바이어와 직접적인 상담을 통하여 바이어를 발굴하는 방법으로 해외전시회 또는 사절단, 구매상담회 등에 참가하는 방법이 있다. 해외마케팅 기회가 절대적으로 부족한 중소 무역업체들은 정부와 지방자치단체, 각 무역유관기관들의 해외전시회 참가 지원을 받을 수 있다. 해외전시회 참가 지원활동에는 지원자금 확보 및 배정, 전시회 부스 신청, 모집 홍보 및 참가업체 선정, 설명회 개최, 여행사 / 장치사 / 운송사 선정 지원, 현지 전시회활동 지원 등 제반 과정과 활동이 포함된다.[20]

2) 수출촉진 지원사업

한국 정부는 다양한 수출촉진 지원사업을 펼치고 있으므로 중소기업들이 활용하면 거래선 발굴에 큰 도움이 된다. 수출인큐베이터는 세계 주요 교역거점에 설치된 수출인큐베이터에 저렴한 비용으로 입주할 수 있는 사무공간을 마련하여 현지진출을 희망하는 중소기업의 조기정착과 수출 경쟁력 배양을 지원하는 사업이다. 무역촉진단 파견사업은 해외 틈새시장 개척을 위해 전문 업종 위주의 무역촉진단(전시회, 시장개척단 등) 파견으로 수출저변 확충과 수출촉진을 한다.[21]

3) 간행물과 관보 공고물

무역관련 정기간행물 : KOTRA의 해외시장, 무역협회의 월간무역 등 각 기관의 정기 출판 간행물이 있다. 수출입 업자들이 이 정기간행물에 광고를 내고 있어 참고할 수 있다. 우리 회사에 꼭 맞는 제품정보의 출현 빈도가 제한적이지만 전반적인 동향 파악에는 도움이 될 것이다.

---

20) 구본형, 공익을 경영하라, 을유문화사, 2006.

21) 전문용어 검색서비스, 중소기업청, 2010.

〈표 8-〉 주요 수출상품 홍보용 잡지

간행물 이름	간행주기	간행처	연락처
Buyers Guide	월 간	(주)매경바이어스가이드	558-5404
Eletronics	월 간		
Automatives	월 간		
Machinery	격 월 간		
Korea Export	계 간	코엑스	551-1578

• World Trade Zone

World Trade Zone은 EC21에서 온라인과 오프라인의 장점을 최대한 활용하는 차원에서 제안하는 전 세계 수출기업을 위한 수출상품종합광고 서비스이다. 기존의 수출상품홍보는 책자 홍보 위주였으나 World Trade Zone은 홍보책자 외에 e-Book, 온라인 광고 등을 병행하는 종합광고매체이다. World Trade Zone은 EC21 자체 보유 100만 바이어 DB, EC21.com 사이트 100만 방문자, EC21 참가전시회, 전세계 유력전시회, 국제제휴 네트워크, 해외에이전시 등을 활용해 전 세계 유력 바이어들에게 상품홍보를 실시한다.

• Korea Buyer's Guide와 Korea Trade

Buyer's Guide는 해외 140여개국을 대상으로 발행하는 월간 영문 국내상품 홍보잡지이며 디지털판인 〈e-Buyers Guide〉도 제작하여 전 세계 20만 바이어에게 발송함으로써 오프라인의 한계를 보완했다.

Korea Trade지는 대한무역투자진흥공사(KOTRA)에서 발행하는 월간 영문 국내상품 홍보지이다.

• 무역 디렉토리

무역 디렉토리(directory)란 다양한 무역업체들을 여러 가지 분류로 나눠 주소와 연락처를 정리해놓은 책자다. 국가별, 아이템별, 거래 유형별(수출, 수입 등) 다양한 디렉토리가 있으며, 인터넷으로 서비스하는 디렉토리도 있다. 무역협회, KOTRA, 수입업협회 등과 같은 무역 관련 기관의 자료실에 가면 다양한 무역 디렉토리를 찾아볼 수 있다.[22] 지금은 인터넷의 발달과 함께 기업에 대한 정보

22) 김연동, 이준호, 실전에 바로 써먹는 무역실무의 모든 것, 원앤원북스, 2009.

제공 수단도 책자나 CD-ROM 형태에서 온라인 형태로 전환되고 있는 추세이다. 대표적인 무역 디렉토리 웹사이트가 KOMPASS(www.kompass.com)이다. 전 세계 각국의 기업정보를 검색할 수 있다. 품목별로 전문화된 디렉토리 웹사이트도 여러 가지 이용해 볼 수 있다.

- 브로슈어와 카탈로그[23]

브로슈어(brochure)는 팸플릿(pamphlet)의 일종으로 고급스럽게 만들어진 인쇄물이다. 종이의 질 · 인쇄 · 제본 · 사진 등이 보통의 팸플릿보다 좋고 호화로운 것으로 분량은 대체로 4페이지나 8페이지, 16페이지 등이며 중철하는 것이 보통이다. 전시회에서 바이어를 만났을 때 회사와 아이템 소개자료로 배포한다.

카탈로그(catalog)는 소책자 형식을 취한 상품의 견본책이다. 일반적으로 폴더나 리플릿 정도의 것이 많고, 영업용이나 상품소개의 인쇄물을 총칭하는 경우도 있다. 카탈로그는 오래 보존하여 그 상품의 장점이나 효력을 소비자에게 기억시키기 위해 편집, 디자인, 지질, 인쇄 등의 인상효과를 높여주도록 충분히 주의를 기울여야 한다. 특히 표지의 디자인이 중요하다. 카탈로그는 제작 비용을 감안하여 정식으로 요청하는 바이어에게만 발송한다.

〈그림 8-1〉 전시회 배포용 브로슈어 예시

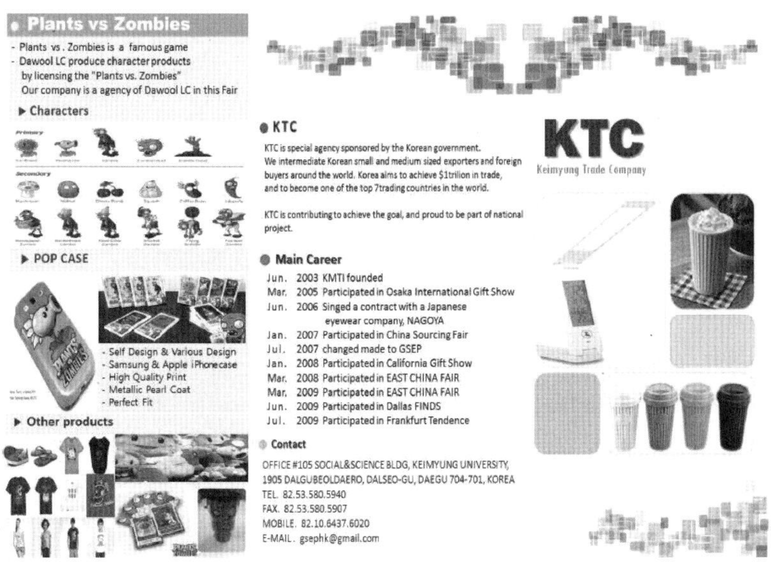

---

23) 한국언론진흥재단 용어설명.

• 기타

각국의 전화번호부는 국내 주재대사관 상무관을 통하여 참고 할 수 있고, 특정지역에 한정된 경우에는 국내진출 외국은계은행 지점을 통해 알 수 있다.

전 세계에서 특히 중남미 국가에서는 포스터 광고게시판 버스나 택시 또는 운동장 같은 곳의 상품광고가 성행하고 있다.

무역협회나 각 업종별 수출조합 단체에서는 그들의 조직에서 수집할 수 있는 해외정보를 필요한 회원에게 배포하고 있는데 이 또한 간행물에 의한 중요한 중계정보가 될 수 있다.

주한 외국공관의 자료 이용도 좋은 방안이다.

2. 온라인 거래선 발굴방법

1) 거래알선사이트(E-Marketplace) 활용

인터넷을 이용한 거래처 선정이라 함은 무역업체가 인터넷을 이용하여 자기회사의 정보 및 상품정보를 전 세계의 거래 상대방에게 홍보하고 웹사이트에 등록 되어있는 청약정보의 검색 또는 열람을 통해 거래처를 발굴하는 것을 의미한다. 이러한 기능을 지원하는 웹사이트를 거래알선사이트 또는 무역사이트라고 한다.[24] 전 세계에는 UNCTAD의 지원을 받고 있는 세계무역연합 사이트(www.wtpfed.org)를 포함하여 현재 약 1,000여개의 무역 거래알선사이트가 있다. 우리나라에는 무역협회, 중소기업진흥공단, KOTRA, 지방자체단체 등 유관기관과 EC21, EC Plaza 등 기업이 운영하고 있는 사이트들이 있다.

• EC21(www.ec21.com)

국내 1위의 e-마켓플레이스로서 전세계 230여개국의 80여만 바이어 DB를 보유하고 있으며 오퍼 등록 전 사전검수, 블랙리스트 수집 및 공유 등 오퍼 및 바이어 정보의 신뢰성 확보를 위해 노력하고 있다.

---

24) 무역용어사전, 한국무역협회

〈그림 8-2〉 무역거래알선사이트 ecplaza.com

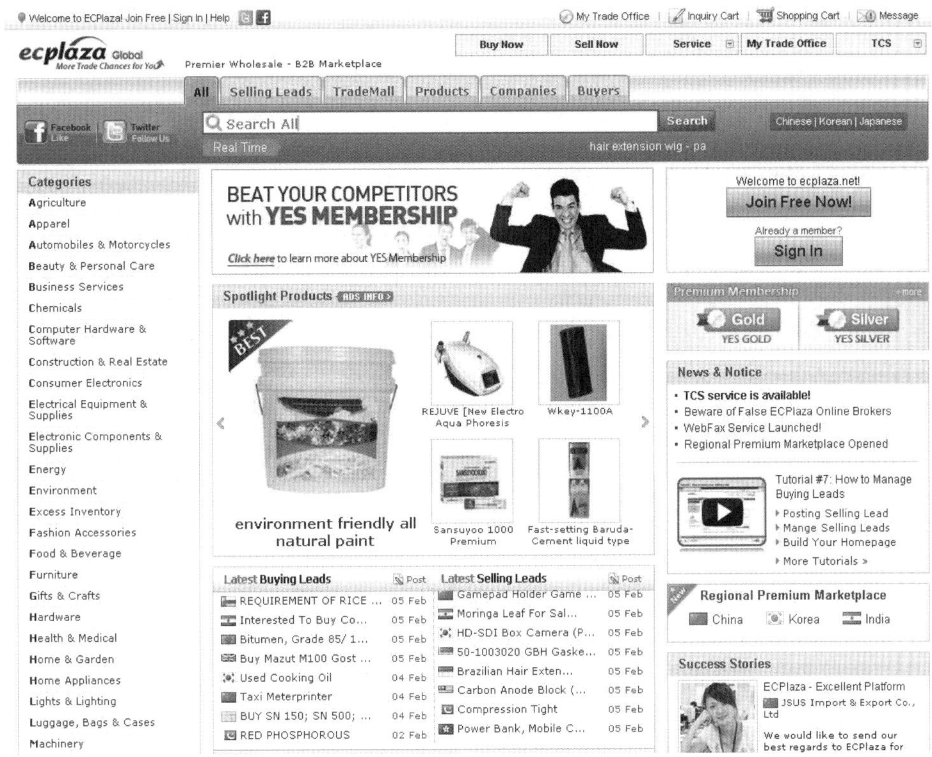

• KITA(www.kita.net/marketing/index.htm)

무역협회에서 운영하는 해외거래 / 마케팅 서비스로 오퍼정보, 해외 바이어 정보, 비즈니스 정보 등을 제공

• BUYKOREA(www.buykorea.org)

KOTRA에서 운영하는 무역거래알선사이트로서 각종 오퍼 및 기업정보 검색 서비스 제공

• Gobiz Korea(kr.gobizkorea.com)

중소기업청과 중소기업진흥공단이 국내 중소기업의 인터넷을 이용한 국내외 판로 확보 및 홍보를 지원하기 위하여 운영하고 있는 중소기업 무역포탈 사이트

- Alibaba(http://www.alibaba.com/)

중국에서 운영하는 무역거래알선사이트로 수출입 오퍼정보, 카달로그 정보를 제공하는 세계최대의 사이트(유료)

2) 인터넷 웹 디렉토리

기업디렉토리는 거래의사를 나타내는 오퍼나 인콰이어리 정보를 제공하는 전자거래알선 사이트와 달리 기업의 취급품목, 연락처, 재무상태 등 비즈니스 관련 정보를 제공하는 것으로 주로 상공회의소, 협회, 조합 등 회원제로 운영되고 있는 단체에서 회원사의 정보제공 목적으로 서비스하고 있다.

인터넷의 발달과 함께 기업디렉토리도 책자나 CD형태에서 점차 온라인 형태로 전환되고 있는 추세며, 제공되는 정보도 상기와 같은 기본정보 외에 담당자 E-mail, 해당 기업의 인터넷 사이트까지 수록하여 상품에 대한 보다 자세한 정보 및 거래알선 기능까지 제공하고 있다.

〈그림 8-3〉 Kompass Korea

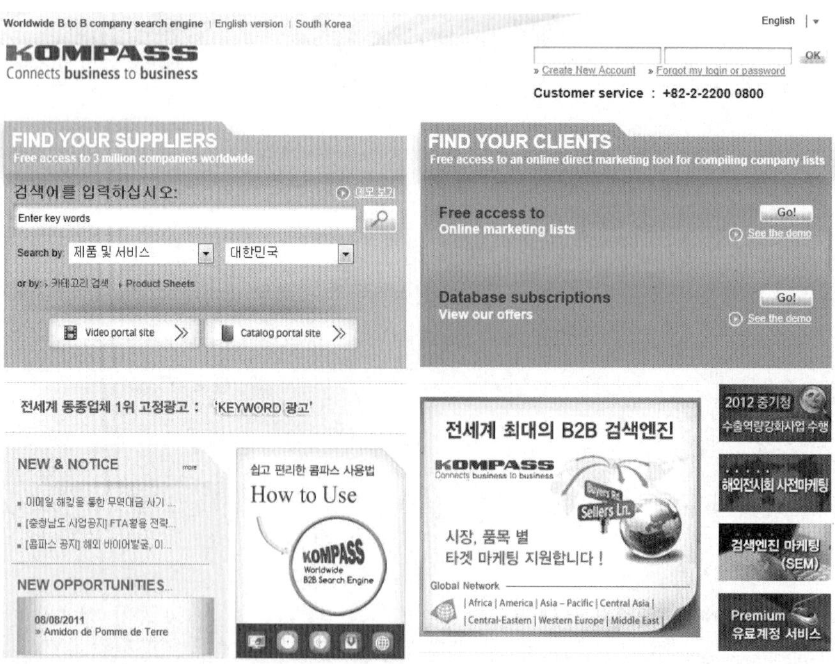

그러나 인터넷에서 제공되고 있는 대부분의 웹 디렉토리는 제조업체 또는 수출업체 정보만 제공하고 있으며 우리 수출기업이 필요로 하는 수입업자나 유통업자 정보를 제공하는 곳은 많지 않고 대부분 유료로 운영되고 있다. Kompass사에서 운영하고 있는 사이트(http://www.kompass.com)가 대표적인 유료 디렉토리 사이트이다.

3) 소셜미디어 수출마케팅

링크드인, 페이스북, 유투브 같은 소셜미디어는 수출마케팅 분야에도 적극적으로 활용되고 있다. '소셜 미디어 마케팅'이라 불리는 SNS 활용 마케팅은 SNS를 통해 웹 사이트 트래픽이나 소비자의 주의를 끌고자 하는 마케팅 방식, 과정, 전략을 의미한다. 이는 소비자 관점에서는 인터넷에 대한 접근성이 제고되었음을, 그리고 기업이나 조직 관점에서는 SNS가 마케팅 캠페인을 저렴하게 전개할 수 있는 저비용의 플랫폼이 되었음을 의미하는 것이다.[25)]

특히 링크드인은 200개국 1억7천만 명이 가입한 세계최대 비즈니스 SNS로 가입자의 프로필(이력사항)이 상세하여 기업인들이 바이어 발굴을 통한 신규시장 개척 및 비즈니스 파트너 물색 등에 주로 활용하고 있다.[26)] 9장 제3절에서 자세한 내용을 다룬다.

25) SNS를 보는 열 가지 관점, 이재현, 2012, 커뮤니케이션북스

26) 강대리의 링크드인 수출마케팅 따라잡기, KOTRA

▲

제 3 절

해외전시회 참가 계획과 실행

본 절에서는 오프라인 거래선 발굴방법 중 가장 중요한 해외전시회 참가 성공전략에 대해 이해한 후 해외전시회 모의 참가 실습을 한다.

1. 해외전시회 참가 필요성

전시회는 무역, 산업, 교육분야 혹은 상품 및 서비스 판매업자들의 대규모 상품진열을 의미하는 것으로서 회의를 수반하는 경우도 있다. 전시회, Trade Show라고도 하며 유럽에서는 주로 Trade Fair라는 용어를 사용한다.27)

해외전시회는 많은 기업들이 활용하고 가장 인기 있는 마케팅 기법중의 하나이다. 전시회는 상대기업의 의사결정 과정 관련자들이 전시기간(보통 3일에서 일주일 동안) 한 장소에서 신상품 시장, 제품에 대한 문제해결 방안강구, 구매결정, 업무효율화 등에 대한 정보를 얻는 곳이다. 미국의 한 시장조사기관의 조사에 의하면 조사대상의 90%이상이 전시회는 구매결정에 있어 매우 유용한 정보원이라고 응답했다. 또한 75% 이상의 내방객들이 전시회를 통해 새로운 공급자를 만났고 26% 이상은 전시회가 개최되는 현장에서 실질적으로 구매를 한 것으로 조사되었다. 이러한 조사 결과는

27) 호텔용어사전, 레저산업진흥연구소 편, 2008.

시장개척에 관심을 가지는 기업들이 다른 마케팅 수단보다 전시회 참가를 선호하는 이유를 잘 설명해주고 있다. 특히 해외전시회 참가는 국내시장보다 해외로 시장을 개척해보려는 기업들에게 특히 중요하다고 할 수 있다.

그러나 치밀한 사전준비와 세부적인 상담전략을 세워 놓지 않을 경우 성과도 없이 비용만 지출하는 결과가 될 수 있다. 역시 가장 큰 단점은 많은 비용과 시간이 소요된다는 점이다. 해외 및 국내 전시회에 참여하는 방법은 참가 주관 협회 및 회사로 직접 연락하여 주관자 및 대행사의 안내에 따르면 된다. 해외전시회 참가 필요성은 다음과 같다.

- 적절한 파트너를 찾는데 시간이 절약된다.
- 자기상품 홍보에 비용이 절감된다.
- 잠재적 바이어인 관심업체의 관람을 유도한다.
- 정보입수의 기회를 제공한다.
- 신기술의 흐름, 인맥형성, 제품의 발전모델을 배울 수 있다.

정부에서도 이처럼 해외시장 개척에 관심을 보이는 중소업체나 벤처기업들의 해외마케팅 활동을 지원하는 많은 자금을 지원하고 있다. 해외전시회는 국제적으로 인정된 합법적 정부의 기업지원 수단이다. 각국의 해외전시회 참가 지원사업은 정부부처나 국영 무역진흥기관에서 시행하고 자국 기업의 해외시장 개척 및 국제경쟁력 강화 기회를 제공하는 역할을 한다. 현재 독일, 미국, 영국, 홍콩 등 다수의 국가관을 운영하고 있다.[28] 이외에도 각 지방 자치단체는 물론 중소기업청에서도 우리 중소업체들이 해외전시회에 참가하는데 자금을 지원하고 있다. 이러한 전시회의 장점에도 불구하고 전시회에 참가하는 모든 기업들이 성공하는 것은 아니다.

28) 손정수, "정부지원, 꼼수로 혜택 좀 더 받자는데", 주간무역, 2013. 1. 22

〈표 8-2〉 중앙정부의 해외전시회 지원 현황

구분		지식경제부	중소기업청	농림수산부	문화체육관광부
단체 참가지원	관련기관	KOTRA	중소기업 중앙회	농수산물 유통공사	국민체육 진흥공단
	지원횟수	100회	약 100회	약 35회	약 5회
	지원내역	임차, 장치, 운송비 최대 50%국고 지원 +해외마케팅 100% 지원	업체당 1000만 원 이내 임차, 장치, 운송비 등 공통경비 50% 국고 지원	임차, 장치 (기본부스 100%), 운송비 (100만 원 한도내 70% 지원), 통역 및 판촉원지원 (50~100% 지원)	임차, 장치비 전액, 운송비 1CBM(편도), 공동통역지원
	참가분야	업계수요중심, 유망, 대형 전시회	틈새, 세분화 품목	식품 분야	스포츠용품
	홈페이지	http://www.gep.or.kr	https://www.sme-expo.go.kr/	http://www.at.or.kr/	http://www.kspo.or.kr/

출처 : 주간무역.

일반적인 통계에 의하면 전시회에 참가하는 기업들의 40% 정도는 그 전시회로부터 생산적인 결과를 얻어내지 못하고 다시 참가하지 않는다. 실패를 한 이유는 어디에 있을까? 이는 전시회 참가에 대한 준비부족으로 인한 것이 대부분이다. 해외전시회에 참가해 성공적인 결과를 얻기 위해서는 철저한 사전준비가 필수적이다.

2. 해외전시회 참가 준비 과정

해외전시회 및 박람회참가 기획단계에서부터 사후관리까지 철저한 준비를 통하여 전시회 참가 효과를 높이고 수출마케팅 기회를 확대하기 위한 사전 준비사항을 살펴본다. 가장 먼저 전시회 참가 목표를 설정하는 것이 중요하다.

1) 전시회 참가 목표 설정과 전시회 선정

성공적인 수출마케팅을 위한 전시회 참가 목표는 무엇인가? 신규 바이어를 찾기 위한 것인지, 기존 바이어와의 관계를 발전시키기 위한 것인지, 아이템에 대한 정보수집, 소비자 반응조사 등 시장조사를 위한 것인지를 분명히 하고 그에 맞는 전시회 참가 전략을 마련해야 한다. 이를 위해 전시회 참관객의 숫자나 상담 횟수 등의 목표는 가능한 한 정량화하여 전시회 부스 참가자의 목표점을 정해야 한다. 전시회는 준비한 만큼 성과를 가져다주므로 준비하는데 충분한 시간을 들여야 하며 전시회 성격을 파악하여 독창적인 부스 디자인을 만들어야 한다.

전시회 참가를 결정하기 위해서는 목표시장을 결정해야 한다. 목표시장이 어디인지 파악되면 잠재 바이어를 찾는데 도움이 된다. 아래와 같은 목표시장 점검 체크리스트를 만들 수 있다.

- 우리 회사 제품의 수요가 증가하는 지역은 어디인가?
- 수출시장 다양화를 위해 새로 개척해야 할 곳은 어디인가?
- 주어진 예산 범위 내에서 참가 가능한 지역인가?
- 우리 제품을 구매할 가능성이 높은 바이어가 참관하는 전시회는 어디인가?
- 국내 경쟁업체가 참가 안하는 지역은 어디인가?

해외전시회 개최정보를 알 수 있는 웹사이트는 종류가 많다. 최소한 1년 전에는 전시회 일정을 알 수 있으므로 미리 검색하여 전시회를 선정해야 한다. 그 중에서도 〈그림 8-4〉와 같이 중소기업청에서 제공하는 중소기업 해외전시포탈(https://www.sme-expo.go.kr)의 해외전시회 정보가 도움이 될 것이다. 국내 웹사이트에서 놓치고 있는 해외전시회도 많으므로 http://www.tradeshowalerts.com/ 등 글로벌 웹사이트도 반드시 둘러봐야 한다.

〈그림 8-4〉 중소기업 해외전시포탈 해외전시회 정보

번호	전시회명	주관단체명	지역	개최기간	현황
923	유망 2015 춘계 프레미에르비죵 ..	한국섬유직물수출입조..	프랑스(파리)	2015/02/11~ 2015/02/13	모집예정
922	유망 제79회 동경국제선물용품전시회	한국공예협동조합연합..	일본(동경)	2015/02/05~ 2015/02/07	모집예정
921	유망 2015뉴렌버그 완구 박람회	한국완구공업협동조합	독일(뉴렌버그)	2015/02/04~ 2015/02/09	모집예정
920	유망 2015년 뮌헨 동계 국제스포..	한국섬유산업연합회	독일(뮌헨)	2015/02/01~ 2015/02/04	모집예정
919	유망 2015 춘계 뮌헨 패브릭스타..	한국섬유직물수출입조..	독일(뮌헨)	2015/01/28~ 2015/01/30	모집예정
918	유망 2015 웨스트 코스트 아트 ..	한국프레임공업협동조..	미국(라스베가스)	2015/01/26~ 2015/01/28	모집예정
917	유망 제40회 두바이 국제 의료기기..	한국의료기기공업협동..	아랍에미리트(두바이)	2015/01/26~ 2015/01/29	모집예정
916	유망 프랑크푸르트 국제문구박람회	한국문구공업협동조합	독일(프랑크푸르트)	2015/01/26~ 2015/01/29	모집예정

전시회를 선정할 때는 첫째, 참관객이 누구인지? 둘째, 참관객 중에 우리 회사나 아이템에 관심을 가질 만한 고객은 누구이며 몇 명 정도 되는지? 셋째, 우리 아이템에 맞는 전시회인지? 이 3가지를 반드시 고려해야 한다.

참관객이 누구인지 알기 위해서는 참관객 관심요인 지수(AIF 지수, Audience Interest Factor Index)를 살펴보아야 한다. AIF란 10개의 부스 중 2개의 부스를 방문하는 관람객의 비율로, AIF 지수가 큰 전시회일수록 부스 방문객을 유인하기가 쉬울 것이다. AIF 지수는 전시회 홍보자료에 명시되어 있거나 대부분의 전시회 주최자가 알고 있을 것이다. AIF 지수와 예상 참관객수를 곱하면 관심도가 높은 방문객의 수를 구할 수 있다.[29)]

자사의 제품에 관심을 갖는 방문객 수는 제품 관심요인 지수(PIF지수, Product Interest Factor Index)로 알아야 한다. PIF지수는 보통 전시회 주최자로부터 알 수 있으며 통계적으로 평균 16%를 나타낸다. AIF지수와 예상 참관객수를 곱한 결과인 관심도가 높은 방문객의 수에 PIF를 곱하면 잠재

29) 한국무역협회, 해외전시회 참가효과 극대화방안, 2004.

적 참관객 수를 알 수 있다.[30)]

자사제품에 맞는 전시회를 찾기 위해서는 수직적 또는 수평적인 전시회인지 구분해야 한다. 경쟁사의 웹 사이트 등에서 전시회 참가 리스트를 확인해보면 특정부문에 집중된 전시회가 있을 것인데 그것이 수직적인 전시회이다. Google 등 검색엔진에서 관련 제품 카테고리를 검색해보면 수직적인 전시회를 찾을 수 있다. 작년에 참가했던 참가자 리스트를 검토해서 우리 회사와 정말 관련이 있는지를 확인해야 한다. 참관객들이 광범위한 산업의 여러 부문에 관심이 있는 경우는 수평적인 전시회라 할 수 있고 적합한 바이어를 만나지 못할 위험이 있다.

전시회 참가목적은 전시회 성격과 품목에 따라 달라 질 수 있다. 예를 들어 완구 · 패션 등 소비재 전시회의 참가업체의 우선순위는 현장에서 주문을 받는 것이고 전시회장을 찾는 바이어들도 구매 주문을 위해 방문한다. 기계류 등 자본재 전시회의 경우 오랜 상담을 거쳐야 주문이 이루어진다. 전시회가 끝난 다음에 본격적인 상담을 시작하는 편이다.

대규모 전시회는 참가자가 많아서 다들 선호하지만 참가비가 비싸므로 중소기업들은 소규모 전시회를 잘 활용하는 것이 이익이 될 수 있다. 특히 틈새 상품을 제공하는 기업과 교육프로그램 참가에 우선순위를 두는 기업이라면 참가비가 저렴한 소규모 전시회의 성과가 좋을 것이다. 소규모 전시회는 부스 요원들이 편한 마음으로 바이어들과 충분한 상담을 할 수 있다.

2) 예산수립

참가할 전시회를 결정했으면 예산수립을 정확하게 해야 한다. 기본적으로 생각해야 할 비용은 전시회 주최측에게 지불해야할 비용, 전시회 참가준비에 소요되는 경비, 전시부스 장치 및 전시부스내의 운반 전원공급설치 비용, 광고, 홍보 및 판촉활동에 소요되는 비용 등이다. 전시회 참가에 소요되는 비용은 회사별로 큰 차이를 보이며 개인적인 사정에 따라 큰 차이가 있다. 일반적으로 전시회 총 경비는 기계류를 전문으로 하는 자본재 전시회일 경우 부스 임대료의 10배, 경공업제품을 위주로 하는 소비재전시회는 6배 정도 소요되는 것으로 알려지고 있다.[31)]

30) 주간무역, 해외전시회 참가 성공 노하우 - 올바른 전시회 선정, 2012. 6. 29

31) 주간무역, 해외전시회 참가 성공 노하우 - 예산수립, 2012. 7. 6

• 전시회 주최자에게 지불해야할 비용 (부스임대료)

부스임대료는 면적과 규모에 비례하여 달라지며 부스의 형태에 따라서도 달라진다. 부스임대료에는 전시회 주최측이 참가업체에게 제공하는 서비스 비용도 포함된 것이다. 부스임대료는 각 전시회 홈페이지에서 확인할 수 있다. 예를 들어 중국 광저우 자동화기술 전시회의 경우 Standard booth (9 sqm : 가로 3미터 × 세로 3미터)는 최소 RMB 850/sqm로 책정되어 있으므로 175원/RMB의 환율을 적용했을 때 850×175×9=1,338,750원이다. 독일 하노버에서 열리는 국제 정보통신 박람회의 경우 EUR 219/sqm 이므로 1500원/EUR의 환율을 적용하면 219×1500×9=2,956,500원이 최소 부스임대료이다.

〈그림 8-5〉 전시회 표준형 조립부스 디자인

• 전시회 참가준비에 소요되는 경비

어떤 모델의 제품을 전시할 것인가에 따라 경비가 달라질 수 있다. 평소에 생산하는 일반적인 모델은 추가 비용이 들지 않지만 전시를 위해 특별한 모델을 만들 경우 제작비 및 운송비가 증가할 수 있다. 전시회 참가용 모델을 만들어서 계속 사용하는 회사도 많다. 전시할 제품의 부피, 무게, 수량을 점검해 본 후 직원이 직접 가져갈 핸드캐리 제품과 발송할 제품을 구분해야 한다. 검색엔진에서 '전시화물'의 검색어로 입력하면 전문 운송업체를 많이 찾을 수 있으며 전시품의 무관세 적용을 받고 시간과 비용을 절감하기 위해서는 운송업체를 이용하는 것이 좋다.

• 전시부스 장치 및 전시부스내의 운반 전원공급장치 설치비용

전시부스의 조립 및 장치는 표준형 조립부스(standard booth)를 선택할지 아니면 독립부스(raw space)를 선택하여 자유로운 디자인을 하는지에 달려있다. 예산이 적고 해외전시회 참가경험이 없는 중소기업은 조립형 부스를 선택하는 경우가 많다. 독립부스는 기업의 이미지와 제품에 맞는 부스로 표현할 수 있지만 장치비용이 많이 든다.

• 광고, 홍보, 판촉활동 비용

전시회 참가자들을 우리 회사의 부스로 유인하기 위해서는 별도로 광고, 홍보, 판촉활동을 펼쳐야 한다. 해당 분야에 권위있는 전문 잡지에 광고를 내거나 전시회가 열리는 지역의 전문 잡지에 전시회 개최기간과 전시부스 번호, 출품하는 제품의 특징 등을 광고할 수 있다. 전시장 입구 전광판 및 디스플레이를 이용하거나 전시회 책자에 광고를 실을 수도 있다. 이러한 비용도 미리 산정해야 한다.

• 인건비

출장 직원의 항공료, 숙박료, 식비, 교통비와 함께 현지 통역, 모델, 아르바이트 비용 등 전시회장 내에서 추가로 지출되는 인건비를 산출해 볼 수 있다.

이상과 같은 비용을 계산하여 다음 〈표 8-3〉과 같은 예결산표를 만들어 보자.

〈표 8-3〉 전시회 예결산

항목	예산		결산	
	원화	외화	원화	외화
부스임대료				
전시품 및 장치비				
운송비				
현지 인건비				
광고 및 판촉비				
출장비				
기타				
합계				

3) 사전마케팅

전시회 내방객 중 특정 바이어들을 자사 부스에 유치하는 것은 전시회 주최측이 아닌 개별기업이 해야 할 일이다. 그러므로 전시회 사전마케팅에도 많은 노력을 기울여야 한다. 전시회 기간은 보통 2일에서 5일 정도인데 이 기간에만 초점을 맞춘다면 전시회를 1/3정도 밖에 이용하지 못하는 것이다. 전시회는 개최 전후 총 4~5개월 동안을 최대한 이용할 수 있다. 전시회 2~3개월 전에 전시회에 출품할 신상품을 중점적으로 홍보할 수 있다. 사전마케팅은 전시회 참가의 성공여부를 좌우한다.[32)]

Trade Show Bureau의 조사에 따르면 내방객이 특정부스를 방문하는 이유는 다음의 6가지 이다. 흥미 있는 전시품 시연(28%), 부스 위치(23%), 추천(22%), 장치연출(13%), 영업담당자의 추천(12%), 전시장치의 크기(1%) 순이다.

- 초청장 보내기

잠재 고객 리스트를 확보하여 초청장을 전시회 개막 3개월 전부터 발송하기 시작한다. 초청장의 내용은 전시회 개요, 자사 소개 및 연락처, 부스 위치, 내방객에 대한 혜택 등으로 구분해 짧게 작성

32) 주간무역, 해외전시회 참가 성공 노하우 – 사전마케팅, 2012. 7. 13

한다. 현지어로 작성해서 특별한 기념품과 경품행사와 같은 이벤트 내용을 알릴 경우 더 효과적이다. 초청장 발송 후 1~2주 후에 2차 초청장 및 전화 등으로 수신 여부를 확인하고 방문시간을 물어본 다음 반드시 참석하도록 유도한다.[33] 참석하겠다는 의견을 받으면 반드시 스케줄을 협의하여 방문 및 상담 시간을 결정해 놓는 것이 중요하다.

〈그림 8-6〉 해외전시회 초청장 사례

THE BIG 5 International Building & Construction Show

BUILDING TOMORROW'S SKYLINES
21 – 24 NOVEMBER 2011
Dubai International Exhibition & Convention Centre

Yeons Co., Ltd.
invites you to the
"2011 Big 5 International Building and Construction Show'
in Dubai.

1. Dates: 21-24 NOVEMBER 2011
2. Venue: Dubai International Convention and Exhibition Centre
3. Booth No: SAEED2 B131
4. Contact Person: Mi-Jeong Lee/ yeons@yeons.co.kr

Dear Purchasing Manager,

We, Yeons Co., Ltd., feel that you may be interested in our products, and we would like to briefly introduce them as follows:

We are specialized in manufacturing self-developed testers, updating and repairing the whole system. Also, succeeded in domestically producing them with academic-industrial cooperation with regard to ground engineering. Further, we are in progress of establishing a new safety inspecting department in order to apply high-technology to the field.

Uniaxlal Compression Tester
The Pioneer of High-Tech Civil Engineering Apparatus!!

Feature

- Capable to 6 sorts of testing
  - Soil compression testing
  - Soft rock compression testing
  - CBR testing
  - Marshal's stability testing
  - Spot load testing
- Speedy and handy loading and unloading
- Mini UTM function(Max. 5 Ton)
- Easy balancing by inserting basin to horizontal frame
- Displacement control with Servo Motor(0.0001~50mm/min)
- Easy installation in narrow space by diagonal frame
- Catching the situation of loading & unloading on loading plate with LCD display
- All operations capable with Touch Screen
- QnA type program enable unskilled use to test

For further information on our product, kindly visit our website or contact us directly

Best Regards,
Mi-Jeong Lee

- 해외전문지 광고와 보도자료 배포

해외전문지 광고는 예산이 문제이기 때문에 전시회 개최 2~3개월 전부터 작은 규모로 여러 번

33) 신성찬, 오퍼상이 꼭 알아야 할 무역실무 75, 원앤원북스, 2009.

광고를 내는 것이 효과적이다. 보도자료의 내용은 신상품 개발 또는 제품개량, 산업의 획기적인 발전, 현상품의 새로운 이용 등을 다룬다. 작성시 중요한 것은 광고로 인식되지 않도록 하는 것이다. 보도자료는 잡지의 경우 발간 3개월 전, 신문은 2주전에 보낸다. 1-2개 신문에만 실려도 큰 수확이다.[34)]

• 세미나 주제발표

각 분야의 유명한 회사, 전문가, 바이어들이 모이는 세미나에서 새로운 기술과 제품을 소개할 경우 큰 홍보효과를 얻을 수 있다. 세미나 참가준비는 9-12개월 전부터 한다. 박람회 주최자가 계획하는 행사와 주제를 알아본다. 자사가 갖고 있는 정보 중에 세미나 참석자가 필요할만한 정보가 무엇인가를 생각한다. 세미나에 자사의 연사를 보낼 것을 제안하고 토론내용을 준비한다. 자사직원의 세미나 참석이 확정된 후 이 내용을 홍보하면 세미나에 참석한 바이어들은 상담요원에 친밀감과 믿음을 갖고 부스를 내방할 것이다.[35)]

4) 전시회 진행

전시회 참가 요원은 전시회 개막 전날에 전시장에 도착해야 한다. 장치 미비사항 점검과 주요 바이어와의 상담일정을 확인한 후 전시품을 진열한다. 정시에 전시회는 개막되고 참관객들이 들어오므로 개장시간에는 반드시 부스에 있어야 한다. 참가업체들의 복장, 모습, 행동은 거의 비슷하므로 눈에 띄는 모자나 재미있는 유니폼을 입는 것도 좋다. 복장과 구두는 깨끗하고 단정하며 무엇보다 편안해야 한다.

• 할머니 테스트[36)]

할머니(또는 비즈니스 세계에 있지 않은 사람)의 눈을 가리고 부스 앞에 서게 한 후 눈을 뜨게 한다고 가정하자. 할머니가 3초간 부스를 보게 한 후 당신의 회사명과 제품, 그리고 방문객이 왜 부스에 들러야 하는지 등을 여쭤보라. 부스에서 올바른 메시지를 제공하고 있다면 할머니는 쉽게 질문에 답해야 한다. 머뭇거리거나 불확실한 대답을 한다면 당신의 부스는 실패한 것이다. 부스는 말이 없는 최대의 홍보요원이다. 메시지를 강하고 명료하게 전달하는 부스는 양질의 잠재고객이 찾아온다.

• 매일 회의를 한다

---

34) 주간무역, 해외전시회 참가 성공 노하우 - 사전마케팅, 2012. 7. 13

35) 한국무역협회, 해외전시회 참가효과 극대화방안, 2004.

36) 주간무역, 해외전시회 참가 성공 노하우 - 전시회는 시작되고, 2012. 7. 20

매일 아침 전시회가 시작되기 전에 회의를 해야 한다. 모든 사람이 각자의 업무결과를 말하고 그들의 활동을 전시회 참가목표와 비교한다. 어떤 점이 잘되고 있고 안되고 있는지, 어떻게 향상되어야 하는지, 어떤 점을 성취했는지, 어떤 정보가 전시장에 돌고 있는지 등을 공유한다. 전시회 중간에 고칠 것은 고치고, 남은 기간을 위해 부스요원을 재무장시킬 수 있는 좋은 기회가 될 것이다. 전시회 부스 내에서 식사를 하지 않도록 조심하고 동료들과 모여 있으면 내방객이 들어오려고 하지 않는다.

• 상담시 유의사항[37)]

부스요원은 상담할 때 말을 많이 하면 안 된다. 무슨 말을 할지 생각하지 말고 조용히 침묵해야만 제대로 고객의 반응을 들을 수 있다. 시간은 한정적이기 때문에 부스를 지나가는 모든 방문객과 이야기를 나눌 순 없다. 또한 그들 모두가 타깃은 아니므로 시간을 낭비해서도 안 된다. 주요 고객에게 시간을 더 배분해야 한다는 것에 유의하고 대화를 시작해야 한다.

부스 3미터 전방에 누군가 들어왔을 때 말을 걸어야 한다. '시작은 반이다' 라는 말도 있지 않은가. 일단 말을 시작하면 어려운 순간은 지나간 것이다. 대화를 시작할 수 있는 2~3개의 질문을 해보자. 계약을 체결하기 위해서만 부스에 나와 있는 것은 아니라는 점을 명심해야 한다. 일단 대화의 분위기에서 방문객을 파악하기 위한 질문을 던지는 것이 중요하다.

- 어떠세요?
- 어떤게 마음에 드셨나요?
- 저희 부스를 보시던데 관심있는 제품이 있으세요?
- 들러주셔서 감사합니다. 어떤 제품이 눈에 띄셨나요?
- 들러주셔서 감사합니다. 저희가 해결해 드릴만한 문제가 있을까요?

방문객이 편안하게 대화할 수 있도록 한 후 그가 제품에 관심 있는지에 대한 여부를 알아내야 한다. 양질의 고객으로 판명됐다면 정보를 많이 수집해야 한다. 전시장에서 당장 판매계약을 체결하려 하지 말고, 전시회 이후의 진행단계에 대한 상호의견이 일치하도록 해야 한다. 많은 사람들과 말하게 되므로 〈표 8-4〉처럼 상담일지에 메모를 해야 한다. 메모를 하게 되면 잠재고객도 자신이 중요한 존재라는 느낌을 가질 수 있다.

37) 주간무역, 해외전시회 참가 성공 노하우 – 참관객 만났을 땐 이렇게, 2012. 8. 3

전시회 참가목적이 수주에 있다고 할 때, 부스요원은 계약서를 현장에서 작성할 수 있도록 애를 쓸 것이다. 그러나 수주가 아니라 Lead 창출이 목적이라면 타깃 시장에 맞는 방문객을 찾았을 때 목적은 달성된다. 하지만 한 단계 더 나아가 그 방문객과 전시회 이후 직접 만나서 회의 또는 전화상담 스케줄을 잡아야 한다. 둘 다 여의치 않다면 우편으로 세부정보를 보낸다. 이 모든 과정은 다음 단계로의 발전에 동의하도록 하기 위한 것이다. 동의하지 않는다면 당신의 잠재 고객이 아니다.

〈표 8-4〉 상담일지 양식

<table>
<tr><td rowspan="4" colspan="2">명함</td><td>DATE</td><td>2013 . .</td><td>TIME</td><td></td></tr>
<tr><td rowspan="2">ITEM</td><td></td><td colspan="2"></td></tr>
<tr><td></td><td colspan="2"></td></tr>
<tr><td>NAME</td><td colspan="3"></td></tr>
<tr><td>상담내용</td><td colspan="5">① 제품 기능 ② 가격
③ 사용법 ④ 생산지
⑤ 수출 가능성 ⑥ 주문량(최대수량&최소수량)
⑦ 배송기간 ⑧ 사후 연락에 관한 언급
⑨ 기타</td></tr>
<tr><td>조치사항</td><td colspan="5"></td></tr>
<tr><td>기타사항</td><td colspan="5"></td></tr>
<tr><td>계약가능성</td><td>A</td><td>B</td><td>C</td><td colspan="2">D</td></tr>
</table>

5) 사후마케팅[38]

전시회 기간 중 이루어진 중요한 만남에 대해서는 너무 늦지 않도록 답장이나 감사의 편지를 보내야 한다. 전시회에서 이루어진 새로운 고객들과 만남은 단지 시작에 불과하다. 처음 만난 바이어로부터 거래가 성사될 때까지는 여러 차례의 접촉이 이루어지는 것이 보통인 만큼 접촉이 계속 이어질 수 있도록 세심한 배려를 해야 한다.

• 전시회 후속 조치

- 중요 고객들에게 감사편지 발송
- 신속한 샘플, 안내서, 기타서류 발송
- 전시회 출품결과에 대한 회사 내 토론
- 전화 문의들에 대한 후속작업
- 상담의 계속적인 진행

• 전시회 참가결과의 평가[39]

전시회 내방객들에 대한 자세한 정보와 그들의 목적, 그들의 관심을 갖는 제품들, 그들의 기대사항들이 상세히 기록된 서류들은 결과평가에 매우 유용하다. 또한 전시회 출품목적을 당초 의도했던 대로 성취했느냐에 대한 평가는 차기 전시회에도 출품할 것인가를 결정하는 데 중요한 근거가 된다. 비판적인 평가는 자유롭게 제기될 수 있어야 한다. 최종적인 결론은 차기 전시회 출품 준비에 대한 중요한 자료로 활용된다.

- 상담 및 계약 결과 분석
- 전시회 참가 경비 대비 성사된 거래 실적 분석
- 유치 바이어 명단과 상담 추진 결과 분석
- 신규 바이어 접촉 결과 분석
- 신제품 소개 성과 파악

38) 주간무역, 해외전시회 참가 성공 노하우 - 전시회가 끝난 뒤, 2012. 8. 10

39) KOTRA, 해외전시회 참가 매뉴얼, 2006.

- 기업 브랜드 이미지 제고 여부
- 전시품, 부스위치, 규모, 홍보활동 등의 적절성
- 전년도 참가 성과와 비교 분석
- 다른 전시회 참가 성과와 비교 분석
- 전시 참가 운영팀원간의 다면 평가

참고문헌

KOTRA, 해외전시회 참가 매뉴얼, 2006.

NEW 경제용어사전, 미래와경영연구소, 2006, 미래와경영

SNS를 보는 열 가지 관점, 이재현, 2012, 커뮤니케이션북스

강대리의 링크드인 수출마케팅 따라잡기, KOTRA

구본형, 공익을 경영하라, 을유문화사, 2006.

김연동, 이준호, 실전에 바로 써먹는 무역실무의 모든 것, 원앤원북스, 2009.

매일경제, 매경닷컴.

무역용어사전, 한국무역협회

문병준, 글로벌 마케팅, 경문사, 2003.

박은태, 경제학사전, 경연사, 2011.

손정수, "정부지원, 꼼수로 혜택 좀 더 받자는데", 주간무역, 2013. 1. 22

손정식, 사장님을 위한 5분 경제, 한국경제신문사, 1996.

신성찬, 오퍼상이 꼭 알아야 할 무역실무 75, 원앤원북스, 2009.

예종석, 예종석 교수의 희망경영, 마젤란, 2008.

이용진, 수출로 위기를 극복해야, 중부일보 사설, 2012. 1. 25

이정학, 호텔경영의 이해, 기문사, 2002.

전문용어 검색서비스, 중소기업청, 2010.

전순환, 국제운송 물류론, 한올출판사, 2004.

전유문, 금융지식이 미래의 부를 결정한다, 원앤원북스, 2006.

주간무역, 해외전시회 참가 성공 노하우 – 사전마케팅, 2012. 7. 13

주간무역, 해외전시회 참가 성공 노하우 – 전시회가 끝난 뒤, 2012. 8. 10

주간무역, 해외전시회 참가 성공 노하우 – 전시회는 시작되고, 2012. 7. 20

주간무역, 해외전시회 참가 성공 노하우 – 참관객 만났을 땐 이렇게, 2012. 8. 3

주간무역, 해외전시회 참가 성공 노하우 - 예산수립, 2012. 7. 6

주간무역, 해외전시회 참가 성공 노하우 - 올바른 전시회 선정, 2012. 6. 29

지식경제용어사전, 지식경제부, 2010.

최장우, 박영태, 인터넷 무역마케팅, 두남출판사, 2010.

쿠로이와 아키라 저, 홍승린 역, 돈 잘 버는 회사들이 선택한 무역실무 테크닉, 비즈니스맵, 2009.

한국무역협회, 해외전시회 참가효과 극대화방안, 2004.

한국정책방송, 수출 中企, 해외시장 정보력 강화 과제, 2010. 7. 15

호텔용어사전, 레저산업진흥연구소 편, 2008.

홍재화, 무역 & 오퍼상 무작정 따라하기, 길벗, 2006.

09

제 9장

인터넷 무역마케팅의 수단과 이행

학습 목표

- 인터넷 무역마케팅의 여러 가지 수단에 대해 이해하고 실제 활용 사례를 학습한다.
- 무역거래알선사이트에 아이템을 등록하고 계약 상담하는 방법을 실제 기업을 대상으로 적용할 수 있다.
- SNS와 검색엔진을 활용한 무역마케팅에 대하여 이해하고 실제 기업을 대상으로 적용할 수 있다.

학습 목차

▲

제 1 절

인터넷 무역마케팅의 수단

1. 인터넷 무역마케팅의 개념과 특징

1) 인터넷 무역마케팅의 정의

인터넷 무역마케팅에 대하여 알아보기에 앞서 전자무역의 개념에 대하여 논의해 볼 필요가 있다. 전자무역은 전자상거래(e-Commerce)의 하나로서 정보통신 네트워크를 통해 이뤄지는 국제간의 다양한 상품과 서비스 거래를 말하는데, 대외무역법상 전자무역을 '무역의 일부 또는 전부가 컴퓨터 등 정보처리능력을 가진 장치와 정보통신망을 이용하여 이루어지는 거래'(대외무역법 제2조6호)로 규정하고 있다.

전자무역은 인터넷, EDI, VAN 등 컴퓨터 네트워크를 통하여 무역을 하는 포괄적인 개념일 뿐만 아니라, 국내 · 외를 가리지 않고 일반 개인, 기업, 정부 기관 등 모든 경제 주체들이 거래 당사자로 참여하는 B2C, B2B, B2G, P2P 등 제반 전자상거래를 포괄하는 성격을 띠고 있다. 특히 해외시장 조사, 신규거래처 발굴, 수출상담, 무역계약서 체결 등 인터넷상에서 대부분이 이루어지고 있으며, 종전의 무역방식과는 크게 다르지 않으나 서류를 전달할 때 인터넷이라는 매체를 활용하는 것이 특징

이다.[1)]

전자무역이 대외무역법에서 정식 명칭으로 정해지기 전에는 사이버무역, 인터넷무역 등의 용어로 불려졌다. 인터넷무역이란 인터넷을 이용하여 거래 및 알선 관계를 성립시키고, 이에 따라 발생하는 대금결제와 선적, 보험 및 통관절차는 EDI(전자문서교환)를 통해 이루어지는 무역거래라고 할 수 있다. 수출업자가 자사의 제품을 인터넷 시장에 내놓으면 이를 구매하고자 하는 수입업자는 e-메일로 가격상담 및 계약체결을 하게 된다. 세계 각국들은 앞으로의 무역방식이 인터넷 상거래에 의존할 것이라는 예상 아래 해당 분야에서의 선점을 위해 각축을 벌이고 있고, 선두주자인 미국은 '인터넷 자유무역 지대'를 제기하고 있다. 그러나 인터넷무역이 안정적인 시스템으로 정착되기 위해서는 신용위험 · 저작권 및 지적재산권 침해 · 관세부과 · 체계적인 운송 시스템 등 해결해야 할 과제들이 남아 있다.[2)]

지금은 인터넷무역이란 개념이 인터넷 무역마케팅으로 옮겨가고 있다. 인터넷 무역마케팅은 인터넷이라는 온라인 매체를 이용하여 국경 없는 무역마케팅 활동을 수행하는 것을 말한다. 즉, 시장정보 수집, 수출상담 및 수출계약 등의 무역거래가 인터넷으로 이루어지는 것을 의미한다.

인터넷은 기업에게 다양한 기회를 제공하므로 수출기업은 자사의 상품과 서비스 정보를 디지털화하여 글로벌 마케팅을 전개할 수 있다. 따라서 기업은 인터넷을 수출업무에 도입하여 저렴한 비용으로 해외시장을 개척하고 절차개선, 처리시간 단축 등 수출업무의 능률을 향상시키고 해외시장 정보를 신속하게 입수하는 등 여러 가지 이점을 누릴 수 있다.

기업은 인터넷을 통해 해외시장 개척에 많은 시간과 비용이 필요했던 전통적인 무역업무를 획기적으로 개선하여 경쟁력을 강화할 수 있다. 정보화 사회에서는 신속한 정보수집과 교환 및 이를 통한 비용절감, 업무효율성 제고 등이 수출기업의 경쟁력을 좌우할 것이다.

2) 인터넷 무역마케팅의 특징(출처 : 최장우, 박영태, 인터넷 무역마케팅)

인터넷은 국경의 제약 없이 문자, 음성, 그림, 동영상 등의 다양한 멀티미디어 정보를 기업과 고객간에 실시간 교환이 가능하게 한다. 인터넷 무역마케팅은 기존 방식에 비해 마케팅 강화, 전략 경쟁우위 확보, 업무절차 개선, 비용절감 등 다양한 이점을 제공한다.

1) NEW 경제용어사전, 미래와경영연구소, 2006, 미래와경영
2) 무역용어사전, 한국무역협회

① 비용절감에 기여

인터넷 무역마케팅은 수출기업에게 커다란 비용절감 효과를 제공해 준다. 기업이 수출상담시 기존의 전화 또는 국제우편 대신 인터넷 전화 · 팩스를 이용하게 되면 국제 통신비용을 저렴하고 신속하게 하여 거래비용을 실질적으로 낮추는 효과를 가져온다. 이러한 비용절감 효과는 기업내부 조직 또는 관리상의 효율성을 높이고 공급자간 경쟁력 향상에도 기여한다.

② 시간단축 및 절차개선에 기여

수출계약 조건을 협의할 때 인터넷을 이용함으로써 바이어와 즉각적인 의견교환이 가능하다. 따라서 인터넷 무역마케팅은 기존의 방식에 비해 시간을 크게 절약하고 효율성을 향상시킬 수 있다.

③ 인터넷을 통한 시장조사

인터넷을 통해 중소기업은 고객과 직접 접촉할 수 있을 뿐 아니라 고객의 의견이나 불만을 실시간으로 수렴할 수 있다. 이러한 정보는 새로운 제품이나 시장기회를 파악할 수 있게 하여 경쟁력이 없는 제품을 시장에서 조기 퇴출시키고 제품전략, 가격전략, 유통전략, 촉진전략 등을 효과적으로 수립 · 실시하는데 도움을 준다.

④ 글로벌 마케팅 기능

국가별 독립시장이 인터넷 상에서 거대한 단일 세계시장으로 통합되어, 수출기업은 전 세계 시장을 대상으로 인터넷을 통해 효과적이고도 저렴한 비용으로 상품을 홍보할 수 있다. 특히 자본과 인력이 부족하여 시장확대가 불가능했던 중소기업이 해외마케팅에 수반되는 복잡한 제약조건에 구속되지 않고 적은 비용으로 해외마케팅을 수행할 수 있도록 해 준다.

⑤ 고객접근성 제고

인터넷 무역마케팅은 영업활동 시간을 24시간으로 연장시켜 고객이 자사에 접근할 수 있는 가능성을 높여준다. 특히 시간대가 다른 해외시장의 경우 본국의 영업시간과 상관없이 인터넷을 통해 고객이 24시간 동안 접근할 수 있으므로 매출의 증대와 신규고객 창출에 기여한다. 이러한 이점은 대기업에 비해 해외시장에 물리적 마케팅 공간을 마련할 수 없는 중소기업에게 보다 유리하게 작용한다.

⑥ 기업의 대외이미지 제고

기업은 인터넷을 통해 해외홍보를 효과적으로 할 수 있어 대외이미지를 높일 수 있다. 즉, 기업은 그래픽, 동영상, 음성 등을 저렴한 비용으로 인터넷을 통해 효과적으로 제공할 수 있어 잠재적 바이어를 대상으로 자사의 이미지를 구축해 나갈 수 있다.

⑦ 중소기업의 국제화 기여

인터넷은 중소 무역업체의 국제화에 기여한다. 종전에는 주로 대기업이 시장정보를 독점하였으나 인터넷의 등장으로 중소기업도 정보를 자유롭게 입수하거나 대기업과 정보를 공유함으로써 양질의 상품과 서비스 능력을 갖춘 국제적인 기업이 될 수 있다.

3) 인터넷 무역마케팅의 영향

① 기업간 경쟁격화 유발

수출기업은 인터넷 등 정보기술을 활용하여 업무를 단순화하고 불필요한 인력을 줄여 경쟁력을 향상시킬 수 있다. 인터넷은 국가간 경계를 무너뜨리고 시장의 진입장벽을 낮게 하여 기업간 경쟁을 치열하게 하고 경쟁우위의 개념을 변화시켰는데, 이러한 변화는 자금력, 정보력, 유통망 등에서 불리한 입장에 있는 중소기업에게 사업영역을 확대해 주는 기회를 제공한다.

② 산업구조 및 무역거래 방식 변화

인터넷에 의한 직거래 방식은 무역에 큰 영향을 미친다. 생산자와 구매자를 연결해 주던 오퍼상이나 종합상사의 역할이 인터넷으로 옮겨감으로써 그 동안 국제거래의 단순한 중개에 머무르고 있는 중소 무역업체와 오퍼상이 감소하고, 인터넷으로 유통되는 오퍼, 구매정보를 전문적으로 다루어 구매를 대행하는 인터넷 무역 대행업이라는 신종 업종이 등장하고 있다. 또한 기업간 전자상거래의 영향으로 멀티미디어 컨텐츠 산업, 인터넷 구매 대행업, 인터넷 서비스업, 무역대행 및 컨설팅 등 새로운 산업의 등장에도 영향을 주게 될 것이다. 이는 중간 유통단계의 축소에 따른 오퍼상, 바잉 오피스 등의 역할에 커다란 변화를 의미한다.

③ 중소기업과 대기업간 격차 축소

인터넷에 의해 형성된 새로운 세계 단일시장인 사이버 시장에서는 중소기업과 대기업간 차이가 축소될 것이다. 기존에 특정 기업이 독점하던 바이어 정보와 시장정보 등은 인터넷을 통해 누구나 접할 수 있게 된다. 여러 나라에서 자재를 조달 · 생산하여 국내는 물론 다른 나라에 판매하는 네트워크를 구축한 창의적이고 유연한 중소기업은 국제무역 환경변화에 탄력적으로 대처할 수 있으며 인터넷을 통해 새로운 기회를 발견할 수 있다.

2. 인터넷 무역마케팅의 수단

일반적으로 국가간 무역거래는 5단계로 진행되는데, 각 단계별 진행방법이나 수단은 과거와 크게 다르지 않다. 우선 시장, 상품, 바이어 등에 대한 정보수집 활동과 기업과 상품을 알리기 위한 광고마케팅이 활동이 이루어지고, 이어 당사자간의 거래조건 협의와 의사교환 활동이 수반되고 격지간 상품대금을 지급하는 대금결제 과정과 상품을 수입업자에게 보내는 물류운송 과정 등의 단계로 진행된다.

인터넷 무역마케팅을 이행하기 위한 수단으로는 월드와이드웹, 뉴스그룹, 전자메일, SNS, 메일링 리스트 및 검색엔진 등이 있다.

1) 월드와이드웹

세계 규모의 거미집 또는 거미집 모양의 망이라는 뜻으로, 하이퍼텍스트 기능에 의해 인터넷상에 분산되어 존재하는 온갖 종류의 정보를 통일된 방법으로 찾아볼 수 있게 하는 광역 정보 서비스 및 소프트웨어이다. WWW 또는 웹(web)이라고 부른다.[3)] 기업은 주로 상품 카탈로그나 기업정보 등을 수록하여 인터넷 상에서 자사를 소개하고 제품을 홍보하여 광고비를 절감하고 광고효과를 높일 수 있다.

---

3) IT용어사전, 두산동아, 한국정보통신기술협회.

2) 뉴스그룹

뉴스그룹이란 온라인상에서 사람들이 어떤 특정한 주제에 대해 토론하는 가상의 모임이라 할 수 있으며, 이러한 뉴스그룹들이 존재하는 네트워크를 유즈넷이라 부른다. 국내에서 뉴스그룹에 대한 인지도가 상대적으로 떨어지지만 미국 · 유럽권에선 상대적으로 데이터 전송 용량이 적은 뉴스그룹이 큰 인기다.[4] 뉴스그룹은 표적시장에 접근할 수 있는 저렴한 광고매체이며 소비자 반응을 즉각 확인할 수 있다는 장점이 있다. 또한 고객이 관심을 갖고 있는 특정 주제별로 세분화되어 있어 표적집단의 선정과 접근이 쉽기 때문에 수출상품의 종류와 특성에 따라 적절한 마케팅 대상을 물색하는데 주로 이용된다.

3) 전자메일

전자메일이란 종이와 우편 배달부 대신 인터넷을 통해 편지를 주고받는 기능으로서 전자우편이라고도 한다. 인터넷의 사용자가 증가하면서 경제성, 신속성, 편리성이라는 장점 때문에 전자메일의 사용이 보편화되었다.[5] 전자메일은 수출계약 체결과정에서 통신비용을 절감하고 상담과 계약을 신속하게 성사시키는데 기여하고 있다.

4) 검색엔진

검색엔진은 월드와이드웹과 FTP 서버에서 정보를 찾을 수 있도록 만들어진 소프트웨어이다. 정보들은 웹 페이지, 이미지, 영상, 다른 파일 형식의 정보 등을 포함한다.[6] 국내 검색엔진으로는 네이버(Naver), 다음(Daum), 네이트(Nate) 등이 각종 웹 서비스를 제공하고 있다. Net Marketshare의 보고에 따르면 2010년 12월 세계 검색엔진의 점유율은 구글 84.65%, 야후 6.69%, 바이두 3.39%, 빙 3.29% 순이며, 그 외의 검색엔진이 1.98%를 차지한다.

5) 메일링 리스트

4) 시사용어사전, 2005.

5) 컴퓨터인터넷IT용어대사전, 전산용어사전편찬위원회 엮음, 일진사, 2011.

6) 시사상식사전, pmg 지식엔진연구소, 박문각, 2012.

메일링 리스트는 회원으로 가입한 다수의 사용자에게 같은 내용의 이메일을 자동으로 송신하는 서비스이다. 여러 사람들이 이메일을 사용하여 함께 공동의 주제나 의견을 주고받는 일종의 토론 그룹과 뉴스레터(newsletter)의 구독과 같은 공지형 서비스 두 가지로 구분된다.[7]

6) SNS

최근 소셜 네트워크 서비스(Social Network Service)는 그 사용범위와 목적이 확장하고 있다. 초기의 이메일, 뉴스그룹 등 비교적 동질적 집단 간의 네트워킹 중심의 SNS로부터, 이제는 기업들에게도 게시판, 개인의 미니홈피나 블로그, Facebook, Twitter를 이용한 소셜미디어 마케팅이라는 개념이 형성되고 있다. SNS활용은 수출마케팅 성과에 직접적인 영향을 미치는 것으로 분석되었다.[8]

3. 인터넷무역마케팅 사례[9]

KNF중공업(주) 해외영업팀에 근무하고 있는 박 과장. 요즘 그는 회사에서 큰 성과를 거둬 기분이 좋다. 알리바바를 통해 타워크레인을 수출했기 때문. KNF중공업이 인터넷 수출에 관심을 갖게 된 건 2008년 말 글로벌 금융위기가 터지면서부터다. 박 과장은 "금융위기로 기존 중동 거래처가 끊기면서 어떻게든 하나라도 더 팔아야 했다"며 "그러나 자금난으로 해외 출장은 어려웠고, 결국 대안으로 찾은 게 인터넷 수출이었다"고 설명했다.

박 과장은 알리바바닷컴을 주목했다. 알리바바닷컴은 240개국 4700만 개 업체가 가입한 세계 최대의 전자상거래 사이트기 때문. KNF중공업이 원하는 거래처는 중동, 미주에 몰려 있었지만, 최근 세계가 주목하는 시장이 중국인 만큼 여기에 들어가면 다른 지역 바이어들과도 만날 수 있을 거라 생각했다.

그는 사이트 가입 후 사업자등록증, 세금납부증명서 등을 제출하고 '신뢰도 있는' 업체로 인증도 받았다. 인증을 위해서는 2999달러(약 330만 원)의 연회비도 내야 했는데, 최근에는 기업들의 온라인 무역을 지원하는 지방자치단체가 많아 이 중 80만 원만 자체 부담했다.

---

7) IT용어사전, 두산동아, 한국정보통신기술협회.

8) 김학민, 이승철, SNS 활용이 수출마케팅 성과에 미치는 영향, 통상정보연구 14(1), 2012, pp. 391-418.

9) 주간무역, e마켓플레이스를 활용한 해외마케팅 성공 사례, 2010. 5. 17

"사이트에 가입하고 인증을 받았다고 해서 바이어들이 저절로 찾아오진 않더군요. 해외 현장을 뛰는 것과 똑같이 부지런히 사이트를 돌아다녀야 합니다. 전화나 e메일로 먼저 적극적으로 연락도 하고요."

박 과장은 "제품이나 상대의 얼굴을 직접 볼 수 없는 인터넷 거래 특성상 신뢰를 쌓는 게 가장 중요하다"고 조언했다. 실제 그는 캐나다 바이어에게 신뢰를 심어주기 위해 한 달 넘게 매일 오전 12시까지 기다렸다 현지 아침 시간에 맞춰 전화하는 '공'을 들였다. 결국 캐나다 바이어들이 직접 한국을 찾았고, 거래는 성사됐다.

박 과장은 "타워크레인은 한 대의 규모가 크고 가격이 비싸서 인터넷으로 수출할 수 있다는 것에 의문을 가졌지만, 꾸준히 바이어와 상담을 이어간 결과 수출에 성공할 수 있었다"며 "알리바바닷컴은 전 세계 바이어와 공급업체가 이용하기 때문에 타 국가의 가격이나 제품 트렌드 등을 검색할 수 있어 해외 마케팅에 큰 도움을 받고 있다"고 전했다.

▲

제 2 절

무역거래알선사이트의 활용

무역거래알선사이트에 아이템을 등록하고 계약 상담하는 방법을 실제 기업을 대상으로 적용할 수 있다. 여기서는 EC21에 회원가입하고 무역마케팅을 수행하는 과정을 실습한다. EC21.com은 전세계 무역인들이 쉽고 빠르게 바이어와 셀러를 검색하고, 판매 및 구매를 할 수 있는 국내 1위, 세계 2위의 글로벌 온라인 B2B 사이트이다. EC21.com은 전세계 국가의 150만 이상의 글로벌 무역인들이 회원으로 활동하고 있으며, 이 중 약 70%가 넘는 회원이 구매와 판매를 겸하고 있다. 또한, 총 800만 여개의 상품정보, 판매/구매 오퍼가 등록되어 있으며 일 평균 3천건 이상의 상품 및 오퍼가 신규로 등록되고 있다.

〈그림 9-1〉 숫자로 보는 EC21 현황[10)]

10) http://www.ec21.com

1. 회원 가입

〈그림 9-2〉 EC21 무료회원 가입 화면

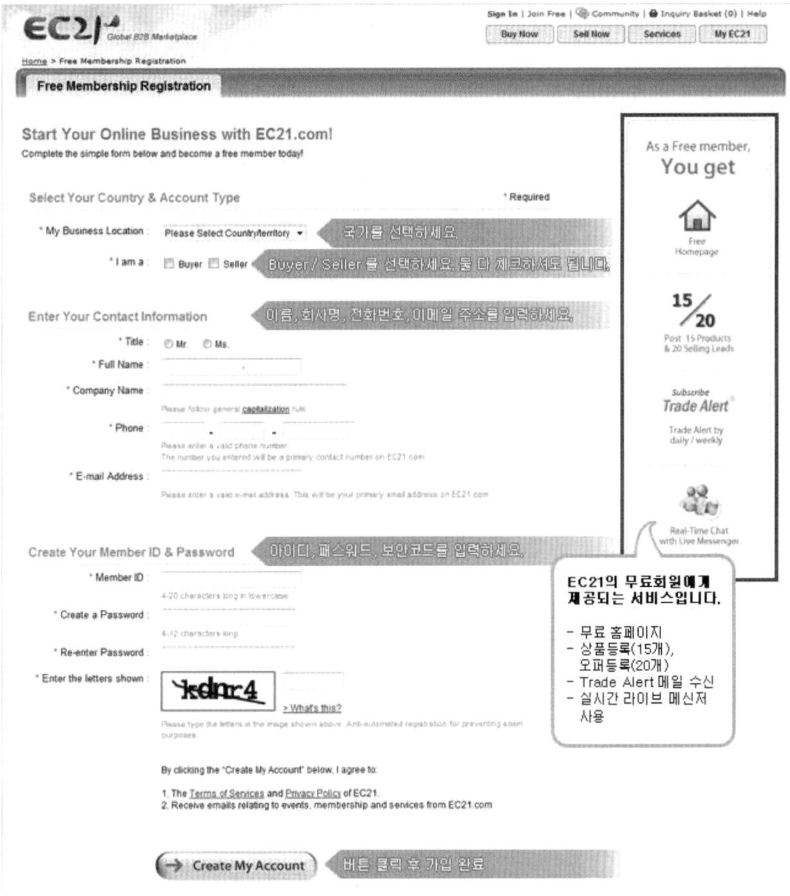

ec21.com에 접속하여 Join Free 메뉴에서 무료 회원가입을 진행한다. 국가를 선택하고 Buyer 또는 Seller에 체크한다. 둘 다 선택할 수도 있다. 이름, 회사명, 전화번호, 이메일 주소를 입력한 다음에 아이디, 패스워드, 보안코드를 입력하여 Create My Account 버튼 클릭 후 가입을 완료한다.

2. 상품 등록

〈그림 9-3〉 EC21 상품 등록 순서

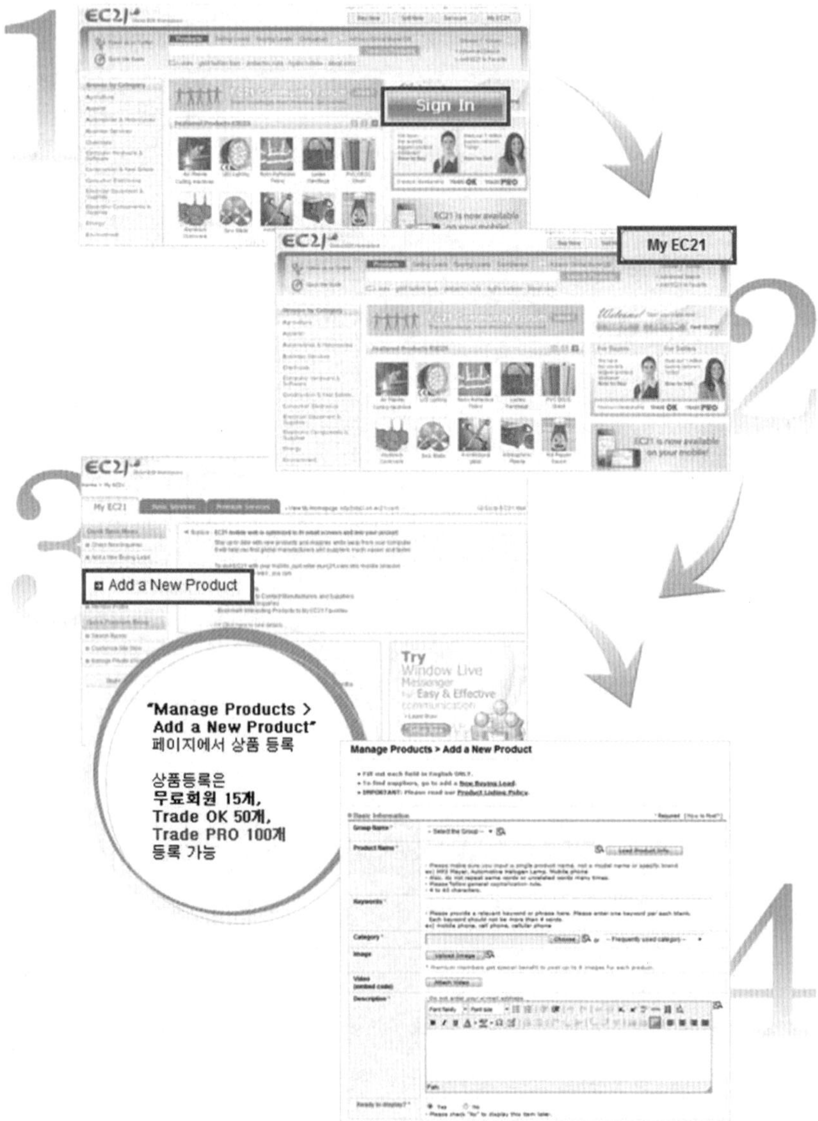

EC21에 상품 등록하는 방법은 다음과 같다. Sign In 버튼으로 로그인하여 My EC21로 들어간다. Manage Products_Add a New Product 페이지에서 상품을 등록하면 된다. 무료회원은 15개 까지 상품등록이 가능하다.

Group Name은 상품 그룹을 이미 설정된 Group 리스트 중 택일하여 등록하는 것이다. Product Name은 최대 영문 60글자 이내에서 상품명을 입력한다. 상품 키워드는 검색에 잘 노출될 수 있도록 상품의 특성을 나타내는 단어로 구성한다. 상품 카테고리 선택, 이미지 등록, 동영상 등록을 마친 다음에 Description에 상품 설명을 입력한다. Text 또는 HTML 형식으로 영어로만 입력 가능하며 연락처 정보는 기입할 수 없다. 마지막으로 Ready to display?는 상품 검색 리스트에 표시여부를 설정하는 것이다. 추후 설정변경은 가능하다.

〈그림 9-4〉 EC21 상품 등록 가이드

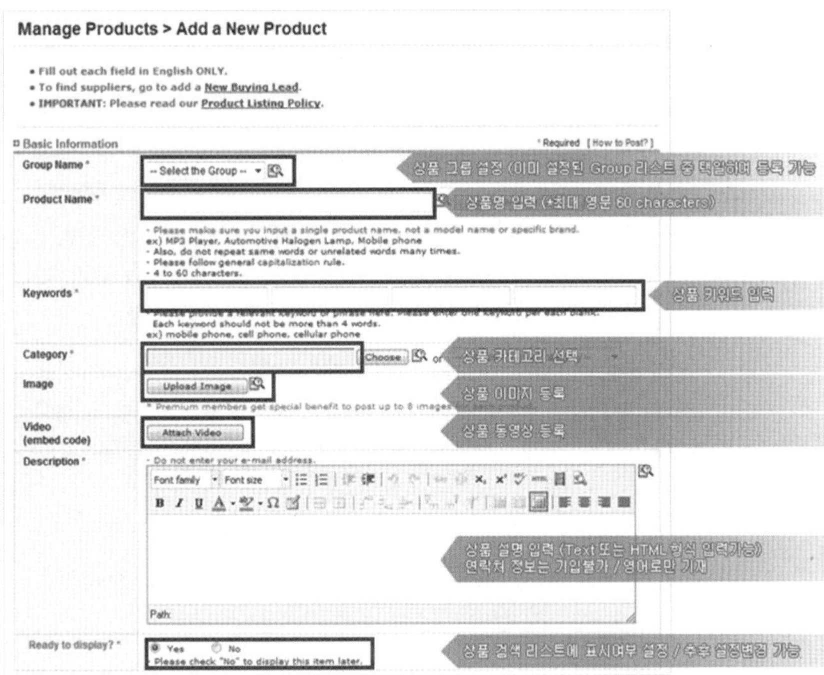

3. 인콰이어리 확인 및 답신

My EC21 클릭 후, 회원 계정 페이지 Basic Services 〉 My Inquiries 〉 Inbox에서 인콰이어리를 확인하여 답신을 보낸다.

수입업자가 Inquiry를 보낼 때에는 통상 수입희망품목의 가격, 수량, 선적시기, 결제조건 등 구체적인 조건을 제시 요청하며 경우에 따라서는 카탈로그나 견품 등을 원한다. 이 같은 내용의 서신을 받으면 우선 즉시 회신을 할 수 있는 점은 지체없이 하고, 시간을 요하는 점은 언제까지 조치해 주겠다고 시사한다. 신속한 회신은 거래의 생명이다. 모든 문의는 하나도 빠짐없이 언급해 주어야 한다.

작성시 유의점은 조회에 대해 감사의 표시를 하고 조회내용의 핵심을 기술함으로써 상대방의 기억을 새롭게 한다. 자기상품의 설명 또는 특징을 설명할 때에는 지나친 과장을 하지 않고 간결하게 표현한다. 조속한 주문이 필요하다면 그점을 강조한다. 카탈로그나 Price List를 보낼 경우 필요한 사항이 있으면 서신으로 보충해 준다. 견품 수배가 안될 때에는 별도로 곧 송부한다고 언급한다. 조속한 시일내에 주문이 되기를 바란다고 언급하고 가까운 시일내 직접 만나서 상담하기를 희망한다고 언급한다. 일반적으로 가격표나 견품을 보고 구매결정을 한다고 할 경우 서신으로 회신을 한다.[11]

〈그림 9-5〉 EC21 인콰이어리 확인 및 답신

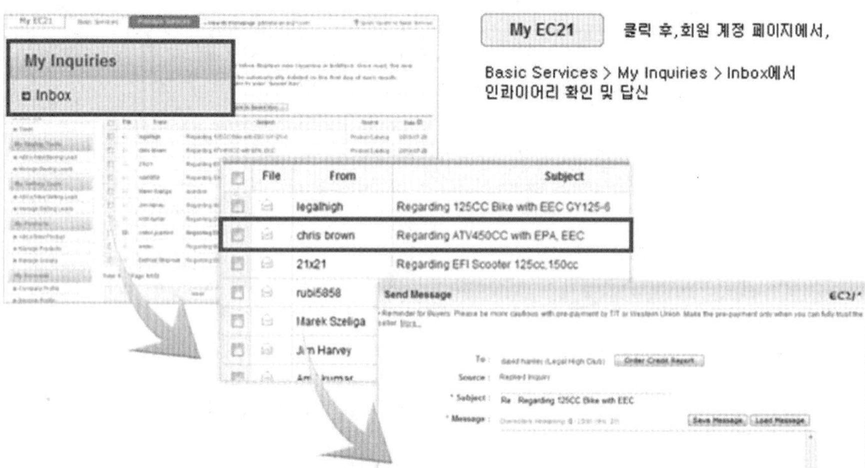

4. 바이어 찾기

EC21에서 바이어를 찾는 방법은 다음과 같다. 첫째, 상단 검색 창에서 Buying Lead 탭 선택 후 키

11) 무역용어사전, 한국무역협회

워드를 검색한다. 둘째, 최근 3일 간 새로 업데이트 된 New Buying Leads 항목 클릭 후 검색한다. 셋째, Global Buyer Search 페이지 상단 검색 창에서 키워드 검색한다. EC21 홈페이지에서 관심키워드 입력 후 바이어 업체를 검색하거나 "Browse by Category" 선택 후 카테고리로 검색이 가능한데 이 방법은 유료회원일 경우 가능하다.

〈그림 9-6〉 상단 검색 창에서 키워드로 검색

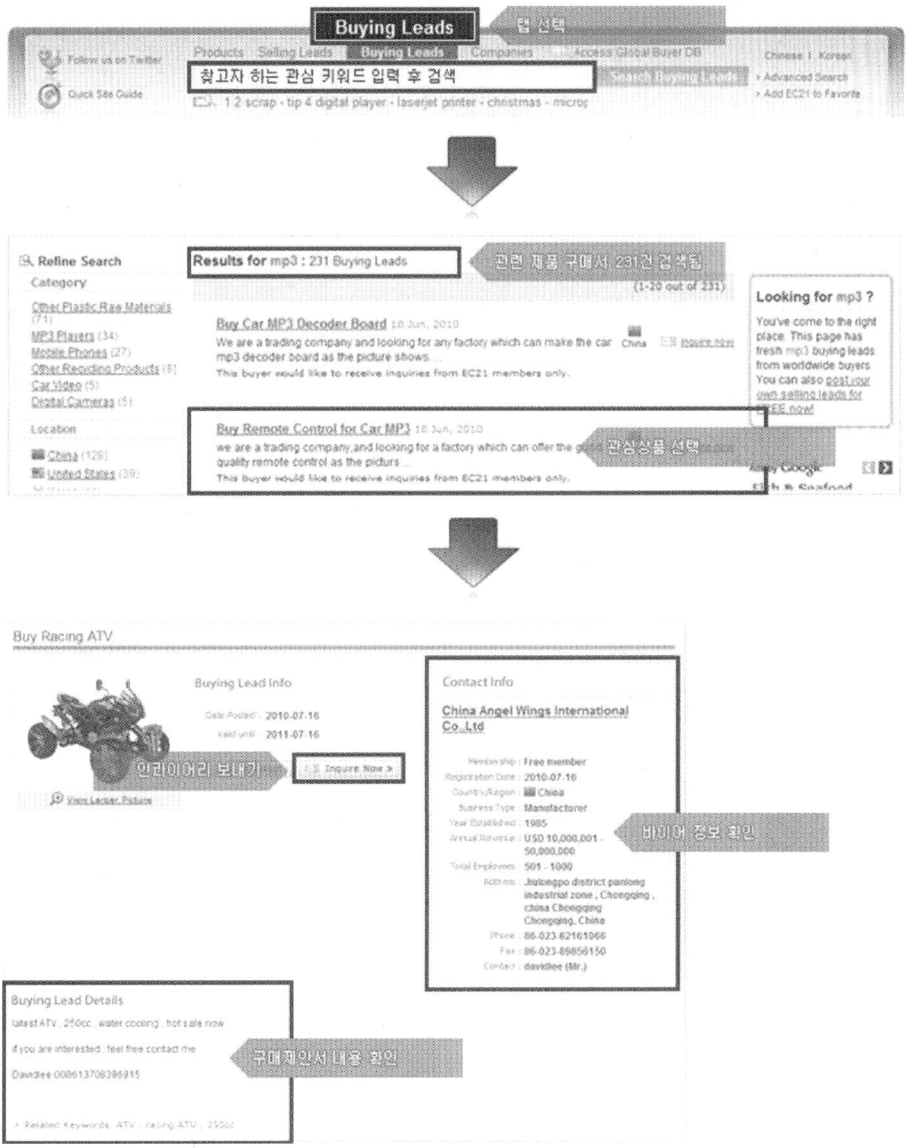

▲

제 3 절

SNS와 검색엔진을 활용한 무역마케팅

비즈니스닷컴에서 발표한 조사보고서에 따르면 미국 시장은 B2B가 B2C보다 소셜미디어 활용면에서 앞서고 있는 것으로 나타났다. 또한 (주)EC21의 조사 결과에 의하면 79% 이상의 FORTUNE 100대 기업들이 적어도 하나 이상의 소셜미디어를 마케팅에 활용하고 20%가 Twitter, Facebook, YouTube, Linkedin, Blog를 모두 이용 중인 것으로 나타났다. 본 절에서는 SNS와 검색엔진을 활용한 무역마케팅에 대하여 이해하고 실제 기업을 대상으로 적용할 수 있다.

1. 페이스북 무역마케팅[12)]

1) 페이스북의 특징

페이스북 (facebook.com)은 2010년말 현재 전세계적으로 약 5억명 이상의 회원을 보유한 가장 성공한 SNS 중 하나이다. 페이스북은 2004년 하버드 대학교 내 학생들 간의 정보 교환을 목적으로 한 서비스가 그 시초가 되었으며 당시 하버드 재학생이던 마크 주커버그 (Mark Zuckerberg)가 중

12) 페이스북 홈페이지 고객센터 자료 참고.

심이 되어 설립하였다. 전 세계 모든 이들을 연결하고 사용자들에게 공유하는 방법과 권리를 제공하는 것을 목표로 운영되고 있으며 설립자인 마크 주커버그는 전 세계에서 가장 어린 억만장자로 알려져 있다.

페이스북은 싸이월드와 마찬가지로 사람과 사람간의 상호 승인 하에 관계를 맺도록 되어 있다. 즉, 일방에 의한 관계가 아닌 한쪽의 "친구맺기" 신청이 상대방에 의해 확인되었을 경우에 한해 친구 관계가 성립되며 이렇게 맺어진 친구 사이에는 다양한 커뮤니케이션 방식을 제공하고 있다. 페이스북의 또 다른 강점은 바로 수 많은 회원들 사이에 맺어진 소셜 네트워크를 활용한 부가 서비스에 있다.

〈그림 9-7〉 페이스북에 구현된 Social Network

2) 페이스북 페이지 만들기

페이스북으로 무역마케팅을 하는 방법은 잠재 바이어를 개인 친구로 맺고 관리할 수도 있겠지만 기업 페이지를 만들어 홍보하는 것이 훨씬 효과적이다. 페이스북 페이지 만들기 첫 번째 단계는 페이지를 설정하는 것이다. 페이스북 페이지는 사용자들의 페이스북 계정을 일일이 입력하지 않아도 고객들이 정보를 공유하고 관여할 수 있는 포럼을 제공한다. 따라서 어느 정도의 익명성을 가지고 커뮤니티를 구축할 수 있다는 의미이다.[13]

13) [페이스북팁] 기업용 페이지 만들기, Tony Bradley | PC World, 2010. 10. 26

먼저, 페이지 만들기를 방문한다(고객 센터에서 페이지 만들기 관련 질문에서 찾을 수 있다). 전체 회사 혹은 특정 브랜드나 제품을 위한 페이지로 선택할 수 있다. 다음엔 드롭다운 목록에서 페이지가 해당되는 카테고리를 선택할 수 있다. 더불어 페이지의 맞춤형 이름과 URL을 설정하고, 자신이 회사 혹은 브랜드, 제품을 대표해서 페이지를 만들도록 승인 받았음을 확인하도록 하단의 체크박스에 표시한다.

페이지의 프로필 사진은 사람들이 게시물이나 페이지의 다른 여러 활동을 볼 때 Facebook 전체적으로 표시된다. 로고, 매장 사진과 같이 회사를 분명하게 대표할 수 있는 이미지를 선택한다. 페이지의 커버는 사람들이 페이지에 방문하면 페이지의 가장 위에 위치한다. 커버는 프로필 사진보다 크고 독특한 이미지로 사람들의 시선을 사로잡을 수 있다. 메뉴, 앨범 작품, 제품 사용자들의 사진 등으로 시험해 볼 수 있다.

〈그림 9-8〉 페이스북 페이지 커버의 예

페이지의 유형에 따라 페이지의 프로필 사진 아래에 있는 소개 섹션에 다른 종류의 기본 정보가 표시된다. 사람들이 회사에 대해 빠르게 알 수 있도록 정확한 세부 정보를 기재하는 것이 중요하다. 커버 사진 위에 있는 페이지 관리 버튼에서 웹사이트, 연락처 정보, 운영 시간, 설명 등을 추가할 수 있다.

〈그림 9-9〉 페이스북 페이지 기본 정보의 예

3) 페이스북 페이지 관리

Facebook 이용자에게 페이지를 알려야 한다. 페이지 상단에 있는 좋아요 늘리기를 클릭한다. 친구 초대를 선택해서 Facebook 친구들에게 알린다. 이메일 연락처로 초대하기를 선택하면 이메일 계정에서 단골 고객 리스트를 초대할 수 있다. 이미 아는 사람들에서 시작하면 대상과 의미 있는 대화를 즉시 시작하기 쉽기 때문에 새로운 방문자들이 페이지를 잘 이해하는 데 도움이 된다.

〈그림 9-10〉 페이스북 친구 초대하기

사람들이 게시물을 좋아하거나 이에 댓글을 남기면, 페이지의 이러한 활동이 이들의 친구들에게 표시된다. 이러한 입소문 마케팅을 통해서 새로운 좋아요와 고객들을 모을 수 있다. 이용자들이 알아보고 연관된 활동을 할 수 있도록 관심을 끌 수 있는 게시물을 정기적으로 게시한다.

〈그림 9-11〉 페이스북 게시물의 좋은 예

사진과 동영상을 게시할 때 밝고 화려한 이미지가 시선을 끌 수 있다. 사람이 나오는 사진은 특히 눈에 잘 띈다. 계절 메뉴, 상점 내 이벤트, 신제품 또는 제품이나 서비스를 사용하며 이를 즐기는 사람들이 나온 사진을 게시해본다. 동영상은 간결하게 유지하고 동영상에 대한 간단한 설명을 추가한다.

회사 이름을 페이지 주소에 추가하여 www.facebook.com/yourpage와 같은 쉽게 기억할 수 있는 Facebook 웹 주소를 제공함으로써 사람들을 페이지로 인도할 수 있다. 이 주소를 웹사이트, 명함, 기타 마케팅 자료에 추가하는 것이 좋다.

페이지에 어떤 게시물이 효과가 있고 없는지를 알아보는 방법은 페이지의 인사이트를 확인한다. 인사이트를 통해 페이지의 성과에 대한 측정치를 알 수 있다. 사람들이 어떤 경우에 우리 회사 페이지에 "좋아요"를 설정하고, 게시물에 참여하고, 자신만의 게시물을 만드는지 잘 살펴보면 사람들이 어떤 게시물에 가장 긍정적으로 반응하는지 더 잘 이해할 수 있다. 인사이트는 좋아요가 30개 이상인 페이지에서 나타난다.

〈그림 9-12〉 페이스북 페이지 인사이트

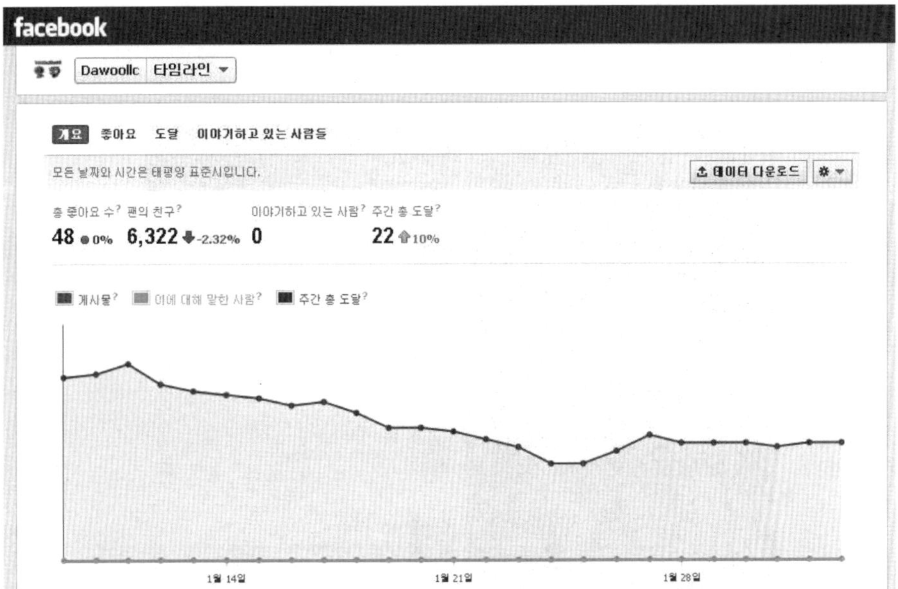

2. 링크드인 무역마케팅

1) 링크드인의 특징

LinkedIn은 기업들이 신규시장 개척과 바이어 발굴 등에 주로 활용하는 세계 최대 비즈니스 전문 소셜네트워크서비스(SNS)이다. 2002년 리드 호프먼 회장이 자택에서 창업했으며, 현재 200개국 1억 명이 가입한 세계 최대 비즈니스 전문 소셜네트워크서비스(SNS) 업체다. 초기에는 구직 · 구인 관련 SNS로 시작됐으나 지금은 기업인들이 바이어 발굴과 신규시장 개척, 비즈니스 파트너 물색 등에 주로 활용되고 있다.

최근 링크드인을 통해 수출에 나선 중소기업들이 눈에 띄는 성과를 도출하면서 해외 판로 개척을 위한 수단으로 SNS가 주목받고 있다. 링크드인이 수출의 새 창구로 주목받는 것은 실시간 소통이 가능해 계약까지 걸리는 시간이 짧고, 프로필 작성 시 엄격한 인증을 요구해 신원에 대한 신뢰성이 높기 때문이다.14)

〈그림 9-13〉 링크드인 어플 화면

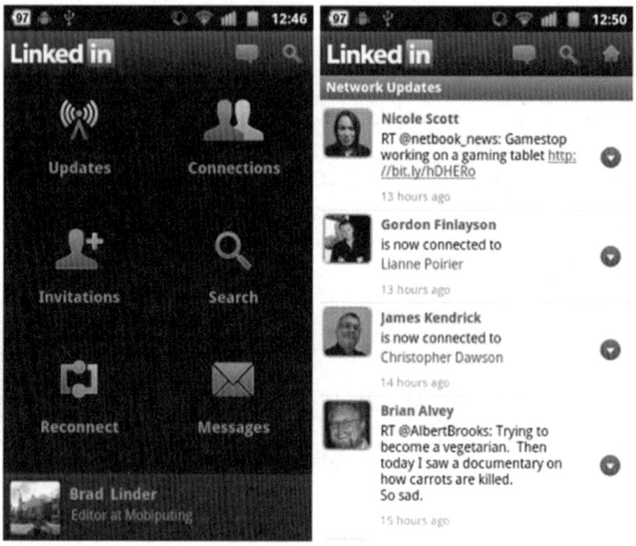

현재 많은 국내 중소기업들이 SNS 중에서 높은 인지도를 가진 '페이스북'과 '트위터'를 통해 해외 온라인 마케팅을 진행하고 있다. 하지만 이런 서비스는 기업 홍보에는 큰 역할을 하고 있으나 이런 서비스들은 개인적인 인맥 형성이 목적이다 보니 수출로 연결하는데 어려움이 있다. 대부분 중소기업들은 온라인 전자상거래 업체들을 통해서 바이어 및 수출 활로를 찾아왔지만 이들 업체를 통한 수출은 바이어의 신뢰도와 같은 문제점이 발생하면서 보다 확실한 마케팅 대안을 모색하게 되었다. '링크드인'의 경우 사용자 및 기업의 정보가 공개되면서 최소한의 검증 절차와 인맥을 통한 마케팅을 진행하니 신뢰도 높은 바이어들로부터 제의가 들어와 중소기업들이 만족할 만한 성과를 가져오

14) 시사상식사전, pmg 지식엔진연구소, 박문각, 2012.

고 있다.[15)]

주방용기 전문업체인 R사는 2010년 9월 링크드인(LinkedIn)에 가입한 후 캐나다 최대 유통체인 기업인 L사 담당자로부터 제품 입고 인콰이어리를 받았다. 이 회사는 또 브라질 최대 유통체인 중 하나인 A사 임원으로부터 주방용품 사업 제휴 제의도 받았다. 이런 사례는 이후에도 계속 이어졌다. 비슷한 시기에 링크드인에 가입한 M의료기기 업체는 GE Healthcare를 비롯한 다수의 기업으로부터 구매나 총판과 관련한 인콰이어리를 받았으며 잠재바이어나 투자자 등 수많은 인맥을 구축했다.[16)]

2) 링크드인 프로필 관리[17)]

계정을 만드는 방법은 아주 간단하다. 링크드인 홈페이지(www.linkedin.com)에 들어가면 회원 가입을 할 수 있는 메뉴가 있는데, 이곳에서 계정과 패스워드를 등록하면 된다. 주민등록번호나 주소, 기타 정보를 요구하지 않는다.

계정은 추후 '계정관리(Account Controls)' 메뉴를 통해 정보를 추가하거나 다양한 기능을 효과적으로 관리할 수 있다. 링크드인 화면 우측 상단에 있는 본인 이름 아래 '설정(Settings)'을 클릭하면 '컨트롤 패널(Control Panel)'이 뜬다. 여기에서 공개프로필과 메시지 수신, 그룹의 순서와 디스플레이 등을 설정할 수 있다.

가입은 간단하지만 링크드인을 제대로 활용하려면 프로필 작성을 잘해야 한다. 인맥 만들기나 취업(또는 구인), 그룹 활동 등은 모두 프로필을 기반으로 하기 때문이다. 핵심기능을 제대로 활용하려면 회사나 개인 모두 프로필이 정확하고 풍부하게 잘 만들어져야 한다. 그리고 전화번호부터 새로운 이력, 신제품 출시 등 변경되는 정보를 수시로 업데이트 하는 것도 중요하다.

프로필은 외국어로도 작성할 수 있는데 링크드인 홈페이지 상단 메뉴 프로필을 클릭하면 '외국어 프로필 만들기'란이 따로 보인다. 무역인(무역회사)들이라면 당연히 국제비즈니스를 위해 외국어 프로필도 만들어야 한다.

15) SBS CNBC, 중소기업도 SNS열풍… '링크드인'으로 전세계 소통, 수출길 '활짝', 2011. 7. 11

16) 주간무역, 링크드인을 활용한 해외마케팅기법 - 왜 링크드인인가, 2011. 12. 22

17) 주간무역, 링크드인을 활용한 해외마케팅기법 - 프로필이 답이다, 2011. 12. 22

〈그림 9-14〉 링크드인 개인 프로필

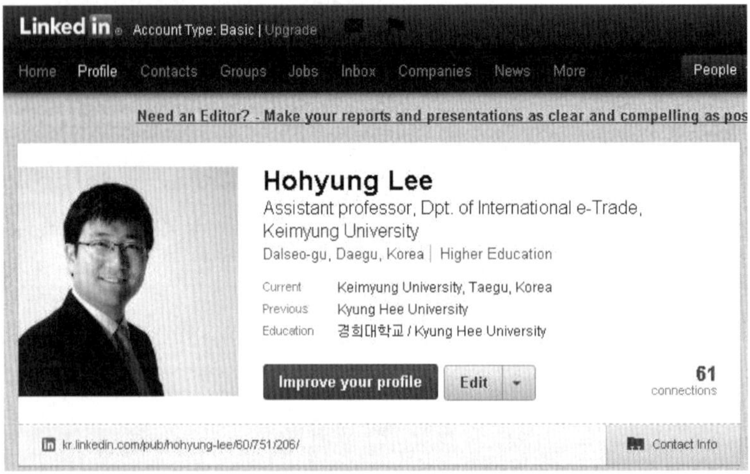

다음 요건을 모두 충족하는 회원은 새로운 회사 페이지를 등록하거나 기존 회사 페이지를 수정할 수 있다.

- 현재 이 회사의 직원이면서 프로필에 직함이 등록되어 있어야 한다.
- LinkedIn 계정에 회사 이메일 주소 (예: john@companyname.com)를 등록하고 인증을 받아야 한다.
- 회원의 프로필과 해당하는 회사를 연결해야 한다. 프로필의 직함을 변경하거나 등록할 때는 회사명 처음 몇 글자를 입력하면 나타나는 드롭다운 목록에서 회사명을 찾아 클릭해야 한다.
- 회사마다 고유한 회사 이메일 도메인을 사용해야 한다. G메일, 네이버, 한메일, 핫메일, 야후 메일과 같은 일반 이메일 도메인은 특정 회사의 고유한 이메일이 아니기 때문에 회사 페이지를 만들 때 사용할 수 없다. 회사 고유의 이메일 도메인이 없다면 그룹 만들기 기능을 사용하는 것을 고려한다.
- 회원의 프로필이 50% 이상 완성되어 있어야 한다.
- 여러 명의 1촌이 등록되어 있어야 한다.

링크드인의 회사 프로필은 회사 개요(Overview)와 채용공고(Careers), 제품 및 서비스(Products & Services) 등 3개 메뉴로 구성돼 있다. 회사 개요는 회사와 관련된 기본 정보를 올리는 공간이다.

간단하게 회사 연혁과 주요 서비스 및 특징을 적으면 된다.

회사개요 메뉴 오른쪽에는 회사의 최신 소식, 웹사이트 주소, 회사 규모, 약도 등의 정보를 올리는 공간이 따로 마련돼 있다. 링크드인은 사용자 개인의 네트워크 안에 이 회사 직원이 있는지를 자동으로 파악해 회사 프로필 오른쪽에 별도로 표시를 해 준다.

〈그림 9-15〉 링크드인 회사 페이지

커리어 메뉴는 기업이 전문가 등 필요로 하는 인력을 구할 때 요긴하게 쓰인다. 특히 무역기업의 경우 해외에서 인력을 충원할 때 활용하면 효과가 뛰어나다.

제품 및 서비스 소개 메뉴는 무역업체들에게 특히 중요하다. 텍스트는 물론 이미지, 동영상 등을 충실하게 올려야 한다. 텍스트의 경우 제품의 특징, 장점, 스펙 등을 잘 설명해야 하며 특히 외국어 번역이 현지인의 감수를 받아 정확하게 이뤄져야 한다. 흔히 간과하기 쉬운 대목인데, 자칫 뛰어난 제품도 번역의 실수로 바이어의 오해나 나쁜 선입견을 가져올 수 있으므로 주의해야 한다. 동영상의 경우 유튜브(www.youtube.com)에 업로드 한 동영상을 연동시킬 수 있으므로 양쪽 모두에서 잘 활용할 수 있도록 제작되어야 한다. 제품 및 서비스 메뉴에는 고객이 리뷰를 달 수 있도록 돼 있는데, 리뷰도 모두 실명으로 공개돼 신빙성을 더하게 되므로 잘 관리해야 한다.

3) 링크드인의 활용

링크드인을 무역마케팅에 활용하기 위해서는 먼저 링크드인 가입자 중에 인맥을 늘려야 한다. 인맥은 1촌, 2촌, 3촌 관계인 지인과 내가 가입한 그룹의 회원들을 통틀어 가리키는 말이다. 1촌을 61명 맺었는데 비즈니스인 138,461여 명과 연결될 정도로 링크드인은 인맥 형성에 아주 유용하다.

- 1촌 - 1촌 신청 메일을 받은 후 수락하여 1촌을 맺게 되었거나, 1촌 신청 메일을 보낸 것을 상대방이 수락하여 1촌을 맺게 된 경우가 해당된다. 1촌 지인은 검색 결과와 프로필에 1촌 아이콘이 표시된다. 1촌에게는 LinkedIn에서 직접 메일을 보낼 수 있다.
- 2촌 - 내 1촌과 1촌을 맺은 경우로서 내 1촌에서 한 사람을 건넌 지인을 말한다. 2촌 지인은 검색 결과와 프로필에 2촌 아이콘이 표시된다. 2촌에게는 InMail 또는 소개 메일을 통해 연락할 수 있다.
- 3촌 - 내 2촌과 1촌을 맺은 경우로서 내 1촌에서 두 사람을 건넌 지인을 말한다. 3촌 지인은 검색 결과와 프로필에 3촌 아이콘이 표시된다. 3촌에게는 InMail 또는 소개 메일을 통해 연락할 수 있다.
- 가입한 그룹의 회원들 - 내가 가입한 그룹과 같은 그룹의 회원이기 때문에 내 인맥에 들어가는 경우이다. 그룹 지인은 검색 결과와 프로필에 그룹 아이콘이 표시된다. 그룹 지인에게는 LinkedIn에서 메일을 보낼 수 있으며 그룹 토론을 통해서도 연락할 수 있다.

링크드인을 통해 비즈니스 성공을 경험한 사람들은 모두 그룹 활동이 많은 도움이 됐다고 입을 모은다. 링크드인의 그룹은 나와 비슷한 관심을 가졌거나 동종업계에 있는 사람이 모인 곳이다. 링크드인이 비즈니스 전문 소셜 네트워크 서비스인 만큼 그룹 활동은 온라인에서의 비즈니스 활동이라고 할 수 있다. 동창 등 단순 친목 모임일 경우라도 대화나 자료 등이 비즈니스와 관련된 내용이 상당하다.[18)]

링크드인에 처음 가입하면 당연히 가입 그룹이 없다. 그룹 가입을 위해 우측 상단에 있는 창에 관심 키워드를 입력한다. 예를 들어 주방기기 업체라면 'kitchen ware', 마케팅에 관심이 있는 업체라면 'marketing' 등의 형식으로 입력하면 된다. 그러면 관련 그룹이 보인다. 관련 그룹이 너무 많으면 범위를 좁혀서 추가로 검색을 해 보면 된다. 일반적으로 성공적인 비즈니스를 위해서는 50개 정도

---

18) 주간무역, 링크드인을 활용한 해외마케팅기법 - 그룹에서 이뤄지는 비즈니스, 2011. 12. 22

의 그룹에 가입하는 것이 바람직하다고 한다.

그룹에서 어느 정도 활동을 하고 익숙해졌으면, 그룹을 활용한 마케팅도 시도해 볼 수 있다. 마케팅을 제대로 수행하기 위해서는 제대로 된 프로필(개인 또는 기업) 작성이 전제돼야 한다. 모든 준비가 됐다면 그룹 내에서 잠재 바이어를 검색해 보자. 가입한 각 그룹별로 회원을 키워드로 검색한 다음, 관심이 있는 잠재 바이어(혹은 기업)를 추출해 프로필을 분석한다. 이어 유망한 바이어에게 네크워킹을 신청한 다음, 인맥 연결이 승인되면 메시지를 발송한다.

마케팅은 바이어를 찾아가는 것도 중요하지만, 바이어가 찾아오게 만드는 것도 그에 못지않다. 멤버들의 질문에 답하기나, 그를 올리는 등 그룹 활동을 적극적으로 하는 것만으로도 이미 나와 회사와 상품을 홍보하게 되므로 그 자체가 마케팅 활동이기도 하다.

〈링크드인 활용 10계명〉[19)]

- 개인정보를 올바로 입력해라
- 충분한 시간을 두고 꾸준히 네트워킹을 해라
- 영어 커뮤니케이션은 기본 중의 기본!
- 스피드한 응대는 비즈니스 성공률을 높인다
- 지인 및 같이 근무한 사람들의 추천을 받아라
- 그룹 활동을 열심히 해라 (예 : Ecommerce and Online Marketing Experts)
- 회사 관련 정보는 최대한 매력적으로 올려라 (Slideshare)
- 회사 프로필은 제대로 만들고 관리해라
- 지속적으로 업데이트해라
- 다른 소셜미디어와 함께 활용해라

3. 검색엔진 최적화

1) 검색엔진 최적화의 개념

19) 링크드인 (세계 최대 비즈니스 소셜미디어), 웨인 브레이트바르트 저, 김미정 역, 말글빛냄 , 2011. 6. 7

구글 · 야후 · MSN 등 해외 유명 검색엔진에서 바이어들이 흥미 있는 제품에 관한 키워드를 검색할 때 자신의 홈페이지를 상위에 노출시켜 잠재 바이어가 홈페이지를 방문하도록 유도함으로써 바이어를 발굴하거나 개척의 경로를 찾아낼 필요가 있다.[20] 검색엔진 최적화는 검색엔진에서 검색했을 때 상위에 나타나도록 관리하는 것이다. 검색엔진 최적화 방법으로는 자신의 사이트를 대표할 수 있는 핵심적인 키워드를 두세 개 선택해 이를 사이트 등록에 사용하고, 이를 배너 교환이나 여러 사이트에서 추천 사이트로 등록할 경우 자연히 이용자가 많아지고, 이용자가 늘어나면 사이트의 순위도 올라가게 된다.[21]

〈그림 9-16〉 EC21의 검색엔진최적화 사례

PANAGENE

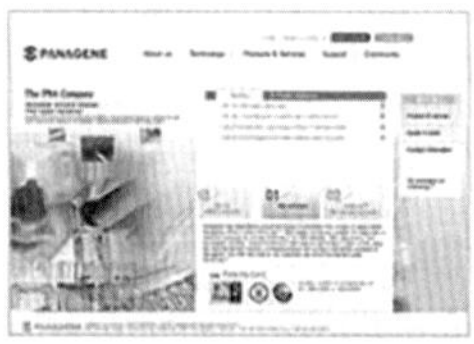

대상국가 : **영어((www.panagene.com)**
사업기간 : 2009. 08. 01 ~ 2010.1.31
집행키워드 : peptide nucleic acid, pna microarray, pna monomer pna probe, pna oligomer, microRNA

사업실적 : **사업기간 동안 약 140여건의 인콰이어리 수신**
수출실적 : 20건, 850,000$ (미국, 스페인)
상담실적 : 42건, 520,000$ (미국, 인도, 독일, 영국, 일본)

Keyword	Google	Yahoo!	MSN
fmoc monomer	1	1	1
globin reduction pna	3	5	1
labeled pna	3	1	1
peptide nucleic acid	26	15	1
pna microarray	8	-	1
pna monomer	7	1	1
pna oligomer	1	1	1
pna probe	2	1	1
pna-peptide conjugates	2	1	1
unlabeled pna	1	1	1

집행 후 키워드 순위
(2009.12.30 기준)

검색광고는 좋은 제품을 보유하고도 해외 영업망과 마케팅 인력 미비로 수출에 어려움을 겪는 중소 제조업체와 전세계를 대상으로 서비스나 제품을 파는 온라인 쇼핑몰 운영업체들의 매력적인 해외 마케팅 수단으로 급부상 하고 있다. 검색광고는 정확히 타겟팅된 잠재고객에게 선택적으로 보여지고 방문자가 광고를 클릭해 사이트에 방문했을 시에만 비용을 지불하는 시스템으로, 효율적인 비용으로 전세계 고객을 대상으로 홍보가 가능하다.[22]

20) 신성찬, 오퍼상이 꼭 알아야 할 무역실무, 원앤원북스, 2009. 12. 1
21) IT용어사전, 두산동아, 한국정보통신기술협회.
22) 아시아경제, 구글 통해 수출시장 개척한다, 2008. 2. 13

〈그림 9-17〉 구글 검색광고의 예

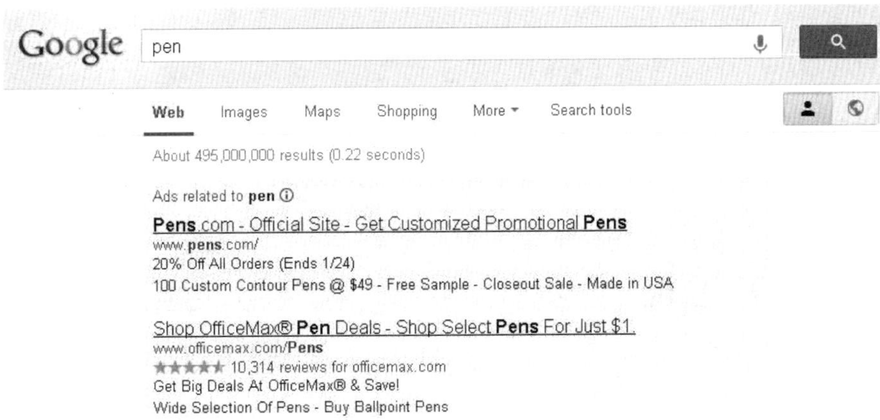

2) 검색엔진 최적화 기법[23)]

여기서는 구글에서 검색엔진 최적화하는 방법을 알아본다. html 문서에 대한 기초적인 이해가 필요하다. title 태그는 사용자와 검색 엔진에 특정 페이지의 주제를 알려준다. 〈title〉 태그는 HTML 문서의 〈head〉 태그 내에 있어야 한다. 각각의 페이지마다 고유한 제목을 만드는 것이 이상적이다. 〈그림 9-18〉 참고

〈그림 9-18〉 상호와 3가지 주요 관심 분야가 나열된 유아용품 사이트의 메인 페이지 제목

```
<html>
<head>
<title>비몬의 유아용품 세상 - 유아용품 판매, 대여, 신상품 소개, 육아정보 제공 </t
<meta name="description" content="비몬의 유아용품 세상은 다양한 유아용 제품을 이용
</head>
<body>
...
```

23) Google의 검색 엔진 최적화 초보자 가이드, 버전 1.1, 2008년 11월 13일

〈그림 9-19〉와 같이 문서가 검색결과 페이지에 나타나면 title 태그의 콘텐츠는 주로 결과의 첫 번째 행에 나타난다. 사용자가 찾고 있는 것이 페이지의 주제와 밀접한 연관이 있다는 것을 효과적으로 나타내기 위하여, 사용자의 검색어가 제목에 있다면 해당 단어는 굵게 강조되어 나타날 것이다.

〈그림 9-19〉 유아용품 검색 결과

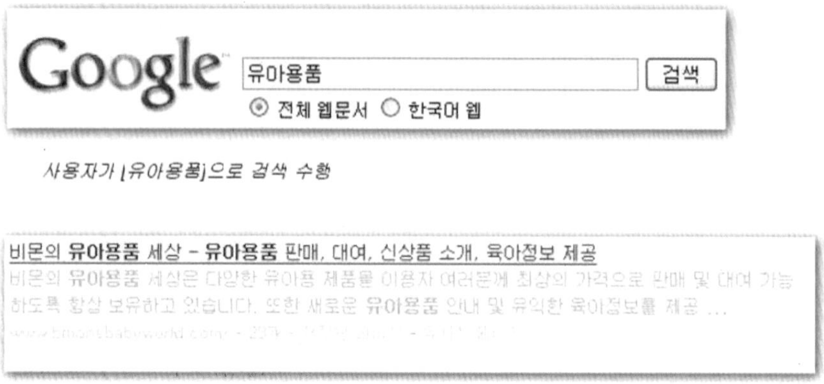

〈그림 9-20〉과 같이 사이트 첫 페이지의 제목에는 웹사이트/상호가 나열될 수 있으며 업체의 실제 위치나 몇 가지 주요 관심 분야 또는 서비스와 같은 다른 중요 정보가 포함될 수도 있다.

〈그림 9-20〉 페이지 제목이 브라우저의 맨 위에 나타남

〈그림 9-21〉과 같이 사이트에서 하위 페이지들의 제목은 해당 페이지의 핵심 내용을 정확하게 설명하며 사이트의 이름이나 상호를 포함할 수도 있다.

〈그림 9-21〉 '유아용품 신상품 대여' 검색 결과

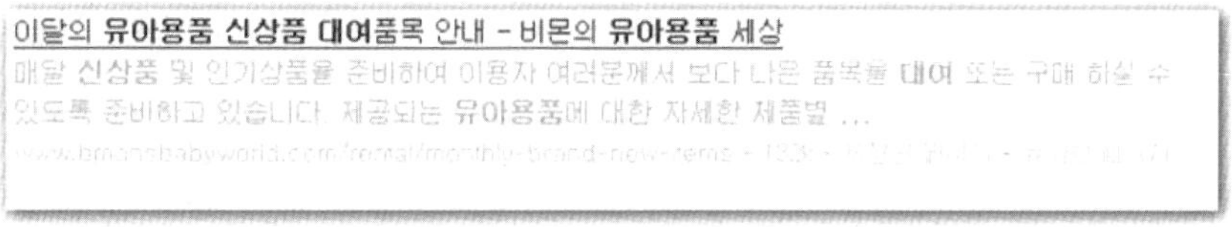

구글에서 페이지 title 태그에 권장하는 내용은 다음과 같다.

첫째, 페이지의 콘텐츠를 정확하게 설명해야 한다. 페이지 내용의 주제를 효과적으로 설명하는 제목을 선택한다. 피해야 할 사항으로는 페이지 내용과 관련이 없는 제목 선택, "제목 없음" 또는 "새 페이지 1"과 같이 기본 제목이나 모호한 제목을 사용하는 것이다.

둘째, 페이지마다 고유한 title 태그가 있는 것이 효과적이다. 이것은 사이트의 서로 다른 페이지를 구별할 수 있게 한다. 피해야 할 사항으로는 사이트의 모든 페이지 또는 대다수의 페이지에 하나의 title 태그를 사용하는 것이다.

셋째, 간략하면서 설명적인 제목을 사용해야 한다. 제목은 간결하고 설명적이어야 한다. 제목이 너무 길면 검색결과에 일부분만 표시된다. 피해야 할 사항은 사용자에게 도움이 되지 않는 지나치게 긴 제목을 사용하거나 title 태그에 불필요한 키워드를 많이 삽입하는 것이다.

페이지에 description 메타 태그를 사용하면 Google 및 다른 검색 엔진에서 페이지 정보의 요약 내용(내용 미리보기)을 볼 수 있다. 페이지 제목에는 몇몇 단어 또는 구문을 사용하지만 페이지의 description 메타 태그에는 1-2 개의 문장이나 짧은 단락을 사용할 수 있다. Google 웹마스터 도구에는 description 메타 태그가 너무 짧거나, 너무 길거나 또는 너무 여러 번 반복되었는지 알려주는 편리한 콘텐츠 분석 섹션이 있다. 〈title〉 태그와 마찬가지로 description 메타 태그는 HTML 문서의 〈head〉 태그 내에 위치한다. 〈그림 9-22〉 참고

〈그림 9-22〉 홈페이지의 description 메타 태그 시작 부분

```
<html>
<head>
<title>비몬의 유아용품 세상 - 유아용품 판매, 대여, 신상품 소개, 육아정보 제공 </t
<meta name="description" content="비몬의 유아용품 세상은 다양한 유아용 제품을 이용
</head>
<body>
...
```

Description 메타 태그는 Google검색시, 이 페이지 내용 미리보기로 사용할 수도 있으므로 중요하다. 여기서 "사용할 수도"라고 표현한 것은 페이지에 표시되는 텍스트가 사용자 검색과 잘 일치되는 경우에는 Google이 이 텍스트 관련 부분을 내용 미리보기로 사용할 수 있기 때문이다. Google이 내용 미리보기에 사용할 좋은 텍스트를 찾지 못할 수 있으므로 각 페이지에 항상 description 메타 태그를 추가하는 것이 좋다. 〈그림 9-23〉 참고

〈그림 9-23〉 '유아용품' 검색 결과

비몬의 유아용품 세상 - 유아용품 판매, 대여, 신상품 소개, 육아정보 제공
비몬의 **유아용품** 세상은 다양한 유아용 제품을 이용자 여러분께 최상의 가격으로 판매 및 대여 가능하도록 항상 보유하고 있습니다. 또한 새로운 **유아용품** 안내 및 유익한 육아정보를 제공 ...
www.bmonsbabyworld.com/ - 237k - 저장된 페이지 - 유사한 페이지

위 그림에서 볼 수 있듯이 '유아용품' 키워드로 검색 결과, 내용 미리보기로 사용된 description 메타 태그의 일부와 함께 첫 페이지가 결과로 나타났다. 페이지의 내용과 사용자가 찾고 있는 검색 내용이 일치 하는지의 판단을 돕기 위하여 사용자의 검색어에 있는 단어가 내용 미리보기에 포함되어 있으면 굵게 강조되어 나타난다.

참고문헌

[페이스북팁] 기업용 페이지 만들기, Tony Bradley | PC World, 2010. 10. 26

Google의 검색 엔진 최적화 초보자 가이드, 버전 1.1, 2008년 11월 13일

IT용어사전, 두산동아, 한국정보통신기술협회.

NEW 경제용어사전, 미래와경영연구소, 2006. 4. 7, 미래와경영

SBS CNBC, 중소기업도 SNS열풍… '링크드인'으로 전세계 소통, 수출길 '활짝', 2011-07-11

김학민, 이승철, SNS 활용이 수출마케팅 성과에 미치는 영향, 통상정보연구 14(1), 2012.

링크드인 (세계 최대 비즈니스 소셜미디어), 웨인 브레이트바르트 저, 김미정 역, 말글빛냄, 2011.

무역용어사전, 한국무역협회

시사상식사전, pmg 지식엔진연구소, 박문각, 2012.

시사용어사전, 2005.

신성찬, 오퍼상이 꼭 알아야 할 무역실무, 원앤원북스, 2009.

아시아경제, 구글 통해 수출시장 개척한다, 2008. 2. 13

주간무역, 링크드인을 활용한 해외마케팅기법 - 그룹에서 이뤄지는 비즈니스, 2011. 12. 22

주간무역, 링크드인을 활용한 해외마케팅기법 - 왜 링크드인인가, 2011. 12. 22

주간무역, 링크드인을 활용한 해외마케팅기법 - 프로필이 답이다, 2011. 12. 22

주간무역, e마켓플레이스를 활용한 해외마케팅 성공 사례, 2010. 5. 17

컴퓨터인터넷IT용어대사전, 전산용어사전편찬위원회 엮음, 일진사, 2011.

페이스북 홈페이지 고객센터 자료.

사 례 연 구

중소기업, 소셜 네트워크(SNS) 수출마케팅 효과 쏠쏠

무역업계에 SNS(소셜네트워크서비스)를 활용한 수출마케팅이 본격화되고 있다. 한국무역협회는 비즈니스 전문 SNS인 링크드인(LinkedIn)과 유투브(Youtube)를 해외 수출마케팅에 활용하는 SNS 수출마케팅 지원 프로그램을 새로이 도입한 결과 참여 기업들이 기대이상의 큰 성과를 내고 있다고 밝혔다.

무역협회가 2011년 1월 SNS 수출마케팅 지원센터를 설치하고 국내 처음으로 SNS 수출마케팅을 지원한 기업은 가전, 화장품, 주방용품, 의료기, 완구 등 소비재를 수출하는 50개 중소 중견기업이다. 무역협회는 이들 기업을 대행해 링크드인에 계정을 열고 해외바이어 1만3000여명과 비즈니스 네트워크를 구축했다. 이를 통해 받은 수출과 직결되는 인콰이어리는 총 878건으로 업체당 평균 18건에 달한다. 유투브 활용을 병행한 16개사의 경우는 업체당 평균 312차례에 걸쳐 기업과 제품을 동영상으로 홍보할 수 있었던 것으로 집계됐다.

사례를 보면 보안장비 수출업체인 S테크사는 노르웨이 기업과 이스라엘 및 사이프러스 지역에 대한 독점 수출에이전트 계약을 체결했다. 또 반도체 업체인 D사, LED조명 업체인 G사, 의류업체인 B사, 낚시용품 업체인 K사 등 10개 수출업체들은 SNS 마케팅을 통해 발굴한 해외바이어와 수출계약 체결을 앞두고 있다.

무역협회는 SNS 마케팅을 통해 발굴된 해외거래선에는 세계적인 대기업들도 대거 포함돼 있으며 마케팅이 과연 수출효과가 있을지 반신반의 하던 기업들이 이제는 전담인력을 두는 등 적극적인 반응을 보이고 있다고 설명했다. 박진달 무역협회 e-Biz지원본부장은 "중소 중견 기업들이 SNS를 활용하여 수출마케팅에 나설 경우 성과를 낼 수 있다는 점이 확인된 만큼 앞으로 무역업계에 대한 직접 지원을 강화하는 한편 설명회 등을 통해 이용확산을 적극 추진할 계획"이라고 말했다.

아시아경제 이창환 기자, 2011. 4. 26에서 발췌

10

제 10장

전자무역 문제해결 사례

학습 목표

- 무역마케팅에서 계약, 대금결제, 보험과 운송, 통관 및 중재 전 과정을 실제 사례를 중심으로 이해한다.
- uTradeHub를 이용하여 종이서류 없이도 전자무역 업무를 원스톱으로 처리하는 과정을 이해하고 실제 사례에 적용할 수 있다.
- 무역업무 전 과정에서 사용하는 용어와 개념들을 다시 한 번 숙지하고 활용할 수 있다.

학습 목차

▲

제 1 절

무역의 전 과정 해결 사례

무역의 과정은 계약이전 단계와 계약이후 단계로 크게 나눌 수 있고 수출과 수입의 과정이 다르다. 교재 지면의 한계상 여기서는 수출의 전 과정 해결 사례만 다루고 먼저 수출계약을 체결해 나가는 과정을 설명한다.

1. 수출 계약 이전 단계

해외전시회에서 만났거나 시장조사와 신용조사 결과 거래가능 업체로 판정된 거래대상 업체에게 구체적인 사항을 제시한다. 거래제의, 일반매매거래, 장기간 거래제의, 대리점 또는 판매점 제의와 같은 구매권유를 위한 권유장(Circular letter)을 수출업체가 수입업체에게 발송하게 되는데, 전자무역의 경우에는 권유장 발송은 통상 전자메일을 통해 이루어진다. Buyer와 Seller를 연결시켜주는 관련 사이트에 오퍼등록을 하였다면 오퍼검색 및 열람을 통해 선정한 기업과 거래를 원할 경우 e-mail을 통해 거래제안서를 발송할 수 있다. 조회를 받게 되는 경우를 대비하여 권유장을 보낼 때는 자사의 웹 사이트 주소와 전자메일 주소를 기입하는 것이 필수적이다.

1) 거래제의서 발송

거래제의란 거래 상대방이 아이템을 구매할 의사가 있는지 또는 판매할 의향이 있는지를 물어보는 것이다. 거래제의를 할 때 일반적으로 Circular Letter를 많이 쓴다.[1] Circular Letter에 포함될 내용은 다음과 같다.

- 상대방을 알게 된 경로와 거래관계 개설의 희망
- 자기 회사의 영업 종목, 거래 국가
- 업계에서의 평판, 경험, 지위, 생산규모, 수출규모
- 추가 정보 및 자료제공의 의사 표명
- 자기 회사의 신용조사처(주거래은행의 이름 및 주소)
- 상호 이익을 토대로 한 정중한 결문

Circular Letter는 받는 담당자가 특별히 정해져 있기 때문에 복수형의 인사말로 시작한다.

〈그림 10-1〉 Circular Letter Sample

Gentlemen (or Dear Sirs)

Your name has been given by the Chamber of Commerce of your city, as one of the reputable importers of smart phone cases in your country.(상대방을 알게 된 경로와 거래관계 개설의 희망)

We are collaborate with EA's game "Plants vs. Zombies" by licensing the game. We produce high quality smart phone cases about this game characters.(자기 회사의 영업 종목)

Our products are highly accepted by Japan, U.K., Germany and France, etc. In order to diversify our existing market, we are interested in supplying our quality products to you on favorable terms. (업계에서의 평판, 능력)

Upon receipt of your drawings or samples, we could submit our samples with competitive prices to you.(추가 정보 및 자료제공의 의사 표명)

As to our credit standing, we refer you to Korea Exchange Bank or any of the commercial banks in Korea.(자기 회사의 신용조회처)

Awaiting your reply as soon as possible,

Very truly yours,

1) 김연동, 이준호, 실전에 바로 써먹는 무역실무의 모든 것, 원앤원북스, 2009.

2) 무역거래알선사이트 등록

인터넷 무역 시대인 지금은 전통적인 거래제의서 발송과 함께 무역거래알선사이트에 수출을 희망하는 아이템을 등록하여 바이어의 관심을 유도하는 업체들이 많아지고 있다. 세계적으로 대표적인 무역거래알선사이트는 Alibaba(http://www.alibaba.com)가 있고 국내사이트 중에서는 EC21(http://www.ec21.com)이 1위를 달리고 있다. 다음 그림은 무역거래알선사이트에 아이템을 등록하고 있는 화면의 실제 사례이다. 제품의 스펙(specification)은 모델명, 색상, 사이즈 등 계약에 직접적으로 영향을 주는 내용으로 간략하게 입력하고 제품에 관한 설명 등 상세한 사항은 description에 입력한다.

〈그림 10-2〉 무역거래알선사이트 아이템 등록

3) Inquiry(인콰이어리)

거래권유를 받거나 무역거래알선사이트에서 관심있는 아이템을 발견한 수입상은 그 권유에 관심이 있거나 물품을 구매할 의사가 있을 때 이에 대해서 구체적으로 문의하는데 이것을 인콰이어리(Inquiry)라고 한다. 인콰이어리를 보낸 사람이 거래중인 바이어라면 구매할 의사가 많은 편이지만, 처음 연락하는 경우라면 가격이나 제품 정보를 수집하는 것이 목적이다. 그럼에도 불구하고 성실하게 회신을 하다보면 거래가 이루어질 기회를 잡을 수도 있고, 해당 품목에 대한 지식이 생겨 다른 지역이나 바이어에게 거래 제의를 하는 자료로 활용할 수도 있다.[2)]

아래 인콰이어리 사례의 내용을 읽어 보면 바이어가 관심있는 제품과 주문수량, 선적 기간 등을 제시하고 있고 주문수량에 따른 가격할인을 유도하고 있음을 알 수 있다. 이에 대해 수출상은 신속하게 인콰이어리에 대한 답변을 보내야 하는데 이 때 유의사항은 다음과 같다.

〈표 10-1〉 인콰이어리 수신

Dear Mr. Lee Thank you for your letter of October 29, enclosing price list, illustrated catalog and specifications, and a sample of your smart phone case by separate airmail. we are especially interested in Galaxy Note, Galaxy S3, iPhone 4/4s for Plants vs. zombie characters those sunflower, squash, bean shooter, ice bean shooter, and zombies because we are sure that items will suit the needs of our market here. We welcome your competitive prices, and we should appreciate it if you would send us an offer for shipment in November as follows: 2,000 pcs of Galaxy Note, Galaxy S3, iPhone 4/4s cases for Plants vs. Zombie characters (Models and characters are random) In view of the quotation now ruling in the market, it seems that your prices are a little too high. Competition in this line is keen, as our regular suppliers are offering somewhat lower prices. We may place an order with you so on after receipt of your offer. Please let us know whether we can have a quantity discount or not. We trust we can do some good business in this to our mutual advantage. Faithfully yours,

2) 신성찬, 오퍼상이 꼭 알아야 할 무역실무, 원앤원북스, 2009.

- 조회에 대한 감사의 표시
- 지나친 과장을 피하고 간결하게 상품의 특징 설명
- 조속한 주문이 유리하다면 그 점을 강조함
- 카탈로그나 가격표를 보낼 때 필요한 사항이 있으면 서신으로 보충
- 견본 수배가 안 될 경우에는 따로 곧 송부한다고 언급

4) 오퍼와 계약

매도인이 매수인에 대하여 어느 품질(Quality)의 상품(Goods)을 어느 수량(Quantity), 어느 가격(Price)으로 어느 선적시기(Time of Shipment)에 어느 지급조건(Terms of Payment)으로 판매하겠다는 의사표시를 하는 것을 오퍼(Offer)라고 한다. 매매계약은 매도인이 매수인에게 보낸 Selling Offer를 매수인이 승낙하거나 반대로 매수인이 매도인에게 보낸 Buying Offer를 매도인이 승낙하거나 매수인이 매도인에게 보낸 주문(Order)을 매도인이 승낙함으로써 체결된다.[3] 오퍼에 기재되어야 할 사항은 다음과 같다.

- Commodity & description
- Country of origin
- Quantity & Unit
- Unit price & Amount
- Offer date & Validity
- Shipment
- Packing terms
- Shipping mark
- Payment terms
- Insurance terms

3) 무역용어사전, 한국무역협회

〈그림 10-3〉 Selling Offer

SELLING OFFER
(MASTER 거래)

관세청고시환율 :

Contract No : 20130124000001
계약서유효일자 : 13-01-31

SELLER	BUYER
Name :Kei Myung Trading	**Name** :Dream Palace Inc.
President :Kei Myung Admin	**President** :Mario Jeong
Address :100 Sindang-dong Dalseo-gu Daegu	**Address** :450 Post Street San Francisco, CA 94102
Tel No. :053-580-5114	**Tel No.** :415.788.6400
Fax No. :053-580-5115	**Fax No.** :415.788.6400
Manager Name :Kei Myung Admin	**Manager Name** :Mario Jeong
Manager Tel No. :	**Manager Tel No.** :
Manager Fax No. :	**Manager Fax No.** :
Manager e-mail :	**Manager e-mail** :
Bank Name :Korea Exchange Bank	**Bank Name** :
Branch Bank :DAEGU	**Branch Bank** :
Contract Date :	**Payment** :At Sight L/C AT SIGHT
Shipping Date :13-01-31	**Price Terms** :Free on board-named port of shipment PUSAN
Export Insurance No	**Transport Method**:
Original Country REPUBLIC OF KOREA	**Shipping** :REPUBLIC OF KOREA PUSAN
Partial Shipment PROHIBITED	**Destination** :
Transhipment :PROHIBITED	

ITEM NAME GOODS DESCRIPTION	QTY/WEIGHT	UNIT PRICE	AMOUNT
H/S Code : 0000.00-0023 Plants vs. Zombies Smart Phone Case Galaxy Note, Galaxy S3, iPhone 4/4s for Plants vs. Zombie characters	2,000 EA 200 KG	10	20,000 USD
TOTAL	2,000 EA 200 KG		20,000 USD 10 CT

Commercial Invoice : 0 Copy **Packing List** : 0 Copy **환어음 통수** :0 Copy

B/L :FullSet(To The Order Of) **Airway B/L** :No

운임지불방법 :Prepaid

FULL SET OF INSURANCE POLICIES OR CERTIFICATES, ENDORSED IN BLANK FOR 110% OF THE INVOICE VALUE, EXPRESSLY STIPULATING THAT CLAIMS ARE PAYABLE IN KOREA AND IT MUST INCLUDE : INSTITUTE CARGO CLAUSE

적하보험(기본조건) :
적하보험(부가조건) :
Other Documents Required :

Other Additional Conditions :

From of Document Credit : **Application Method** :
Date of Expiry :13-01-31 **Place of Expiry** :
Credit Amount Tolerance : **Shipment by** :

ACCEPTANCE COMMISSION & DISCOUNT CHARGES ARE FOR BUYER'S ACCOUNT
ALL DOCUMENTS MUST BEAR OUR CREDIT NUMBER
LATE PRESENTATION B/L ACCEPTABLE

수수료부담자 :BENEFICIARY **확인지시문언** :

"Documents to be presented within da 0 after the date of shipment But within the validity of the credit"

수입상은 받은 Selling Offer를 받아들여서 계약을 할 수도 있지만 제시된 오퍼의 거래조건을 그대로 받아들일 수 없는 경우 그 중 일부나 전부를 수정하여 원하는 조건을 반대로 제시할 수 있다. 다음 Buying Offer의 경우 수출상이 제시한 제품 단가 10 달러에서 9달러로 가격 할인을 요청하였다.

〈그림 10-4〉 Buying Offer

BUYING OFFER
(MASTER 거래)

관세청고시환율 :

Contract No : 20130124000001
계약서유효일자 : 13-01-31

SELLER	BUYER
Name : Kei Myung Trading	Name : Dream Palace Inc.
President : Kei Myung Admin	President : Mario Jeong
Address : 100 Sindang-dong Dalseo-gu Daegu	Address : 450 Post Street San Francisco, CA 94102
Tel No. : 053-580-5114	Tel No. : 415.788.6400
Fax No. : 053-580-5115	Fax No. : 415.788.6400
Manager Name : Kei Myung Admin	Manager Name : Mario Jeong
Manager Tel No. :	Manager Tel No. :
Manager Fax No. :	Manager Fax No. :
Manager e-mail :	Manager e-mail :
Bank Name : Korea Exchange Bank	Bank Name : HSBC Bank
Branch Bank : DAEGU	Branch Bank : San Francisco
Contract Date :	Payment : At Sight L/C AT SIGHT
Shipping Date : 13-01-31	Price Terms : Free on board-named port of shipment PUSAN
Export Insurance No	Transport Method:
Original Country REPUBLIC OF KOREA	Shipping : REPUBLIC OF KOREA PUSAN
Partial Shipment PROHIBITED	Destination : UNITED STATES SAN FRANCISCO
Transhipment : PROHIBITED	

ITEM NAME GOODS DESCRIPTION	QTY/WEIGHT	UNIT PRICE	AMOUNT
H/S Code : 0000.00-0023 Plants vs. Zombies Smart Phone Case Galaxy Note, Galaxy S3, iPhone 4/4s for Plants vs. Zombie characters	2,000 EA 200 KG	9	18,000 USD
T O T A L	2,000 EA 200 KG		18,000 USD 10 CT

Commercial Invoice : 3 Copy　Packing List : 3 Copy　환어음 통수 : 1 Copy
B/L : FullSet(To The Order Of)　Airway B/L : No
운임지불방법 : Collect　√ CERTIFICATE OF ORIGIN

FULL SET OF INSURANCE POLICIES OR CERTIFICATES, ENDORSED IN BLANK FOR 110% OF THE INVOICE VALUE, EXPRESSLY STIPULATING THAT CLAIMS ARE PAYABLE IN KOREA AND IT MUST INCLUDE : INSTITUTE CARGO CLAUSE

적하보험(기본조건) :
적하보험(부가조건) :
Other Documents Required :

Other Additional Conditions :

From of Document Credit : IRREVOCABLE　Application Method : By Full Cable
Date of Expiry : 13-01-31　Place of Expiry : San Francisco
Credit Amount Tolerance : NOT EXCEEDING　Shipment by :

ACCEPTANCE COMMISSION & DISCOUNT CHARGES ARE FOR BUYER'S ACCOUNT
√ ALL DOCUMENTS MUST BEAR OUR CREDIT NUMBER
LATE PRESENTATION B/L ACCEPTABLE

수수료부담자 : BENEFICIARY　확인지시문언 : 신용장 확인(Confirmation) 없이 통지
"Documents to be presented within d 7 after the date of shipment
But within the validity of the credit"

〈그림 10-5〉와 같이 거래당사자는 사후 분쟁에 대비하여 거래조건 및 거래내용에 관하여 상세하게 약정하는 매매계약서를 작성한다. 매매계약서 상에는 품질, 수량, 가격, 결제, 선적, 보험, 포장 등의 기본적인 조항과 준거법, 클레임, 불가항력, 상사중재 등 당사자 간의 계약이행에 필요한 모든 사항을 포함하여 사후 분쟁에 대비하여야 한다. 거래제의 후 매매계약 조건을 협의하고, 전통 무역거래와 마찬가지로 청약과 승낙을 통해 거래조건에 동의하게 되면 무역계약이 체결된다.

〈그림 10-5〉 수출계약서

CONTRACT
(MASTER 거래)

관세청고시환율 : | Contract No : 20130124000001
계약서유효일자 : 13-01-31

SELLER	BUYER
Name : Kei Myung Trading	Name : Dream Palace Inc.
President : Kei Myung Admin	President : Mario Jeong
Address : 100 Sindang-dong Dalseo-gu Daegu	Address : 450 Post Street San Francisco, CA 94102
Tel No. : 053-580-5114	Tel No. : 415.788.6400
Fax No. : 053-580-5115	Fax No. : 415.788.6400
Manager Name : Kei Myung Admin	Manager Name : Mario Jeong
Manager Tel No. :	Manager Tel No. :
Manager Fax No. :	Manager Fax No. :
Manager e-mail :	Manager e-mail :
Bank Name : Korea Exchange Bank	Bank Name : HSBC Bank
Branch Bank : DAEGU	Branch Bank : San Francisco
Contract Date : 2013-01-24	Payment : At Sight L/C AT SIGHT
Shipping Date : 13-01-31	Price Terms : Free on board-named port of shipment PUSAN
Export Insurance No	Transport Method:
Original Country REPUBLIC OF KOREA	Shipping : REPUBLIC OF KOREA PUSAN
Partial Shipment PROHIBITED	Destination : UNITED STATES SAN FRANCISCO
Transhipment : PROHIBITED	

ITEM NAME GOODS DESCRIPTION	QTY/WEIGHT	UNIT PRICE	AMOUNT
H/S Code : 0000.00-0023 Plants vs. Zombies Smart Phone Case Galaxy Note, Galaxy S3, iPhone 4/4s for Plants vs. Zombie characters	2,000 EA 200 KG	9	18,000 USD
T O T A L	2,000 EA 200 KG		18,000 USD 10 CT

Commercial Invoice : 3 Copy | Packing List : 3 Copy | 환어음 통수 : 1 Copy
B/L : FullSet(To The Order Of) | Airway B/L : No
운임지불방법 : Collect | √ CERTIFICATE OF ORIGIN

FULL SET OF INSURANCE POLICIES OR CERTIFICATES, ENDORSED IN BLANK FOR 110% OF THE INVOICE VALUE, EXPRESSLY STIPULATING THAT CLAIMS ARE PAYABLE IN KOREA AND IT MUST INCLUDE : INSTITUTE CARGO CLAUSE

적하보험(기본조건) :
적하보험(부가조건) :
Other Documents Required :

Other Additional Conditions :

From of Document Credit : IRREVOCABLE | Application Method : By Full Cable
Date of Expiry : 13-01-31 | Place of Expiry : San Francisco
Credit Amount Tolerance : NOT EXCEEDING | Shipment by :

ACCEPTANCE COMMISSION & DISCOUNT CHARGES ARE FOR BUYER'S ACCOUNT
√ ALL DOCUMENTS MUST BEAR OUR CREDIT NUMBER
LATE PRESENTATION B/L ACCEPTABLE

수수료부담자 : BENEFICIARY | 확인지시문언 : 신용장 확인(Confirmation) 없이 통지
"Documents to be presented within d: 7 after the date of shipment
But within the validity of the credit"

계약 체결 과정을 다시 요약하면 다음 그림과 같다. 거래당사자는 거래제안서 발송을 통해 Inquiry를 수취하고 거래조건을 협의한 후 필요하다면 카탈로그나 샘플 등을 송부한다. 청약자가 제시한 Selling Offer에 법률적 효력을 발생할 목적으로 그 상대방의 무조건적 · 절대적인 승낙이 있는 경우에 계약이 성립된다. 계약이 성립되면 거래 조건에 대해 당사자 간에 협의 · 조정 · 동의하는 과정으로 진행된다.

〈그림 10-6〉 무역 계약 체결 과정

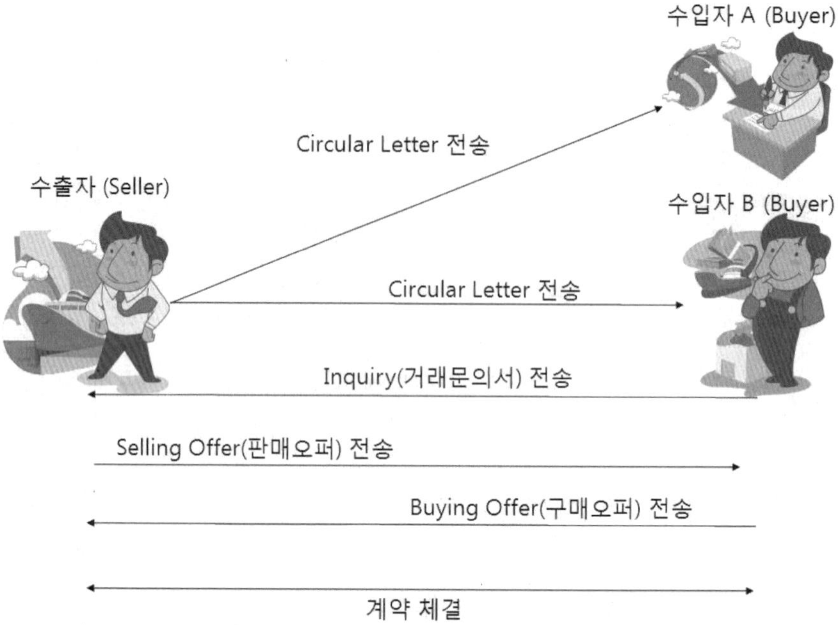

2. 계약 체결 이후

계약이 체결되면 선적기일 이내에 수출상은 선적 준비를 해야 하지만 계약서 상에 신용장을 개설하기로 되어 있다면 수출상은 신용장이 도착하기 전까지 선적을 하면 안된다. 수입상이 신용장 개설신청서를 제출하여 신용장이 은행으로부터 개설되고 수출상에게 통지되어야 비로소 수출상은 안심하여 계약을 이행할 수 있는 것이다.

1) 신용장 도착

신용장(Letter of Credit)은 개설은행의 조건부지급확약서(conditional bank undertaking of payment)로서 수입상인 개설의뢰인의 요청에 따라 개설은행이 수출상 앞으로 개설한다. 신용장거래는 수출상이 신용장에 명기된 조건과 일치하는 서류(documents)를 제시하면 신용장 개설은행이 수입상을 대신하여 수출상(수익자)에게 신용장 대금의 지급이나 환어음의 인수 등을 확약하는 조건부 지급확약서이다. 다음 그림은 개설된 신용장의 본문이다. 계약서의 내용과 동일한지 수출상은 반드시 점검해야 한다.

〈그림 10-7〉 신용장 본문

```
------------------------------- < 스  위  프  트  > ---------------------------
40A  Form of Documentary Credit :   13-01-24
31D  Date and Place of Expiry   :   (date)  13-01-31
                                    (place) San Francisco
50   Applicant                  :   Dream Palace Inc.
                                    450 Post Street San Francisco, CA 94102
59   Beneficiary                :   Kei Myung Trading
                                    100 Sindang-dong Dalseo-gu Daegu
32B  Currency Code.Amount       :   USD 18,000
*39A Percentage Credit Amount Tolerance :     ( ±).( % )
43P  Partial Shipments          :   PROHIBITED
43T  Transhipments              :   PROHIBITED
44A  Loading on Board/Dispatch/Taking in Charge at/from ...  :
      Pusan
44B  For Transportation to...   :   San Francisco
44C  Latest Date of Shipment    :   13-01-31
45A  Description of Goods and/or Services :
      Plants vs. Zombies Smart Phone Case
      [Terms of price          ]    Free on board-named port of shipment
      [Place of terms of price ]    Pusan
      [Country of origin       ]    KR
                                    REPUBLIC OF KOREA
46A  Document Requird           :
      380 SIGNED COMMERCIAL INVOICE IN   3  COPIES
      705 FULL SET OF CLEAN ON BOARD OCEAN BILLS OF LADING MADE OUT TO
              TO THE ORDER OF
              MARKED FREIGHT COLLECT AND
              NOTIFY
      271 PACKING LIST IN  3 COPIES
      861 CERTIFICATE OF ORIGIN
      2AC ALL DOCUMENTS MUST BEAR OUR CREDIT NUMBER
71B  Charges                    :   ALL BANKING COMMISSIONS AND CHARGES
                                    INCLUDING REIMBURSEMENT CHARGES
                                    OUTSIDE KOREA ARE FOR ACCOUNT OF
                                    BENEFICIARY
48   Period for Presentation    :   DOCUMENTS TO BE PRESENTED WITHIN
                                    7   DAYS AFTER THE DATE OF SHIPMENT
                                    BUT WITHIN THE VALIDITY OF THE CREDIT
49   Confirmation Instructions  :   WITHOUT
```


2) 상업송장, 포장명세서 작성

수출상은 선적될 물품에 대한 상업송장과 포장명세서를 직접 작성해야 한다. 상거래상 사용되는 상업송장(Commercial Invoice)은 매매 또는 위탁계약에 의한 물품의 전달이 멀리 떨어진 지역 사이에서 행하여지는 경우에 그 물품의 송하인으로부터 그 수하인에게 송화의 특성, 그 내용 명세, 그 계산관계를 상세하고 정확하게 통지하기 위하여 작성되는 상용문서이다.[4] 〈그림 10-8〉 참고.

포장명세서는 선적된 상품의 포장내용을 표시하고 있는 서류를 가리킨다. 선적화물의 포장단위별 수량, 단위별 순중량과 총중량, 총수량과 하인이 기재되며 포장방법도 표시되는 경우가 있다. 매매계약서에서 포장방법을 합의하는 것이 일반적이다. 실제상품에 하인과 단위별 수량 등이 기재된 포장명세서가 있어야 통관이 용이하므로 신용장에서 포장명세서를 요구하는 경우가 대부분이며, 요구하지 않는 경우에도 수출자가 은행에 송부를 요청하는 예가 많다.[5] 〈그림 10-9〉 참고.

〈그림 10-8〉 Invoice

INVOICE

SHIPPER / EXPORT	INVOICE NO.& DATE	
Kei Myung Trading 100 Sindang-dong Dalseo-gu Daegu 053-580-5114 053-580-5115	20130124	2013-01-24
	L/C NO.& DATE	
	20130124000001	2013-01-24
CONSIGNEE	**TERMS OF PRICE**	
Dream Palace Inc. 450 Post Street San Francisco, CA 94102 415.788.6400 415.788.6400	FOB Free on board-named port of shipment	
	Vessel / Flight	**Departure Date**
	Dream 77	2013-01-24
NOTIFY PARTY	**PORT OF LOADING**	
Dream Palace Inc. 450 Post Street San Francisco, CA 94102	KR PUSAN	
	PORT OF DESTINATION	
	US SAN FRANCISCO	

ITEM NAME GOODS DESCRIPTION	QUANTITY	NET PRICE	PRICE
Plants vs. Zombies Smart Phone Case Galaxy Note, Galaxy S3, iPhone 4/4s for Plants vs. Zombie characters	2,000 EA	10	20,000USD
TOTAL	2,000 EA		20,000 USD

SHIPPING MARKS
REMARK

4) 무역용어사전, 한국무역협회

5) 매일경제, 매경닷컴.

〈그림 10-9〉 Packing List

PACKING LIST

SHIPPER / EXPORT	INVOICE NO.& DATE	
Kei Myung Trading 100 Sindang-dong Dalseo-gu Daegu 053-580-5114 053-580-5115	20130124 2013-01-24 **L/C NO.& DATE** 20130124000001 2013-01-24	
CONSIGNEE	**TERMS OF PRICE**	
Dream Palace Inc. 450 Post Street San Francisco, CA 94102 415.788.6400 415.788.6400	FOB Free on board-named port of shipment	
	Vessel / Flight Dream 77	**Departure Date** 2013-01-24
NOTIFY PARTY	**PORT OF LOADING**	
Dream Palace Inc. 450 Post Street San Francisco, CA 94102	KR PUSAN **PORT OF DESTINATION** US SAN FRANCISCO	

ITEM NAME GOODS DESCRIPTION	QUANTITY	NET WEIGHT GROSS WEIGHT	PACKING VOLUMN
Plants vs. Zombies Smart Phone Case Galaxy Note, Galaxy S3, iPhone 4/4s for Plants vs. Zombie characters	2,000 EA	200 KG 200 KG	10 CT 1 CBM
TOTAL	2,000 EA	200 KG 200 KG	10 CT 1 CBM

SHIPPING MARKS
REMARK

3) 수출신고, 선적요청, 원산지증명

물품을 수출하고자 하는 자는 물품을 보세구역에 반입한 다음 세관장에게 수출신고를 하고 그 면허를 받아야 한다. 수출신고는 화주, 관세사, 통관법인 또는 관세사법인의 명의로 하여야 한다. 화주라 함은 관세청고시에 의거 수출신고를 할 물품에 대해서는 수출허가상의 수출자(수출대행인 경우는 수출위탁자)를 말한다. 수출신고는 관세사에게 대행시키는 경우가 대부분이지만 화주가 직접 자기 명의로 신고할 수도 있다.[6] 수출신고시 구비서류는 다음과 같다.

① 수출신고서(EDI 신고)

② 수출승인서(해당되는 경우)

6) 무역용어사전, 한국무역협회

③ 상업송장 및 포장명세서

④ 기타 수출통관에 필요한 서류

원산지증명서는 수출국 주재의 수입국영사 또는 수출지의 상공회의소가 물품의 원산지 또는 제조원산지를 증명하는 공문서이다. 수출입 양국간에 관세율의 협정이 체결되고 있어 상호간에 저율의 관세 특혜를 받고 있는 경우 이 특혜를 받기 위하여서는 수입지 세관에 원산지증명서로 수출국의 원산지임을 증명하여야 한다.[7] 원산지증명서(C/O) 발급기관은 상공회의소이다. 관세양허원산지증명서는 상공회의소, 세관 및 출장소에서 발급한다.

선적준비가 완료되어 선박회사에 선적요청을 하면 화물의 소유권은 선박회사로 넘어가고 선하증권이 발행된다. 선하증권(bill of lading , B/L)은 일정한 운송물의 선적 또는 수취를 인증하고, 또 지정항에 있어서 그 운송물을 증권의 정당소지인에게 인도할 것을 약정하는 유가증권이다.[8]

4) 수출대금의 회수

선적이 완료되고 선하증권이 발행되면 수출상은 화물이 목적지에 도착할 때 까지 기다릴 필요없이 은행에 네고를 요청한다. 네고(nego)란 신용장에서 요구하는 모든 서류를 작성하여 지정은행에 서류를 제시하면 지정은행이 그 서류를 할인하여 매입하는 행위를 말한다. 이때 서류를 매입하는 은행을 매입은행(negotiating bank)이라고 한다. 수익자는 팔지만 은행은 그 서류를 사주기 때문에 모든 기준을 은행의 입장에서 보아 매입이라고 하는 것이다.

수출대금 회수시 구비서류는 보통 다음과 같은데, 계약서와 신용장에 나와 있는 서류내역을 반드시 준수해야 한다. 여기서 환어음은 발행인이 일정한 날짜에 일정한 금액을 지급할 것을 특정인인 제3자에게 위탁하는 형식의 어음으로, 약속어음과 달리 지급인은 발행인이 아닌 제3자가 된다.[9] 쉽게 말하면 수입상이 대금을 지급하라고 요청하며 수출상이 은행으로부터 미리 대금을 받아간 사실을 증명하는 것이라고 할 수 있다.

① 수출환어음 매입 신청서

---

7) NEW 경제용어사전, 미래와경영연구소, 2006, 미래와경영

8) 법률용어사전, 이병태, 2010, 법문북스

9) 시사용어사전, 2005.

② 환어음

③ 수출신용장 원본 (L/C방식의 경우)

④ 선하증권(B/L)

⑤ 상업송장(Commercial Invoice)

⑥ 포장명세서(Packing List)

⑦ 보험증권, 원산지증명서 GSP 등 (수입자 요구시)

⑧ 기타 신용장이나 수출계약에서 요구하는 서류

〈그림 10-10〉 수출환어음매입신청서

수출환어음매입(추심)신청서

전자문서번호 : 20130124000001　　　**신청일자** : 13-01-24
매입추심은행 : ㈜한국외환은행
Daegu

< 신용장(계약서) 내용 >

신용장 개설은행 : HSBC Bank
San Francisco
신용장(계약서)번호 : 20130124000001
신용장개설일자 : 13-01-24
신용장개설금액 : USD 18,000
개설의뢰인 : 꿈의궁전
450 Post Street San Francisco, CA 94102
선적기일 : 13-01-31
유효기일 : 13-01-31
가격조건 : FOB　Free on board-named port of shipment
결제기간 : 2AA　At sight
선적항 : KR　Pusan
도착항 : US　San Francisco

< 신청내용 >

매입(추심)구분 : 매입신청
매입(추심)금액 : USD 18,000
FOB환산금액 :
네고형태 : Direct Nego
거래구분(본사/지사)거래 : 외국상사
거래구분(자사/타사)거래 : 타사
수출신고필증번호 : 20130124
E/L번호 :
대표상품명 및 HS부호 : 0000.00-0023
Accessories

< 첨부서류 및 수량 >

환어음 : 1부
상업송장 : 3부
영사송장 : 0부
세관송장 : 0부
포장명세서 : 3부
선하증권 : 3부
항공화물운송장 : 0부
보험증권 : 0부
원산지증명서 : 1부
G.S.P. : 0부
검사증명서 : 0부
CERTIFICATION : 0부

기타구비서류 :

위 내용의 수출환어음 또는 선적서류를 귀행에 매입(추심) 신청함에 있어 따로 제출한 외환거래약정서의 조항에 따를 것을 확약합니다.

5) 클레임(claim) 처리

수출상이 원하지 않는 상황이지만 무역거래시 손해를 입은 당사자는 손해를 유발시킨 당사자에게 클레임을 제기하고 구상권을 행사할 수 있다. 클레임은 무역거래에서 매매계약당사자의 일방이 계약이행을 위반함으로써 다른 일방이 이로 인하여 입은 손해의 배상을 청구하는 것을 말한다. 클레임에는 두 가지 종류가 있는데, 그 하나는 운송화물에 관한 클레임이고, 다른 하나는 무역거래상의 클레임(business claim)이다. 운송중인 화물이 사고에 의하여 입은 손해는 보험회사가 최종적인 책임을 지게 된다. 무역 클레임은 수출업자와 수입업자 중 어느 한쪽이 매매계약의 내용에 따른 이행을 하지 않았을 때에 그로 인하여 입은 손해를 당사자가 상대방에게 손해배상을 청구하는 것을 말한다.[10)]

무역클레임은 쌍무적이고 객관적 타당성을 가져야 하며 세심한 절차 없는 클레임 처리는 법률적 효력을 보장받을 수 없다. 클레임은 무역계약의 불이행이나 이행지체에 따라 발생되는데 통상 기본계약상 상품자체에 대한 약정인 품질조건, 수량조건 또는 포장조건 등이 클레임대상이 되며, 계약의 이행에 대한 약정인 선적조건, 보험조건 및 결제조건은 부수계약인 운송계약, 보험계약 및 환거래계약에 따른다.

수입상이 클레임을 제기했을 경우 그 원인이 수출상에게 잘못이 있다는 것이 명백하다면 즉각적으로 손해배상 제의를 통해 수입상이 클레임 청구권을 포기하거나 화해를 하면 된다. 하지만 제3자 개입에 의한 해결이 필요하다면 소송으로 가는 것보다는 상사중재로 해결하는 것이 훨씬 낫다.

상사중재란 당사자 간에 발생하는 사법상의 법률관계에 관한 분쟁의 전부 또는 일부를 법원의 소송에 의하지 않고 당사자 이외의 제3자인 중재인의 판단에 따라 해결하는 방식이다.[11)] 비공개의 원칙 하에 거래 전문 가의 판단, 시간과 경비 절약 등으로 상인에게 환영받는 분쟁 해결 방법으로 우리나라에는 상설 중재기관으로서 사단법인 대한상사중재원이 있다.[12)]

10) NEW 경제용어사전, 미래와경영연구소, 2006.
11) 지식경제용어사전, 지식경제부, 2010.
12) 매일경제, 매일닷컴.

▲

제 2 절

uTradeHub 활용 사례

1. uTradeHub

지식경제부와 한국무역협회는 전자정부과제의 일환으로 지난 2003년부터 '전자무역서비스' 구축사업을 추진해 왔다. 시장조사, 신용평가, 시중은행, 금융결제원, 관세청, 선사/항공사 등 마케팅에서부터 결제에 이르는 수많은 무역절차별 유관기관을 연계하여 왔으며 이를 기반으로 무역업무 전반을 단절 없이 처리할 수 있는 신개념의 국가 전자무역 허브를 구현하였다.

무역업체는 인터넷을 통해 한번 접속으로 마케팅, 상역, 외환, 통관, 물류, 결제까지 모든 무역 업무 프로세스를 신속하고 편리하게 원-스탑 으로 처리할 수 있다. 이제 은행이나 수출입 관련기관을 방문할 필요가 없이 언제 어디서나 복잡한 무역 업무를 볼 수 있다.

전자무역이 uTradeHub라는 플랫폼에서 통합되면서 첫째, 단절 없는 무역업무 처리로 단일창구 제공이 가능해졌다. 둘째, 연계를 통한 첨부서류의 중복제출 방지 및 문서유통성이 제공된다. 셋째, 문서보관소를 중심으로 서로 다른 서비스 및 중계시스템 연계가 가능하다. 넷째, 국가 대표 전자무역허브로서 글로벌 연계가 가능하다.

uTradeHub(Ubiquitous Trade Hub)는 무역포탈, 물류포탈, 은행포탈, 통관포탈, 마케팅포탈등에 사용자가 접근하기 위한 관문으로 통합로그인, 전자무역서비스에 대한 전반적인 소개, 서브포탈에서 제공하는 공통서비스(공지사항, FAQ, Q&A, 자료실)을 제공한다.

〈그림 10-11〉 uTradeHub 개요도

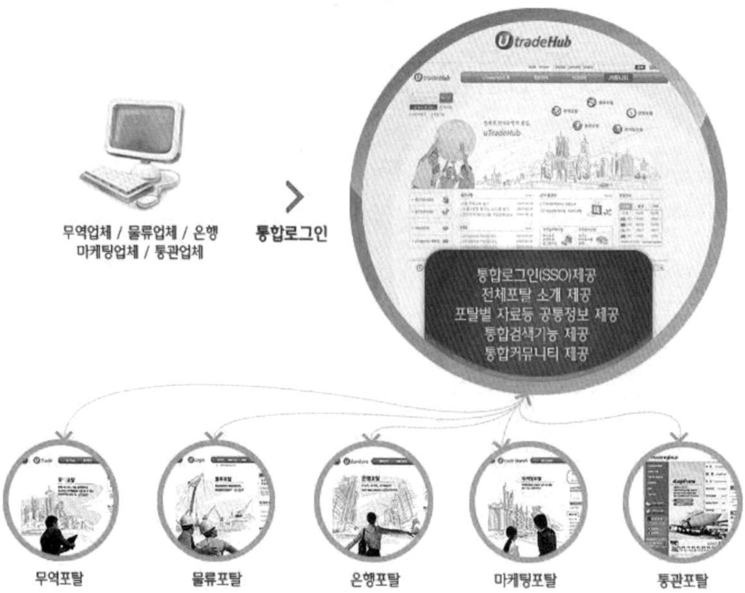

출처 : www.utradehub.or.kr

2. 활용 사례

1) 시나리오(출처 : uTradeHub 체험관)

MP3 Player 제조업체인 한국의 (주)드림사운드는 2008년 1월 15일 자사 모델중 하나인 'Rainbow2' 10,000개(EA)를 미국 뉴욕에 위치한 전자제품 유통업체인 IPeople에 총 1,000,000 달러에 공급하기로 수출 계약을 맺었는데 계약 조건은 대략 다음과 같았다. 가격조건은 보험료와 운임을 모두 포함하는 CIF 조건으로 하기로 하였고, 선적은 IPeople이 City 은행을 통해 개설한 At Sight L/C가 드림은행을 통해 발행되는 날로 부터 21일 후 까지 하기로 하였다.

물품 적재는 컨테이너 하나에 제품 10개 들이 포장 상자를 1000 개 싣기로 하였으며 분할선적과 환적은 모두 금하기로 하였다. 또한, 필요한 선적(네고) 서류들은 상업송장 원본 5부, 포장 명세서

원본 5부, 적하보험 증권 원본 1부, 사본 1부, 환어음 원본 1부, 수익자증명서 원본 1부, B/L 원본 3부, 사본 3부, 원산지 증명서 원본 1부, 사본 1부 등 모두 7종이였다. 이에 (주)드림사운드는 어렵게 수주한 수출 계약을 성공리에 마치기 위해 바쁘게 움직여야 했다.

무엇보다 선적기일을 맞추기 위하여 계약 당일에 바로 주거래 포워딩 업체인 드림로지스틱스에 의뢰하여 2008년 2월 11일 부산항을 떠나 미국 뉴욕의 Bronx 항을 향하는 항차 77의 Phoenix 호의 선복예약을 마칠 수 있었다. 또한 'Rainbow2'의 현재 재고량을 파악한 후 나머지 물량에 대해서는 구로공단에 위치한 공장에 2008년 2월 8일에 출하할 수 있도록 지시를 해 놓았다. 그 후 2008년 1월 25일 수출 신용장을 통지 받은 후 통관 및 네고에 필요한 서류들을 하나씩 준비하기 시작했는데 특히, 적하보험은 드림화재에 부보율을 송장금액의 110%, 보험조건을 ALL RISK로 하여 부보하였고, 원산지증명서는 서울 상공회의소를 통하여 발급받았다. 그리고 선복예약을 의뢰했던 드림로지스틱스에 운임을 선불(Prepaid)로 하여 선적요청 후 B/L을 발급받았다.

선적이 종료된 후 (주)드림사운드는 수취인(Payee)을 Dream Bank로 어음지급인(Drawee)을 IPeople로 하여 500,000 달러의 환어음을 작성한 후 환어음을 포함한 모든 네고 서류를 구비하여 드림은행에 자사의 외환 계좌(110-2120-313)로 어음 금액 전부를 임금해주도록 환어음 매입을 신청하였다. 매입 신청 후 며칠이 지나 500,000 달러가 입금되었고 수출신용장 잔액(한도)조회를 통해 500,000 달러가 남아 있음을 확인할 수 있었다.

2) 활용 사례

수출이란 대외판매의 목적물이 되는 상품을 대상으로 하여 외화나 그에 상응하는 물품을 대가로 외국에 물품을 매각하는 행위로서 uTradeHub는 수출계약 후 수출 신용장통지, 통관, 선적, 입금 등의 제반업무를 전자적으로 처리하고, 체계적으로 관리하는 시스템을 제공한다. 다음 〈그림 10-13〉에서 〈그림 10-22〉까지는 uTradeHub 체험관에서 제공하는 수출업무 처리 사례이다.

〈그림 10-12〉 수출업무의 흐름

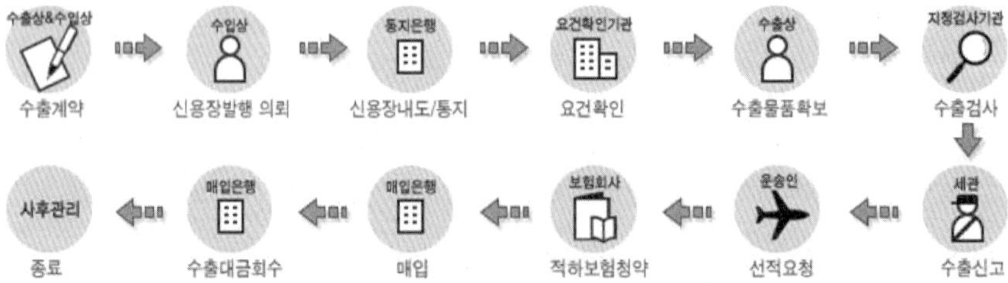

출처 : www.utradehub.or.kr

〈그림 10-12〉와 같은 마케팅에서 대금결제에 이르는 전체 무역절차를 대 · 중 · 소기업 각각의 환경에 맞는 접속방법을 제공해 모든 기업이 이용 가능하다. 대기업은 자체 구축한 내부 시스템에 전자무역 솔루션을 탑재해 이용할 수 있으며, 중소업체는 전자무역 홈페이지(www.utradehub.or.kr)에 접속, 손쉽게 이용 가능하다. 여기에 접속하여 uTradeHub 체험관을 다음 그림과 같이 실습해보자.

〈그림 10-13〉 수출계약서 입력

전자무역 문서보관소를 중심으로 은행 · 보험사 · 상공회의소 등 무역유관기관이 연계됨으로써 무역업체들은 한 번 발급받은 전자무역문서를 전자무역 문서보관소에 저장한 이후, 이를 다른 기관에 증명서류로 제출할 수 있는 길이 열리게 됐다. 종이서류의 제출이 사라진 것이다.

무역절차에 따른 진행상황별로 업무를 처리할 수 있도록 이미 진행한 업무, 현재 진행 중인 업무, 앞으로 진행할 업무를 나타내 무역 초보자도 쉽게 무역업무 수행이 가능하다. 마지막으로 무역업체가 한 번 입력한 정보는 전자무역 시스템에 저장돼 다른 문서작성에도 자동 활용되므로, 동일한 정보를 반복 입력할 필요가 없어지게 됐다. 〈그림 10-13〉은 수출계약서 내용을 uTradeHub에 저장하는 화면이다.

2008년 전자무역 서비스를 통하여 전자신용장의 유통체계가 완성되었다. 국내 신용장 처리의 40%를 담당하고 있는 주한외국계은행의 참여가 전자무역 활성화의 중요한 역할을 담당하고 있어 주한 외국계은행의 참여유도 및 외국계은행의 업무 시스템을 고려하여 ASP 포탈을 구축, 비용적인 측면 및 업무담당자의 접근이 용이하도록 하여 외국계은행의 전자무역 참여의 길을 열게 되었다.

〈그림 10-14〉와 같이 uTradeHub에서는 Nego시 첨부되는 신용장 서류의 원본 또는 사본에 대한 조회 출력 기능을 제공한다. 신용장 잔액을 관리함으로 사용자가 효율적으로 관리할 수 있다. e-L/C 및 DA, DP, OA 매입을 지원한다. 신용장 업무에 필요한 기반 데이타 입력을 최소화하여 업무의 효율성을 제고하였다. 신용장 통지부분의 EDI 사용자에 대한 통지 업무를 지원하도록 하였다. 수입신용장 개설 업무를 지원한다.

〈그림 10-14〉 수출신용장 조회

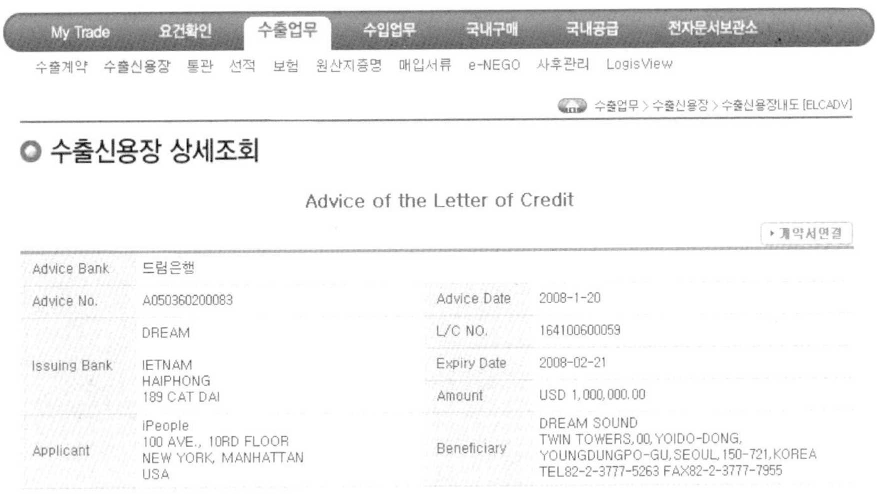

상업송장 작성부터 적하보험 청약신청, 수출신고 필증확인, 원산지 증명 발급신청도 가능하다.

〈그림 10-15〉 상업송장 작성

〈그림 10-16〉 적하보험 청약신청

〈그림 10-17〉 수출신고필증 확인

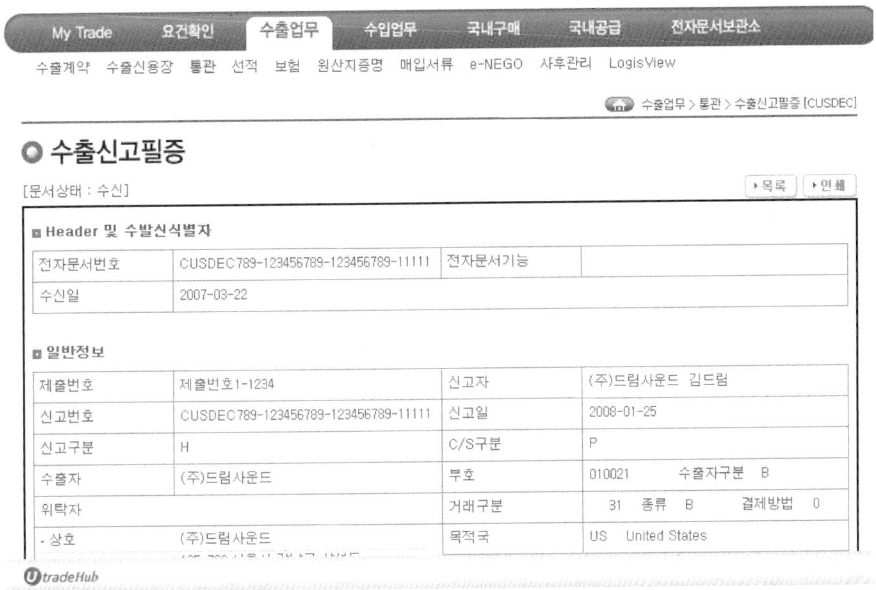

My Trade 요건확인 수출업무 수입업무 국내구매 국내공급 전자문서보관소

수출계약 수출신용장 통관 선적 보험 원산지증명 매입서류 e-NEGO 사후관리 LogisView

수출업무 > 통관 > 수출신고필증 [CUSDEC]

수출신고필증

[문서상태 : 수신]

▸목록 ▸인쇄

Header 및 수발신식별자

전자문서번호	CUSDEC789-123456789-123456789-11111	전자문서기능	
수신일	2007-03-22		

일반정보

제출번호	제출번호1-1234	신고자	(주)드림사운드 김드림
신고번호	CUSDEC789-123456789-123456789-11111	신고일	2008-01-25
신고구분	H	C/S구분	P
수출자	(주)드림사운드	부호	010021 수출자구분 B
위탁자		거래구분	31 종류 B 결제방법 0
- 상호	(주)드림사운드	목적국	US United States

tradeHub

〈그림 10-18〉 원산지증명 발급신청

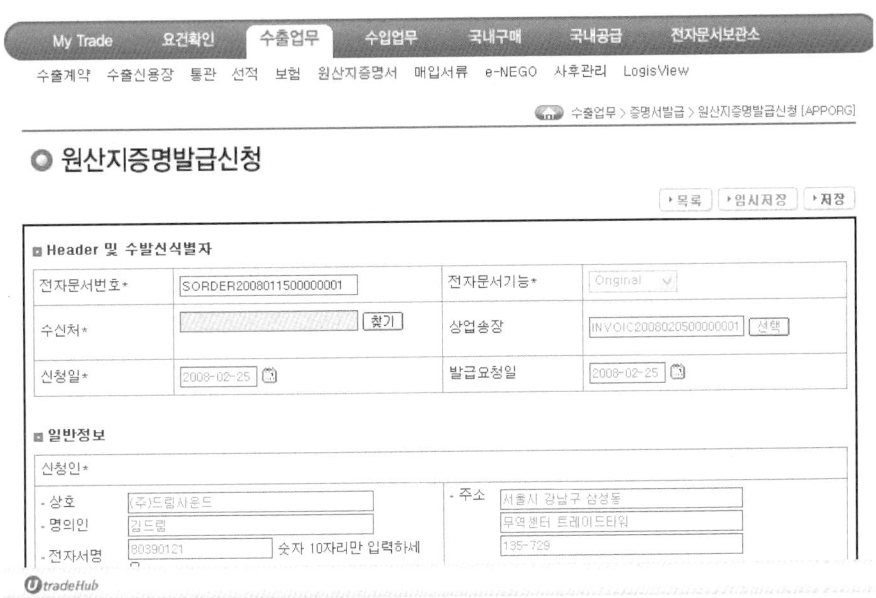

My Trade 요건확인 수출업무 수입업무 국내구매 국내공급 전자문서보관소

수출계약 수출신용장 통관 선적 보험 원산지증명서 매입서류 e-NEGO 사후관리 LogisView

수출업무 > 증명서발급 > 원산지증명발급신청 [APPORG]

원산지증명발급신청

▸목록 ▸임시저장 ▸저장

Header 및 수발신식별자

전자문서번호*	SORDER2008011500000001	전자문서기능*	Original
수신처*	찾기	상업송장	INVOIC2008020500000001 선택
신청일*	2008-02-25	발급요청일	2008-02-25

일반정보

신청인*

- 상호 (주)드림사운드
- 명의인 김드림
- 전자서명 80390121 숫자 10자리만 입력하세
- 주소 서울시 강남구 삼성동 / 무역센터 트레이드타워 / 135-729

tradeHub

331

〈그림 10-19〉 선적요청

〈그림 10-19〉의 선적요청(Shipping Instruction)은 일부 전자적으로 이루어지고 있으나, 유가증권인 선하증권(Bill of Lading)은 전자화 되지 못하고 있어, 전자무역이 활성화 되는데 걸림돌이 되어왔다. e-B/L Service는 운송사로부터 전자적으로 B/L을 수신하고, 그 소유권은 Title Registry에 등록, 원본은 전자무역문서보관소(uTrade Document Repository)에 보관된다. 〈그림 10-20〉의 e-B/L Service는 B/L이 전자적으로 유통되기 위한 기반을 제공한다.

〈그림 10-20〉 전자선하증권 조회

〈그림 10-21〉 환어음 발행

"e-Nego 시스템"은 네고관련 문서의 전자화 및 네고서류 자동화를 통해 수출업체가 관련기관 및 은행을 방문하지 않고 uTradeHub를 통해 Nego업무를 One-Stop으로 처리할 수 있는 시스템이다.

매입서류 준비는 상업송장, 포장명세서, 환어음, 수익자 증명서 등 수출계약 이후의 수출업무에 필요한 무역서류 작성의 자동화를 제공한다(수출계약정보 입력 후 재사용). 외부기관 발급문서의 발급요청 및 발급내역을 수신한다(B/L, 보험증권, 원산지증명서). 무역서류별 출력기능을 제공하고 매입서류 첨부 및 온라인 전송을 할 수 있다.

〈그림 10-22〉 수출환어음 매입신청서 작성

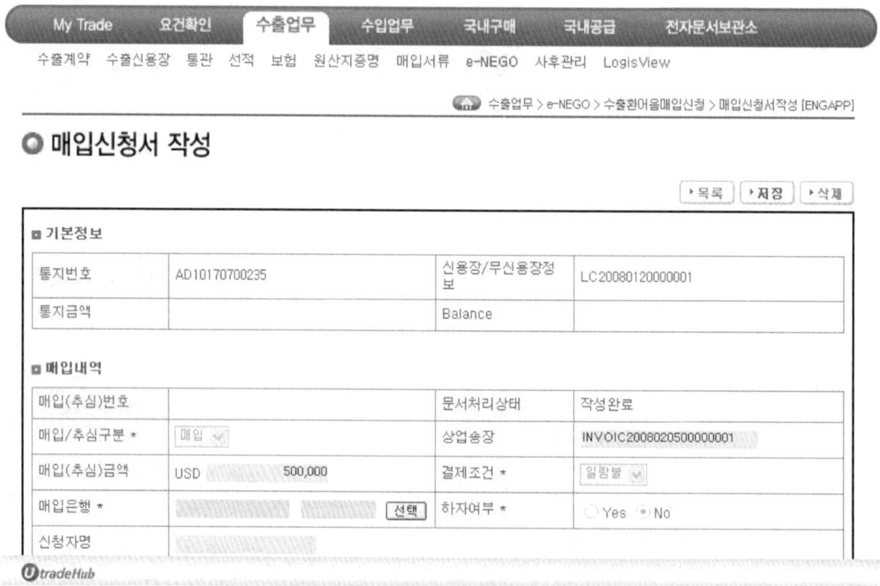

참고문헌

NEW 경제용어사전, 미래와경영연구소, 2006.

김연동, 이준호, 실전에 바로 써먹는 무역실무의 모든 것, 원앤원북스, 2009.

매일경제, 매일닷컴.

무역용어사전, 한국무역협회.

법률용어사전, 이병태, 2010, 법문북스.

시사용어사전, 2005.

신성찬, 오퍼상이 꼭 알아야 할 무역실무, 원앤원북스, 2009.

지식경제용어사전, 지식경제부, 2010.

INDEX

한국어

저 자 약 력

양근우

한국과학기술원 경영대학 경영공학전공 박사졸업(공학박사)

한국정보시스템학회, 국제지식서비스학회, 한국의사결정학회,
한국통상정보학회 이사

(현) 계명대학교 교수학습처 교육선진화사업단 사업부장

(현) 계명대학교 전자무역학과 조교수

주요 논문 및 저서

- Intelligent Search for Experts Using Fuzzy Abstraction Hierarchy in Knowledge Management Systems
- 비즈니스 프로세스의 표현과 수행을 위한 객체지향적 접근법
- 장외파생상품거래를 위한 유연한 의사결정지원시스템 아키텍처 설계에 관한 연구
- 사례기반추론을 이용한 대용량 데이터의 실시간 처리 방법론 : 고혈압 고위험군 관리를 위한 자기학습 시스템 프레임워크
- 실행공동체를 위한 지식관리시스템에서의 퍼지기반 신뢰도 측정
- 전자무역 확산을 위한 웹 2.0 기반 u-Trade Hub 고도화 방안에 관한 연구
- 무역 프로세스의 효율적 변화 관리를 위한 RBMS기반 접근법 : 수출입 통관 업무를 중심으로
- 분산 의사결정지원시스템 구축을 위한 웹서비스 기반 모델-솔버의 통합 설계
- 글로벌 해운물류 시장에서 환적 물동량과 관련한 정보통신기술 영향력에 대한 실증 분석
- 전자무역과 웹비즈니스, 계명대학교 출판부, 2011

이호형

경희대학교 대학원 무역학과 전자무역 전공(경영학박사)

(전) 경희대학교 무역학과 전임강사

(전) 경희대학교 사회과학연구원 학술연구교수

(전) 상명대학교, 강원대학교, 한성대학교 무역학과 강사

(전) 한국엔터프라이즈아키텍처학회 사무국장, 한국통상정보학회 사무차장

(현) 한국엔터프라이즈아키텍처학회, 한국통상정보학회

(현) 국제e비즈니스학회 이사

(현) 한국엔터프라이즈아키텍처학회, 인터넷전자상거래학회 편집위원

(현) 계명대학교 글로벌무역전문가양성사업단 교육개발책임교수

(현) 계명대학교 전자무역학과 조교수

주요 논문 및 저서

- Factors Determining e-Trade Performance Based on Transaction Cost Theory
- National e-Trade Performance Using an Enterprise Architectural Approach
- 웹 2.0 시대의 전자무역 비즈니스모델 진화 방향
- 전자무역 비즈니스모델의 고객만족과 재이용의도에 관한 연구
- 전자무역과 웹비즈니스, 계명대학교 출판부, 2011